U0549060

"十三五"国家重点出版物出版规划项目

上海市哲学社会科学学术话语体系建设办公室、上海市哲学社会科学规划办公室"新中国成立70周年"研究项目
理论经济学上海Ⅱ类高峰学科建设计划项目
中央高校建设世界一流大学学科和特色发展引导专项资金和中央高校基本科研业务费资助项目

新中国经济转型思想研究（1949～2019）

马　艳　张沁悦　王　琳 ◎ 著

复兴之路

新中国经济思想研究丛书主编：程霖

中国财经出版传媒集团
经济科学出版社
Economic Science Press

图书在版编目（CIP）数据

新中国经济转型思想研究：1949－2019/马艳等著.
—北京：经济科学出版社，2019.9
（复兴之路：新中国经济思想研究）
ISBN 978－7－5218－0910－7

Ⅰ.①新… Ⅱ.①马… Ⅲ.①中国经济－转型经济－
研究－1949－2019 Ⅳ.①F123.9

中国版本图书馆 CIP 数据核字（2019）第 204409 号

责任编辑：孙丽丽　赵　岩
责任校对：郑淑艳
版式设计：陈宇琰
责任印制：李　鹏

新中国经济转型思想研究（1949～2019）

马　艳　张沁悦　王　琳　等著
经济科学出版社出版、发行　新华书店经销
社址：北京市海淀区阜成路甲 28 号　邮编：100142
总编部电话：010－88191217　发行部电话：010－88191522
网址：www.esp.com.cn
电子邮件：esp@esp.com.cn
天猫网店：经济科学出版社旗舰店
网址：http://jjkxcbs.tmall.com
北京季蜂印刷有限公司印装
710×1000　16 开　26 印张　400000 字
2019 年 9 月第 1 版　2019 年 9 月第 1 次印刷
ISBN 978－7－5218－0910－7　定价：90.00 元
（图书出现印装问题，本社负责调换。电话：010－88191510）
（版权所有　侵权必究　打击盗版　举报热线：010－88191661
QQ：2242791300　营销中心电话：010－88191537
电子邮箱：dbts@esp.com.cn）

总　序

新中国成立70年来，中国经济建设取得了举世瞩目的辉煌成就，尤其是改革开放之后，中国经济体制出现了重大转变，经济实现持续高速增长，跃居全球第二大经济体和第一大贸易国，在世界政治经济格局中的地位与角色日益凸显，步入了实现中华民族伟大复兴的良性发展轨道。与中国经济体制转变同步，中国经济思想在理论范式和学术进路上也经历了比较大的调整。从计划经济时代形成的以马克思主义政治经济学和苏联社会主义政治经济学为主要内容和理论体系，逐渐过渡到以马克思主义为指导，政治经济学、西方经济学和中国传统经济思想多元并进的局面，这为中国特色社会主义市场经济理论和体制的形成与发展创造了良好的条件。

在此过程中，中国经济思想的发展演变与中国经济的伟大实践也是紧密相关的。尤其是在改革开放以后，中国经济在"摸着石头过河"的过程中涌现出了大量前所未有的、在其他国家也较为鲜见的经济创新实践，这就对源于西方成熟市场经济国家的经济学理论的解释力和预测力提出了挑战，蕴育了经济理论创新的空间。可以说，中国经济实践探索呼唤并推动了中国经济思想创新，而中国经济思想创新又进一步引领了中国经济实践探索。新中国70年的复兴之路在很大程度上是中国人民奋力开创的、为自己量身打造的发展模式，离不开国人在诸多经济问题与理论上的理解、决断与创造，这些也构成了新中国成立以来各领域所形成的丰富经济思想的结晶。

站在新中国成立 70 周年的重要历史时点上，中国正处于速度换挡、结构优化、动力转化以实现高质量发展的关键当口，有必要系统回顾总结新中国经济思想，较为全面地展示新中国成立 70 年以来中国经济思想在若干重要领域上的研究成果。这将为新时代构建有中国特色的社会主义政治经济学学科体系、学术体系和话语体系提供可靠立足点，同时基于对当代中国经济发展建设与民族复兴内在规律与经验的总结凝练，也将有助于指导并预测中国经济未来发展方向，明确新时期进一步加快实现民族复兴的道路选择，并为世界的经济发展提供具有可借鉴性和可推广性的"中国方案"。

目前，以整体视角全面梳理新中国经济思想的研究成果主要是一些通史性著作，以谈敏主编的《新中国经济思想史纲要 (1949~1989)》"新中国经济思想史丛书"等为代表。这类著作通常以理论经济学和应用经济学一级学科为基础构建总的研究框架，然后再以其各自的二级学科为单位，逐一展开研究。这类研究的优点是有利于严格遵循经济学的学科体系，涵盖范围较广，学术系统性较强。但是其更加侧重经济思想学术层面的探讨，对经济思想的实践层面探讨不多。而且，一些具有丰富经济思想内容但没有作为独立二级学科存在的领域，未能被这类研究纳入其中。

与此同时，还有一类研究以张卓元主编的《新中国经济学史纲 (1949~2011)》为代表，既包括以时间线索划分的通史性考察，也包含有专题式的研究（如社会主义市场经济理论、所有制理论、企业制度理论、农业经济理论、产业结构与产业组织理论、价格改革理论、宏观经济管理改革理论、财政理论、金融理论、居民收入理论、社会保障理论、对外开放理论等），更好地将经济理论研究与中国重大发展改革问题联系起来。这类研究的优点在于更贴近中国本土的经济问题，不拘泥于经济学科的科目划分。但由于涉及内容广泛但又多以单部著作的形式呈现，篇幅有限，所以对于所考察的经济思想常常难以做到史料丰富详实、分析细致深入。

因此，如何拓宽研究视角、创新研究体系和方法，进而对新中国经济思想的理论变迁与实践探索展开更为全面且系统深入的研究，是"复兴之路：新中国经济思想研究"丛书（以下简称丛书）拟做的探索。

对于中国经济思想的探索与创新研究，需要正确处理好学科导向和问题导向的关系。不能局限于学科导向而忽视中国经济现实问题，应该在确保学科基质的基础上以问题导向开展相关研究。同时，也要认识到，中国经济现实问题中蕴含着学科发展的内在要求、学科延伸的广阔空间、学科机理的不断改变。据此，丛书尝试突破学科界限，构建以重大问题导向为划分依据的研究框架。紧密围绕中国经济建设的目标与诉求、挑战与困境，针对新中国经济发展过程中重大问题的理论探索设计若干子项目，分别以独立专著形式展开研究。这种研究框架，能够更加紧密地融合理论与实践，更加具有问题意识，有助于将中国经济改革与发展中形成的重要经济思想充分吸纳并作系统深入的研究，可视为对上述两种研究体系的一种补充和拓展。

在研究体例和方法上，丛书所含专著将致力于在详尽搜集各领域相关经济思想史料的基础上，一方面对该思想的产生背景、发展演变、阶段特征、突出成果、理论得失、未来趋势等方面进行系统梳理与考察，另一方面则围绕思想中所体现的重大理论与现实问题，在提出问题、捕捉矛盾、厘清思路、建立制度、投入实践乃至构建理论等方面做出提炼与判断。同时将尽可能把握以下几点：

第一，把握各子项目研究的核心问题和主旨线索。因为丛书是以重大理论与现实问题导向为切入口，那么所探讨的经济思想就要能触及中国社会主义经济理论与市场经济建设的关键实质，聚焦问题的主要矛盾，进而更有针对性地串联起相关的经济思想。例如，在"新中国经济增长思想研究"中，著者认为经济增长方式（主要分为外延式和内涵式）的明确、选择与转换，是中国经济增长研究的主旨线索；在"新中国产业发展思想研究"中，著者认为根据不同时期的结构性条件变化，选择发挥外生比较优势的产业发展路径还是塑造内生竞争优势的产业发展路径是经济思想探讨的关键；在"新中国民营经济思想研究"中，不同时期以来我国各界对于民营经济的态度、定位及其在社会主义建设中的角色则是一个重要问题，等等。只有把握住核心问题与主旨线索，才能使得经济思想史的研究更有聚焦，在理论贡献挖掘与现实启迪方面更有贡献。

第二，明确各子项目研究的历史分期。由于各子项目均将以独立专著形式出现，考虑到篇幅及内容的系统性，丛书选择以纵向时间作为基本体例。在历史分期的问题上，丛书主张结合中国宏观经济体制、经济学术及诸多背景环境因素的阶段性变化，但更为根本的是应探索各子项目核心问题的内在发展逻辑，以此作为历史分期的主要依据。所以不同子项目可能会以不同的历史分期作为时间框架。

第三，综合运用多种方法，对各子项目所包含的经济思想进行全面且系统的解读。在运用史料学、历史分析等经济史学传统研究方法的基础上，注重采用现代经济学、经济社会学等相关理论和历史比较制度分析、历史计量分析、经济思想史与经济史交叉融合的研究方法，进而以研究方法的创新来推动观点与结论的立体化与新颖化。

本丛书的策划缘起于我所主持的2017年上海哲学社会科学规划"新中国70周年研究系列"项目——复兴之路：新中国经济思想研究，后有幸被增补为"十三五"国家重点出版物出版规划项目。当然，相关书稿的写作许多在2017年之前就已经开始，有些还是获得国家社科基金资助的著作。最初设计时选取了20个经济思想主题，规划出版20本著作，涵盖了新中国经济思想的许多重要方面，具体包括：新中国经济增长思想研究、新中国经济转型思想研究、新中国对外开放思想研究、新中国经济体制改革思想研究、新中国国企改革思想研究、新中国民营经济思想研究、新中国金融体制改革思想研究、新中国农村土地制度改革思想研究、新中国经济特区建设思想研究、新中国产业发展路径选择的经济思想研究、新中国旅游产业发展与经济思想研究、新中国国防财政思想与政策研究、新中国财税体制改革思想研究、新中国反贫困思想与政策研究、新中国劳动力流动经济思想研究、新中国城镇化道路发展与经济思想研究、新中国区域发展思想研究、新中国城市土地管理制度变迁与经济思想研究、新中国城乡经济关系思想研究、新中国经济理论创新等。后来由于各种原因，至丛书首次出版时完成了其中的13本著作，对应上列20个主题的前13个，其他著作以后再陆续出版。

丛书依托于上海财经大学经济学院。上海财经大学经济学院是中国经济思想史与经济史研究的重要基地和学术中心之一。半个多世纪以来，在以胡寄窗先生为代表的先辈学者的耕耘下，在以谈敏、杜恂诚、赵晓雷教授为代表的学者的努力下，上海财经大学经济思想史、经济史学科的发展对我国经济史学学科的教育科研做出了重要贡献。在学科设置上，经济学院拥有国家重点学科——经济思想史，并设有国内首家经济史学系和上海财经大学首批创新团队"中国经济转型的历史与思想研究"，致力于促进经济思想史和经济史学科的交叉融合，并实行中外联席系主任制、海外特聘教授制等，多渠道、多方式引入海内外优质教育资源，极大地促进了中国经济史学研究的国际化和现代化。

近年来，上海财经大学经济史学系建立起梯队完善、素质较高的人才队伍，聚焦于新中国经济思想史研究，已形成了一批具有影响力的学术成果，为本项目的顺利开展奠定了基础。丛书的写作团队即以上海财经大学经济学院经济史学系的师生、校友为主，其中部分校友任职于复旦大学、深圳大学、上海社会科学院、中国浦东干部学院等高校和科研机构，已成为相关单位的学术骨干。同时，部分书目也邀请了经济学院政治经济学系的几位学者撰写。在整体上，形成了老中青结合、跨学科互补的团队优势与研究特色。当然，由于作者的学科背景有别、年龄层次差异、开始着手研究撰写的时间和前期积累状况不同，以及研究对象的复杂性和整体计划完成的时间有限等原因，丛书中各著作的写作风格并不完全一致，还存在诸多不足，也未能完全达到预期目标，敬请读者批评指正！丛书创作团队将以此批研究成果为基础进一步深化对新中国经济思想的研究。

丛书的出版得到了经济科学出版社的大力支持。此外，丛书也得到了理论经济学上海Ⅱ类高峰学科建设计划项目、上海财经大学中央高校建设世界一流大学学科和特色发展引导专项资金及中央高校基本科研业务费资助项目等的资助。在此一并致谢！

程 霖
2019 年 7 月

目 录
CONTENTS

第一章

导论

第一节　研究背景与研究价值	2
一、理论背景	2
二、现实背景	14
三、研究价值	20
第二节　基本概念与研究范围	21
一、基本概念	21
二、研究范围	26
第三节　研究的历史分期与分期逻辑	28
一、历史分期的理论依据	28
二、历史分期的现实依据	30
三、历史分期的思想特征	37
第四节　研究框架与研究方法	43
一、研究框架	43
二、研究方法	47
三、主要内容	49

第二章

新中国经济转型思想的早期探索与理论贡献研究

第一节　关于社会主义基本经济规律的研究　58
　　一、关于社会主义基本经济规律内容的讨论　59
　　二、关于社会主义基本经济规律作用的讨论　61
　　三、关于商品经济条件下的社会主义基本经济规律的探讨　64

第二节　关于社会主义商品经济的研究　65
　　一、关于商品经济存在性的分析　66
　　二、关于商品经济存在原因的分析　68
　　三、关于商品范畴的分析　73

第三节　关于社会主义价值规律的研究　75
　　一、关于社会主义条件下是否存在价值规律的探讨　75
　　二、关于社会主义条件下价值规律作用的探讨　77
　　三、价值规律与国民经济有计划按比例发展规律的关系　81

第四节　关于社会主义按劳分配的研究　83
　　一、关于"劳"的内涵分析　85
　　二、关于按劳分配的劳动尺度的分析　90
　　三、关于劳动报酬形式的分析　92

第五节　关于社会主义经济体制改革的研究　95
　　一、关于集权和分权关系的探讨　95
　　二、关于计划和市场关系的探讨　97
　　三、关于管理体制改革的探讨　99

第六节　早期探索阶段经济转型思想的理论贡献和政策绩效分析　103
　　一、早期探索阶段经济转型思想的理论贡献　103
　　二、早期探索阶段经济转型思想的政策践行与经济绩效　107

第三章

新中国经济转型思想的自觉探索与形成逻辑研究

第一节　关于经济转型的历史背景与目标探讨　　116
　一、关于计划经济体制弊端的反思　　116
　二、关于社会主义初级阶段理论的探讨　　120
　三、关于社会主义条件下市场经济的可行性探索　　123
第二节　关于经济转型的方向性探索　　128
　一、关于坚持和完善计划经济体制的讨论　　129
　二、关于坚持计划与市场相结合的讨论　　130
　三、关于强化市场经济作用的讨论　　135
　四、关于经济转型具体路径改革的讨论　　136
第三节　关于经济转型自觉探索阶段的政策践行分析　　152
　一、关于农村经济改革的践行　　153
　二、关于国有经济改革的践行　　155
　三、关于非公有制经济改革的践行　　157
　四、关于价格改革的践行　　158
　五、关于政府职能改革的践行　　160
第四节　自觉探索阶段经济转型思想的形成逻辑与绩效分析　　162
　一、自觉探索阶段经济转型思想的理论成果　　162
　二、自觉探索阶段经济转型思想的形成逻辑　　163
　三、自觉探索阶段经济转型思想的制度绩效与经济绩效　　166
　四、双轨制的问题与进一步改革的方向　　176

第四章

新中国经济转型思想的全面探索与践行绩效研究

第一节 关于经济转型背景的探索	183
一、关于姓"资"姓"社"大讨论的分析	183
二、关于社会主义本质的分析	185
第二节 关于经济转型方向的探索	187
一、关于转型目标的分析	188
二、关于市场经济的分析	190
三、关于社会主义市场经济属性与特征的分析	194
第三节 关于全面推进市场化转型的探索	204
一、关于市场主体培育的分析	204
二、关于市场体系培育的分析	209
三、关于政府与市场关系的分析	215
第四节 关于市场化转型路径的选择	223
一、关于经济转型模式立足点的分析	224
二、关于"激进式改革"模式的分析	225
三、关于"渐进式改革"模式的分析	227
第五节 全面探索阶段经济转型思想的政策践行和绩效分析	232
一、全面探索阶段经济转型思想的形成逻辑与分析	232
二、全面探索阶段经济转型思想的政策践行	237
三、全面探索阶段经济转型思想的理论成果	244
四、全面探索阶段经济转型思想的绩效评价	248

第五章

新中国经济转型思想的深化探索与理论创新研究

第一节　关于经济"新常态"的探索	258
一、经济"新常态"思想的形成脉络	258
二、关于经济"新常态"理论内涵的探讨	264
三、关于经济"新常态"对思想转型要求的探讨	267
第二节　关于"新发展理念"的探索	272
一、"新发展理念"的形成脉络	272
二、关于"新发展理念"理论内涵的探讨	275
三、关于"新发展理念"思想引领作用的探讨	279
第三节　关于"现代化经济体系"的探索	283
一、"现代化经济体系"的形成脉络	283
二、关于"现代化经济体系"理论内涵的探讨	284
三、关于"现代化经济体系"实践路径的探讨	287
四、关于"现代化经济体系"思想价值的探讨	289
第四节　关于"人类命运共同体"的探索	291
一、"人类命运共同体"理念的形成脉络	291
二、关于"人类命运共同体"理论内涵的探讨	293
三、关于"人类命运共同体"实践路径的探讨	297
四、关于"人类命运共同体"思想价值的探讨	299
第五节　深化探索阶段经济转型思想的创新逻辑与践行绩效分析	301
一、深化探索阶段经济转型思想的创新逻辑	301
二、深化探索阶段经济转型思想的政策践行	305
三、深化探索阶段经济转型思想的绩效评价	309
四、深化探索阶段经济转型思想的理论贡献	317

第六章

尾论

第一节 新中国经济转型思想的演变逻辑	320
一、新中国经济转型思想的变迁路径	320
二、新中国经济转型思想的演化逻辑	329
第二节 新中国经济转型思想的作用因素	336
一、理论因素	337
二、实践因素	341
三、政府因素	345
第三节 新中国经济转型思想的作用效应	348
一、经济绩效	348
二、理论贡献	360

参考文献	367
后记	400

第一章

导　论

本书旨在研究 1949~2019 年，中国经济转型思想的发展和演变：一是依据经济转型历史，划分中国经济转型的阶段；二是分阶段分析经济转型思想的主要内容与特点、各阶段转型思想对经济转型实践的指导意义及其不足等。试图厘清经济转型思想的变化路径与规律，阐明作用于经济转型思想的影响因素，探明发展转型经济思想的原则和路径，以期在新时代中国特色社会主义建设时期，为进一步深化转型提供方向性指导。

第一节　研究背景与研究价值

自 1917 年第一个社会主义国家苏维埃俄国诞生以来，国际经济形势发生了波澜诡谲的变化。社会主义国家在没有经验可以借鉴，也没有成熟理论进行指导的历史条件下，开始了建设社会主义制度的探索。在这一艰难的探索过程中，第一个社会主义大国苏联解体并转向资本主义制度，东欧的社会主义国家也纷纷放弃了社会主义制度。而中华人民共和国作为一个发展中大国，在坚持社会主义制度的基础上，走出了一条从计划经济体制向市场经济体制转型的成功道路，在经济建设和社会发展的方方面面取得了举世瞩目的伟大成就。其独特的建设道路被誉为"中国模式"，由世界银行高度肯定，并向发展中国家推广。转型实践的成功离不开转型理论的指导，转型理论的发展又与转型实践之间存在矛盾统一的辩证关系。为此，研究中国经济转型思想的发展和演变，对于总结中国以建设社会主义事业为目标为推行的经济转型之路的成功经验和教训，以及指导转型最终完成，具有十分重要的理论和现实意义。

一、理论背景

经济、文化落后的国家从事社会主义伟大事业的建设，必须解决两个问题，一是什么是社会主义，二是怎样建设社会主义。苏联、东欧国家在社会主义建设和经济体制改革过程中对这一问题的思考与回答；社会主义阵营与资本主义阵营关于计划经济体制和市场经济体制有用性的争论以及公有制能否与市场经济兼容等问题的讨论，形成了中国建设社会主义的理论基础，也为中国经济转型提供了理论参考。

（一）经典作家对社会主义基本特征与建设方式的论述

1. 马克思和恩格斯对"未来社会"的构想

19世纪中期，马克思、恩格斯以无产阶级革命在发达资本主义国家首先取得胜利为前提，依据发达资本主义国家的社会经济情况，对未来社会的基本轮廓进行了科学的预测。由于所处历史阶段的局限，他们没有明确区分社会主义社会和共产主义社会，认为取代资本主义的未来社会在经济方面的基本特征包括单一的生产资料公有制、没有商品货币关系的计划经济体制和按劳分配。

一是消灭了生产资料私有制，实行单一的生产资料公有制；一切生产部门由社会全体成员参加的自由平等的生产者联合体来管理。"使整个社会直接占有一切生产资料—土地、铁路、矿山、机器等，让它们供全体和为了全体的利益而共同使用"。[①]

二是商品货币关系退出了历史舞台，消除了生产的无政府状态，有计划地组织社会生产。"在一个集体的，以生产资料公有制为基础的社会中，生产者不交换自己的产品；用在产品上的劳动，在这里也不表现为这些产品的价值，不表现为这些产品所具有的某种物的属性，因为这时，同资本主义社会相反，个人的劳动不再经过迂回曲折的道路，而是直接作为总劳动的组成部分存在着"。[②] "一旦社会占有了生产资料，商品生产就将被消除，而产品对生产者的统治也将随之消除。社会生产内部的无政府状态将为有计划的自觉的组织所代替"[③] "生产资料的全国性的集中将成为由自由平等的生产者的各联合体所构成的而社会的全国性的基础，这些生产者将按照共同的合理的计划进行社会劳动"[④]。

[①]《马克思恩格斯选集》（第4卷），人民出版社1995年版，第390页。
[②]《马克思恩格斯选集》（第3卷），人民出版社1995年版，第303页。
[③]《马克思恩格斯选集》（第3卷），人民出版社1995年版，第633页。
[④]《马克思恩格斯选集》（第3卷），人民出版社1995年版，第130页。

三是个人消费品分配将实行按劳分配原则。"每一个生产者,在做了各项扣除以后,从社会领回的,正好是他给予社会的。他给予社会的,就是他个人的劳动量。例如,社会劳动日是由全部个人劳动小时构成的;各个生产者的个人劳动时间就是社会劳动日中他所提供的部分,就是社会劳动日中有他的一份。他从社会领得一张凭证,证明他提供了多少劳动(扣除他为公共基金而进行的劳动),他根据这张凭证从社会储存中领得一份耗费同等劳动量的消费资料。他以一种形式给予社会的劳动量,又以另一种形式领回来。……消费资料在各个生产者中间的分配……通行的是商品等价物的交换中通行同一原则,即一种形式的一定量劳动同另一种形式的同量劳动相交换"。①

2. 列宁的社会主义观与"新经济政策"

现实中社会主义的胜利超出了马克思和恩格斯的设想,率先在经济文化落后的国家取得了胜利。马克思和恩格斯对未来社会主义制度的构想,一方面成为早期社会主义国家的实践指南;另一方面,列宁结合苏维埃俄国经济文化落后的实际情况,对社会主义的基本特征做出了新的探索。

列宁首先将共产主义社会分为初级阶段和发达阶段,将共产主义的初级阶段明确地称为社会主义,这是对社会主义是什么问题的回答。他同时指出,社会主义社会的生产资料公有制有两种形式,即国家所有制和合作社所有制。

在社会主义建设方式的探索方面,列宁认识到,苏维埃俄国这样的落后大国建设社会主义,面临的历史条件与马克思和恩格斯设想的未来社会有所不同,无法直接过渡到马克思和恩格斯所设想的"纯"社会主义。为此,他推行了"新经济政策",提出在一定时期内允许多种经济成分发展,发展商品货币关系、发展市场等。

在生产资料所有制结构方面,"新经济政策"在一定时期内允许多种经济成分发展,但要求处理好公有制与非公有制经济成分的发展关系。一方面,列宁始终强调了生产资料公有制的主体地位,他认为,只有公有制

---

① 《马克思恩格斯选集》(第3卷),人民出版社1995年版,第304~305页。

才能保障社会主义的发展方向，国营企业应当在经济发展中发挥主要作用，国有企业应当适应市场，积极参与商品生产和商品流通，并在其中发挥优势作用。他说："如果苏维埃政权把自己的大部分工厂拿去租让，那是十分荒唐的；那就不是租让，而是复辟资本主义"①；另一方面，列宁认为，只要正确处理了公有制经济与非公有制经济的比例和结构，那么非公有制经济的发展不会改变社会主义的基本性质，他提出："让小工业在一定程度上发展起来吧，让国家资本主义发展起来吧，这对于苏维埃政权并不可怕；苏维埃政权应该正视现实，直言不讳，但它必须对此加以控制，规定这样做的限度。"② 同时，列宁一贯强调应依据社会主义国家的法律，对非公有制经济进行严格监管。③

在对商品货币和市场关系的认识上，列宁最初认为，社会主义应彻底消灭商品生产关系④。但在随着新经济政策的推行，他认识到了社会主义社会还存在着商品货币关系，商品、价格、市场、利润、经济核算等还起作用。他强调了当时的经济发展情况下，发展商业对于国家经济发展的重要性，因此提出了发展商品货币关系、发展市场的构想。同时他认为按劳分配的实现必须借助商品货币关系和贸易。不过，列宁始终坚定地认为经济计划关系到社会经济发展的全局，并且将新经济政策推行的商品交换与自由贸易等方式看成保障经济计划完成与实施的手段。他指出："新经济政策不是要改变统一的国家经济计划，不是要超出这个计划的范围，而是要改变实现这个计划的办法"。⑤

整体而言，列宁始终认为社会主义社会的本质特征是单一的生产资料公有制和计划经济体制，始终将商品货币关系与市场与资本主义相联系。但他并不认为"新经济政策"是落后国家建设社会主义的长期方针，而是将其作为向社会主义过渡阶段的条件下不得已选择的政策，甚至是向资本主义的"退回"。⑥

---

①② 《列宁全集》（第41卷），人民出版社1986年版，第151页。
③ 《列宁全集》（第42卷），人民出版社1987年版，第428页。
④ 《列宁全集》（第36卷），人民出版社1985年版，第335页。
⑤ 《列宁全集》（第52卷），人民出版社1988年版，第40页。
⑥ 《列宁专题文集·论社会主义》，人民出版社2009年版，第205、285～286页。

3. 斯大林的社会主义经济模式理论

列宁逝世后,斯大林在苏联整体经济形势有所好转的基础上,开始在工业、商业等各个领域彻底消灭资本主义,逐步建立起以单一公有制为基础的高度集权的计划经济体制。斯大林对社会主义经济制度的认识包括:

第一,生产资料公有制是社会主义生产关系的经济基础,包括全民所有制和集体所有制两种基本形式。同时他认为,国家所有制优于集体所有制,集体所有制必须向国家所有制过渡。因此,苏联在社会主义建设的过程中,始终追求纯而又纯的社会主义经济,追求彻底消灭非公有制经济。

第二,社会主义经济是计划经济。这种计划是指令性计划,"各领导机关必须执行,这种计划能决定我国经济在全国范围内将来的发展方向"① 这一看法成为苏联建立高度集中的计划经济体制和高度集权的行政管理体制的指导思想。这一体制在当时条件下具有必要性,因为它能集中财力进行建设,可是没有后劲,因为它是以牺牲农业、轻工业、抑制人民生活水平为代价的。②

第三,按劳分配制度是社会主义个人消费品的分配原则,必须取消平均主义,打破旧的工资等级制度,"各尽所能,按劳分配"。

第四,社会主义仍然存在商品生产和价值规律的作用。社会主义制度下存在两种公有制形式是商品生产存在的原因。但社会主义商品生产不同于资本主义,是没有资本家参加的商品生产,反映了联合起来的社会主义劳动者之间的互助互利关系,是为社会主义事业服务的。社会主义条件下,只有个人消费品才是商品,生产资料和劳动力都不是商品。商品生产和资本主义不存在必然联系,"不能将商品生产和资本主义生产混为一谈"③。

在怎样建设社会主义方面,斯大林在理论上做了四方面探讨:一是认为建设社会主义必须以发展工业为起始点,为此,将优先发展重工业作为

---

① 《斯大林全集》(第10卷),人民出版社1954年版,第280页。
② 陈先达:《论马克思主义在巩固和完善社会主义制度中的指导地位》,载于《马克思主义研究》1995年第1期。
③ 《斯大林文选》(下),人民出版社1962年版,第581页。

工业化的中心任务①，将高速发展社会主义重工业作为"赶超"资本主义国家的必然途径。二是将阶级斗争看成推动社会主义建设的动力②。三是探讨了社会主义经济发展规律。阐明了社会主义基本经济规律的主要内容是"用在高度技术基础上使社会主义生产不断增长和不断完善的办法，来保证最大限度地满足整个社会经常增长的物质和文化需要。"③ 社会主义基本经济规律决定国民经济有计划按比例发展规律，国民经济有计划按比例规律的作用只有在它以社会主义基本经济规律为依据时才能得到充分发挥。四是在利用价值规律方面，斯大林认为，价值规律对生产领域起影响作用，国家要利用价值规律进行经济核算，计算成本和盈利；在流通领域，价值规律在一定范围内保持不同程度的调节作用④。

斯大林承认了商品经济、商品生产和价值规律在社会主义制度下的存在性，是对马克思主义基本原理的发展，但始终未能摆脱产品经济的束缚，也未能正确认识价值规律和社会主义基本经济规律以及国民经济有计划按比例发展规律的内在统一性。

经典作家对社会主义本质特征的回答，以及苏联在社会主义建设方式上的理论探讨，构成了中国建设社会主义的理论依据以及经济转型思想的理论起点。

（二）市场社会主义理论的相关争论

自科学社会主义理论提出以来，理论界就对社会主义条件下经济能否有效运行产生了质疑。而当社会主义从理论变为现实后，伴随着高度集中的计划经济体制在实践中面临的困难，探索在社会主义条件下引入市场机制，成为过去一个多世纪里社会主义理论和实践发展中的核心问题⑤。这种探讨的重要理论成果之一是形成了市场社会主义理论。而围绕市场社会主义理论展开的相关争论，也构成了转型经济学的重要理论来源。

---

① 《斯大林全集》（第10卷），人民出版社1954年版，第112~113页。
② 《斯大林文选》（上），人民出版社1962年版，第129页。
③ 《斯大林文选》（下），人民出版社1962年版，第602页。
④ 《斯大林文选》（下），人民出版社1962年版，第585~586页。
⑤ 刘伟、范从来、黄桂田主编：《现代经济学大典（转型经济学分册）》，经济科学出版社2016年版，第30页。

市场社会主义理论从形成至今已经经历了五个发展阶段，前四个阶段主要围绕计划与市场的关系展开，到了第四个阶段后期，公有制与市场经济的结合问题逐步成为主要议题①。

市场社会主义理论发展的第一阶段，学者们认识到不能使用实物单位进行经济核算，而必须求助于价值符号。即必须用价格来解决社会主义条件下的经济计算问题②。他们认为，可以在社会主义条件下建立完全竞争机制，实现一般均衡价格体系，达到资源有效配置，并提出运用"试错法"来求解均衡方程③。

第二阶段，学者们认识到为了确立商品准确的价格，应当使用计算机来求解复杂的方程。但自由学派的经济学家如米塞斯和哈耶克等认为这种计算方法不具备可行性。他们指出，第一，社会主义经济中存在"计算问题"。由于社会主义缺乏资本市场，资本价格无法有效确定，从而使得计划经济体制缺乏资源配置效率④。第二，传统社会主义经济中的信息问题导致一般均衡理论不适用。因为市场机制不仅是资源配置机制，更是一个信息传导机制，其价值在于能够提供一个自动和快速的信息机制，使得决策者可以对市场信息做出迅速反应。在缺乏市场情况下，为制定合理的社会计划需要进行大量运算，等到运算结果得出时，信息早已过时。同时由于现实社会价格变化的关联性与复杂性，中央计划者无法对价格变动进行迅速调整。⑤ 第三，传统社会主义经济中存在激励问题。一方面，社会主义经济中，企业管理者缺乏激励，这一缺陷源于计划当局的奖优惩劣的激励机制存在内部不统一⑥；另一方面，可能出现企业家越努力，好业绩出现可能性越大，但相应评价标准更高的"棘轮效应"⑦。

兰格对米塞斯和哈耶克等的回应，标志着市场社会主义理论进入了第

---

①② 张宇：《市场社会主义理论的回顾与反思》，载于《教学与研究》1997年第9期。
③ 刘伟、范从来、黄桂田主编：《现代经济学大典（转型经济学分册）》，经济科学出版社2016年版，第30页。
④ 路德维希·冯·米塞斯：《社会主义经济制度下的经济计算》，载于《现代国外经济学论文选》第九辑，商务印书馆1986年版。
⑤ 弗里德里希·冯·哈耶克著，冯克利译：《哈耶克文选》，江苏人民出版社2007年版。
⑥ 路德维希·冯·米塞斯著，王建民译：《社会主义：经济与社会学的分析》，中国社会科学出版社2008年版。
⑦ Berliner, J., Factory and Manager in the Soviet Union, Cambridge: MIT Press, 1957.

三阶段。他主张引入市场用竞争的办法来解决经济平衡的问题，阐述了如何在传统公有制与计划经济的框架内运用市场，使得计划模拟市场或市场与计划并存。在兰格模式中，假定生产资料公有制，不存在资本市场，但仍存在消费品和劳动力市场。中央计划机构依据"试错法"，模拟市场决定产品的价格，通过一系列试错程序，中央计划当局能制定出一套使所有产品供求都相等的"均衡价格"体系。由于中央计划当局相对于私人企业对整个经济体制动态的了解要充分得多，因此通过这种"试错法"实现的经济均衡将比真正的市场调节迅速得多[①]。兰格模式的实质是中央计划与市场之间的调和，具有重要的理论意义。然而，兰格的思想并未付诸实践，并且兰格模式没有从根本上解决中央计划手段的信息问题以及政策制定者的激励问题。

市场社会主义理论的第四阶段是 20 世纪中期以后，社会主义国家出现了各种市场化的理论与实践。针对社会主义实践中高度集中的中央计划经济模式面临的困难，以及社会主义国家市场化改革的实践，理论界对市场与公有制以及市场与计划的结合模式进行了进一步探索，主要包括布鲁斯、锡克和科尔奈等的观点。

布鲁斯提出了"有调节的市场机制的计划经济模式"。他认为："在社会主义生产关系的范围内，不仅可能而且必须采用不同的模式"，包括集权和市场分权两种模式。集权模式具有米塞斯等论述的中央计划模式的弊端，而"包含市场机制的计划经济"这一分权模式，通过中央与地方进行分级经济决策，既可以保留中央计划站在全社会宏观经济角度进行决策的优势，又可以利用市场机制的优势[②]。

锡克描述了一种"社会主义的计划性市场经济模式"。他认为，资本主义的利益矛盾不可克服，传统社会主义经济体制也存在弊端，因此社会主义改革必须不同于资本主义，又彻底跳出苏联模式。锡克打破了"计划必须直接控制生产"的信条，指出了社会主义经济中计划与市场相结合的必要性。这种模式的特征如下：（1）资本中立化；（2）对宏观经济进行

---

① 奥斯卡·兰格著，王宏昌译：《社会主义经济理论》，中国社会科学出版社 1981 年版。
② 弗·布鲁斯著，周亮勋、荣敬本、林青松译：《社会主义经济的运行问题》，中国社会科学出版社 1984 年版。

计划管理；（3）保持市场的基本职能；（4）加强政治民主，实现真正的社会变革。①

科尔奈主张在计划经济内导入市场机制模式。他指出，计划经济中经常出现消费资料和生产资料短缺的倾向，要消除短缺，必须从体制改革入手。他还提出了著名的"预算软约束"理论：国有企业面临的预算软约束，使公司经理没有动机认真执行中央的指示，由此使得中央不可能对企业进行财政控制。此外，企业负责人的遴选、晋升和罢免更多地基于对党的领导人的忠诚，而非企业的业绩。为此，科尔奈提出，通过市场机制，使得企业预算约束硬化，从"模拟货币经济"转为"货币经济"以实现企业自身完善的社会主义经济政策。科尔奈同时指出，市场调节并不能成为完善地调节经济的唯一手段，但他主张在大部分领域内用市场机制调节代替行政调节。②

上述理论对于社会主义经济理论的发展具有重要影响，在计划与市场的结合和商品市场的发育方面取得了很大进展，但是对于企业的激励和约束问题以及要素市场的形成问题，无论在理论上还是实践上都缺乏有效的解决办法。此外，也未能真正解决公有制与市场经济的有效结合问题。上述不足是苏东社会主义实践失败的重要原因之一③。

到了市场社会主义理论第四阶段的后期，理论界通过研究匈牙利、前南斯拉夫等国家的经济改革，发现他们的确在解决计划与市场关系的问题上取得了一定的进展，但没有解决公有制企业能不能以及如何适应市场机制的问题④。

这一阶段，市场社会主义理论的反对派提出了新的观点，一是委托—代理问题存在下的社会主义经济中的政府管理者的激励问题，由于传统社会主义经济本质上是一套官僚体制，因此政府和计划制订者可能并不总是

---

① 奥塔·希克著，张斌译：《第三条道路》，人民出版社 1982 年版；奥塔·锡克：《一种未来的经济体制》，中国社会科学出版社 1989 年版。
② 雅诺什·科尔奈著，张晓光、李振宁、黄卫平译：《短缺经济学》，经济科学出版社 1986 年版。
③④ 张宇：《市场社会主义理论的回顾与反思》，载于《教学与研究》1997 年第 9 期。

以实现最高效率的资源配置为目标①。二是公有制与市场经济结合的效率问题。产权学派认为，产权清晰界定和由此产生的让所有者得到全部剩余的激励是市场经济成功的根本原因，而社会主义和市场社会主义产权模糊，必然会损害该制度的效率。斯蒂格利茨在《社会主义向何处去》（*Whither Socialism*）一书中以信息经济学为依据，对市场社会主义模式进行了全面的批判：（1）市场社会主义在价格体系的设定中以新古典教条为基础，但事实上市场经济中的经济关系并不是通过线性价格进行调节的。（2）委托—代理理论指出，转型国家国有企业的参与决策人的利益与社会目标极少是一致的，因而转型国家的国有企业不总会自动追求"社会目标"；（3）开放经济中，旧的计划模式中心的物资平衡方程已经变得没有多大意义；（4）由于任何人都不可能掌握决策所需要的所有信息，因而计划的成效难以保证；（5）在产权明晰的情况下，由于公共品和外部性的存在，也可能导致市场无效率；（6）在市场和国有企业之间没有第三条道路可走。②

基于对上述批判的回应，20 世纪 90 年代后，市场社会主义理论体系进入了发展的第五阶段。他们提出，通过改革企业制度的理论模式，促使在社会主义公有制的基础上完善资本市场关系和委托代理关系，实现公有制、市场机制和经济效率的统一③。这一理论强调市场的主导作用，强调只有在市场无法奏效的地方才运用政府干预。在模式设计上，主要包括戴维·施韦卡特的"经济民主的市场社会主义模式"，约翰·罗默的"证券市场社会主义模式"，以及戴维斯·杨科的"实用的市场社会主义模式"等。④ 但是上述模式已经不再强调生产资料公有制的必要性，因此在某种意义上已经脱离了社会主义经济理论的范畴，并且同兰格模式一样，这些模式还缺乏实践的推行与检验。

---

① Shleifer, A., Vishny, R. Politicians and Firms, Quarterly Journal of Economics, Vol. 109, No. 4, Nov., 1994.
② 约瑟夫·斯蒂格利茨著，周立群、韩亮、余文波译：《社会主义向何处去》，吉林人民出版社 1998 年版。
③ 张宇：《市场社会主义理论的回顾与反思》，载于《教学与研究》1997 年第 9 期。
④ 刘伟、范从来、黄桂田主编：《现代经济学大典（转型经济学分册）》，经济科学出版社 2016 年版，第 32 页。

（三）转型经济学及其发展

转型经济学是20世纪90年代迅速发展起来的以计划经济国家向市场经济转型实践为主要研究对象，以转型国家的转型目标、转型路径和转型绩效为主要研究内容的经济学分支。[①]

转型经济学属于新制度经济学范畴，主要研究计划经济向市场经济的制度变迁，研究内容主要包括四方面：一是大规模制度变迁中的经济制度的动态机制；二是市场经济体制的各个组成部分在制度变迁中相互之间的作用；三是导致经济增长和经济衰退的制度基础；四是经济转型中的路径依赖。[②]

转型经济学的产生可以追溯到米塞斯与兰格进行的社会主义经济理论大论战。这场论战及其后的相关理论后果，不仅形成了市场社会主义理论，也构成了转型经济的理论来源。除了前文介绍的市场社会主义理论及其相关论战中包含的理论观点外，学者还分别运用了新古典经济学、新制度经济学、发展经济学、信息经济学、演化经济学、法和经济学以及比较经济学等最新理论研究成果，从不同侧面对经济转型过程中出现的一系列新问题进行了深入的分析。

转型经济学的学术研究主要经历了三个阶段。第一阶段是20世纪90年代初到90年代中期，主要通过比较研究苏东国家与中国的转型方式和路径，试图解释二者在经济绩效方面出现巨大反差的原因；第二阶段是20世纪90年代后期，经济学家开始认识到，并日益倾向于论证经济转型方式和道路的多样性，更多地关注在转型可行性区域中的多种可能及其优化选择的条件和背景；第三阶段是21世纪以后，转型经济学开始注重从能否保证经济增长与经济发展的可持续角度来对中国和前苏东国家的经济转型加以分析，从而重新对经济转型"好不好""完没完"等一系列问题与经济转型的绩效评估和进程测度密切相关的问题展开分析。[③]

[①] 刘伟、范从来、黄桂田主编：《现代经济学大典（转型经济学分册）》，经济科学出版社2016年版，第1页。
[②] 洪银兴主编：《转型经济学》，高等教育出版社2008年版，第9页。
[③] 景维民、孙景宇等编著：《转型经济学》，经济管理出版社2008年版，第3页。

第一章 导论

从转型经济学的研究内容与发展阶段可以看出，转型路径及其绩效的比较分析始终是转型经济学关注的中心议题。因为经济转型的路径正确与否，是决定经济转型成败的关键因素。理论界从转型的速度、转型战略构成和转型的次序角度对经济转型的路径进行了划分。①

一是转型速度路径说，按转型速度将转型的路径概括为激进式转型和渐进式转型两种，这实质是对计划经济体制向市场经济体制的转型方式的划分。激进式的经济转型路径由"华盛顿共识"所倡导，强调价格自由化、紧缩的货币政策和平衡预算与稳定宏观经济、国企私有化以引进利润最大化行为等主要内容，主张以"大爆炸"或"休克疗法"迅速实现企业的私有化和价格的自由化②，通过一步到位的激进方式实现社会主义国家从计划经济体制向市场经济体制的转轨。在改革计划方面，主张实施激进而全面的改革计划，在尽可能短的时间内进行尽可能多的改革，注重改革终极目标的达成。③ 渐进式的经济转型路径倡导循序渐进，指通过部分的和分阶段的改革，在尽可能不引起社会震荡的前提下循序渐进地实现改革目标，注重改革过程。支持这一路径的学者认为，成功的资本主义经济是由各种制度所形成的，因此改革需要循序渐进④。

二是转型战略路径说，按照转型的战略构成将转型路径概括为有机发展战略路径和加速私有化战略路径两种⑤。其中，有机发展战略路径主要包括：（1）创造有利条件提升私有部门在国民经济中的地位；（2）对大多数国有企业实行私有化等；（3）防止国有财产以任何形式无偿分配；（4）决定所有权结构的出售方案；（5）硬化对企业的预算约束，以维持金融秩序，确保市场经济有效运行等。加速私有化战略路径主要包括：（1）尽快消灭国家所有制；（2）以无偿分配的方式进行私有化；（3）形成分散的所有权结构等。

---

① 黄南、张二震：《经济转型的目标、路径与绩效：理论研究述评》，载于《经济评论》2017 年第 2 期。

② Sachs, Jeffrey D., Wing Thye Woo, Xiaokai Yang. "Economic Reforms and Constitutional Transition". Annals of Economics and Finance, 2000, 2 (1): 435 – 491；热若尔·罗兰著，张帆等译：《转型与经济学》，北京大学出版社 2002 年版，第 306 ~ 311 页。

③④ 热若尔·罗兰著，张帆等译：《转型与经济学》，北京大学出版社 2002 年版，第 306 ~ 311 页。

⑤ János Kornai. The Road to a Free Economy. New York City: W. W. Norton & Company Inc., 1990.

三是转型次序路径说，基于转型的次序对转型路径进行划分。这种观点认为经济市场化有一个"最优"次序，政府不能也不该同时实行所有的市场化政策。而应该依据转型的初始条件，循序渐进地推行市场化步骤。[1]

比较对转型路径的三种划分方式可以发现，"转型战略路径说"以不同的战略措施架构决定转型的路径，而不同的战略措施组成恰恰导致了转型速度的快慢。实际与激进式和渐进式转型路径的分类是一致的。而"转型次序路径说"实际主张渐进式转型。因此，不妨将转型路径归纳为"激进式"和"渐进式"两种。

经典作家对社会主义本质和社会主义建设方式的基础性描述需要结合社会主义国家的实际情况进行调整与发展；自由学派对中央计划经济体制弊端的分析具有一定的合理性；市场社会主义理论的成果也在不同阶段对中国社会主义制度建设以及从计划经济体制向市场经济体制的转型提供了重要借鉴。但是，现有市场社会主义理论也存在局限和不足，要么其理论模型并未得到实施，要么在其指导下的苏联与东欧国家的经济体制改革宣告失败，并且其第五阶段的发展在解决公有制与市场经济结合问题时，实际放弃了坚持公有制的主张。同时，坚持以社会主义制度和公有制主导地位的中国经济转型实验却至少已经接近成功。中国理论界对上述理论进行了怎样的批判性借鉴与发展，是研究中国经济转型思想形成、演变与发展的理论意义所在。这一研究将丰富转型经济理论的内容并拓展其外延。

二、现实背景

1949年中华人民共和国成立以来，开始了在贫穷落后的农业大国的基础上建设社会主义制度的伟大探索。70年来，经济社会发展取得了重大成就，经济社会结构也发生了重大转变。

一是经济持续高速增长，人民生活水平不断改善。如表1-1所示，

---

[1] 麦金农：《经济自由化的顺序——向市场经济转型中的金融控制》，中国金融出版社1993年版；斯蒂格利茨：《社会主义向何处去》，吉林人民出版社1998年版；樊纲、胡永泰：《"循序渐进"还是"平行推进"？——论体制转轨最优路径的理论与政策》，载于《经济研究》2005年第1期。

自从中华人民共和国成立以来，国内生产总值从1952年的679.1亿元增加到2018年的900309.5亿元，年均增长率达到8.37%，人均GDP年均增长率达6.9%。居民消费水平从1952年的80.0元上升到25002.0元，年均增长9.34%。恩格尔系数显著下降，农村居民恩格尔系数从1957年的65.7%下降到2018年的30.1%，城镇居民恩格尔系数从1978年的57.5%下降到2018年的27.7%。城镇居民恩格尔系数均下降到了40%的富裕线以下。[①]

表1-1　　　　　1952~2018年中国经济增长与居民消费情况

年份	GDP 绝对值（亿元）	GDP 增长率（%）	人均GDP 绝对值（元）	人均GDP 增长率（%）	居民消费水平 绝对值（元）	居民消费水平 增长率（%）	恩格尔系数（%） 城镇	恩格尔系数（%） 农村
1952	679.1	—	119.0	—	80.0	—	—	—
1955	911.6	6.9	150.0	4.6	99.0	7.6	—	—
1960	1470.1	0.0	220.0	-0.2	111.0	6.7	—	—
1965	1734.0	17.0	242.0	14.2	133.0	4.7	—	68.5
1970	2279.7	19.3	279.0	16.1	147.0	3.5	—	—
1975	3039.5	8.7	332.0	6.8	167.0	2.5	—	—
1980	4587.6	7.8	468.0	6.5	238.2	14.5	56.9	61.8
1985	9098.9	13.4	866.0	11.9	440.3	23.7	53.3	57.8
1990	18872.9	3.9	1663.0	2.4	831.2	5.9	54.2	58.8
1995	61339.9	11.0	5091.0	9.8	2330.0	29.5	50.1	58.6
2000	100280.1	8.5	7942.0	7.6	3721.4	11.2	39.4	49.1
2005	187318.9	11.4	14368.0	10.7	5770.6	12.3	36.7	45.5
2010	412119.3	10.6	30808.0	10.1	10918.5	14.8	35.7	41.1
2018	900309.5	6.6	64644.0	6.1	25002.0	9.0	27.7	30.1

资料来源：中国经济网统计数据库宏观年度库。

---

① 资料来源：中国经济网统计数据库宏观年度库。

二是工业化现代化进程逐步深化。城市化进程不断推进,以城镇人口占总人口的比重表示城市化率,从1949年的10.6%增加到了1980年的19.3%,再到2018年的59.6%;工业化程度不断增加,以工业增加值占总产值的比重表示工业化率,从1955年的21%增加到1980年的43.9%,其后有所波动,到2018年为33.9%;产业结构不断趋于合理化和现代化,第一产业占总产值的比重从1955年的46.2%下降到2018年的7.2%,第二产业占总产值比重从1955年的24.3%上升到2018年的40.7%,第三产业占总产值的比重从1955年的29.5%上升到2018年的52.2%(见图1-1)。

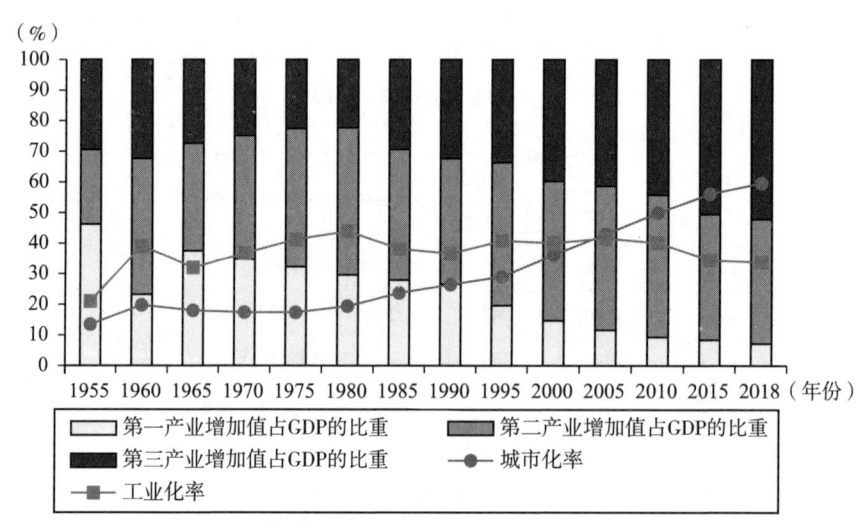

图1-1 城市化率、工业化率以及产业结构比重情况

资料来源:中国经济网统计数据库宏观年度库。

三是对外开放程度不断加深。如表1-2所示,进出口总额占GDP的比重在1955年和1980年均为12%左右,中间经历了显著下滑,然后从1980年的12.4%迅速增长到2005年的最高点62.4%,后又下降到2018年的33.9%。实际利用外资金额自1983年有统计数据以来,从1983年的22.61亿美元,增长到2018年的1349.7亿美元。①

---

① 资料来源:中国经济网统计数据库宏观年度库。

表 1 – 2　　　　　　　　1950～2018 年中国进出口情况

年份	进出口总额（亿美元）	出口额（亿美元）	进口额（亿美元）	实际利用外资金额（亿美元）	进出口总额占GDP的比重（%）
1950	11.3	5.5	5.8	—	
1955	31.4	14.1	17.3	—	12.0
1960	38.1	18.6	19.5	—	8.7
1965	42.5	22.3	20.2	—	6.8
1970	45.9	22.6	23.3	—	5.0
1975	147.5	72.6	74.9	—	9.6
1980	381.4	181.2	200.2	—	12.4
1985	696.0	273.5	422.5	47.6	22.7
1990	1154.4	620.9	533.5	102.9	29.5
1995	2808.6	1487.8	1320.8	481.3	38.3
2000	4743.0	2492.0	2250.9	593.6	39.2
2005	14219.1	7619.5	6599.5	638.1	62.4
2010	29740.0	15777.5	13962.5	1088.2	48.9
2015	39530.3	22734.7	16795.6	1262.7	35.8
2018	46230.4	24874.0	21356.4	1349.7	33.9

资料来源：中国经济网统计数据库宏观年度库。

四是国际经济地位不断提升。从中国经济占世界经济的份额来看，1960 年与 1978 年，我国经济占世界经济的份额均为 1.1% 左右，中间还一度下滑至 1962 年的 0.7%；这一比重从 1978 年后快速上涨，到 2018 年，中国经济已经占世界经济份额的 13.1%[1]。从经济总量来看，中国 GDP 总量自 2010 年起超过日本，成为世界第二经济大国，仅次于美国。从经济增长速度的国际比较来看，经济增速大大高于世界平均水平（见图 1 – 2）。1961～2017 年，中国 GDP 年均增长率为 8.2%，而同期世界水

---

[1] 资料来源：世界银行世界发展指标数据库。

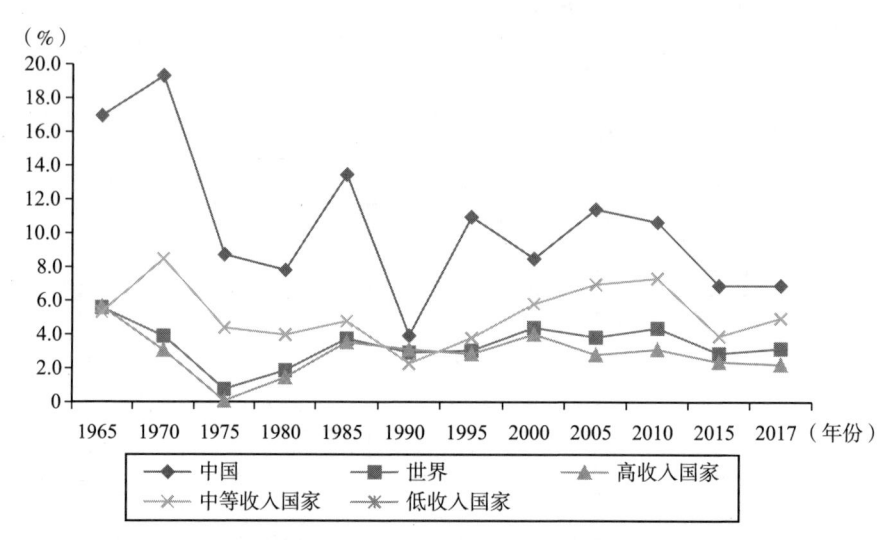

平、高收入国家和中等收入国家年均增长仅为 3.5%、3.1% 和 4.7%[①]。

图 1-2　中国经济增长率与世界不同收入国家平均水平的比较

资料来源：世界银行世界发展指标数据库。

然而，中国经济建设的道路并非一帆风顺，其中也经历了不少曲折。主要是因为中国在建设社会主义的道路上并无成功的经验可循。1949 年新中国成立之初，我们基于马克思和恩格斯对未来社会的构想，以及列宁和斯大林对社会主义的阐述，借鉴苏联模式，建立起了高度集中的计划经济体制。在此过程中，虽然也在探索社会主义计划经济体制内部的改革，试图提升这一体制的实施效果，但始终未能取得较大成效。1949~1977 年，虽然整体发展速度较快，并取得了在农业国的基础上迅速实现工业化的重要成就，但到 20 世纪 70 年代后期，出现了经济增长几乎停滞、人民生活水平长期未得到改善，社会经济结构失调，经济活力不足一系列问题。党和政府都意识到，计划经济体制必须进行改革，由此走上了社会主义计划经济体制向社会主义市场经济体制转型的道路。

---

① 资料来源：世界银行世界发展指标数据库。

自此以后，中国经济持续高速稳定增长，被誉为"中国奇迹"，引起了世界的关注。世界银行、联合国有关机构把中国作为"范本""样板"向发展中国家推荐。

值得注意的是，在中国经济由计划经济体制向市场经济体制转型的同时，俄罗斯和东欧国家也在推行向市场经济体制的转型，但经济社会发展却不尽如人意。从经济增长率来看，这些国家显著低于中国（见图1-3）。1992~2017年，中国GDP年均增长率为9.76%，而同期的俄罗斯、波兰、匈牙利和越南GDP年均增长率分别为1.09%、4.12%、2.04%和6.87%。[①]

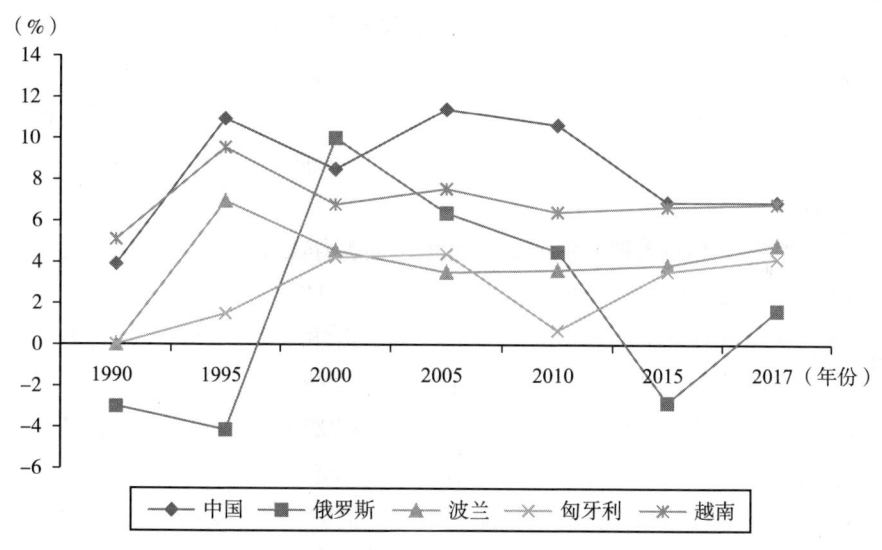

图1-3 中国与转型国家GDP增长率（1990~2017年）

资料来源：世界银行世界发展指标数据库。

上述经济现实说明，中国的确在建设社会主义的过程中，走出了一条具有鲜明国情特色的成功之路，具有不同于其他发达国家、发展中国家以及转型国家的特征。

自1949年中华人民共和国成立以来，中国经济整体处于从社会主

---

① 资料来源：世界银行世界发展指标数据库。

义计划经济体制向社会主义市场经济体制转型的过程中。中国经济转型是否有独特的"中国道路"？如果有，哪些特征使得中国经济转型之路能取得如此巨大的成就？中国经济转型为什么会选择这样一条特殊的道路？中国经济转型之路能否持续发挥作用？中国经济转型之路将走向何方？回答这一系列问题构成了研究中国经济转型和转型经济思想的魅力所在。

三、研究价值

经济转型实践离不开经济转型思想的指导，而经济转型思想的发展和更新又建立在对经济转型实践进行抽象和总结的基础上。为了回答上述理论问题和现实问题，本书对1949年以来中国经济转型思想进行探究和梳理，探讨其发展和演变历程，包括发展阶段，主要特征、演变路径与规律，理论成效与不足。

本研究具有四大理论价值。一是可以回答什么是社会主义，以及社会主义建设可以采取怎样的模式问题。因为中国经济转型始终是建立在社会主义基本制度基础上的转型，转型过程中始终伴随着"什么是社会主义以及如何建设社会主义"的探讨。二是可以加深对计划经济体制和市场经济体制的理解，丰富市场经济理论的内涵，并扩大其外延。因为中国经济转型过程中，既有完善计划经济体制的尝试，又有将"计划"与"市场"两种机制相结合的探索；既包括向一般意义的市场经济体制的转型，又在建设市场经济体制的同时坚持了社会主义基本经济制度，并且结合了中国国情。对这些不同的转型探索进行理论总结，有助于深化对市场经济内涵的理解，并把握市场经济体制的在不同社会条件下的特殊作用规律，扩大其外延。三是可以丰富和发展转型经济理论。因为中国经济转型道路具有不同于世界其他转型国家的特征，并且取得了相对最为成功的绩效，对中国经济转型的道路变迁、影响因素以及理论和经济绩效进行总结，有助于丰富和发展转型经济学的内容。四是有助于中国特色社会主义经济理论的完善和发展。因为研究中国经济转型思想的发展和演变，有助于对中国社会主义经济建设的历史进行理论抽象和总结，从而更好地把握中国特色社会主义经济的现实特征，理解现实经济规律的来源、作用形式与作用范围，并对经济未来的走向进行理论预测。这将构成中国特色社会主义经济理论的有机组成部分。

本研究同时具有两大现实意义。一是有助于确保中国经济转型的正确道路。经济转型思想包括不同历史阶段对转型中的重要问题的探讨和争论，还包括对不同转型措施与道路的理论和经济绩效评价，对这些思想进行研究，有助于发现中国经济转型的成功经验，进行继承和发扬，并总结失败的教训，加以避免。二是可以为其他发展中国家提供道路借鉴。中国经济转型，不仅是从社会主义计划经济国家向社会主义市场经济国家的转型，同时也是从落后的发展中大国向现代化经济强国的转型。对这一过程中的经济转型思想进行梳理和总结，有助于了解中国道路的特征与形成路径，为其他发展中国家提供借鉴。

第二节 基本概念与研究范围

本书的研究对象是新中国经济转型思想的发展演变历程，包括发展阶段、主要特征、转型路径与规律、理论成效与不足。为使读者对本书的研究对象有一个清晰而明确的认识，下面对相关概念以及研究范围加以界定和说明。

一、基本概念

（一）经济转型与中国经济转型

经济转型指一个国家或地区为了应对自身经济发展中出现的瓶颈和问题，而对原有的经济发展方式、经济结构乃至经济发展的体制机制等进行的变革①。或者指为了实现经济持续稳定的增长，而实施的在经济、政治、社会、文化等领域的全面变革。因此，"经济转型"既包括经济制度和体制机制的变革，又包括经济发展方式的转换，即经济增长方式从主要依靠增加要素投入的"粗放式"增长转向主要依靠全要素生产率增长而实现的"集约式"增长②，还包括社会由不发达经济向现代化经济的转型③。后两个角度的经济转型过程中必将伴随经济结构的变化，包括产业结构、市场结构、供求结构、企业组织结构和区域布局结构调整等。经济的转型升级即经济结构的提升，也就是资源和投入不断向效率更高的部门配置，并由此带动经济增长，提升经济的自生能力和增强潜力等④。

关于经济转型概念中的经济结构变化，以及经济转型的特征，理论界没有太大争议。一般认为经济转型具有两大特征：第一，经济转型是从一种经济状态向另一种经济状态变化的过程。第二，抽象掉特殊的社会经济形态，经济转型的一般目标是促进经济平稳增长，达到这一目的的手段是通过经济制度和体制机制以及经济结构的转型来解决制约经济平稳增长的重大问题与瓶颈。

关于经济转型涉及的经济制度和体制机制变革的内涵和范围，存在不同的观点。有学者将经济转型（转轨）狭义地理解为后社会主义国家的制度与全球资本主义制度趋同的过程⑤。更多的学者对转型的理解相对广泛，认为转型并不一定是社会主义制度向资本主义制度的转型，而是从中央计划经济体制向市场经济体制的演变，即从基于国家控制的社会主义集中计

---

① 黄南、张二震：《经济转型的目标、路径与绩效：理论研究述评》，载于《经济评论》2017年第2期；谢鲁江：《中国经济转型问题的理论探讨》，载于《哈尔滨市委党校学报》2014年第7期。

② 林毅夫、苏剑：《论我国经济增长方式的转变》，载于《管理世界》2007年第1期。

③ 谷书堂：《政治经济学的困境与出路——我们需要一部转型经济学》，载于《南开学报》2004年第3期；洪银兴：《社会转型、体制转型与经济增长方式的转型》，载于《江海学刊》2003年第10期；洪银兴：《中国经济转型和转型经济学》，载于《经济学动态》2006年第7期；张卓元：《中国经济转型：追求数量粗放扩张转变为追求质量提高效率》，载于《当代经济研究》2013年第7期。

④ 林毅夫：《自生能力、经济转型与新古典经济学的反思》，载于《经济研究》2002年第12期；裴长洪：《中国经济转型升级与服务业发展》，载于《财经问题研究》2012年第8期；林毅夫：《繁荣的求索：发展中经济如何崛起》，北京大学出版社2012年版。

⑤ Sachs, Jeffrey D., Wing Thye Woo, Xiaokai Yang. "Economic Reforms and Constitutional Transition". Annals of Economics and Finance, 2000, 2 (1): 435–491.

划经济转向自由经济①。还有学者从更广的范围理解制度转型，认为转型是一个"大规模的制度变迁过程"。②"转型是一个大概念，不能仅仅简单归结为从计划经济到市场经济的转轨。转型并不仅仅指包括经济的转型，还包括了生活方式、文化的转型，政治、法律制度的转型等多个方面，因此必须多维度地考察转型。"③

对经济制度与机制体制转型的不同理解，是学者对转型实践的不同国别特征与不同历史阶段的不同侧重点的研究的必然结果。因为苏联和东欧国家的经济转型，实际是从社会主义制度计划经济体制向资本主义制度的市场经济体制的转型；中国经济转型的实际是从社会主义计划经济体制向社会主义市场经济体制的转型；而从更宏大的历史视角考察，根据唯物史观，生产力发展必将不断促进生产关系的调整，转型过程将不会停止。

基于中国经济转型的实践，笔者认为，中国经济转型是在坚持社会主义基本经济制度的基础上，从计划经济体制向市场经济体制转型的过程。既包括经济制度和体制机制的转型，又包括发展方式和经济结构的转换。其首要特征是坚持走社会主义道路。因为中国的基本制度是社会主义制度，无论是政治目标的约束还是经济实践，均证明了中国经济的转型不是也不可能是社会主义制度向资本主义制度的转型。其次，中国经济转型是一个长期的历史过程，中间经历了不同的发展阶段。长期来看，中国经济转型是从社会主义计划经济体制向社会主义市场经济体制的转型，而根据其转型的阶段性特征，又可以划分为不同的中期阶段。

（二）中国经济转型思想

所谓"经济转型思想"是人们对经济转型实践进行的抽象和总结，包括与经济转型内容相关的认识、分析和判断，还包括为经济转型确立方向以及为转型的具体实施提供政策建议。既包括对经济转型的一般规律性的

---

① 刘伟、范从来、黄桂田主编：《现代经济学大典（转型经济学分册）》，经济科学出版社2016年版，第7页。
② Roland, Gérard, The Political Economy of Transition, Journal of Economic Perspectives, Vol. 16, No 1, 2002.
③ 雅诺什·科尔奈：《大转型》，载于《比较》第17辑，中信出版社2005年版。

论述，又包括对转型阶段特殊的社会经济矛盾的研究①。兴起于20世纪90年代的转型经济学的研究重点提示了转型理论应包括的主要内容，即经济转型目标的确立、经济转型路径的选择和经济转型绩效的评价等方面。

中国经济转型思想属于转型经济学的重要构成部分，也可以看作对经济转型特殊案例的总结和抽象，应当建立在对中国历史和国情具体研究的基础上。具体内容包括：第一，转型的初始条件思想：对中国不同历史阶段社会主要矛盾的抽象和总结，从而确立转型的初始状态即起点；第二，转型的目标思想：即基于不同阶段所要解决的重点问题，形成对转型方向和转型目标的认知；第三，转型路径思想：对不同阶段转型道路的选择和具体路径的论述；第四，转型绩效思想：即对不同阶段中国经济转型的现实绩效和理论绩效进行考察。

（三）经济转轨、经济改革与经济转型

实践在理论之先，经济转型的概念是随着转型经济学对中国、苏联和东欧国家经济转型的研究而发展起来的。可以说，中国等转型国家在有经济转型的理论之前，就已经进行了转型实践。在经济转型这个概念产生以前，学术界曾经用"经济改革"描述转型过程，也将"经济转轨"和"经济转型"混用。伴随着经济转型理论的发展，对"改革""转轨"和"转型"概念进行了一定程度的区分。

整体而言，"经济改革""经济转轨"和"经济转型"三个词的词义相近，都包括经济制度和体制机制的改变，但涵盖的范围和侧重点有所不同。

对"经济转轨"的概念界定比较明确，一般被理解为两种体制之间的转换，尤其指计划经济体制向市场经济体制的转换。学者们对"转轨"和"转型"做了严格的区分和界定，认为"转轨"包括了特定的起点和终点，有明确目标的转变，而"转型"不包括特定的终极目标，并且更为关注转变的过程。"转型"绝不仅仅是经济体制的转轨，而应从"大转型"

---

① 洪银兴主编：《转型经济学》，高等教育出版社2008年版，第1页。

的角度去理解①。

对"改革"的理解,学界有不同的观点,因此对于"改革"与"转型"的范围孰宽孰窄,不同的学者有不同的观点。一种观点认为,"经济转型"涵盖范围比"经济改革"更为广泛,"改革"是在相对封闭的环境下所进行对原有机制的调整,而"转型"涉及全面的制度变革。这种观点认为,苏联和中国等在改变传统计划经济体制的过程中,均经历了改革和转型两阶段。改革阶段实际是在计划经济体制的范围之内的调整,在一定程度上将某些市场机制引入计划经济体制,仅仅是计划经济体制的量变过程。而转型阶段是从计划经济体制到市场经济体制的质变过程。"转型"条件下的制度创新打破了原有机制对改革的制约,使得改革者的行为方式也随之发生变化,并且多重因素的总和作用促使各个领域的政策调整和制度变革集中、大规模地发生②。另一种观点认为"改革"的内涵比"转型"更为丰富。这种观点认为"改革"具有双重含义,第一种含义的改革指对旧有的生产关系和上层建筑作局部或根本性的调整和变动,使之适应和促进社会生产力的发展,是社会发展的强大动力,根据唯物史观,这种意义的改革是永久的使命和常态的存在。第二种含义的改革是对经济体制和上层建筑较小范围的局部调整,是作为阶段性的国策,实现某种制度、体制或者模式的转换。一旦这种阶段性转换目标基本完成,作为阶段性国策的改革,就要纳入不断调整生产关系和上层建筑以适应和促进生产力发展这一永久性的常态的进步过程③。而"转型"一般指经济制度和经济结构的根本性转换,相对改革意义较为狭窄,但也更为明确。

本书无意对"改革"和"转型"的概念做明确的划分。因为在中国经济转型的中期阶段内部,更多地涉及了对体制内部的制度安排的改变和调整,与狭义的"改革"概念较为类似,当然也同时存在整体社会制度的渐进式变迁。而在转型的两个中期阶段的转换过程间,以及在长期的转型过程中,往往涉及经济体制与经济制度的全面变革,这一"转型"概念与

---

① 柳欣、秦海英:《新中国经济学60年》,中国财政经济出版社2010年版。
② 景维民、孙景宇等编著:《转型经济学》,经济管理出版社2008年版,第46~47页。
③ 刘国光:《也谈"改革开放"》,载于《现代经济探讨》2009年第9期。

广义的"改革"概念具有一致性。

二、研究范围

本书研究的时间范围是1949年新中国成立至今70年的历史。因为根据唯物史观，经济转型及其思想演变是一个随着社会生产力发展而不断进行的长期和一贯的动态过程。只有在尽可能长的时间范围内，才能对中国经济转型思想的形成与演变有一个全面和科学的认识。

将1949年新中国成立作为研究的起点，是因为新中国的成立是一个非常重要的历史转折点，是一次社会制度的根本性的更替。中国自此从半殖民地半封建社会进入了社会主义社会，开启了由新民主主义社会向社会主义社会转型的新的历史阶段。体制的转换和经济增长方式的改变，都以制度的更替为前提。正因为我们建立了社会主义制度，才能在社会主义制度基础上实现体制的转换和经济增长方式的改变。① 自1949年至今，中国人民在中国共产党的领导下，开始了新的时间和理论探索。始终在进行着以建设和完善社会主义制度为目标的经济建设和体制改革探索，无论经济实践还是指导思想都表现出新的特征。

中国经济转型的狭义理解将1978年中国改革开放看作中国经济转型的元年，而笔者认为中国经济的转型过程从1949年延续至今。因为1949～1956年的社会主义改造本身就是社会基本经济制度的重大变革，符合经济转型的广义定义。而社会主义改造完成后，1957年毛泽东在《关于正确处理人民内部矛盾的问题》一文中，有一段经典的表述："社会主义生产关系已经建立起来，它是和生产力发展相适应的，但它又很不完善，这些不完善的方面是与生产力的发展又是相矛盾的；除了生产关系和生产力的发展这种既相适应又相矛盾的情况之外，还有上层建筑和经济基础既相适应又相矛盾的情况。我们今后必须根据新的情况下，

---

① 厉以宁：《60年来的三次大转折》，载于《人民论坛》2009年第10期。

继续解决上述矛盾"①。这表明中国始终没有中断过以完善社会主义为目标，以解决与生产力不相适应的经济基础和上层建筑为内容的改革（即转型）过程。②

将一个尽可能靠近当前的时期作为研究的截止范围，一方面因为经济转型是一个长期持续的动态过程，尽可能接近当前的时间界限有助于全方位把握经济转型的历史和相关思想动态；另一方面，习近平总书记2017年12月在中国共产党第十九次全国代表大会上指出，中国特色社会主义建设已经进入了新时代。新时代具有新的历史特征，也对全面深化转型提出了新要求。要求我们立足新时代总结经济转型的阶段性成果，明确进一步转型的历史新起点和新方向，探明全面深化转型的科学路径。近70年的中国经济转型实践是一个较长时期的历史动态过程，在不同的历史时期，中国经济转型的初始条件、阶段性目标、转型方法等均呈现出不尽相同的特征，在此基础上建立的经济转型思想也经历了一个演进变迁的过程。因此，必须从历史的角度出发，动态并系统地梳理和展示中国经济转型思想的发展演变，提炼演变的阶段、特点，并分析演变的动因和绩效。

从研究史料来看，本书着重关注两方面内容：一是中国国内产生的关于经济改革和经济转型问题的社会思潮和学术讨论，主要是学术界进行的理论讨论；二是梳理国家领导人和政府政策中的思想成分，即政府主要领导人对经济转型、转型目标和转型方式的认识等。因为"经济转型思想"是人们做出的与经济转型内容相关的认识、分析、判断和促进经济转型方面的决策和建议。其产生来源于理论界在现实分析的基础上进行的科学抽象，其发展和转变根植于转型思想指导经济实践过程的实际效果判断，并在此基础上进行的再抽象。这两个过程，在受到理论界学术探讨的影响的同时，更受到国家主要领导人吸纳学界思想形成的政策指导思想，影响顶层制度设计，并将其运用于指导实践过程中的持续尝试，从而为理论界提供研究素材的作用。

---

① 《毛泽东著作选读》下册，人民出版社1986年版，第768~769页。
② 刘国光：《也谈"改革开放"》，载于《现代经济探讨》2009年第9期。

第三节　研究的历史分期与分期逻辑

由于经济转型的历史长期性与阶段性特征，有必要对研究的历史做一个阶段性划分，说明这一阶段划分的依据。并对各阶段经济转型的思想特征做一个概括性的描述。

一、历史分期的理论依据

对新中国经济转型历史进行阶段划分的基本理论依据是历史唯物主义。即从生产力与生产关系的矛盾运动中去揭示经济社会发展与运行的规律。马克思对其做过经典表述："人们在自己生活的社会生产中发生一定的、必然的、不以他们的意志为转移的关系，即同他们的物质生产力的一定发展阶段相适应的生产关系。……社会的物质生产力发展到一定阶段，便同它们意志在其中运动的显存生产关系或财产关系发生矛盾。于是这些关系便由生产力的发展形式变为生产力的桎梏。那时社会革命的时代就到来了。"[①] 根据这一阐述，当生产关系与生产力的发展相适应时，现有生产关系将促进社会生产力的发展，而社会生产力的不断发展将使得生产关系变为生产力发展的桎梏，生产力发展的要求将打破旧的生产关系，使社会的经济基础和上层建筑发生全面的变革，从而适应社会生产力发展的新要求。自此，生产力与生产关系的矛盾运动进入一个新轮回。正是这一过程推动了社会经济形态的不断发展变化。

当代美国马克思主义经济流派中的积累的社会结构理论学派继承了马克思主义唯物史观，以资本主义国家的具体体制变革为研究对象，阐明了资本积累与资本主义具体制度结构转型之间的关系。这一学派认为，资本积累会受到一整套涵盖经济、政治、文化的外部结构即"积累的社会结

---

① 《马克思恩格斯选集》（第2卷），人民出版社1995年版，第32~33页。

构"(social structure of accumulation，SSA)的影响①。他们将积累的社会结构概括为五大关系，包括劳资关系、资本关系、资本与社会的关系（国家的经济角色）、一国的国际地位和主流意识形态。认为当这五大关系的特征能够促进资本积累或利润率增长时，资本积累会稳定进行，资本主义将进入一个相对较长的繁荣发展期；伴随着资本积累的推进，其与现有社会结构的矛盾将不断激化，从而使得现有社会结构不再能维持资本正常积累或利润率稳定增长，因此资本主义社会将进入相对较长的危机与混乱时期。在危机阶段，一个与过去的社会结构既有区别又有联系的新社会结构将在探索过程中逐步生成并趋于成熟，从而在一个新的历史阶段起到促进资本主义社会资本积累或者利润率增长的作用。② 中国学者认为，资本积累的社会结构理论虽然产生于对资本主义具体制度的研究，但将其一些基本概念进行调整后，也可以解释社会主义中国的制度变化，并且在社会结构五大核心关系的基础上，提出将经济与生态环境的矛盾作为第六大核心关系纳入其中③。

考虑到经济转型的原因是为了解决一个国家自身经济发展中出现的瓶颈和问题而进行的经济制度与经济体制机制、经济发展方式和经济结构的变革，变革的目的是促进经济平稳增长。结合上述理论，可知经济转型的每个具体阶段将呈现出如下特征：在转型阶段的起点，经济发展面临重要问题和瓶颈；转型中期阶段，转型后的制度体系推动经济平稳发展，并且制度与经济发展的新问题与新矛盾不断积累；转型阶段的后期，现有制度体系与经济发展的新矛盾激化，经济平稳发展受限，因而进入新的转型阶段。这样一个动态演变的过程，形成对经济转型历史阶段划分的理论依据。

---

① Gordon, D. M., R. C. Edwards & M. Reich, Segmented Work, Divided Workers: the Historical Transformations of Labor in the United States, New York: Cambridge University Press, 1982, pp. 24–26.

② McDonough, T., M. Reich & D. M. Kotz, Contemporary Capitalism and Its Crises: Social Structure of Accumulation Theory for the 21st Century, New York: Cambridge University Press, 2010.

③ 马艳、王琳、张沁悦：《资本积累的社会结构理论的创新与中国化探讨》，载于《马克思主义研究》2016年第6期。

二、历史分期的现实依据

在对中国经济转型历史进行阶段性划分时，我们将 GDP 增长率的变化（如图 1-4 所示）看作生产力发展的衡量指标；用不同所有制企业的就业比重变化[①]（如图 1-5 所示）以及进出口总额占 GDP 的比重变化（如图 1-6 所示）作为社会制度体系变化的衡量指标[②]，并结合导致社会重大转折的关键性历史事件，将中国经济转型划分为四个历史阶段。

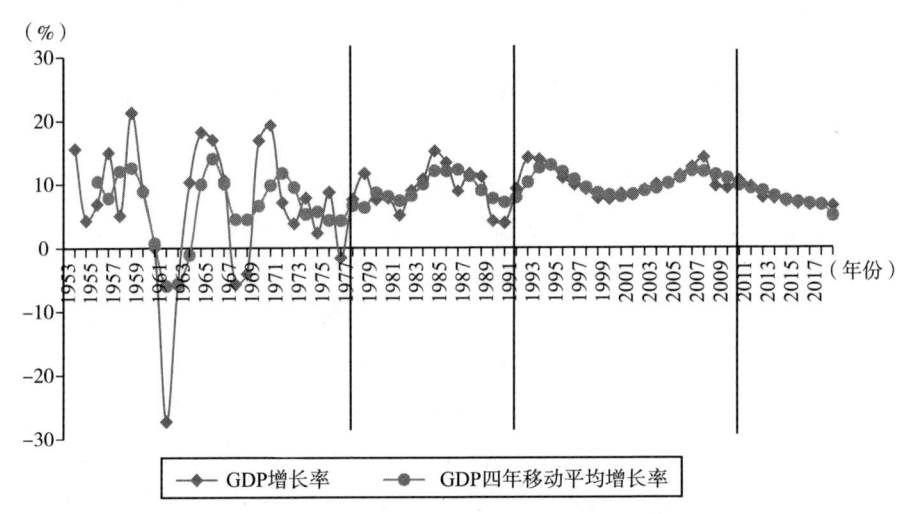

图 1-4　1953~2017 年中国 GDP 增长率及 GDP 四年移动平均增长率

[①] 考虑到统计数据的可得性，实际采用了城镇不同登记类型企业就业人员数占城镇总就业人员比重这一指标。

[②] 不同登记类型企业的就业比重既可以间接反映生产资料所有制结构的变化，又可以间接反映劳资关系的变化，还可以部分反映政府的经济职能的变化。进出口总额占 GDP 比重的变化衡量了中国的对外开放程度，政府推动的关键性历史事件将导致社会主流意识形态的变化。上述分析可以较为综合地描述社会制度体系的现实转型。

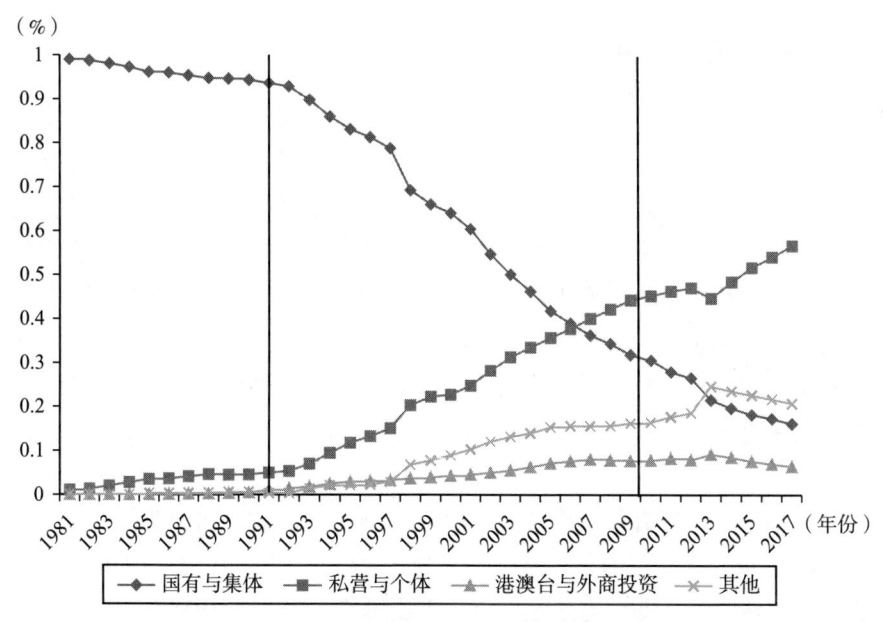

图 1 – 5　1981 ~ 2017 年城镇不同登记类型企业就业占比

资料来源：中国经济网统计数据宏观年度库。

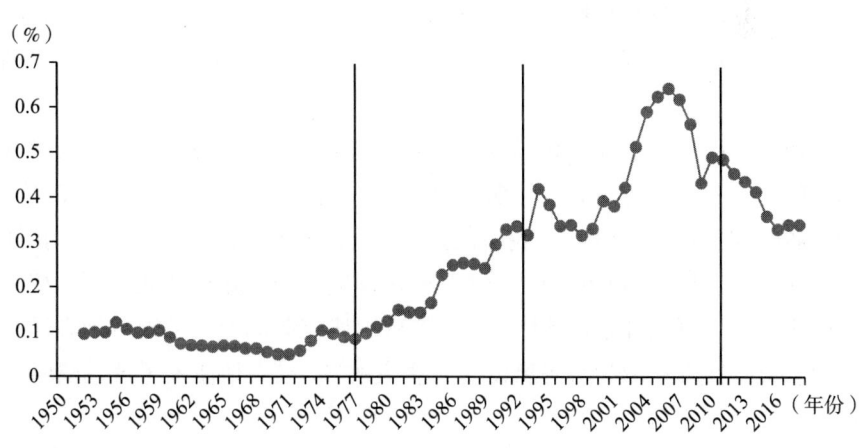

图 1 – 6　1952 ~ 2017 年中国进出口总额占 GDP 的比重

资料来源：中国经济网统计数据宏观年度库。

（一）第一阶段：1949～1977 年

从经济增长来看（如图 1-4 所示），如果剔除 1959～1961 年经济波动的特殊点，可以发现 GDP 四年移动平均增长率自 1953 年起迅速提高到 1966 年达到最高点，其后较大幅度下滑。虽然中间有些波动，但直到 1977 年仍然处于最低点。说明这一阶段的社会经济结构和经济体制在早期起到了促进社会生产力发展的作用，而 1966 年以后社会经济发展面临了较大的问题和瓶颈，急切需要社会经济的全面转型。此外，本阶段与后面三个阶段相比，呈现出了经济增速较高，但波动巨大的特征。说明这一阶段中国无论是经济结构还是经济体制，均经历了时间较短、幅度较大的变革。

从生产资料所有制结构来看，1949 年新中国成立之初，非公有制经济成分占比为 73%，公有制经济成分占比为 27%，经过 1953～1956 年的社会主义改造之后，非公有之经济成分占比迅速下降，到 1958 年变为 0，并一直持续到 1980 年。因此，社会就业结构也发生了相应的变化。进出口总额占 GDP 的比重在这一阶段的初期和末期均在 10% 上下，而中间经历了较为明显的下降和长期低位运行。

关注社会经济变革的具体历史事件，可以更好地理解统计数据的变化。

1949～1956 年，是中国从新民主主义向社会主义制度过渡，计划经济体制建立之初的经济高速发展期。1953 年，毛泽东提出了"一化三改造"的过渡时期总路线，1956 年我国社会主义改造基本完成，建立起了全民所有制和劳动者集体所有制的社会主义经济制度。同时效仿苏联构建了权力高度集中于中央的计划经济体制。生产资料所有制的变革使得劳动人民在历史上第一次真正成为经济建设的"主人翁"，极大地激发了劳动热情并释放了社会生产力。

1956～1966 年，中国经历了对高度集中的计划经济体制的改革尝试和探索性调整。先是 1956 年毛泽东在《论十大关系》中提出要反思苏联在建设社会主义过程中统得过多过死的错误，1956 年 9 月中共八大决议指出，"社会主义的统一市场应当以国家市场为主体，同时附有在一定范围内的国家领导下的自由市场，作为国家市场的补充。"① 我国进行了计划经济体制改革的第一次探索，主要是进行了适度划分中央、地方和企业三者权力探索性改革，进一步激发了地方与企业的积极性，促使经济高速增长。接着1958年在中共八大第二次会议通过的社会主义总路线，即"鼓足干劲、力争上游、多快好省地建设社会主义"。在此号召下，推行了"大跃进"和人民公社化运动的激进式经济制度转换试验。由于"大跃进"下制定的超越生产力发展水平的过高的生产目标，以及人民公社化运动脱离生产力发展水平过快地向共产主义过渡的制度转化，导致了国民经济各方面发展比例失衡，对社会经济发展起了较大的负面作用。同时叠加三年自然灾害和中苏关系交恶的外部不利因素，中国经济1959～1961年呈现出较为严重的负增长。其后针对这些经济中的矛盾，党和国家领导人提出了"调整、巩固、充实、提高"八字方针，从"大跃进"转向国民经济全面调整阶段，开始了将农业放在首位，使各项生产建设事业在发展中得到"调整、巩固、充实、提高"。这是计划经济体制改革道路的第二次探索。调整期间，我国经济结构得到改善。制度调整对经济主体建设的激励作用有所加强，1963～1966年，经济重新恢复了两位数的高速增长。

1966～1977年，我国计划经济体制改革措施基本裹足不前，进入了僵化时期。这一阶段，我国发动了"文化大革命"，推行了具有备战的半战争状态的"三线建设"，农村举行了"农业学大寨"。同时，国家在生产领域、流通领域和分配领域进行了体制改革，但成为改革的失败探索。

(二) 第二阶段：1978～1991年

研究1978～1991年的中国经济增长情况发现，该阶段四年移动平均经济增长率自1977年达到最低点后开始稳步上升，如果这一阶段伴随着经济转型，说明转型逐步解决了经济发展面临的瓶颈问题，有效地促进了经济社会的发展；增长率到1988年达到最高点后，开始下降，到1991年下降到最低，说明这一阶段又产生了经济发展与社会经济制度的新矛盾，

---

① 《中国共产党第八次全国代表大会关于政治报告的决议》，载于《人民日报》1956年9月28日。

要求转型进一步推进。

从生产资料所有制结构来看，1981年，我国非公有制经济成分出现，占比1%，之后小幅攀升到1991年的11%①。从不同登记类型的就业比重来看，1981~1991年，国有与集体企业就业人数占比从接近99%小幅下降到93.6%，个体与私营企业就业占比从1%上升到5.0%，港澳台与外商投资企业就业从1985年有统计数据以来，到1991年占比1.08%。进出口总额占GDP的比重从1978年的9.65%逐年稳步上升到了1991年的32.84%。统计数据表明，我国生产资料所有制结构经历多种经济成分萌芽并逐步发展的变化，相应的劳动与资本的关系也发生调整，同时经济对外开放程度不断增加，中国经济与世界经济的融合性不断增强。②

这一阶段的转型政策与统计数据变化相互支撑。1978年12月，中国共产党召开了第十一届中央委员会第三次全体会议。会议作出了将全党的工作重点转移到社会主义现代化建设上来的决定，这是一个具有全局性根本性意义的伟大历史转折。理论界与实践界、学术界与政府达成了统一认识，即为了促进社会生产力的发展，必须对当时的计划经济体制进行整体性变革。其后，中央的顶层制度设计方面体现出来的市场化倾向不断增强。首先是1978年起的"放权让利"思想。中共十一届三中全会指出，我国经济体制存在权力过于集中的严重缺点，应采取措施，充分发挥中央部门、地方、企业和劳动者个人四个方面的主动性、积极性和创造性。其次是由1982年中共十二大正式确立的"计划经济为主，市场调节为辅"的改革方针。指出必须在公有制基础上实行计划经济。同时发挥市场调节的辅助作用；明确了指令性计划、指导性计划和市场调节三种管理形式。再次确立了"公有制基础上的有计划的商品经济"思想。1984年10月，中共十二届三中全会确认我国社会主义经济是"公有制基础上的有计划的商品经济"，突破了我国长期以来将计划经济与商品经济对立起来的传统观点，指出应肯定商品经济的积极作用，促进商品经济的发展。然后，提出"国家调节市场，市场引导企业"。1987年10月，中共第十三次全国

---

① 国家统计局国民经济综合统计司：《新中国六十年统计资料汇编》，中国统计出版社2009年版。
② 根据中国经济网统计数据库宏观年度库整理。

代表大会指出社会主义有计划商品经济的体制，应该是计划与市场内在统一的机制，并设计了"国家调节市场，市场引导企业"的体制改革模式。确立了"社会主义有计划商品经济体制"这一改革目标，指出计划和市场的作用范围都是覆盖全社会的，应实现计划与市场的内在统一。最初，推行了"计划经济与市场经济相结合"的改革思路。1990年12月，中共十三届七中全会指出，建立计划经济和市场经济相结合的经济运行机制，是深化经济体制改革的基本方向。

与中央顶层设计相适应，中国在农业、国有企业管理体制、市场管理体制、政府财税管理体制和金融管理体制等各领域推行了以"包干"和"经济责任制"为特征的系列改革，一方面使得中国作为推行商品市场改革基础的市场主体逐渐出现，并逐渐得到培育和发展；另一方面通过价格形成机制的改革和政府管理体制改革等，为建立市场经济体系打下了根基。

观察1978～1991年中国的经济转型的政策和具体实施路径与成效可以看出，该阶段我国经济转型历史具有两方面特征：一是改革从铁板一块的计划经济体制开始，系列改革措施围绕着市场关系的引入和逐步发展而推动；二是体制改革的整体思路经历了一个对市场机制的作用的认识不断提升的过程。因此，这一阶段我国经济体制呈现出"计划"与"市场"并存的双轨制特征。

（三）第三阶段：1992～2011年

四年移动平均经济增长率在1991年达到阶段性低点后，自1992年起开始上升，剔除1997年亚洲金融风暴对我国产生的外部影响之后，发现这一阶段经济增长率终将保持高位平稳运行，经济增长率到2008年后开始持续下降，说明经济发展与社会经济制度的新矛盾又要求转型进一步推进。

从生产资料所有制结构来看，1992年后，我国非公有制经济迅速增加，从13%上升到2008年的70%[①]。同时非公有经济成分中的就业比重迅速增长，1992～2011年，个体与私营单位、外商投资单位和其他企业的

---

① 国家统计局国民经济综合统计司：《新中国60年统计资料汇编》，中国统计出版社2010年版。

就业人员占比分别从5.3%、1.4%和0.3%迅速上升至46.2%、8.2%和17.7%，而同期国有与集体单位就业比重从93%下降至27.9%。进出口总额占GDP的比重从1992年的33.53%迅速上升到2008年的最高点56.36%，其后由于国际金融危机的影响，回落到2011年的48.45%。① 统计数据表明，这一阶段，我国生产资料所有制结构经历了较大的变化，私营企业、外商投资企业等非公有制经济成分蓬勃发展，并在国民经济中占据了较为重要的地位。由于国有企业过去主要由政府控制，但国有企业资产和就业比重占经济成分的下降，说明政府的分权改革不断推进。同时对外开放程度加速推进，中国经济在经济全球化中的地位与作用进一步增强。

1992年10月，中国共产党第十四次全国代表大会明确了全面进行社会主义市场经济体制的改革目标，标志着中国转型进入了新的阶段，即改革向着市场经济体制全面推进。国有企业改革的主线成为这个时期的改革重点和热点，并进入了以产权改革为特征的全面改革。同时，大力促进非公有制经济的发展，作为国有经济的有益补充；经济全球化改革全面推进，国际贸易与外商直接投资蓬勃兴盛；同时大力推进包括劳动力、资本、知识产权在内的要素市场建设；并以建设社会主义市场经济体系为中心，推动了政府经济职能的变革。与上一阶段相比，本阶段我国经济转型的目标更为明确，改革在国民经济范围内全面铺开，改革的推进步伐也更快。

（四）第四阶段：2012年至今

这一阶段经济增长率一方面相对前期下降，说明中国经济发展模式进入了一个新的历史阶段，亦即后来我们阐述的中国经济"新常态"，另一方面经济自2015年起维持在6.5%~7%的中高速稳定运行，说明当前转型过程对于经济稳定的作用发挥较强。

在生产资料所有制结构方面，与前一阶段后期相差不大，略有变动。这一阶段个体与私营企业就业占比继续上升，到2017年占比为56.6%，国有与集体企业就业占比继续下降到2017年的16.1%，港澳台与外商投资企业以及其他类型企业就业比重小幅下降。② 2012年以后，进出口总额

---

①② 根据中国经济网统计数据宏观年度库数据整理。

占 GDP 的比重小幅下滑，一方面是由于国际经济形势的影响，另一方面说明我国在保持对外开放不变的情况下，对贸易政策进行了调整。

2012 年以来，我国基于前期经济转型中出现的新矛盾，主要是 GDP 高速增长与社会经济结构和生态自然环境的矛盾，要求中国转变经济发展方式，从"粗放式"增长转向"集约式"增长；市场化改革历程中出现的一些关系民生问题的新矛盾，要求改革向攻坚阶段推进，即要求进行社会政治体制等上层建筑的调整等，推行了建设现代化经济体系的系统方略，并在产业体系、市场体系、收入分配体系、城乡区域发展体系、绿色发展体系、全面开放体系、经济体制七个维度展开了具体践行，并推进了以"一带一路"为路径推动人类命运共同体的改革尝试。转型具有不同于前一阶段的具体特征。

三、历史分期的思想特征

结合对中国经济转型历史的阶段性划分，概括不同阶段经济转型思想的探索和形成特征，可以对各阶段进行命名。

（一）1949～1977 年：中国经济转型的早期探索阶段及转型思想特征

1949～1977 年，我国将计划经济体制看作社会主义制度的本质特征，进行了完善社会主义制度的改革尝试。在 1956 年和 1960 年，进行了引入商品和市场关系的探索性改革，但这一改革并未持续，相应的转型思想也是零散和不成体系的。为此我们将这一阶段命名为"中国经济转型的早期探索阶段"。这一阶段的经济转型思想特征包括以下四个方面。

一是马克思主义的绝对主流地位决定了转型思想以马克思主义经济学和苏联社会主义经济理论为指导思想。

二是中国在经济不发达的条件下建立社会主义经济制度，与马克思主义经典作家的阐释并不一致，同时历史上没有建设社会主义制度的成功经验可以借鉴，这要求思想界应基于当时的历史现实总结和抽象中国社会主义制度的基本经济规律的内容、表现形式以及作用范围，从而明确经济建设和转型的历史起点。

三是迅速建成并不断强化的早期计划经济体制下政府的高度集权特征，决定了该阶段中国经济改革的探索遵循自上而下的单一路径。改革的方向和路径由政府领导人的认识绝对把握，思想界的自主探索相对不足。因此，早期的经济转型思想一方面由政府改革措施的推行而被动地推动，另一方面多集中于围绕政策和中央观点的解读。

四是早期探索阶段，中国对于建设社会主义可以有哪些模式并不明确。由于当时的意识形态高度统一，认为计划经济体制就是社会主义的基本特征之一，因此虽没有明确的理论观点，但经济转型实际是以建立和完善计划经济体制为导向的。其间，党和国家领导人认识到了高度集中的计划经济体制不能适应当时社会生产力的发展，因此进行了以"权力下放"为特征的系列改革探索，由于对转型初始条件，即当时生产力与生产关系的矛盾关系认识的不足，以及转型目标思想发展的相对滞后，经济转型在试错中不断进行。而早期转型思想也在这些具有试验性质的阶段性改革过程中逐步推进。思想界对于社会主义条件下，包括"人民公社"条件下商品市场关系的存在性、作用范围；价值规律的存在性、作用范围与作用方式；如何正确处理有计划成比例规律与价值规律的关系等进行了零散的同时也是闪耀着科学思想光辉的总结，形成了早期的社会主义商品经济思想。

由此可见，这一时期经济转型思想与经济建设的试验性特征相吻合，经济转型思想是零散的非系统的，具有早期探索的特征。但这一时期形成的社会主义商品经济思想，为转型自觉探索阶段社会主义商品经济理论的形成打下了坚实的理论基础，具有重要的先行意义。

（二）1978~1991年：中国经济转型的自觉探索阶段及转型思想特征

1978年12月，党的十一届三中全会做出了将全党的工作重点转移到社会主义现代化建设上来的决定，这是一个具有全局性、根本性意义的伟大历史转折。必须在坚持社会主义制度的基础上对传统计划经济体制进行全面改革，这是社会的统一认识。但是关于改革方向、改革模式、改革力度等具体问题，理论界和实践界尚未形成明确的结论。这一阶段我国在经济体制转型的目标确立和路径选取方面还具有十分明显的摸索性特征，即"摸着石头过河"。因此，我们将这一阶段命名为"中国经济转型的自觉探索阶段"。这一阶段的经济转型思想特征包括以下五个方面。

一是随着改革开放的逐步推进，西方经济思潮开始进入中国，开始对理论界产生逐步增强的影响。此时，经济转型思想仍然以马克思主义经济学为基本指导理论，对西方经济学有学习、有借鉴，但主要还是持否定态度，对于国外经济理论的吸收主要集中于东欧前社会主义国家进行的经济体制改革的理论总结。

二是上一阶段经济转型的成功经验和历史教训以及国际交流的增多，对本阶段转型思想的形成产生了重要影响。一方面，1949~1977年从社会主义计划经济体制建成初期带来的社会经济建设各方面蓬勃发展的巨大成功开始，到人们对计划经济体制的浓浓困惑而结束，思想界开始总结计划经济体制的弊端以及我们在建设计划经济体制过程中取得的成功经验；另一方面，中国与市场经济成熟的国家在经济发展成效上的巨大差距，促使思想界讨论市场机制在促进效率提升方面的优点。同时，在总结上一阶段不顾生产力发展现状，急于实现经济快速发展的赶超战略下的"大跃进"运动，以及急于向共产主义制度过渡的"人民公社化"运动的失败的基础上，党和国家领导人对我国当前所处的历史阶段做出了"社会主义初级阶段"的正确判断，思想界也进行了多方解读和总结。

三是70年代末期中国进行的真理标准大讨论解放了人们的思想。同时十一届三中全会做出了以经济建设为中心，全面推动改革开放的决定。原来铁板一块的计划经济体制开始松动。始于农村家庭联产承包责任制的农村经济改革体现出自下而上推动改革的新特征。这一阶段，政府仍然是经济体制改革的主导力量。思想界开始主动探索经济体制改革的方向、改革的程度与路径，各种思想大为活跃，呈现出"百家争鸣，百花齐放"的特征。

四是这一阶段经济转型思想试图解决的问题集中在明确转型的阶段性目标之上。政府确立了要改革经济体制改革的思路，社会普遍认为应逐步放松计划经济体制。但改革是在计划经济体制内部进行，还是向一个新的体制变革；计划经济体制放松到什么程度，以及放松的具体措施等问题尚不明确。思想界集中讨论了这些问题，整体而言，该阶段思想界对于市场手段和市场机制的重要性的认识经历了一个逐步增强的过程。

五是计划和市场结合的经济体制改革模式探讨是这个阶段研究的热点。具体而言，基于这一阶段以家庭联产承包责任制为核心的农村改革，以开放国有企业自主经营权为核心的国有企业改革，流通领域推进商品自由交换和价格形成的"双轨制"改革，对外开放的发展，以及政府职能转型等改革探索，思想界进行了多方理论探索，形成了社会主义商品经济理论。

由此可见，这一阶段中国经济转型思想的整体特征是在明确了要改革传统计划经济体制后，对体制改革的方向、程度和路径的自觉探索。经济改革仍然带有试验性质，但试验的指导思想相对早期探索阶段更为明确，因此经济转型思想仍然具有探索特征，是在目标相对明确的条件下的自觉探索。

（三）1992~2011年：中国经济转型的全面探索阶段及转型思想特征

1992年10月，社会主义市场经济体制的改革目标确立，标志着中国转型进入了新的阶段。这一阶段我国经济体制改革方向和模式的探讨已经尘埃落定，并被社会主义市场经济体制框架的探讨所取代，经济转型的阶段性目标十分明确，就是实现从"双轨制"向"社会主义市场经济体制"的全面转型。改革涉及社会经济生活的方方面面，范围更加全面，步伐更为坚定，方式更为大胆。因此，我们将这一阶段命名为"中国经济转型的全面探索阶段"。这一阶段转型特征包括以下四个方面。

一是部分转型经济思想仍然建立在马克思主义政治经济范式基础上。但基于"新古典范式""凯恩斯范式""新制度经济学范式"西方转型经济学的引入，尤其是基于新自由主义思想的市场经济理论等西方思潮对中国转型经济思想的发展起到了越来越重要的作用。这是因为，一方面随着中国经济社会的国际交流不断增多，西方经济理论在中国的传播越来越广泛，另一方面随着非公有经济成分在我国国民经济结构中的占比不断增加以及市场化改革的不断深入，新自由主义意识形态的影响作用不断增强。

二是这一阶段的转型目标思想已经十分明确，就是建立和完善社会主义市场经济体系。针对上一阶段转型末期社会出现的对改革方向是姓"资"还是姓"社"的困惑，邓小平1992年的南方谈话彻底统一了思想，明确了社会主义的本质特征是解放和发展生产力，以及实现共同富裕，确立了社会主义市场经济体制改革的方向。这一阶段对于转型的性质和目标再无分歧，理论界对经济转型的研究也开始正式进入核心内容的研究。

三是这一阶段经济转型思想的核心是解决社会主义如何与市场经济体制相结合的问题，转型经济理论围绕着向市场经济体制转型的全面铺开而进行。包括：（1）明确社会主义与市场经济体制结合的可行性和科学性问题；（2）明确社会主义市场经济条件下的所有制问题和分配制度问题；（3）讨论如何培育"独立自主、自负盈亏、自我发展、自我约束"的独立市场微观主体问题，由此形成了国有企业改革的产权理论等系列理论；（4）如何完善社会主义市场经济体系的问题，就建立和完善劳动力市场、资本市场、知识产权市场，如何构建社会保障体系，如何转变政府职能，处理好市场与宏观经济调控等问题，进行了系列理论探索。

四是随着转型经济学的兴起，对中国经济转型的路径进行了研究和探索，包括对苏联"激进式"改革模式的反思和中国"渐进式"改革成功经验的总结。主要是针对苏联东欧在转轨过程中面临的种种困难和中国改革的成功所展开的全球性经济转型话题，主要围绕"激进改革"与"渐进改革"、"华盛顿共识"与"北京共识"等展开的争论与讨论，在探讨社会主义国家经济转型经验的基础上，明确了中国转型的路径和模式问题。

由此可见，这一阶段中国经济转型思想的整体特征是首先明确了转型目标，是建立和完善社会主义计划经济体制，接着围绕着市场经济体制改革的全面推进，对转型的理论探讨也全面铺开。随着转型经济学的出现和中国转型经验的不断增多，国内对经济转型的初始条件，目标、实施路径和绩效进行了全方位的探讨。转型经济思想也呈现出全面突破的特征，中国转型经济理论逐步形成。

（四）2012年至今：中国经济转型的深化探索阶段及转型思想特征

中国在经济转型的全面探索阶段已经基本建成了社会主义市场经济体系，但随着经济发展，通过经济进一步转型，实现转变经济发展方式，提升经济结构以及解决市场化进程中出现的一些民生问题的新要求。这意味着中国建成成熟完善的社会主义市场经济体制进入了攻坚阶段，即要求进行社会政治体制等上层建筑的调整。这些调整是基于向社会主义更高阶段的转型的要求，也是改革市场经济体制中一些不适应社会生产力发展现状、全面建成成熟社会主义市场经济体制的要求。这些要求意味着我国要同时对一些历史遗留问题以及一些新的问题进行重点深化改革。因此，我们将这一阶段命名为"中国经济转型的深化探索阶段"。这一阶段转型思想的特征包括以下三个方面。

一是中国经济新常态的论断促进了经济转型思想的深化。转型深化期在坚持社会主义市场经济体制的转型目标基础上，更强调对转型一贯目标即推动财富生产方式更加可持续，财富分配方式更加公平合理方面发展。这一时期经济转型思想在持续批判性吸收西方市场经济理论科学成分的基础上，加强了对马克思主义经济理论的应用和发展，逐步向中国特色社会主义政治经济学理论的有机组成部分发展和完善。

二是在新转型的初始条件探索上，主要集中于对中国当前新常态的认识和讨论，包括：(1) 如何认识经济增速放缓这一新常态，是发展瓶颈还是发展新阶段；(2) 对经济"新常态"的内涵的理论探讨；(3) 对"新常态"时期经济发展模式的探索。上述讨论均对转型思想的发展提出了新的要求。

三是明确了新中国经济转型深化期经济转型思想的内核和外延。这一时期经济转型思想的内涵就是新发展理念，集中讨论了新发展理念的形成脉络、理论内涵和如何贯彻新发展理论等问题；同时，这一时期经济转型思想的外延是构建人类命运共同体，讨论了人类命运共同体的形成脉络、理论内涵和探讨了初步实施路径等。

需要指出的是，由于这一阶段转型的目标尚未达成，阶段性转型过程仍在进行，因此经济转型思想必将呈现出不断变化的特征。

第四节 研究框架与研究方法

一、研究框架

（一）研究视角

新中国经济转型经历了并正在经历一个长期历史过程。从长期来看，我们正处于从社会主义计划经济体制向社会主义市场经济体制的转型期；从中期来看，我国经济转型历史被划分为以完善社会主义计划经济体制为目标的转型早期探索阶段、以探索计划与市场有效结合模式为目标的转型自觉探索阶段、以建立社会主义市场经济体制为目标的转型全面探索阶段和以完善社会主义市场经济体制为目标的转型重点探索阶段。我们已经经历了前三个转型中期阶段，当前正处于转型的深化探索阶段。在转型的历史中，我们有过失败的教训，也取得了巨大的成功，并且在实践的基础上，形成了丰富的经济转型思想。为更好地对这些思想进行分类和解读，本书选择"中期阶段的转型目标思想"为切入点，同时选择中期经济转型过程中经济思想要关注和解决的主要问题作为辅助视角进行研究。

1. 以中期转型目标思想为首要切入视角

经济长期的转型过程由每一阶段中期转型过程所构成。分别研究每一中期转型思想的形成、特征和发展，再将各阶段进行统一考察，可以形成对长期经济转型的科学认识。研究每一中期转型阶段，均要求明确四个关键性要素，即转型的初始条件、转型的目标、转型的过程方式与转型的阶段性成果。其中，关于转型的目标思想至关重要。

一是转型目标思想居于整个经济转型理论的核心。因为经济转型的目的就是为了通过转型目标的实现解决现存经济制度、经济发展方式、经济结构与生产力发展的矛盾，从而促进经济平稳增长，因而转型目标的确立十分重要。转型目标思想通过明确阐述转型的方向，解决了往哪里转的问题。而转型初始条件研究的目的，是通过明确当前所处历史现实的特征，总结制约社会经济发展的主要矛盾，为确立转型的目标方向提供理论和现实的依据。研究转型路径的目的，是为了寻求从初始条件向目标转型的有效途径和方法。同时，通过向转型目标的贴近，是否能有效解决经济发展面临的矛盾和制约，也是评价转型绩效的重要指标之一。

二是阶段性（中期）经济转型目标的转变，展示了经济转型思想的长期演化过程。根据历史唯物论的观点，只要生产力不断发展，生产关系的调整就不会停止，经济转型的过程也就不会停止。因此，经济转型是一个非常长期的过程，并且将在不同的历史阶段呈现出不同的特征。中期经济转型思想通过对每阶段实际转型目标的抽象和提取，并按时间顺序对各阶段转型目标思想的形成逻辑进行分析和阐述，有助于了解长期经济转型思想的演化过程，从而更加明确其发展的脉络和机理。

2. 以中期经济转型要解决的重要问题为辅助的切入视角

根据前文论述，1949年至今中国经济转型的长期目标是建立和完善社会主义市场经济体制。但这一长期目标并非在新中国成立之初便有明确界定，而是在中国经济转型的实践与理论探索中通过理论结合实际以及不断的争论中确立起来的。因为转型的初始条件和阶段性目标的选取与实现非常重要，不同的经济运行条件必然会导致不同的运行路径依赖，产生不同结果，也对下一步经济转型模式产生深远的影响。因此，各中期阶段的经济转型过程中，转型经济思想要解决的主要矛盾和问题不同。因此，我们将中期经济转型过程中，经济思想解决的重要问题作为辅助的切入视角。具体将在本书的主要内容中做进一步的论述。

（二）研究路径

本书从近70年的新中国经济转型实践出发，基于马克思主义政治经济学的基本观点，尤其是历史唯物论的基本方法，借鉴西方市场经济理论对市场经济体制一般特征的总结和描述，结合转型经济学对于经济转型过程的理论和现实分析形成的相关观点，依据中国经济转型的动态历史过程设计研究路径。

首先，导论第三节已经由理论和现实依据出发，将新中国经济转型历史划分为四个阶段，分别是：（1）1949~1977年的早期探索阶段，转型的中期目标是完善社会主义计划经济体制；（2）1978~1991年的自觉探索阶段，转型的中期目标是探索"计划经济体制"与"市场经济体制"的有效结合方式；（3）1992~2011年的全面探索阶段，转型的中期目标是建立社会主义市场经济体制；（4）2012年至今的深化探索阶段，转型的中期目标是在建立成熟社会主义市场经济体制的基础上转变经济发展方式。其后，我们将分章节对这个阶段制约经济社会发展的主要矛盾与主要问题，采取的各项经济经济体制改革措施进行进一步的阐述，作为研究的逻辑起点和现实依据。

其次，在研究每个转型中期阶段的具体章节中，均按照如下四个步骤梳理经济转型思想。

一是经济转型的初始阶段思想。主要梳理和总结思想界对于当期社会所处的历史阶段的认识。包括每一阶段的主要经济规律的内涵、表现形式和作用，以及这些经济规律在特殊的历史条件下的特殊表现形式。综述思想界对每一历史阶段制约社会经济发展的主要问题和主要矛盾的探讨。通过总结思想界的理论交锋与争鸣，明确每一中期阶段经济转型的历史出发点、原因和必要性，以及要解决的主要问题。

二是经济转型的目标思想。新中国经济转型发展至今，每一个中期阶段都经历了至少十年以上的建设和摸索过程。思想界对经济转型目标的确立并非一蹴而就，而是在较长时期的改革探索中，总结渐进式改革实践的经验和教训逐步形成的。在每一个中期阶段内部，又形成了或多或少的子阶段，相应地对经济转型的目标的认识呈现出了阶段性区别。思想界在每个中期的子阶段对转型目标的不同认识和阐述，为转型中期目标的最终形成、确立提供了历史基础和理论逻辑。本书要梳理经济转型目标思想在这些子阶段的变化，从而为阐明中期转型思想的形成逻辑提供理论依据。

三是经济转型的路径思想。经济转型路径，解决如何从转型初始条件过渡到转型目标条件的问题，涉及不同社会经济体制和经济体制的演变过程。长期来看，中国的经济转型采取了渐进式变迁路径，但从每一个中期阶段来看，转型路径的具体体征和具体改革思路又有所不同。例如，在经济转型的早期探索阶段，中国经济转型路径具有相对激进的特征；在经济转型的自觉探索阶段，改革在摸索中前进，经济转型采取了边际成本最小的增量改革路径；在经济转型全面探索阶段，向社会主义市场经济的转型政策全面铺开，转型速度相对自觉探索期较快，但同时仍然采取了"存量"和"增量"并存，"存量"逐步过渡到"增量"的由计划与市场并存的双轨制向市场经济体制全面转型的路径；在经济转型的重点深化期，中国经济转型进入到制度体制改革的攻坚阶段和经济发展方式全面提升的阶段，改革路径采取了重点突破的原则。本书通过梳理和总结各阶段为实现经济转型而采取的具体改革措施，以及理论界对于采取这些改革措施理论依据，实施建议和实施效果的研究，为明确各阶段改革具体路径的形成逻辑提供依据。

四是经济转型绩效思想。通过对思想界关于每一阶段经济初始状态、转型目标、转型模式和具体方法的阐述，实际可以总结出每阶段转型思想解决的重要问题，因此形成各阶段经济转型思想的理论成果，是为经济转型思想的理论绩效。同时，每章还将基于统计数据，分析各阶段经济转型思想与社会经济发展的相关性：一是基于国内发展历史纵向比较转型是否能更好地促进社会经济的发展；二是相对于其他或有的转型模式，横向比较转型是否能相对更好地促进社会经济的发展。考察各阶段制约经济发展的重要问题是否得到有效解决，并总结出各阶段经济转型产生的新矛盾。一方面对转型思想的经济绩效进行总结，另一方面为下一阶段转型初始条件思想的确立提供历史依据。

最后，本书将对新中国成立至今的经济转型思想的演变和发展进行一个整体的考察。因为经济转型的效果应放在社会转型的大框架下加以考核，广义的经济转型内嵌于社会转型的过程中，是社会转型的核心动力，每一中期阶段社会制度的转型将对经济转型的整体效果产生或支撑或阻碍的作用，每一中期阶段的转型也是长期转型的组成部分。应该通过综合考察，研究新中国经济转型思想演变的长期路径，综合阐明其演变逻辑和作用因子，并通过理论成果和经济绩效的分析，才能更好地总结中国经济转型的经验、成果和不足，并为转型经济思想的进一步发展提供一个可能的原则和方向。

本书的研究路径可以具体总结为如图1-7所示。

思想来源：马克思主义政治经济学、西方市场经济理论、转型经济理论

研究基础：新中国经济转型过程中的改革实践与社会经济转型的历史特征

阶段划分：
- 1949~1977年：早期探索阶段
- 1978~1991年：自觉探索阶段
- 1992~2011年：全面探索阶段
- 2012年至今：深化探索阶段

转型初始条件思想
转型目标思想
转型路径思想
转型绩效思想

总结与结论：新中国经济转型思想的演变逻辑、作用因子与理论绩效

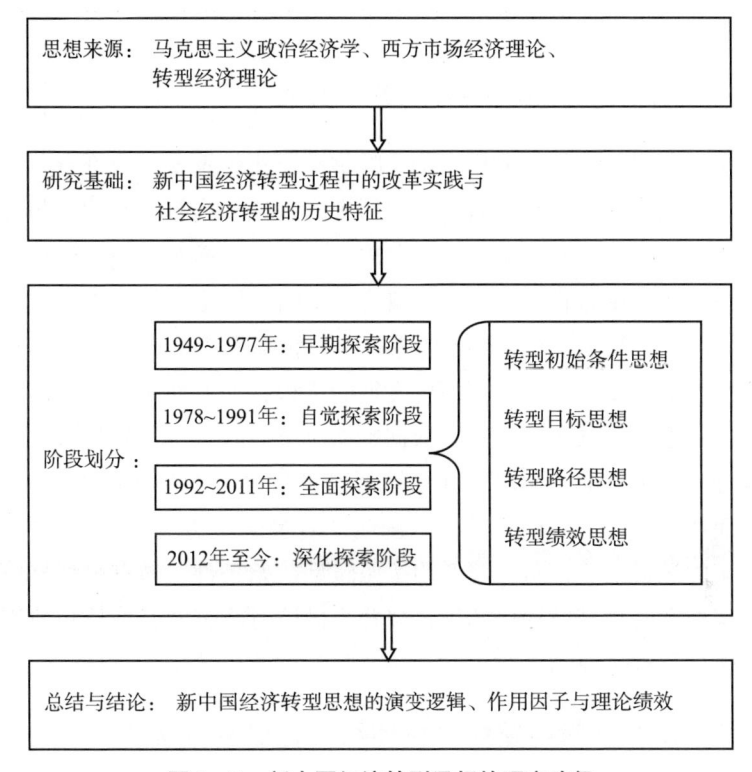

图1-7 新中国经济转型思想的研究路径

二、研究方法

本书采取的基本研究方法是马克思主义历史唯物论与唯物辩证法。即在生产力与生产关系、经济基础与上层建筑的矛盾作用中分析新中国转型经济思想的发展变迁史。因为经济思想是一个社会对经济实践的认识与规律的总结，归根结底属于一个社会的意识即上层建筑范畴；而经济转型涉及的是生产关系与经济基础的变化。中国经济生产力的发展提出了经济转型的要求，经济转型决定了转型思想的变化，转型思想的变化反过来作用于经济转型的好坏，经济转型的好坏又影响了经济绩效。本书力图阐明这

一逻辑关系，解释新中国转型经济思想发展变迁的轨迹。除此之外，本书还将吸收和借鉴西方市场经济理论以及转型经济学的合理成果。具体而言，本书的研究方法如下。

（一）历史与逻辑相一致的分析方法

历史与逻辑相一致的分析方法是唯物辩证法的重要组成部分。历史与逻辑相一致指主观的逻辑要以客观的历史为基础和内容。其中，历史有两层含义：一是指认识对象本身的发展史；二是指人们对认识对象认识过程的发展史；逻辑则是指理性思维以概念、范畴等思维形式所构建的理论体系。[1] 本书在写作过程中，始终坚持将中国转型思想的研究与中国转型的实践相结合的原则。首先，按历史发展的进程，一方面阐明新中国经济转型过程中采取的各项改革措施，依据中期改革措施的不同转型方向，转型过程划分为四个不同的阶段，并总结了经济制度和经济结构的整体特征；另一方面按转型过程的四个阶段，阐明了转型经济思想的发展史。其次，遵循严密的逻辑次序，每一篇章均按照转型初始条件、转型目标确立、转型路径实施和转型绩效评价的逻辑展开。最后对新中国经济思想的演变和形成逻辑进行整体总结。

（二）阶段分析与整体分析相结合的研究方法

阶段分析与整体分析相结合，实际也是分析与综合的统一，指将研究对象的部分和整体有机联系在一起的过程。本书将新中国成立以来长期经济转型过程分解为四个中期阶段，又将经济转型的中期阶段分解为若干个子阶段，通过阶段分析，较好地总结了不同历史时期的各类转型思想的内容与特征。同时又在整体分析中把对转型的各方面的认识的思想进行整合，全面地把握转型思想特征。例如，中期阶段性分析中涵盖了对各转型子阶段的整体分析；长期分析中对转型和转型思想的整体历史特征和演变逻辑进行了阐述。从研究路径中可以看出，本书在写作中采用了"总—分—总"的

---

[1] 白永秀、任保平主编：《新中国经济学60年》（1949~2009），高等教育出版社2009年版，第9页。

分析框架，体现了阶段分析与整体分析的结合。

（三）静态分析与动态分析相结合的方法

经济转型是一个动态的历史过程，与之相适应，经济转型思想也将经历动态的发展演变过程。而动态发展过程又由每一个相对静止的历史现状构成。因此，本书采取了静态分析与动态分析相结合的分析方法。静态分析及不涉及时间变量及分析研究对象的现状。本书在对经济转型各阶段的思想阐述采用了静态分析的方法。动态分析即引入时间变量，描述研究对象从一种状态向另一种状态转变的过程以及内在逻辑。本书在描述各阶段经济转型思想的形成与发展以及整体经济思想转型的变迁过程中采用了动态分析的方法。

（四）定性研究与定量研究相结合的方法

在研究经济转型过程基础上形成的经济转型思想，既包括对经济转型思想理论绩效的评价，又包括对经济转型思想的经济绩效的评价。本书在对理论绩效进行评价时采用了定性研究的分析方法。即将关注点集中在经济思想形成的理论的内容，本质上，归纳影响经济思想形成的主要因素，对其进行分析和综合，演绎出新中国经济转型思想形成的独特规律。主要回答各影响因素对经济转型思想形成的作用，各主要因素之间的抽象关系，经济思想发展的历史过程，以及未来的发展趋势等。在对思想的经济绩效进行评价时采取了定量分析的方法。基于经济转型思想的内容和特征，通过统计数据的客观性，对经济转型所取得的各类经济成效的发展变化和状态趋势进行客观的分析，从而判断经济转型思想的成效、不足并判定未来的发展方向。

三、主要内容

本书主要采取了"总—分—总"的写作方法，首先通过导论对本书的研究对象、研究目的、研究内容与方法做一个整体性描述；其次分章节阐述中国经济转型在各个不同历史阶段的思想演变、理论逻辑和政策绩效；

最后对中国经济转型思想的变迁路径、影响因素和理论绩效进行整体分析与总结。具体包括六章内容。

（一）导论：研究背景、研究范围、研究分期与研究框架

首先，阐明研究新中国经济转型思想的发展和演变的理论背景、现实背景和研究价值。这一研究的理论背景包括三方面：一是经典马克思主义作家对社会主义本质的论述与社会主义建设方式的探讨；二是市场社会主义理论对计划与市场的关系探讨以及公有制如何与市场经济相结合的讨论；三是转型经济理论的最新进展。这一研究的现实背景是中国在社会主义建设过程中，从计划经济体制向市场经济体制的转型取得的伟大成就。因此，研究具有四大理论意义：一是可以回答什么是社会主义，如何建设社会主义的问题；二是加深对计划和市场的理解，丰富市场经济理论的内涵并扩大其外延；三是丰富和发展转型经济理论；四是完善和发展中国特色社会主义经济理论。同时研究具有两大现实意义：一是确保中国经济转型继续沿正确的道路前进；二是为发展中国家提供经济转型的借鉴模式。

其次，对研究的基本概念做了较为明确的界定，包括对经济转型、中国经济转型、中国经济转型思想的概念进行了概念界定和内容阐述；并对经济转轨、经济改革和经济转型等相关概念的区别与联系做了说明。

再次，对中国经济转型的历史阶段进行了划分，并阐明了这一划分的理论和现实依据。划分中国经济转型历史的理论依据是历史唯物主义，当代西方马克思主义流派之一的资本积累的社会结构理论对经济发展与具体制度结构关系的阐述以及中国学者对这一理论的中国化研究。现实依据是，GDP 增长率的变化、社会制度体系的阶段性特征，以及导致新中国经济发展史的关键性转折事件。将新中国经济转型历史划分为四个阶段，一是 1949～1977 年的早期探索阶段，二是 1978～1991 年的自觉探索阶段，三是 1992～2011 年的全面探索阶段，四是 2012 年至今的深化探索阶段。在阶段划分的基础上，对每一历史阶段经济转型思想发展和变化的特征进行尝试性描述。

最后，对本书的研究框架和研究方法进行了介绍。一是介绍了本书的研究视角：以阶段性转型目标思想为首要切入视角，以阶段性转型所要解

决的重要问题作为辅助切入视角。二是介绍了本书的研究路径：本书将分别阐述每一阶段经济转型过程中，思想关于转型初始状态、转型目标、转型路径和转型基本理论的讨论，研究其形成轨迹与理论逻辑、梳理其政策践行与绩效。然后对转型全过程转型思想的变迁路径、影响因素和理论绩效做一个整体性概括。三是概括本书的主要内容。

（二）中国经济转型早期探索阶段的思想演变、理论逻辑与政策绩效

首先，系统地梳理了中国经济转型早期探索阶段的思想演变。具体包括如下几个方面：（1）探讨了社会主义基本经济规律的内容、作用和地位；（2）挖掘了社会主义商品经济是否存在、存在形式、存在原因等方面的相关探讨；（3）考察了社会主义条件下价值规律是否存在以及与国民经济有计划按比例发展规律之间的关系；（4）探索了社会主义条件下按劳分配的"劳"的内涵、劳动尺度、劳动报酬三个方面的含义；（5）梳理了社会主义经济体制改革中集权与分权、计划与市场，以及管理体制改革三个方面的内容。

其次，阐明了中国经济转型早期探索阶段的理论逻辑和取得的理论贡献。（1）剖析了这一阶段转型思想形成的理论逻辑，即在"早期坚持计划经济体制—经济出现问题—政府和学界进行反思—取得成效—再批判—经济濒临崩溃—再反思"这一反复矛盾的过程中，孕育了社会主义市场经济思想的萌芽。（2）提炼了这一阶段转型思想的理论贡献：一是形成了早期社会主义商品经济思想，包括对于价值规律和按劳分配规律的探讨，超越了经典理论的设想，为后来的社会主义市场经济体制改革奠定了基础；二是在管理体制方面形成了持续的分权和适度的收权思想，为中国的市场化经济转型创造了有利的初始条件，大大降低了计划经济体制转型的难度。

最后，总结了早期探索阶段的政策践行和所取得的现实绩效。（1）挖掘了这一阶段我国转型思想的政策践行，包括1954~1957年全国人大以及中共八大期间关于所有制结构、权力结构、市场结构等方面的政策举措，以及1961~1965年国民经济调整阶段以"调整、巩固、充实、提高"

为主要内容的改革实践。(2) 从经济增长的角度分析了这一阶段转型思想所带来的现实绩效。尽管这一阶段，我国的经济发展仍旧是以计划经济模式为主，但是这些与市场因素相关的改革实践仍然对我国经济增长表现形成了一定的绩效影响。在两次相对集中的商品和市场思想探索实践阶段，我国经济增长的表现都相对更好。

(三) 中国经济转型自觉探索阶段的思想演变、理论逻辑与政策绩效

首先，系统地梳理了自觉探索阶段的思想演变。具体包括四个方面：(1) 探讨了坚持和完善计划经济体制改革导向的作用、原因、具体措施等；(2) 挖掘了计划与市场相结合的改革导向的目标和内涵，以及计划与市场之间的关系和在计划经济中引入市场机制的措施等相关研究；(3) 总结了关于强化市场经济作用的相关初步探讨；(4) 梳理了关于农村经济、国有企业、非公有制经济、价格改革等具体思想路径的讨论。

其次，阐明了自觉探索阶段的理论逻辑和取得的理论贡献。(1) 剖析了这一阶段转型思想形成的理论逻辑，即以社会主义初级阶段理论作为中国经济体制改革的历史起点与背景，社会主义商品经济理论作为经济体制改革的理论基础，逐步明确了我国经济体制改革的整体目标是建立中国特色社会主义制度。据此形成了包含"改革起点—改革理论依据与实践路径—改革阶段性目标"在内的成体系的改革指导理论。(2) 提炼了这一阶段转型思想的理论贡献：一是确立社会主义初级阶段理论，为中国社会主义经济学的研究和发展奠定了一个新的理论基础，也为国家制定正确的路线、方针和政策提供了科学依据；二是社会主义商品经济理论成型，提供了适合中国生产力发展的改革方案，这是对马克思主义政治经济学的一个重大发展。

最后，总结了自觉探索阶段的政策践行和所取得的现实绩效。(1) 梳理了这一阶段我国转型思想的政策践行，主要是着力于如何在计划经济体制的基础上完善商品货币关系，并逐步发挥市场的调节作用，包括农村经济、国有企业、非公有制经济、价格体系改革四个方面的政策演变。(2) 从综合经济实力、经济结构两个维度来分析这一阶段转型思想

所带来的现实绩效。随着市场机制的引入和作用不断提升，极大地促进了我国经济的发展速度，改善了我国人民生活水平；同时，多种经济成分与社会主义初级阶段的生产力发展水平相适应，促进了所有制和产业结构的优化和平衡。

（四）中国经济转型全面探索阶段的思想演变、理论逻辑与政策绩效

首先，系统地梳理了全面探索阶段的思想演变。具体包含六个方面：（1）确定了社会主义经济体制改革的目标；（2）总结了"激进式改革"的弊端和经济转型模式的立足点，明确了"渐进式改革"的转型模式；（3）分析了宏观经济调控产生的原因、政策效果以及存在的问题和对策；（4）通过劳动力市场培育、商品市场培育、金融资本市场培育三个方面论证社会主义市场体系的架构；（5）探究了国有企业改革中治理体制的转变问题和改革方向，以及非公有制经济的发展模式、面临的困境和发展对策；（6）梳理了我国经济体制改革的国际视野中关于如何构建对外开放格局、"引进来"和"走出去"等问题的相关探究。

其次，阐明了全面探索阶段的理论逻辑和取得的理论贡献。（1）剖析了这一阶段转型思想形成的理论逻辑，即在"经济的实践过程与传统理论的背离—引发姓'资'姓'社'的大讨论—官方和学界的共同探析形成了对社会主义本质基本认识的统一论调—进一步对如何实现全面推进市场化转型进行探索"这一过程中确定了"渐进式改革"的模式，完善了社会主义市场经济理论。（2）提炼了这一阶段转型思想的理论贡献：一是形成了社会主义本质理论。从根本上破除了将计划经济和市场经济作为社会基本制度范畴的束缚；二是形成了社会主义市场经济理论。它不仅丰富了社会主义经济理论，发展了马克思主义政治经济学，而且也对社会经济发展落后的国家如何建设社会主义这一世界性难题，尤其是围绕基本经济制度、市场体系建设、政府作用发挥、收入分配制度等做出了有益探索。

最后，总结了全面探索阶段的政策践行和所取得的现实绩效。（1）总结了这一阶段我国转型思想的政策践行，主要从改善宏观经济调节、建立现代市场体系、培育微观主体、促进对外开放四个方面展开。（2）从经济

总量、居民生活水平、国有企业、非公有制经济、对外开放格局五个维度来分析这一阶段转型思想所带来的现实绩效。坚持社会主义基本制度前提下建立社会主义市场经济体制的尝试，使得我国综合经济实力得到快速提升、人民生活水平不断改善以及形成了全方位的对外开放格局。

（五）中国经济转型深化探索阶段的思想演变、理论逻辑与政策绩效

首先，系统地梳理了深化探索阶段的思想演变。具体包括了以下几个方面：（1）探索了经济"新常态"的内容、形成的原因以及如何应对的措施等；（2）分析了"新发展理念"的理论渊源、本质内涵以及与其他范畴的联系，同时也从"新发展理念"的五大范畴的角度探讨了实践的路径；（3）挖掘了"现代化经济体系"的科学内涵、理论意义以及具体路径等方面的探讨；（4）考察了"人类命运共同体"的理论渊源、本质内涵以及现实路径。

其次，阐明了深化探索阶段的理论逻辑和取得的理论贡献。（1）剖析了这一阶段转型思想形成的理论逻辑，即以对经济"新常态"的基本认识作为我国深化市场经济体制改革的时代背景与思想前提，"新发展理念"作为我国深化市场经济体制改革的思想主线与全局引领，在此基础上，从内部和外部两个方向上拓展与延伸出"现代化经济体系"构想和"人类命运共同体"倡议。（2）提炼了这一阶段转型思想的理论贡献，一是以新发展理念为内核的中国经济转型思想的探索，回答了"我们想要的是什么样的发展以及如何达到"的问题；二是以人类命运共同体为外延的中国经济转型思想的探索，回答了"我们想要的是什么样的世界以及如何推进"的问题。这两个问题的突破是对中国经济改革实践的科学总结，也是指导新时代中国特色社会主义经济建设的行动纲领。

最后，总结了深化探索阶段的政策践行和所取得的现实绩效。（1）总结了这一阶段我国转型思想的政策践行，主要从"六个体系、一个体制"和"一带一路"两个层面来阐述实践的展开。一是聚焦"六个体系、一个体制"以推动建设现代化经济体系；二是基于"一带一路"建设为"人类命运共同体"的重要现实提供实践过程。（2）从我国经济结构、城

乡区域发展、人民生活水平、生态文明建设、新型国际经济关系等方面来阐述这一阶段转型思想所带来的显著的现实绩效。

（六）尾论：新中国经济转型思想的变迁路径、影响因素与理论绩效

尾论对既有联系又有区别的阶段性转型思想进行整体性概括分析，综合阐述新中国经济转型思想的变迁路径、影响因素与理论绩效，试图从理论上总结我国经济转型的历史足迹，并对经济转型的进一步推进提供启示。

首先分析中国经济转型思想的历史变迁路径与演化理论逻辑。包括：(1)从转型起点思想、转型目标思想、转型路径思想和转型基本理论四个方面总结整体变迁路径。一是转型起点思想经历了社会主义基本经济规律，到社会主义初级阶段理论，到社会主义本质理论再到中国经济"新常态"理论四个过程；二是转型目标思想经历了从完善社会主义计划经济体制，到"计划"与"市场"结合的双轨制，到社会主义市场经济体系，再到成熟社会主义市场经济体系四阶段发展；三是转型路径思想整体体现出"渐进式"特征，分别经历了从多快好省，到增量改革，到全面突破，再到重点深化的四个路径；四是转型基本理论经历了从社会主义商品经济思想，到社会主义商品经济理论，到社会主义市场经济理论，再到新时代中国特色社会主义经济理论四个逐次递进和发展的阶段。(2)分析中国经济转型思想演化的理论逻辑：先分析了经济转型思想的实践、政策和理论有机互动的总逻辑；接着分析了中国经济转型历史四个阶段转型思想演化的具体理论逻辑。

其次分析了影响中国经济转型思想发展和演变的三大作用因素。(1)理论因素方面，马克思主义政治经济学是中国经济转型的一贯指导思想；苏联和东欧社会主义国家经济建设和改革理论在自觉探索阶段对转型思想的作用较强；西方市场经济理论的最新进展在转型全面探索阶段的影响力不断增强；转型深化阶段，中国特色社会主义经济理论更加注重对马克思主义经济学的中国化和现代化发展，以及对全球经济理论新进展的借鉴和批判式吸收与发展。(2)实践因素方面，通过将我国各阶段经济

结构和制度结构特征与转型思想的历史发展进行对比研究，指出转型初始状态思想来自对现实经济关系的提炼；转型目标思想来自对上阶段制度体系内在矛盾的认识；转型实施路径思想来自对制度转型实践的抽象分析。(3) 政府因素方面，阐明了中国经济转型思想形成和发展变化的重要特征之一是官方思想的主导作用。因此为确保转型方向的正确，应推动官方思想和学界思想的良性互动。

最后分析了新中国经济转型的理论绩效。包括：(1) 转型理论促进经济发展的经济绩效。通过将各阶段发表的不同文献数量与 GDP 增长率进行对比分析，发现对经济初始状态和转型目标思想的集中讨论，与 GDP 增长率的拐点呈现出高度相关性，并且均有效促进了 GDP 增长率的回升或者经济平稳增长，以此证明了转型理论促进经济发展的经济绩效。(2) 中国经济转型思想的理论贡献。一是中国经济转型思想是马克思主义唯物辩证法的中国运用，证明了其正确性与中国价值；二是构成了中国特色社会主义政治经济学的有机组成部分；三是证明了改革开放前后两个历史时期的内在一致性。结合转型理论的经济绩效，说明中国经济转型思想在强化中国特色社会主义建设的道路自信、理论自信和制度自信方面均有重要理论意义。

第二章

新中国经济转型思想的早期探索与理论贡献研究

1949～1978年，中国的经济理论围绕着如何建设社会主义，展开了一系列的讨论。在这30年时间里，我们采用计划经济体制作为构建社会主义的基本规律，迅速完成了社会主义社会的基本建设。但在实际执行计划经济体制的过程中，我们发现在当时生产力水平较为落后的现实条件下，施行高度计划的经济体制存在着效率低下等问题。面对实践中的困境，我们也对如何建设社会主义、如何建设经济快速发展的社会主义等问题进行了理论的探讨和实践尝试。

在意识到我国经济发展水平还较为落后的现实情况下，我们对社会主义经济体制进行了一系列的思想创新和实践，不断尝试如何更好地将计划经济与中国经济和社会现实结合起来，对商品、市场经济等思想的讨论也蕴含在其中。整体来看，在这一经济转型的早期探索中，我们既有对经济转型思想的间接研究，如在对社会主义基本经济规律等内容的讨论中对有计划按比例价值规律、按劳分配等内容包含的市场因素的分析，也有直接对商品经济、价值规律等内容本身展开的谈论。这一阶段的探索为后来我国经济转型思想的发展奠定了理论基础，对我国社会主义市场经济理论的形成产生了先导性的影响力。这些理论研究不仅为后来探寻经济发展道路提供了理论基础，也对当时的经济实践作出了正面指导，为引导我国经济平稳快速的发展发挥了基础性的作用。

第一节　关于社会主义基本经济规律的研究

社会主义基本经济规律是在社会主义社会起作用的许多经济规律中居于主导地位的规律，反映了社会主义生产关系的最本质特征。我们认为，社会主义基本经济规律既要反映社会主义生产的实质，又要反映社会主义经济生活运动发展的根本趋势，反映社会主义经济总过程的最本质的联系。[①]

[①] 蒋学模：《关于社会主义基本经济规律的几个问题》，载于《学术月刊》1961年第6期。

早期探索中对社会主义基本经济规律的探讨主要从经典文献出发,对其本身的内容和作用进行了一系列的讨论,探讨如何通过社会主义基本规律指导我国经济实践。这一研究中也隐含了一些对市场经济等内容的探索,在计划经济的大框架下,讨论如何促进生产力水平的提高。

一、关于社会主义基本经济规律内容的讨论

马克思在《资本论》中详细地分析了剩余价值规律,他并没有使用资本主义基本经济规律这一名称,而是使用"绝对规律"这一名称,后来恩格斯将剩余价值规律称为"资本主义生产方式的特殊运动规律"。[①] 直到苏联斯大林时代开始才有了剩余价值规律即资本主义基本经济规律的提法,与此相对应也才提出社会主义的基本经济规律问题。马克思虽然没有提出社会主义基本经济规律概念,但他也曾多次论述或提示过有关这一基本经济规律的基本内容,如生产的实质和目的以及达到生产目的的手段和方法,即社会主义生产是"直接以实用价值为目的的生产","使每个社会成员都能够完全自由地发展和发挥他们全部力量和才能"。[②] 列宁继承了马克思的说法,将社会主义生产目的明确表述为"充分保证社会全体成员的福利和使他们获得自由的全面发展"。[③] 并具体阐明了达到社会主义生产目的的手段是:积累劳动手段、利用先进技术、提高劳动生产率、节约劳动时间和增加社会产品总量等。

斯大林在《苏联社会主义经济问题》一书中,首先把社会主义基本经济规律表述为:"用在高度技术基础上使社会主义生产不断增长和不断完善的办法,来保证最大限度地满足整个社会经常增长的物质和文化生活需要","社会主义生产的目的不是利润,而是人及其需要,即满足人的物质和文化的需要"[④]。即一个社会的基本经济规律是回答该社会的社会生产的根本目的和决定性动机是什么,它是在该社会的生产资料所有制形式的

[①] 《马克思恩格斯全集》(第19卷),人民出版社1963年版。
[②] 《马克思恩格斯全集》(第46卷,下册),人民出版社1980年版。
[③] 列宁:《列宁全集》(第6卷),人民出版社1986年版。
[④] 斯大林:《苏联社会主义经济问题》,人民出版社1961年版。

基础上产生并决定该社会的全部生产过程本质的客观规律。社会主义制度生产的根本目的是为了使全体社会成员过更加美好、富裕地生活，这在马克思主义的经典著作中都有所论述，但把根本目的是"人及其需要"这一内容作为社会主义的基本经济规律加以概括，是一个理论创新。

但是，这些对社会主义基本经济规律的理论研究还不够具体，与现实问题的联系不够紧密，在我国的社会主义建设实践中，为了更好地理解和应用社会主义基本经济规律，理论界也对社会主义基本经济规律的内容和作用进行了深入研究。

对社会主义基本经济规律内容的讨论主要集中于社会生产、社会矛盾和主要手段等方面。

首先，讨论的内容是关于社会生产的目的是否应该包含在社会主义基本规律中。主流观点对此持肯定态度，认为包含生产目的的原因在于生产目的是客观经济范畴。[①] 社会生产目的反映了生产关系中最本质的问题。社会主义大生产基础上的生产资料公有制，决定了社会主义生产的目的必然是最大限度地满足整个社会经常增长的物质和文化需要，是不以人们意志为转移的客观必然性。如果长期违背这一目的，将造成对生产力的严重破坏。

社会生产的目的不是由人们主观意志决定的，而是取决于客观的社会经济条件。生产的社会主义公有制决定了社会主义生产的目的必然是满足劳动人民和整个社会日益增长的物质文化需要，而非攫取利润和剩余价值。社会主义的生产发展是以生产资料公有制为基础的，它的目的在于高速度地发展社会生产和最大限度地满足社会需要，达到这个目的的手段，则是充分利用先进技术，积极采取不断调整生产关系和上层建筑的办法，实施一整套同时并举的方针，促进社会主义生产的不断增长和不断完善。

其次，理论界讨论了对社会基本矛盾的认识以及这一矛盾的发展。社会主义基本经济规律的实质既包括表明社会主义生产方式的性质和特征，又表明社会基本矛盾的特性和发展[②]。社会主义的基本矛盾集中地反映在

---

① 蒋明：《"社会生产目的"不是客观经济范畴吗？》，载于《学术月刊》1962年第4期。
② 漆琪生：《论社会主义基本经济规律的内容和表述问题》，载于《学术月刊》1961年第6期。

生产的发展赶不上社会需要的增长的矛盾上面。因此，必须不断调整和改善生产关系与上层建筑来促进生产力的高速发展，这种矛盾不断产生和不断解决的过程，是推动社会主义生产发展的根本动力，体现着社会主义经济发展过程的客观性。社会主义基本经济规律发生主导作用的过程，是一个"平衡—不平衡—新的平衡""扩大—提高—再扩大"和"发展—巩固—新的发展"这种波浪式前进和螺旋式上升的过程，也是社会主义向共产主义社会逐步过渡的过程。这种过程，如果排除了它的目的和手段，则空虚无物，不能表明具体的内容。

除此之外，理论也讨论了实现社会生产目的的主要手段。实现这一目的的手段，必须以社会主义生产关系为基础：一是广泛和充分地利用先进科学技术，开展技术核心和技术革命运动，发挥社会生产力；二是不断调整生产关系和上层建筑，其实更加完善，同时正确处理人民的内部矛盾，调动一切积极性。①

二、关于社会主义基本经济规律作用的讨论

基于对搞好社会主义革命和建设的迫切希望，对社会主义基本经济规律的特性分析，主要立足于我国当时所处的社会主义过渡时期，讨论社会主义基本经济规律在国民经济中的地位和作用。

对于社会主义基本经济规律是否在过渡时期发生作用，经济理论界存在不同看法。一种观点认为社会主义基本经济规律就是我国过渡时期的基本经济规律。因为随着我国经济的日益发展和国家对经济命脉的掌握，社会主义经济已经在国民经济中占有主导地位，并最终代替一切非社会主义经济。

认为社会主义基本经济规律在过渡时期占主导地位的原因在于，在社会主义的经济形态中，社会主义基本经济规律所表现的生产的手段和目的起着支配作用。凡是包含有社会主义成分的经济形态中，社会主义基本经

---

① 漆琪生：《论社会主义基本经济规律的内容和表述问题》，载于《学术月刊》1961年第6期。

济规律作用的大小有两个对立方面的力量对比和斗争来决定；对于不包含社会主义成分的经济形态，社会主义基本经济规律职能外在的发生影响，影响的大小由社会主义经济本身力量的大小和与它有联系的经济成分的性质来决定。社会主义基本经济规律不能在所有经济成分中起支配作用，它是不折不扣地在社会主义经济成分中起支配作用；对于非社会主义经济成分，它只能通过国家政策法令和各种经济措施来发生影响，实现领导；对于那些包含有社会主义因素或成分的过渡性的经济形态，社会主义基本经济规律技能在内部起不同程度的作用，也能从外部对它们发生影响，内因与外因相结合就能实现更有效的主导作用。①

另一种观点则认为过渡时期有它独特的基本经济规律。过渡时期既然是一个社会，那么就应当有反映自身的基本经济规律。只有过渡时期的基本经济规律完成了它的历史任务，退出历史舞台，才能在全社会范围内让位于社会主义的基本经济规律。

认为过渡时期有独特基本经济规律的原因在于，随着三大改造的完成，生产资料的社会主义改造已基本完成，生产资料的社会主义公有制取代了资本主义私有制和个体私有制，社会主义基本经济规律的作用范围扩大了，对国民经济各个部门和各个领域都起支配作用。但是从所有制来看，当前存在着全民所有制和集体所有制两种公有制形式，在两种公有制之间，在不同的集体所有制单位之间，劳动者需要的满足程度，不但取决于个人的劳动贡献，而且与生产资料的占有情况有关。② 由于我国当时所处的社会主义改造阶段存在半社会主义的合作社经济形式，作为一种过渡性质的社会阶段，这个时期的经济法则可以表达为，"用建立和发展社会主义经济在全部国民经济中的领导作用和改造作用的办法，用使社会主义不断迅速增长和不断扩大的办法，来保证社会主义经济彻底战胜资本主义经济并把全部国民经济建成为单一的社会主义经济。"③ 并且，由于我国

---

① 狄超白：《对于我国过渡时期经济规律问题的意见（提纲）》，载于《经济研究》1955年第4期。
② 黄振奇、项启源、张朝尊：《回顾建国以来我国经济学界对社会主义基本经济规律的探讨》，载于《经济研究》1979年第10期。
③ 叶子欣：《关于我国过渡时期的经济法则问题的讨论》，载于《科学通报》1955年第1期。

在过渡阶段具有独立的总路线方针,我们应该有着与之相对应的社会主义过渡阶段的基本经济规律,即既适合该时期我国生产力的发展,并同时反映着对资本主义生产法则的限制作用。

当然,也有一些学者认为,既然存在着多种经济成分,因此每种经济成分,由于其所具有的条件不同,都有着决定支配该经济成分的主要过程主要方面的经济法则。在过渡时期,因为我国主要有社会主义生产方式和资本主义生产方式两种,那么相应的就有两种基本经济规律同时起作用。"我国过渡时期不是一个独立的社会形态,因此现在还不能存在一个决定全部社会生产一切主要方面和一切主要过程的基本经济法则。但是在过渡时期由于有了居于领导地位的社会主义经济,因此社会主义基本经济法则已经成为整个国民经济中起主导作用的法则,同时由于资本主义经济的存在,在我国也还存在着资本主义经济法则,其中包括最适合于资本主义基本经济法则这个概念的剩余价值法则,不过这个法则的作用范围已日益受到限制,并且随着经济条件的变化,会逐渐失去效力,退出舞台。"

除此之外,也有部分学者对如何按照社会主义基本经济规律办事进行了讨论。理论界首先总结了"一五"计划期间对按基本经济规律办事的经验,肯定其为我国财政工作的顺利进行和不断发展贡献的力量。认为在这一时期,经过统一财政经济工作,平衡了财政收支,稳定了金融物价;配合了对农业、手工业和资本主义工商业的社会主义改造,给国家的社会主义工业化提供了巨额资金,保证了国民经济的发展,并在这个基础上,使人们的物质文化生活有了很大的改善。这些巨大成就的取得,是由于我们党的正确领导,是由于认识了社会主义财政活动的客观规律,并在实践中掌握和运用了这些规律。① 随后,针对现实活动的具体经济目标的不同,分别探讨了社会主义基本经济规律对各内容的作用:第一,在实现"四化"过程中,基本经济规律作用的程度和形式会有什么样的变化。第二,怎样按照社会主义基本经济规律的作用,搞好综合平衡?综合平衡是由生活资料出发,还是由钢铁等生产资料出发。第三,在体制改革中,如何才能建立一个按社会主义基本经济规律办事的体制等内容。第四,根据社

---

① 姜明远:《总结财政工作经验,认识客观经济规律》,载于《经济研究》1959年第10期。

主义基本经济规律的作用来调整我国的国民经济结构,国民经济结构决定年产品的物质构成,从而决定满足社会需要的内容和程度。注意根据社会主义基本经济规律的要求调整国民经济结构,防止出现劳动人民有钱买不到东西的情况。第五,除了生产上要遵循社会主义基本经济规律,在分配、交换、消费各个方面都要注意与基本经济规律的协调,生产出一个有用的产品,劳动人民要能把它当作现实的使用价值来消费,必须经过分配、交换诸环节。中间环节出问题也影响需要的满足,消费中也有怎样消费才经济的问题。①

三、关于商品经济条件下的社会主义基本经济规律的探讨

在对社会主义基本经济规律的探索中,有部分学者指出,研究经济规律应从经济条件出发,如果不从经济条件出发,而从意识出发,那就会发生片面性,不能科学地认识规律。在我们当前所处的社会主义初级阶段,面对工商业水平较低、生产力不够发达的现状,必然要通过商品经济的形式推动整个经济的发展,只有遵循经济规律不断发展生产力,才能从根本上推动社会形态的变化。理论界一些学者在研究社会主义基本经济规律时,也对在现有条件下适度引导商品经济对经济发展作出贡献进行了分析。

一方面,建立经济高速度发展的新秩序,绝非是短期所能成事的。这种经济现实,要求我们坚决按照客观经济规律办事,肃清长官意志的干扰和影响。要恢复经济秩序,首先要恢复客观经济规律的权威。凡是源于社会主义经济的客观存在的各种经济规律,都是社会主义经济的运动规律,是推动社会主义经济发展的内在力量,本质上都是积极的。社会主义也可以存在商品经济,这是因为社会主义的商品生产是在社会主义公有制基础上,有计划地进行的,而不是资本主义私有制的基础上无政府状态地进行的。发展商品经济就要遵循价值规律。在社会主义条件下,价值规律是社

---

① 黄振奇、项启源、张朝尊:《回顾建国以来我国经济学界对社会主义基本经济规律的探讨》,载于《经济研究》1979年第10期。

会主义商品经济的运动规律,其作用的性质和方向取决于社会主义所有制的性质。在社会主义前的各社会形态里,价值规律要求按社会必要劳动量进行生产和交换,刺激了技术、生产的发展,之所以有的商品生产者破产,有的商品生产者致富,根源在私有制和由它产生出的无政府状态,价值规律的作用只是分化的条件,绝不是根源。社会主义制度消灭了生产资料私有制和生产无政府状态,价值规律的作用无论如何不会引起生产者的两极分化,不会导致资本主义;我们应当大胆利用它来为繁荣社会主义商品经济服务。

另一方面,在分析社会主义生产目的的时候,也有学者指出了凡是满足基本经济规律中的社会生产目的的经济活动都可以纳入社会主义基本经济规律的范畴。社会主义生产目的和实现目的的手段不能离开社会主义初级阶段生产力不发达这样一个物质条件。在发挥社会主义基本经济规律作用的时候,也应该关注到价值规律和市场供需的影响,有意识、有计划地利用价值规律促进社会生产力的发展。随着从社会主义公有制的两种形式过渡到单一的社会主义全民所有制,社会主义商品生产者通过商品交换来发展社会主义的生产并满足人民的需要,以先进技术为基础,最大限度地满足整个社会成员经常增长的物质和文化需要,就是社会主义基本经济规律蕴含的社会生产目的。

第二节　关于社会主义商品经济的研究

在20世纪50~60年代,我国经济学者对社会主义制度下的商品经济问题就进行了广泛讨论。这些探索虽然在广度和深度上不及改革开放后的讨论,但是也具有相当大的历史贡献,探讨中形成的正确理论观点为改革开放后我国社会主义市场经济理论的形成奠定了思想基础。在改革开放之前,我国对社会主义条件下商品经济的探索与争鸣主要集中分析商品经济的存在性和原因两大方面。

一、关于商品经济存在性的分析

马克思、恩格斯以及列宁在十月革命以前均认为,当社会主义革命取得胜利,以生产资料公有制代替私有制之后,商品生产就将消失①,社会实行产品经济。但是,这一设想是建立在高度发达的生产力基础上。马克思主义经典著作没有将社会主义与商品生产相联系。苏联的理论也只是承认社会主义社会有极其有限的商品交换关系。中华人民共和国成立之初,我国生产力十分落后,在完成社会主义改造前后,国内逐渐认识到在现有生产力条件下发展商品经济具有现实意义,由此展开了对在社会主义条件下是否存在商品经济的热烈争论。

我国学界关于商品经济存在性的探讨上,主要分成两类观点。

第一类观点认为在社会主义市场条件下,不存在商品经济。有学者甚至提出了"商品消亡论",即完全否认社会主义公有制基础上的商品交换,社会主义社会工农之间的交换也不是商品交换,认为现代公有制经济不是商品经济或不存在商品价值关系,得出社会主义社会商品经济已经全面消亡的观点。②另一些学者支持"商品消亡论",提出,社会主义各国现在利用货币作为分配工具与核算工具这种制度,如果称之为特种商品生产,以标志其形式上存在货币经济,实际上不同于私有制下的商品生产。如果这些产品因为直接是社会产品,不是私人以私人打算生产出来,只有在个人交换下才实现其价值,因而它们不是商品。那么,不论消费资料还是生产资料,它仍都不是商品。至于目前社会主义之所以存在着"商品生产",其原因是经济核算制度的存在,不是所有制并存的结果。两种所有制的交换,是不能拿来与私有商品生产者交换类比。③

第二类观点与社会主义条件下不存在商品经济这一观点针锋相对,认

---

① 《资本论》(第1卷),人民出版社1956年版,第15页。
② 骆耕漠:《商品经济的消灭及其规律的探索之一——经典作家关于公有制社会不存在商品关系的一般论断的介绍》,载于《学术月刊》1964年第9期。
③ 顾准:《试论社会主义制度下的商品生产和价值规律》,载于《经济研究》1957年第3期。

第二章 新中国经济转型思想的早期探索与理论贡献研究

为在社会主义条件下,仍存在着商品经济,指出商品经济的消亡是一个长期的过程,而且商品经济的发展对现阶段经济发展有着一定促进作用。针对"商品消亡论",有学者提出"商品消亡论"是否定了社会主义商品经济的理论,与社会主义经济的现实、社会主义社会阶段斗争、党的现行经济政策与马克思列宁主义均相违背。有学者主要论述社会主义社会中全民所有制和集体所有制之间或者说公社之间的交换是商品交换,这是因为所有权转让符合商品交换的基本原则。[①] 有学者以价值规律为核心,强调尊重商品交换和等价交换的原则。[②] 有学者认为,在过渡到共产主义第二阶段以前的一个相当长的时期内,商品生产应当仍然作为发展国民经济的有用因素而继续保存下来。这是由社会主义已达到的生产力水平以及与此相适应的生产关系的状况所决定的。[③] 有学者认为在社会主义条件下,存在各种商品关系,各种商品关系之所以必要,是由于两种公有制的存在和实行按劳分配的原则。商品的消亡过程不是各种商品的商品性逐渐减弱,而是一部分商品由于丧失它们存在的根据而退出历史舞台。[④] 在社会主义商品经济的研究中,有学者提出社会主义经济是"计划商品经济"这一命题。他指出,把商品生产和所有制联系在一起的观点是不正确的,是因为所有制归属于财产关系即财产归属在法律上的所有权关系,因此说所有制决定商品经济,将会产生由法律等构成的上层建筑决定经济关系的错误结论,商品生产和商品交换是由社会分工决定的,因而商品经济必然存在,而且社会主义经济必然是计划商品经济。[⑤] 有学者从社会主义制度下的商品与资本主义制度下的商品矛盾的不同出发,认为在社会主义下的商品与在资本主义下的商品,在本质上有区别,但不等于在社会主义下的产品没有商品的性质。在社会主义制度下,生产资料和消费资料都具有商品的基

[①] 谷书堂:《谈谈商品生产和价值规律》,载于《经济研究》1959年第2期。
[②] 孙冶方:《要用历史观点来认识社会主义社会的商品生产》,载于《经济研究》1959年第5期。
[③] 王守海:《关于社会主义制度下的商品生产及其消亡的问题》,载于《经济研究》1959年第3期。
[④] 于光远:《关于社会主义制度下商品生产问题的讨论》,载于《经济研究》1959年第7期。
[⑤] 卓炯:《论社会主义商品经济》,广东人民出版社1981年版。

本矛盾，也就是说社会主义下的产品仍是商品。①

在国家顶层设计层面，早在党的八大上，陈云以《社会主义改造基本完成以后的新问题》为题，系统地提出了一种"有利于人民的社会主义经济"新模式。这是一种以"三个主体、三个补充"为特征的经济模式。在党的八届六中全会上，毛泽东更是正式提出："在今后一个必要的历史时期内，人民公社的商品生产，以及国家和公社、公社和公社之间的商品交换，必须有一个很大的发展。"② 从国家顶层设计层面上确定了在社会主义社会中，商品经济存在性与发展的必要性。1961 年受自然灾害影响，我国政府第一次提到了商品的重要性。八届九中全会指出，由于农业歉收和轻工业原料不足而形成的市场商品供应的暂时困难，是一个急需解决的重要问题。全会要求各有关部门迅速采取措施，帮助轻工业、城乡手工业、家庭副业和郊区农业的发展，增加各种日用品和副食品的生产；同时改进商业工作，活跃农村市场，以便逐步改善商品供应状况。

总之，尽管我国在社会主义条件下商品经济存在性上存在着争论，但是仍普遍认为社会主义制度下存在商品经济，认为商品经济的消亡是一个长期过程，在物质基础未达到的条件下，商品经济对我国经济有着一定促进作用。

二、关于商品经济存在原因的分析

关于社会主义条件下存在商品生产的原因，苏联依据斯大林《苏联社会主义经济问题》一书的观点，认为主要是由两种社会主义公有制（即全民所有制和集体所有制）的并存决定的。国内从马克思、恩格斯经典理论出发，借鉴苏联经验，立足中国国情，对我国社会主义条件下商品经济存在原因进行了深层次分析，主要从生产力、生产关系和其他因素三大层面上探讨了社会主义为何存在商品经济。

首先，从生产力层面上看，就社会主义经济的现实来说，在社会主义

---

① 樊弘：《論社会主义制度下的商品生产和价值规律》，载于《北京大学学报》（人文科学版）1957 年第 3 期。
② 《建国以来重要文献选编》（第 11 册），中央文献出版社 2011 年版。

社会，在实现工业国有化和农业集体化以后，生产资料的公有制代替了生产资料的私有制，为社会生产力的极大发展开辟了道路，保证了社会生产力以以前社会所不能比拟的速度向前发展，体现着社会主义制度比资本主义制度更具有优越性。但是，当前的社会主义社会仍然是一个生产力低下的社会，当社会生产力水平仍较低时，商品生产也会存在。有学者从与生产力发展关系上研究，指出商品经济存在原因在于商品生产作为一种社会关系的反应，由生产力决定。还有学者指出商品生产是社会生产力提高的结果，其消亡也必须以社会生产力的高度发展为前提。在共产主义的第一阶段上，虽然生产力有了突飞猛进的发展，但社会产品还没有达到极大的丰富。因而，还不具备商品、价值等范畴退出历史舞台的条件。① 有学者试图从分配角度探讨生产力问题，认为由于生产力的发展还没有达到"按需分配"的水平，商品货币关系仍将作为积极的因素而保存下来。按劳分配原则中体现的商品交换原则可以直接表现为商品交换关系，通过商品交换来实现按劳分配原则比直接的实物分配原则更加适当。② 还提出了在当时的发展情况下，继续进行商品生产有利于促进我国生产力的发展，并且发展商品经济可以有效地增加物质财富的积累。③

其次，从生产关系层面来看，学术界认为社会主义制度下存在商品生产主要是由于存在公有制的两种形式和实行按劳分配制度。有学者提出在我国发展的初期存在集体所有制和全民所有制两种所有制形式，这两种所有制形式的同时存在使得我国存在社会主义商品生产和流通。社会分工和生产资料所有制的性质，仍然是商品生产的基础。④ 众多学者持有相同观点，分别从不同侧重点来论述。有学者认为当前的社会主义社会仍然是一个有差别、有矛盾、有阶级的社会。从社会主义社会的经济基础来看，还存在着全民所有制和集体所有制的差别，还存在着个体所有制。全民所有

---

① 王守海：《关于社会主义制度下的商品生产及其消亡的问题》，载于《经济研究》1959年第3期。
② 卫兴华：《社会主义制度下商品生产的研究方法问题》，载于《学术月刊》1959年第11期。
③ 卫兴华：《社会主义制度下为什么存在商品生产？》，载于《经济研究》1959年第2期。
④ 孙冶方：《论价值——并试论"价值"在社会主义以至于共产主义政治经济学体系中的地位》，载于《经济研究》1959年第9期。

制和集体所有制是社会主义社会的两种所有制，是社会主义社会的两种生产关系。在全民所有制企业中劳动的工人和在集体所有制农庄中劳动的农民，是社会主义社会中的两类劳动者。因此，在社会主义社会里，还存在着工人和农民的差别。要使集体所有制过渡到全民所有制，从两种所有制过渡到单一的全民所有制，要使城市和乡村、工业和农业、工人和农民之间的差别归于消失，只能是逐步的，而且必然经历长期的过程。具体来说，从社会主义工业和农业之间的交换问题来看，在一般情况下，国家不可能把全民所有制工业所生产的产品无偿地交给集体经济去使用，而必须按照这些产品的价值，卖给集体经济单位，以保证国家对全民财产的所有权。全民所有制的工业和集体所有制的农业的交换必须采取商品交换的形式。从个人消费品方面来看，由于国家与职工之间必须通过商品交换来完成消费品从国家所有到个人所有的转移，国家与职工关于个人消费品的分配，也必须采取商品交换的方式。从全民所有制内部各企业间进行调拨的生产资料属国家所有，单彼此之间具有相对独立性，对自己的生产经营成果各负盈亏，那么它们生产要遵循等价交换的原则交换各自生产的产品，具有商品的性质。① 还有学者从在社会主义制度下存在着公有制的两种形式分析，公社使用的生产资料和生产的产品，还不能按照整个国民经济的需要，在全民范围内作统一的合理的分配。国家必须通过商品交换取得公社的产品，而公社也只有用货币向国家购买它所需要的生产资料和其他产品。同时各个公社都是集体所有制的独立的经济单位，它们之间互相交换产品，也唯有通过商品买卖这一彼此可以接受的形式。从分配方面来看，按劳分配原则之所以制约着商品交换关系，是由于脑力劳动和体力劳动的差别尚未消灭，人熟练劳动和简单劳动的差别仍然保留，在劳动还没有成为生活的第一需要的条件下，采取价值形式，才能对劳动者付出的劳动量和应得的报酬，实行严格的估算和监督。同时，在社会产品尚未丰富到足以用按需分配代替按劳分配的条件下，在社会生产力所允许的消费范围内，采用商品货币形式才能使社会成员具有适当的选择的余地。② 有学者

---

① 汪旭庄、章时鸣：《评骆耕漠同志的商品消亡论》，载于《学术月刊》1964年第11期。
② 王守海：《关于社会主义制度下的商品生产及其消亡的问题》，载于《经济研究》1959年第3期。

从交换关系角度分析了社会主义存在商品经济的原因，得出了商品经济和价值规律存在于不同社会形态的观点。针对传统上将社会主义公有制存在两种所有制形式是商品经济存在的原因的观点，提出了不同的见解。他把社会主义存在商品生产的原因归纳为三方面：一是社会主义两种公有制形式的存在；二是国营企业的经济核算；三是按劳分配。他认为应该把商品社会性质的改变同商品消亡的问题区别开来，他指出，即使到了公有制两种形式消失后的共产主义社会，生产资料的商品交换是否仍将存在，还要看那时社会对生产资料的直接分配是否需要通过企业之间产品交换的方式来实现。如果那时仍然需要经过交换来实现生产资料的分配；如果还需要采取等价交换的原则来实行经济核算，在共产主义各经济单位之间就还会存在商品交换，所交换的生产资料就仍然会是商品。因此，尽管商品的社会性质会随着历史的发展而不断改变，可是作为商品的共性，即以一定的方式进行交换，则没有也不可能有什么改变。[①] 有学者从社会分工的角度去分析商品经济，认为社会分工是商品经济的基础，如马克思的有关观点指出，商品经济的实质是一种社会分工制度，因此，商品生产和商品交换是由社会分工决定的。此外，还从商品经济特殊角度分析，由于社会主义公有制的存在，社会主义经济必然是计划商品经济。具体来说，一是社会主义经济的本质特征是公有经济。作为社会主义经济的本质特征的只能是公有经济，因为不论计划经济也好，商品经济也好，都是在生产资料公有制的基础上运行的。二是社会主义公有制决定社会主义经济是计划商品经济。社会主义的特征是生产资料公有制，因而社会生产可以做到有计划性。但由于社会主义经济中也存在社会分工，因此社会主义经济也是商品经济，也有市场，也有价值规律的客观作用，于是也就有了计划经济与商品经济、计划和市场的关系问题。[②]

从国家顶层设计来看，毛泽东也强调两种所有制的存在对商品生产的重要性。针对当时国内一些主张取消商品经济的观点，他强调："只要存

[①] 于光远：《关于社会主义制度下商品生产问题的讨论》，载于《经济研究》1959 年第 7 期。

[②] 卓炯：《论社会主义商品经济》，广东人民出版社 1981 年版。

在两种所有制，商品生产和商品交换就是极其必要、极其有用的。"①

最后，从其他因素的层面来说，国内学术界主要从不同制度的商品经济矛盾对比、社会生产多样性等方面进行阐述社会主义条件下存在商品生产的原因。有学者从社会主义制度下的商品与资本主义制度下的商品矛盾的不同出发，认为社会主义下的产品不是仅仅保持商品的外壳，连商品本身所具有的基本的矛盾也保持在其中。不同的是这里的矛盾，由对抗性的矛盾变为非对抗的矛盾，那么，社会主义下的产品是商品。此外，他还从社会分工、私有财产制度和工资制度三个角度阐述了商品发生的条件，这三个条件共同决定了社会主义下的产品赋有商品性。②还有在社会主义发展的一定阶段上，为了调动一切发展生产的积极因素，还必须允许集体化的农业生产者个人经营小规模的商品性的副业，这也是保存商品生产的因素。③

从国家顶层设计来看，毛泽东还从社会生产的多样性及人们生活需要的多样性的角度论证了商品生产存在的必要性。他"提倡每一个人民公社生产有交换价值的农作物和工业品，不然生活不能丰富"。④ 在当时，人们普遍认为人民公社只有自给自足才是符合要求的，也即将人民公社经济局限在自然经济范围内。毛泽东认为，这种认识是不正确的，"人民公社应该按照满足社会需要的原则，有计划地进行生产。既要发展直接满足本公社需要的自给性生产，又必须尽可能广泛地发展商品性的生产。这种商品生产，通过商品交换，既可以满足社会日益增长的需要，又可以换回等价物资，满足本社生产上和社员生活上日益增长的需要"。⑤

综上所述，我国对社会主义条件下存在商品生产的原因讨论主要可以分为三个方面：一是生产力层面来说，由于我国的生产力水平较为落后，为了向社会主义国家进行转变，我国必须要积累足够的物质基础。发展商

---

① 《毛泽东文集》（第7卷），人民出版社1999年版。
② 樊弘：《論社会主义制度下的商品生产和价值规律》，载于《北京大学学报》（人文科学版）1957年第3期。
③ 王守海：《关于社会主义制度下的商品生产及其消亡的问题》，载于《经济研究》1959年第3期。
④ 《毛泽东年谱（1949—1976）》（第3卷），中央文献出版社2013年版。
⑤ 《毛泽东年谱（1949—1976）》（第4卷），中央文献出版社2013年版。

品生产能够促进我国的社会生产率的提高，为我国快速的物质财富的积累提供帮助，同时也能促使我国进一步向社会主义国家过渡。因此为了积累足够的物质基础，在这一阶段我国必须要允许商品生产的存在。二是从生产关系层面来说，存在公有制的两种形式和实行按劳分配制度是社会主义条件下存在商品生产经济的主要原因。三是除生产力和生产关系之外，之所以存在商品经济仍由其他因素共同作用而成的。

三、关于商品范畴的分析

在探讨了商品经济存在性和存在原因之后，国内自然而然讨论了商品所存在的范畴。国内讨论的焦点转移到社会主义条件下商品存在的范畴探讨，主要分为了全民所有制内部交换的产品和个人消费品两大类别进行分析。

一方面，从全民所有制内部交换的产品来说，学术界对这一产品是否属于商品形成了截然相反的观点。一种观点支持"商品外壳论"，全民所有制内部交换的产品并不是商品，仅仅保留了商品的外壳，即仅仅保留了形式。即因为国营企业之间的经济往来本质上没有所有权的转移，而只有核算问题。但是这种往来还要采取商品交换的形式或外壳。这是因为社会主义社会的生产关系是一个整体，每个国营企业不仅同其他国营企业相往来，还要同集体所有制的人民公社相往来，其利润还有一部分作为奖金归职工个人所得或该企业的职工集体享受。因此，国营企业之间的往来仍然带有一定程度的商品性质，它们之间的交换仍旧要采取商品交换的方式。[①]另一种观点与之截然相反，提出内部交换的产品就是商品。因为商品就是买卖的产品，在社会主义社会还存在社会分工，企业彼此还要当作相对独立的经济单位来互相对待，生产资料还要通过买卖方式进行交换，调拨只是更有计划。[②] 有学者从国营企业生产的生产资料角度看，认为，通过物资技术供应计划进行调整，这也是一种交换，是一种计划性更高的交换。

[①] 姜铎：《关于商品生产的几个理论问题》，载于《学术月刊》1959 年第 2 期。
[②] 徐日清：《价值规律在国营企业生产资料生产中的作用》，载于《学术月刊》1959 年第 4 期。

虽然不改变所有权性质，但发生了商品特性上局部的质变，因此就其整体来说，仍是商品。① 也有学者研究社会主义制度下目前大量存在的国营企业之间交换或调拨的产品，它们在生产效程中进行着严格的经济核算，计算成本和价值，在交换时用货币进行支付，遵守等价交换的原则。这些产品从生产到流通都以社会价值为基础，交换又反映着一定的社会生产关系，因此，国营企业之间交换或调拨的产品是真实的商品，产品的所有权转移并不是各种不同社会制度下商品的共性。②

另一方面，学界从个人消费品层面出发，探讨了个人消费品的交换体现了社会与个人的关系，这一关系的实质是劳动者把自己的劳动提供给社会，而社会则付给他一定数量的货币作为向社会领取消费品的凭证，或直接给予一定数量的消费品，关于个人消费品是不是商品，基本形成了统一意见，认为个人消费品不是商品。具体来说，有学者如果肯定等价交换基础上的所有权转移使商品交换的本质，则应该承认，职工向国营商店购买消费品，以及国营商店把消费品卖给职工，都是商品买卖关系，因为这里存在着所有权的转移。③ 此外，还有学者认为，社会主义制度下的主要交换关系虽然性质不同，却可以都称为商品关系。没有必要去区别什么是真正的商品，什么不是真正的商品，却有商品的形式、商品的外壳等。④

总之，在社会主义条件下商品范畴的探讨上，从全民所有制内部交换的产品来说，学术界对这一产品是否属于商品形成了截然相反的观点。一是支持"商品外壳论"，认为内部交换的产品不是商品，仅仅保留商品的形式。二是认为内部交换的产品就是商品。从个人消费品来说，则形成了统一的论断，认为个人消费品不是商品。

---

① 徐日清：《国营企业生产的生产资料仍是商品》，载于《学术月刊》1959 年第 2 期。
② 宋福僧、王维新、权泊涛：《试论社会主义制度下商品生产和价值规律的研究方法》，载于《西北师大学报》（社会科学版）1960 年第 3 期。
③ 孙冶方：《要用历史观点来认识社会主义社会的商品生产》，载于《经济研究》1959 年第 5 期。
④ 于光远：《关于社会主义制度下商品生产问题的讨论》，载于《经济研究》1959 年第 7 期。

第三节　关于社会主义价值规律的研究

新中国成立至改革开放之前，中国共产党在领导人民建立、建设社会主义经济的过程中，在积极借鉴苏联经验的基础上，注重结合本国国情，积极探索适合我国国情的社会主义经济建设道路，在积极实行计划经济体制的同时，也对价值规律及其作用进行了积极的探索。

关于社会主义条件下价值规律的存在性及其作用问题一直是早期经济转型思想探讨的重点，主要分为以下3个方面：（1）社会主义条件下价值规律是否存在，对此经济界和经济学界均展开了讨论；（2）社会主义条件下如果存在价值规律，对其作用领域和作用双重性问题的探讨；（3）价值规律与国民经济有计划按比例发展规律之间的关系进行探讨。

一、关于社会主义条件下是否存在价值规律的探讨

关于社会主义条件下是否存在价值规律，经济学界进行了激烈的讨论，从商品经济、产品经济的价值规律、经济核算的角度肯定了在社会主义条件下价值规律存在并且起作用。

对于价值规律是否存在的问题，在斯大林提出"在有商品和商品生产的地方，是不能没有价值规律的"[①]后，引起了我国学术界的激烈讨论。学者们关于社会主义条件下价值规律是否存在的讨论主要是从产品经济价值规律、经济核算、商品经济等角度进行探讨。

从产品经济价值规律的角度考虑，有学者认为社会主义条件下的价值规律，不同于私有制商品经济条件下的价值规律，是产品经济的价值规律，在社会主义计划经济的条件下，价值规律是社会化大生产的客观规律。产品之间的交换比例由价值决定，并向价值靠拢。因此只要社会化大

---

① 斯大林：《苏联社会主义经济问题》，人民出版社1954年版。

生产存在，产品交换就存在，就需要价值规律作为产品交换的规律发挥作用；产品价值由社会平均必要劳动时间决定，价值规律不仅调节资源在企业间合理配置，也调节了社会生产力在部门间的分配。因此，在社会化大生产中，价值规律调节能够实现资源的优化配置。社会主义经济条件下，产品价值规律表现形式不同于商品价值规律。在商品经济中，价值规律通过商品流通、市场竞争来表现；而产品经济价值规律是在计划经济中发挥作用，是人们通过对社会必要劳动量的计算而确定的。①

从经济核算的角度考虑，有学者认为价值规律正是通过经济核算来调节社会生产的。但是针对价值规律在经济核算中的地位不同，学者们有不同的观点。其中一种观点认为应该将计划和统计放在价值规律的基础上，强调计划管理的作用，反对价值规律自发地调节经济过程。价值规律通过社会平均劳动量决定价值来推动生产力的发展，无论是在资本主义社会还是在社会主义社会中都是存在的，只不过在计划经济中，我们应该通过计算来主动摸索价值规律。② 一种观点认为社会主义条件下实行的是"国民经济有计划按比例"规律，价值规律仅仅起到辅助作用。对国家直接计划生产的产品，价值规律仅仅用来作为经济核算的工具；对国家间接计划生产的产品，在一定范围内利用价值规律来进行调节；对国家计划范围外的产品，主要通过价值规律来进行调节。而且随着国家计划范围的扩大，价值规律的作用将受到限制。③ 另一种观点主张要充分利用价值规律。社会主义经济是计划经济与经济核算（指价值规律）的矛盾统一体。如果过分强调计划而忽略或否定经济核算的作用，用计划来规定一切会阻碍经济的发展，经济运行过程中可以通过经济核算制度来实现价值规律调节社会生产，让价格成为调节生产的主要工具，因为企业自发追求对生产有利的价格，价格出现自发的涨落，实际上调节了生产比例。④

从商品经济的角度考虑，有学者指出价值规律在社会主义条件下是研究商品生产问题所必须同时加以考虑的。虽然在生产资料私有制以及竞争

---

①② 孙冶方：《把计划和统计放在价值规律的基础上》，载于《经济研究》1956年第6期。
③ 薛暮桥：《再论计划经济和价值规律》，载于《计划经济》1957年第3期。
④ 顾准：《试论社会主义制度下的商品生产和价值规律》，载于《经济研究》1957年第3期。

和生产无政府状态的条件下价值规律能够达到充分实现的要求,并且在这个过程中能够调节社会各部门的运转,但是在社会主义条件下价值规律同样存在且发生作用。在社会主义条件下,生产资料公有制代替了私有制,生产的目的是为了满足日益增长的社会需要,因而国家就能根据社会发展的需要有计划地分配社会劳动,竞争和生产无政府也就不再发生作用,这意味着价值规律要求的实现在社会主义制度下受到了客观条件的限制,然而受到限制并不意味着不发生作用,因为既然还存在着商品生产,那么价值量由社会必要劳动量来决定就总是作为客观的必然要求来实砚的。例如,商品价格虽然是计划决定的,但它的决定本身就需要充分估计到价值规律这一客观要求。[1]

二、关于社会主义条件下价值规律作用的探讨

针对社会主义条件下价值规律作用的探讨,主要是分为三个方面,第一个方面在生产资料的生产是否具有调节作用,针对这个问题,主要有三个不同的观点:第一种观点认为在生产领域没有调节作用,只有一定的影响作用;第二种观点认为在生产领域内有调节作用;第三种观点介于两者之间,认为仅在农业生产领域起到一定的调节作用。第二个方面讨论了人民公社后价值规律的作用是否受到限制;第三个方面讨论了价值规律的双重性问题。

(一) 生产领域内价值规律的调节作用的探讨

针对价值规律的作用问题,主要有以下三个不同的观点。

第一种观点认为价值规律只在流通领域内起调节作用,在生产领域不起调节作用,只起一定的影响作用。有学者指出,我国过渡时期的国营企业的产品不是作为商品出售,而是按照国家计划调拨给另一国家机关使用的生产资料的生产,不是商品生产,因而其生产不受价值规律的调节。但是要受到价值规律的影响,因为过渡时期,如果国营企业和私营企业生产

---

[1] 谷书堂:《谈谈商品生产和价值规律》,载于《经济研究》1959 年第 2 期。

同类产品,并且国营企业产品数量不占优势,那么其产品价格只能与私营企业的价格一样在市场上出售。也有学者从价值规律与社会主义基本经济规律和国民经济有计划按比例发展规律的关系指出价值规律在生产领域不起调节作用。价值规律能否在社会主义生产中起调节作用要以社会主义基本经济规律和有计划按比例发展规律对生产是否起主导作用为转移。社会主义基本经济规律和有计划按比例发展规律在生产中居于主导地位,而价值规律处于从属地位,如果价值规律的作用与两大规律的要求不一致时,就要受到严格的限制。因此价值规律在社会主义制度下对生产只有影响作用却达不到"调节"的程度。[1]

第二种观点认为价值规律在生产领域也起到调节作用。有学者从两方面强调价值规律在社会主义制度下的作用,认为商品价值量是社会平均必要劳动时间决定的,条件差、技术落后所耗费的劳动量高于社会平均必要劳动量就要被淘汰,相反日益发达,这就刺激生产者改进技术,改善经营管理,所以价值规律在商品经济中起着促进技术进步和生产力发展的作用;[2] 有学者指出在社会主义条件下,生产资料是商品且具有价值,因而价值规律对生产资料的生产和分配发挥作用。[3]

第三种观点认为虽然价值规律对生产有调节作用,但仅限于轻工业和农业生产领域。"价值规律对农业生产起调节作用,是指调节(或决定)着农业生产的比例,即生产什么和生产多少,在一定程度上价格水平决定着农业生产的规模和发展速度;农产品间的各种比价决定着农业生产的构成,质量差价决定着农畜产品的质量高低;地区差价决定着全国各地区农畜产品的平衡发展。"[4]

(二)人民公社后价值规律的作用是否受到限制的探讨

针对人民公社后价值规律的作用是否进一步受到限制,有学者持肯定

---

[1] 骆耕漠:《社会主义制度下的商品和价值问题》,科学出版社 1957 年版。
[2] 孙冶方:《把计划和统计放在价值规律的基础上》,载于《经济研究》1956 年第 6 期。
[3] 南冰、索真:《论社会主义制度下生产资料的价值和价值规律的作用问题》,载于《经济研究》1957 年第 1 期。
[4] 冯玉忠:《价值规律在集体所有制农业生产中的调节作用》,载于《大公报》1957 年 2 月 24 日。

意见，也有学者认为没有受到限制。

一种观点认为人民公社后价值规律受到限制。有学者认为人民公社后，价值规律通过经济核算对生产产生影响，价值规律仅起到国民经济有计划按比例规律的"助手"，价值规律通过价格来发生作用，但是在社会主义条件下，价格不是自发形成的，而是由国家对于商品中所包含的价值量加以核算，并考虑到其他因素确定而成，这种价格是按计划规定出的商品价值的货币表现。因此价值规律的作用在人民公社后会受到限制。① 也有学者指出人民公社后价值规律所起的作用受到限制，但是只要存在商品经济，价值规律的作用就不会缩小到无足轻重的地步。②

另一种观点从人民公社的性质出发，认为人民公社后价值规律的作用没有受到限制。人民公社是自负盈亏的经济单位，通过价格来调节生产，如果忽略了价值规律的作用，就会给国家和集体所有制经济带来不利影响，不利于生产力的发展。党和国家虽然根据社会主义基本经济规律和国民经济按比例规律来制定经济计划和指导生产，但是如果忽略了价值规律甚至不遵行等价交换，集体经济利益就会受损，从而影响生产的积极性，轻视或否定价值规律的作用，就是否定产品所有权。③

（三）价值规律作用双重性的探讨

价值规律作用的双重性，是指将价值规律分为积极作用和消极作用两个方面。从积极方面来看，在商品的价格必须以价值为基础（价值是确定价格的依据）的前提下，自觉地利用价格等于、高于或低于价值来调整某些商品的生产数量，以保持各类商品供需之间的平衡和各生产部门之间的比例关系；运用价格政策来调剂某些消费品的销售数量且以保持各类消费品供需之间的平衡；运用价格政策来调整各阶层人民的生活水平，特别是工农之间的消费基金的分配；利用价格政策来调整积累和消费之间的比例

---

① 关梦觉：《关于当前的商品生产和价值规律的若干问题》，载于《经济研究》1959年第2期。
② 薛暮桥：《对商品生产和价值规律问题的一些意见》，载于《经济研究》1959年第1期。
③ 郑经青：《对于社会主义制度下价值规律问题的几点意见》，载于《经济研究》1959年第4期。

关系。从消极作用来看，根据社会必要劳动时间决定商品价值量的规律，如果个别劳动时间低于社会必要劳动时间，就可以得到超额利润，从而促使人们改进技术提高劳动生产率，加强经营管理，发展生产力，发展生产。但在现实生活中，由于价值规律转化为利润规律，有些生产经营者为了获得更多利润，不是采取如上措施，而是在商品名称上改头换面，在商品质量上以次充好，在商品价格上抬高物价，在分配上偷税漏税，行贿受贿。①

针对价值规律的双重性，如何利用价值规律成为学者们讨论的热点。有学者主张遏制价值规律的消极作用，也有学者则认为应该尽可能发挥价值规律的积极作用。

有学者从价值规律的消极作用出发，指出要对价值规律加以控制。将价值规律的消极作用称之为"野性"，价值规律的自发性与社会主义计划经济的矛盾，是价值规律可能起消极作用的根源。在社会主义条件下，虽然价值规律建立在生产资料公有制基础上，但是仍有较强的自发倾向，如果不加以控制，价值规律可能会自发地破坏社会主义经济建设。②

也有学者从价值规律的积极作用出发，指出要发挥促进生产的发展作用。价值规律不论在哪种社会形态中，都表现为所有商品生产的共性。它的基本作用是促进生产，只有在资本主义商品生产条件下，价值规律在促进生产的同时起着消极的破坏作用，在社会主义条件下，价值规律能够在提高劳动生产力，促进生产时真正将积极作用方面表现出来。我们的重点不应该是如何防止价值规律的消极破坏作用，而是在于如何能将价值规律的积极作用充分表现出来。③

价值规律作用的双重性是客观存在的，我们应该正确认识其双重性。采取各种手段，不仅要极力限制其消极作用的发生，而且要充分发挥其积极作用，这样才能促进社会主义经济的发展。

---

① 刘守定：《社会主义条件下价值规律作用的两重性》，载于《学术月刊》1990 年第 5 期。
② 关梦觉：《关于当前的商品生产和价值规律的若干问题》，载于《经济研究》1959 年第 2 期。
③ 王亚南：《充分发挥价值规律在我国社会主义经济中的积极作用》，载于《人民日报》1959 年 5 月 15 日。

三、价值规律与国民经济有计划按比例发展规律的关系

在我国初步建立社会主义经济制度之后，国民经济有计划按比例发展规律就会起着非常重要的作用。但是社会主义经济下存在着商品经济的生产，因此价值规律也会发生作用，如何正确认识两者之间的关系并发挥其作用也引发了学者们的探讨。

对于价值规律与国民经济有计划按比例发展规律的关系，学术界存在三种看法，第一种看法认为价值规律与国民经济有计划按比例发展规律不是相互排斥的，价值规律处于从属地位；第二种看法主张价值规律与国民经济有计划按比例发展规律之间存在相互制约，相互依存的关系；第三种看法则强调价值规律与国民经济有计划按比例发展规律之间的关系比较复杂，应该具体问题具体分析。

（一）价值规律处于从属地位

在社会主义制度下，商品生产是计划性的，以生产资料公有制为基础，按照有计划按比例规律进行，价值规律失去了自发作用，必须服从于基本经济规律和有计划按比例发展规律。关于价值规律是国民经济有计划按比例发展规律的从属地位，有学者分别从生产领域和流通领域进行了论证。

在生产领域，根据所处的不同时期来看价值规律的从属地位，主要表现：（1）在过渡时期，虽然私人资本主义经济形式和个体经济形式还没有完全被消除，价值规律会盲目地发挥作用，但随着社会主义改造的进行，生产资料公有制不断形成和壮大，以及在生产资料公有制基础上发挥作用的国民经济有计划按比例发展规律，代替了竞争和生产的无政府状态规律，价值规律的盲目自发性会被限制，被国家自觉地加以利用。[①]（2）当"三大改造"实现之后，社会主义商品生产是建立在生产资料公有制的基础之上，主要由社会主义基本经济规律、国民经济有计划按比例发展规律

---

① 朱剑农：《价值规律在我国过渡时期的作用》，载于《经济研究》1955年第5期。

来调节的，价值规律受社会主义基本经济规律所决定并为社会主义建设服务，对生产调节起到辅助作用，因此处于从属地位。①

流通领域内价值规律居于从属地位主要从以下三个方面体现出来：（1）在社会主义条件下，生产资料和消费品的流通也是通过计划进行调节，遵循国民经济物资供应计划和商品流转计划。全民所有制企业所需要的生产资料的分配，靠物资供应计划来确定，通过市场的生产资料和消费品的分配，靠流转计划来制定。每个时期的商品流转规模、商品流转的构成等都是根据商品流转计划而定。（2）商品流通以生产为基础，而社会主义条件下的生产是按照国民经济有计划按比例发展规律进行调节，因此价值规律处于从属地位。（3）价值规律通过价格发生作用，但是社会主义条件下商品价格受国家计划控制。价格的形成虽然以商品价值为基础，受供求的影响，但价格的高低还要考虑国家、集体与居民的利益，受社会主义基本经济规律和国民经济有计划按比例发展规律的制约。②

（二）二者相互制约、相互依存

在社会主义条件下，价值规律与有计划按比例发展规律之间是相互制约，相互依存的。

相互制约具体体现在价值规律的自发性可能会对国民经济有计划按比例发展造成不良影响。国民经济有计划按比例发展规律要求国民经济运行按照统一的计划，按照一定的比例来发展，这种比例必须保证最高可能的发展速度，必须符合社会主义基本经济规律及每一个发展阶段国家的政治经济的任务要求，必须把整体利益与个体利益，把长远利益与目前利益适当地结合起来。可是，如果不适当控制价值规律的话，就会盲目地起作用，破坏按比例发展规律。

在商品生产存在的条件下，国民经济有计划按比例发展规律与价值规律又是相辅相依的。主要体现在以下两个方面：（1）要把社会主义条件下的商品做合理安排，最大限度地发挥作用，就需要有统一的核算单位，没

---

① 仲津：《社会主义制度下价值规律的作用问题》，载于《经济研究》1958年第2期。
② 谢伯龄、关其学：《国民经济有计划按比例发展规律和价值规律的关系》，载于《政治与经济》1959年第6期。

有统一的核算单位,就无法进行计划。货币即为最适合的统一核算单位,而货币是商品经济的产物,是价值规律的产物。(2)要使国民经济有计划按比例发展,需要社会生产和社会需要在国民经济中保持相对平衡,如果利用好价值规律,成为达到平衡的工具,国民经济有计划按比例发展规律可以得到更有效地贯彻。①

(三)二者存在复杂的关系

有学者指出价值规律与国民经济有计划按比例发展规律之间存在复杂的关系。在社会主义条件下,二者之间的关系体现在以下3个方面:第一,就调节生产来说,二者是相互排斥的,是此消彼长的;第二,就我国目前情况来说,因为价值规律对集体所有制的农业生产还起到一定的调节作用,对作为社会主义集体经济的辅助的集体农民的家庭副业(在集市贸易上出售的产品)还起主要的调节作用,因而就整个国民经济来讲,有计划按比例发展规律对调节生产起主导的作用,价值规律起次要的作用;第三,就核算劳动来说,价值规律的作用与有计划按比例规律的作用是一致的。②

第四节 关于社会主义按劳分配的研究

马克思最早提出按劳分配的思想是在《资本论》,设想了一个自由人联合体;在这个联合体中,"每个生产者在生活资料中得到的份额是由他的劳动时间决定的"。这种劳动时间,既起着调节各种劳动职能同各种需要的适当的比例的作用,也就是用它来调节劳动的有计划分配,同时又起着"计量生产者个人在共同劳动中所占份额的尺度"的作用,也就是用它

---

① 王惟中:《国民经济有计划按比例发展规律与价值规律的关系》,载于《财经研究》1959年第2期。
② 周瑞清:《也谈有计划按比例发展规律和价值规律的关系》,载于《学术研究》1963年第6期。

来计量劳动者个人在共同产品的个人消费品中应领取的份额。马克思在《哥达纲领批判》（Gritique of the Gotha）中提到，更明确地说，以劳动为尺度，就是按照劳动时间或劳动强度来确定。按劳动在各个生产者中间分配消费资料，通行的是"一种形式的劳动可以和另一种形式的同量劳动相交换"的原则。每个生产者的个人劳动时间，就是社会劳动日中他所提供的部分，就是他在社会总劳动日里的一部分。生产者的权利，就是以他提供的劳动来计量其所领消费资料的份额。同时，经典马克思理论认为，在社会主义公有制条件下，生产要素的占有不能成为个人获得收入的手段，劳动是获得个人消费品唯一的手段。而凭借个人向社会提供的劳动分配消费品的方式只有两种，即按劳分配和按需分配。在社会主义条件下，后一种分配方式是不可行的。另外，马克思设想的按劳分配，是在不存在商品经济条件下的个人消费品实物分配，设想的是无货币的状态，因而不可能是按劳动创造的价值分配。

但在我国经济转型的早期探索阶段，生产力低下的国情下，我国现实经济中一定阶段中存在着货币，即使在无货币状态下，货币对现实经济发展仍有着促进作用。因而我们必须要探讨在这一阶段，社会主义制度下按劳分配的问题。

在我国经济转型的早期探索阶段，国内对按劳分配的认识几经反复。从政府顶层设计来说，从新中国成立到"三大改造"完成，这一时期，国家认识到按劳分配在现实经济中的重要性，初步贯彻了按劳分配的原则，探索了按劳分配在现阶段中国的实现条件和形式。在"三大改造"之后直到"文化大革命"时期结束，这一阶段先是经历了"左"倾思想，削弱了按劳分配原则，"文化大革命"时期更是直接颠覆了按劳分配原则。党的十一届三中全会以后，经过拨乱反正，重新恢复了按劳分配原则。从学术界来说，在1959年上海举行的全国理论讨论会和1977~1978年北京举行的全国理论讨论会掀起了关于按劳分配讨论的两次高潮。总体来说，在我国经济体制改革的早期探索阶段，我国对社会主义条件下按劳分配的探索主要集中在"劳"的内涵、劳动尺度和劳动报酬形式三大方面。

一、关于"劳"的内涵分析

要想研究按劳分配的问题,首先我们面对的就是分析如何界定按劳分配中的"劳"的问题。在我国经济转型的自觉探索阶段,我国主要从价值与使用价值、三种劳动形态、劳动数量计量与其他四大方面深入分析了"劳"的内涵,即如何界定按劳分配的"劳"问题。

(一)使用价值与价值层面

从价值与使用价值层面分析,国内学者形成了截然相反的观点。有学者指出所谓"劳"就是体现在劳动产品的使用价值中的劳动时间或体现在商品中的价值,即按劳分配的"劳"是抽象人类劳动,就是价值。[1] 有学者提出了与之完全相反的观点,认为不能把按劳分配的"劳"理解为价值。理由在于:第一,从质的方面来看,按劳分配中的劳动究竟是抽象劳动(价值),还是具体劳动,是由劳动的性质决定的,不能由劳动能否计量、能否作量上的比较为依据来说明。第二,从量的方面来看,相同的劳动,直接在生产过程中核算劳动耗费和通过价值来核算劳动耗费,在量上是不相同的。[2]

(二)三种劳动形态层面

马克思在《资本论》中把劳动形态大体上分为三种:流动的劳动,即劳动者在生产中实际支出劳动的过程,或劳动自身;潜在的劳动,即劳动者具有的劳动能力,或劳动力本身;物化的劳动,即凝结在产品中的劳动,或劳动成果。流动形态的劳动,是劳动者在物质生产过程中实际支出劳动的过程。劳动的这三种形态,是在生产过程中交替出现的。在生产过程开始以前,劳动者还没有开始工作,劳动者的劳动能力还没有发挥出

---

[1] 刘克鉴:《论按劳分配规律》,载于《西北大学学报》(哲学社会科学版)1979年第1期。
[2] 李靖华:《论按劳分配中的劳动计量问题——与刘克鉴同志商榷》,载于《西北大学学报》(哲学社会科学版)1979年第3期。

来，这时劳动是处在潜在形态。当劳动者开始工作时，劳动者的劳动能力开始不断地发挥出来，这时劳动便处于流动形态了。随着生产过程的进行，劳动者的劳动不断地同生产资料相结合，劳动产品源源不断地被制造出来，这时，劳动便不断地从流动形态转化为物化形态。因此，有必要从三种劳动形态层面来分析按劳分配的"劳"。

从三种劳动形态层面分析按劳分配的"劳"问题，学术界主要有三种相互驳斥的观点。

首先，部分学者认为按劳分配的"劳"就是凝结形态的劳动。有学者提出社会主义的按劳分配中的劳动只应该是凝结形态的劳动。理由是，只有凝结形态的劳动，才能"衡量个别劳动所创造的劳动成果或价值的大小，才能准确地得知每个劳动者对社会所作的贡献，经过必要的扣除之后，才能作为计算劳动报酬的依据"。[1] 还有学者提出按劳分配中的"劳"，是指物化或体现在劳动产品中的抽象人类劳动，而不是指潜在的劳动或流动的劳动。[2]

其次，还有部分学者认为按劳分配的"劳"就是流动形态的劳动。有学者认为，从理论上讲，作为按劳分配尺度的劳动，最理想的是它的流动形态。因为：第一，当劳动者在生产过程中其劳动力被使用时，劳动就处于流动形态中，这时我们所看到的是劳动自身；而当劳动处于其他形态的时候，都只是劳动的某种体现而不是劳动自身。第二，潜在劳动是劳动者自身而不是劳动自身。虽然劳动者向社会提供的劳动的数量和质量，要受他身体中的劳动能力的制约。但是，根据劳动者的潜在劳动能力估计出来的劳动量，同生产过程中实际提供的劳动可以是两个不等的量。因此，以潜在劳动作为按劳分配的尺度，不能反映劳动者在实际生产过程中勤惰的差别。第三，以物化劳动作为按劳分配尺度也是不适宜。因为劳动者劳动所创造的价值的大小要受生产条件的影响。两个劳动熟练与繁重程度完全相等的劳动者，在两个技术条件优劣不等的工厂里劳动，他们所创造的产品数量和价值量便会有极大的差距，这种价值大小的差距，完全同他们本

---

[1] 张友仁：《关于劳动形态和按劳分配问题的质疑》，载于《学术月刊》1962年第8期。
[2] 刘克鉴：《论按劳分配规律》，载于《西北大学学报》（哲学社会科学版）1979年第1期。

人的劳动的数量和质量无关,而只是由工厂的技术装备程度的差别所造成。如果以此为依据来决定这两个劳动者劳动报酬的差别,显然是极不公平的。[①] 还有学者认为凝结形态的劳动或物化劳动不能作为分配个人消费品的标准。或者说,按劳分配中的劳动不是凝结形态的劳动或物化劳动。因为就具体劳动来说,它的凝结形态是具有一定使用价值的产品;就抽象劳动来说,它的凝结形态是价值。所以说凝结形态的劳动或物化劳动,显然指的是劳动成果即产品或产值。无论产品也好,或者产品的价值也好,都不能作为支付劳动报酬的标准。如前文所述,不同企业的工人尽管付出的劳动是相同的,但由于不同企业劳动生产率不同,产品的数量和产品的价值是大不相同的。按产品或产值来分配个人消费品,就会出现同工不同酬的现象。所以,按劳分配中的劳动不会是凝结形态的劳动或物化劳动。潜在形态的劳动能不能作为分配个人消费品的依据,按劳分配中的劳动不能指潜在劳动是因为潜在形态劳动是可能性的劳动,具有一定的体力和脑力的劳动,不是现实的劳动。而在生产过程中我们所看到的,正是劳动力的使用过程,正是处于流动形态的劳动,按劳分配的劳动只能是流动形态的劳动。[②]

最后,有一些学者认为应该将三种形态劳动综合来看,提出按劳分配的"劳"是两种或三种劳动形态的综合体现。有学者提出,按劳分配中的劳动,劳动的计量应当以流动形态和凝结形态的劳动综合体现。流动形态的劳动,是劳动者在物质生产过程中实际支出劳动的过程。以这种形态的劳动来计量按劳分配中的劳动,在实践上是有困难的。所以在贯彻按劳分配的实际过程中,劳动的计量是采取另外两种形态的劳动。潜在形态的劳动,是存在于劳动者身上的劳动能力,也就是存在于劳动者身体中的智力和体力的总和。这实际上是一个劳动质量的问题,它取决于劳动者的劳动复杂程度、熟练程度、强度和天赋。由于劳动质量是可以换算为劳动数量的,所以,从劳动者劳动能力的大小上大体可以估算出劳动者向社会提供的劳动量的多少,物化劳动或劳动成果是劳动者劳动能力、实际劳动支出

---

① 蒋学模:《谈谈按劳分配中的劳动问题》,载于《经济研究》1964 年第 8 期。
② 李靖华:《论按劳分配中的劳动计量问题——与刘克鉴同志商榷》,载于《西北大学学报》(哲学社会科学版) 1979 年第 3 期。

的结果或物质体现。一般来说，劳动者劳动能力强，实际支出的劳动量多，劳动成果就越多，它得到的劳动报酬就应该越多。所以，按劳分配中的劳动也可以用物化劳动来衡量。① 还有学者提出，按劳分配的"劳"是三种劳动形态的综合体现。先谈劳动能力或工作能力，可见按劳分配的"劳"同工作能力有着密切的关系。我们在实际工作中实行考工晋级，就是把工资等级同工作能力适当联系起来，以鼓励职工钻研科学技术，提高工作能力，为实现四个现代化做出更大的贡献。不能说按劳分配就是按劳动能力来分配，是因为：第一，劳动能力强的生产者可能提供更多的劳动量，但这里有个假定，就是他真正做到"各尽所能"，尽力做好本职工作。事实上，有的全尽其能，有的半尽其能，有的不尽其能，还有个别的消极怠工，因而生产者可能提供的劳动量同他实际提供的劳动量，可能相等，可能不相等，甚至会出现很大的差距。因此，如果以简单地劳动能力来分配个人消费品，就有可能背离"按等量劳动领取等量产品"的原则。也就是说，如果单凭技术等级来定工资等级，不着重考虑本人实际劳动的大小，就无法体现按劳分配的原则。第二，劳动能力本身只是可能的劳动，很难从量上确切衡量。这种可能的劳动如不及时转化为现实的劳动，还会随着时间的过去化为乌有。因此，要准确测定一个人的劳动能力，还要看他在生产过程中的实际劳动。我们在实行考工定级的时候，绝不能单看生产者个人的技术水平和工作能力，而要更多地考虑他在平时的实际劳动，才能更好地体现按劳分配原则。再谈劳动本身或劳动力消耗。劳动能力只是可能的劳动，即潜在形态的劳动，劳动本身则是现实的劳动，即流动形态的劳动，两者存在因果关系，密不可分。最后谈谈劳动成果，这是物化形态的劳动。如果说，劳动能力只能反映生产者可能提供劳动量，那么，劳动成果就是生产者劳动能力、劳动态度、生产干劲在物化形态上的综合表现，能够比较确切地反映生产者实际提供的劳动的数量和质量。②

---

① 洪远朋：《关于按劳分配中劳动计量问题的探讨》，载于《复旦学报》（社会科学版）1979年第2期。
② 王书相：《对按劳分配中"劳"的初步探讨》，载于《吉林大学学报》（社会科学版）1979年第2期。

（三）劳动数量层面

从劳动数量计量层面分析，学界集中认为按劳分配的"劳"所指的劳动时间不是个别劳动时间，而是社会必要劳动时间。即不是指你生产一个产品实际耗费的个别劳动时间，而是指你所生产的产品所代表的社会必要劳动时间。如果不是按社会必要劳动时间计算，而是按实际耗费的个别劳动时间计算，那就是对劳动不好的人的奖励，对劳动得较好的人的惩罚。[①]还有学者提出，计量按劳分配中的劳动量必须是社会必要劳动时间。这就是说，计量按劳分配中的劳动量，要看劳动者所花费的劳动是不是在社会正常即平均生产条件下所花费的劳动，是不是具有平均简单劳动、平均熟练程度、平均劳动强度，也就是提供的是不是社会平均劳动量。如果劳动者提供的劳动低于或高于社会平均劳动量，那按劳分配中的劳动，首先是劳动数量的计量问题。计量按劳分配中的劳动量必须是社会必要劳动时间。这就是说，计量按劳分配中的劳动量，要看劳动者所花费的劳动是不是在社会正常即平均生产条件下所花费的劳动，是不是具有平均简单劳动、平均熟练程度、平均劳动强度，也就是提供的是不是社会平均劳动量。[②]

（四）其他层面

从其他角度层面分析，学者分别从当前社会劳动、直接社会性劳动等方面分析按劳分配的"劳"。有学者提出按劳分配的"劳"是依据劳动者当前提供给社会的劳动。蒋学模认为，作为个人消费品分配统一尺度的劳动，只能是劳动者当前提供给社会的劳动，而不应该包括过去的劳动。因为：第一，劳动者过去的劳动，已经由过去的劳动报酬偿付过了。如果在当前的劳动报酬中，包含着对过去的劳动的报酬，那就是"一劳多酬"，是同按劳分配原则直接抵触的。第二，如果职工劳动的熟练程度（复杂程

[①] 刘克鉴：《论按劳分配规律》，载于《西北大学学报》（哲学社会科学版）1979 年第 1 期。

[②] 洪远朋：《关于按劳分配中劳动计量问题的探讨》，载于《复旦学报》（社会科学版）1979 年第 2 期。

度）没有增长，仅仅由于工龄的增长而增加工资，就物质生产部门来讲，就是意味着职工为社会创造的物质财富没有增加，而他从社会领去的物质财富却增加了，这就不可避免地会引起社会主义积累率的降低和社会主义生产发展速度的减慢。第三，如果单纯只是工龄的增长就可以构成工资增长的条件，那就会使那些不积极努力提高劳动技术的人得到鼓励，不利于鼓励职工学习技术的积极性。[1] 还有学者提出，社会主义按劳分配原则中的"劳"，并不是一般泛指的劳动，它是有其特定含义的。首先，按劳分配中的"劳"是指劳动者为社会主义社会而进行的社会劳动，是直接的社会性劳动，它不包括这个范围以外的其他劳动。其次，按劳分配原则中的"劳"，必须是社会所承认的有效劳动，不创造使用价值的无效劳动是不应包括在内的。最后，按劳分配中的"劳"指的是劳动力的一般耗费，而不是指生产某种使用价值的特殊劳动。综上所述，可见社会主义按劳分配原则中的"劳"，是在社会主义公有制的基础上，为社会而进行并为社会所承认的直接社会性的劳动，是人类劳动力的一般耗费。离开这一特定含义的任何其他劳动，都不属于按劳分配中"劳"的范围，从而也不能根据按劳分配原则从社会领取消费品。[2]

二、关于按劳分配的劳动尺度的分析

按劳分配的基本要求之一，就是"按等量劳动领取等量产品"。马克思说："生产者的权利是和他们提供的劳动成比例的，平等就在于以同尺度——劳动来计量"[3]。这就是说，对任何生产者都以劳动为尺度，报酬量要同劳动量成比例，生产者付出的劳动里越大得到的报酬里越大，生产者付出的劳动量越小，得到的报酬量也越小，这就是多劳多得，少劳少得。那么，劳动量与报酬量之间要保持怎样的比例，才算体现了按劳分配原则呢？因而，在探讨了"劳"的内涵后，必然要对按劳分配的劳动尺度

---

[1] 蒋学模：《谈谈按劳分配中的劳动问题》，载于《经济研究》1964年第8期。
[2] 王书相：《对按劳分配中"劳"的初步探讨》，载于《吉林大学学报》（社会科学版）1979年第2期。
[3] 《马克思恩格斯选集》（第3卷），人民出版社1972年版。

进行深入探讨。

学术界主要从报酬量与劳动量完全等比、报酬量略小于劳动量和报酬量大于劳动量三大方面分析了按劳分配的劳动尺度问题，即报酬量与劳动量比例问题。

（一）报酬量与劳动量完全等比

国内首先针对劳动量与报酬量是否完全等比这一问题展开了讨论，要求劳动量与报酬量保持绝对的等比关系的观点，随着"文化大革命"结束后，已经逐步消失。国内学者在反对完全等比上基本达成了共识。有学者提出完全等比违反了按劳分配规律，必然损伤劳动群众的社会主义积极性，对社会主义有百害而无一利，应该按照按劳分配规律办事。[①] 还有学者提出，要使劳动量与报酬量保持绝对的等比关系，实践上有困难，理论上有待探讨。从实践上看，如何准确核算生产者的实际劳动，还是一个需要研究解决的难题。即使把劳动量核算准确了，生产者的劳动又是千差万别，而工资等级的数目却很有限，也无法使报酬量与劳动量保持绝对的等比关系。[②]

（二）报酬量略小于劳动量

针对报酬量与劳动量成正比的基础上，报酬量是否应该略小于劳动量的观点。学者们意见相左，针锋相对。

一类学者持赞同观点，认为由于主观条件和客观条件的限制，对复杂劳动的扣除比例应该稍大一些，因而报酬量与劳动量只能保持正比例，接近等比例。这样，还是多劳多得，少劳少得，不过报酬量的差别略小于劳动量的差别。那么，这种情况是否背离各尽所能、按劳分配规律呢？我们认为，还是符合各尽所能、按劳分配原则的。[③]

一类学者持反对观点，认为在劳动报酬的差别和劳动的差别之间的关

[①] 张朝尊、项启源、黄振奇：《关于按劳分配规律的几个问题》，载于《经济科学》1979年第1期。
[②③] 吴鼎成：《按劳分配中的劳动尺度和报酬比例问题》，载于《社会科学研究》1979年第5期。

系上，有一种观点认为，正确贯彻按劳分配，就应当在承认劳动差别的前提下，使劳动报酬差别小于劳动的差别，因为在这种情况下，劳动报酬的差别仍然是以劳动的差别为基础的，仍然体现着多劳多得、少劳少得、不劳动者不得的原则。但是因为这样一来，事实上就否定了按劳分配规律的客观要求，否定了这一规律的质的规定性。由于某些不可避免的客观因素，劳动报酬的差别小于劳动的差别的现象是可能出现的，但这是另外一回事，不能因此就在理论上肯定这是按劳分配规律的客观要求。这样做就会给不按照这个规律办事的人留下缺口，不利于正确运用这个规律为社会主义服务。①

（三）报酬量大于劳动量

针对报酬量是否应当大于劳动量，即高薪制问题，学者们基本对此持反对意见。具体来说，有学者提出，如果把劳动报酬的差别扩大到大于劳动的差别，在报酬上会出现高低悬殊。因为这种报酬上的高低悬殊，即超过劳动差别的那部分"报酬"，已经不是劳动所得而是不劳而获了。这样做，同样是违反了按劳分配规律，损伤劳动群众的社会主义积极性。高薪制就属于这种情况，对社会主义同样是有百害而无一利，必须坚决反对。②还有学者认为如果报酬量的差别大于劳动量的差别，显然，这是违反按劳分配原则的，绝对不行。其所以不行，不仅因为我国人口多、底子薄，经济落后，产品很不丰富，报酬差别过大会脱离广大群众，不利于干部群众的团结，而且对复杂劳动的扣除比例本应大一点，现在反而小一些，也背离了社会主义原则，其后果将是很严重的。③

三、关于劳动报酬形式的分析

社会主义工资制度是实现按劳分配最主要的劳动报酬形式。由于各种

---

①② 张朝尊、项启源、黄振奇：《关于按劳分配规律的几个问题》，载于《经济科学》1979年第1期。

③ 吴鼎成：《按劳分配中的劳动尺度和报酬比例问题》，载于《社会科学研究》1979年第5期。

因素，如劳动态度、劳动技能和熟练程度、劳动强度等的影响，各个劳动者在相同的时间内所提供的实际劳动量是不同的，因而劳动报酬，即工资也必然是有差别的。此外，计时工资属于社会主义工资无可争议，但计件工资是否可以用在社会主义社会，其存在的弊端及影响在学界有着很大的争议。因此，学术界集中从计时工资和计件工资、奖金两个层面探讨了社会主义按劳分配应该采取何种劳动报酬形式的问题。

（一）计时工资与计件工资层面

在三种劳动报酬形式中，计时工资属于社会主义工资无可争议，"文化大革命"之后大部分学者认为计价工资属于社会主义工资。

早在计件工资实施的初期，计件工资制度就暴露其弊端，有学者就此提出应当废除计件工资制度，计件工资制基本上是一种每时"每刻地、直接无限地以劳动者个人的劳动数量与质量为转移的劳动报酬的支付形式，也是一种单靠物质和促使劳动者关心个人的劳动成果从而达到提高劳动生产率和改善企业经营管理的经济工具"。计件工资制度造成了与计时工资制的对立，造成了与国家利益、长远利益的对立，造成了与政治挂帅和群众路线的对立，这便是产生计件工资各种弊端的内在原因。[①]

在"文化大革命"结束之后，学术界主要认为计件工资只是计时工资的转化形式，两者在本质上完全一样。有学者提出，计时工资是我国当前工资的主要形式，同时辅以计件工资的形式。不论计时工资，还是计件工资，都是贯彻按劳分配、多劳多得、少劳少得的劳动报酬形式。计时工资是直接用劳动时间来计量的，它按照一定时间内一定质量的劳动来支付报酬，计件工资则根据一定质量的产品数量或作业数量来计算劳动报酬。由于一定数量的劳动产品是一定时间内的劳动的物化或结晶，所以计件工资实际上还是按照劳动的数量和质量来支付报酬，不过它是用间接的方法计量劳动时间，即劳动量。可见，计件工资实际上就是计时工资的转化形式。它的特点是能够比较准确地反映出劳动者实际付出的劳动量。[②] 持同

[①] 金若弼：《计件工资制是不是按劳分配的最好形式？》，载于《学术月刊》1959年第3期。
[②] 骆焉名：《对按劳分配的攻击诬蔑之词必须彻底推倒》，载于《福建师大学报》（哲学社会科学版）1978年第3期。

样观点的其他学者认为，计件工资不过是计时工资的转化形式。计件工资和计时工资在本质上完全一样，它们的差别只是在于计量工人付出的劳动量时，后者直接按劳动时间来计量，前者则间接按一定的劳动时间内所生产产品数量来计量。计件工资主要是从劳动的物化形态来衡量劳动者为社会提供的劳动数量和质量。实行计件工资时，工人完成的产品数量既是他劳动持续时间的指数，也是他劳动强度的指数，而完成的产品质量又衡量了他的劳动的质量。因此，相对计时工资来说，计件工资全面地、准确地计量着工人劳动的数量和质量，使工资额和劳动数量更加适应。从这个意义上说，计件工资更能体现按劳分配的平等权利，即一种形式的劳动和另一种形式的同量劳动相交换。[①]

（二）奖金层面

从奖金层面来看，在"文化大革命"结束之后，绝大多数学者认为奖金制度实施对经济发展有着促进作用。有学者认为，在实行工资制的同时，结合必要的奖金制，能够更好地体现按劳分配、多劳多得的社会主义原则。因为奖金不是固定的、不是在劳动之前确定的，而是根据劳动者在一段时间内劳动的实际表现和实际贡献评定的，对于那些提供超额劳动、直接增加了社会财富，或为增加社会财富创造了重大的有利条件（如技术革新、创造发明等）给予一定的奖金，能够使劳动者提供社会劳动量的变化情况，在分配上得到适当的体现，补计时工资的不足。实行奖励制，不仅有利于按劳分配的贯彻，而且它把提倡什么，反对什么，清清楚楚地摆在人们面前，必然能够激励劳动群众赶先进，争上游，为社会主义多作贡献的积极性和创造性，促进生产力的提高和社会财富的增加。所以，实行奖励制，国家和集体付出的代价虽然很小，却能够取得多方面的成果。[②] 还有一些学者认为，奖金是劳动报酬的可变部分，它是对劳动可变因素所

---

① 蒋绍进、杨炳昆：《按劳分配与计件工资》，载于《中国经济问题》1978年第1期。
② 骆焉名：《对按劳分配的攻击诬蔑之词必须彻底推倒》，载于《福建师大学报》（哲学社会科学版）1978年第3期。

造成的劳动消耗的补偿和对提高劳动可变因素的奖励。① 还有学者认为，奖金只能来源于剩余产品，从属于利润再分配的范畴。奖金虽然是按劳分配的一种补充形式，但与工资不同，不属于必要劳动范畴。②

第五节　关于社会主义经济体制改革的研究

在经济转型的早期探索阶段，我国高度集中的计划经济体制无法适应我国经济的高速发展，为此我国政府和学术界都展开了对经济体制改革的探讨。这次探讨主要包括三个方面，分别是关于集权与分权的探讨、计划与市场的探讨以及管理体制改革的探讨。从这三个方面进行经济体制改革可以发挥地方政府和人民在经济建设中的作用，将市场的因素合理的纳入社会主义经济中。

一、关于集权和分权关系的探讨

中央展开了关于处理好集权与分权关系问题的探讨。分权的思想在新中国成立初期就已产生，但在实践的过程中由于没有很好地把握分权的程度，这个思想并没有得到持续的推行，直至 1969 年，随着中央文件的颁布，全国范围内开始了大规模的分权实践。但是这次的分权受到了"左"倾思想的影响，导致在后期出现了盲目的分权的现象，阻碍了经济发展。因此 1975 年邓小平对分权改革中过度放权的部分进行了整顿，他主张在一些领域例如铁路、钢铁等产业要保证中央的统一管理，建立必要的规章制度，加强组织纪律性。③ 确定了分权的领域和分权的程度之后国内经济形势出现好转。但是随着"文革"的结束，邓小平意识到单纯的放权而不

---

① 孙克亮：《奖金仅仅是超额劳动的报酬吗？——试论奖金的本质》，载于《经济研究》1979 年第 6 期。
② 林宝清：《关于奖金的性质和来源问题》，载于《中国经济问题》1979 年第 4 期。
③ 袁宝华：《千秋功业永世流芳》，载于《回忆邓小平》（上），中央文献出版社 1998 年版。

进行深层次的改革，是无法正确发挥分权对于经济发展的积极作用的。因此在"文革"结束后，邓小平对我国的管理体制进行了深入的改革。

学界针对集权与分权的问题展开了讨论，形成了较为一致的意见即分权应在不破坏集权的条件下逐步进行。在进行分权时的关键就是处理好中央同地方的关系。社会主义国家的经济计划管理体制，必须采取统一计划与分级管理相结合的方式。充分发挥中央和地方的两个积极性，实行国民经济的计划管理，既要杜绝自由竞争也要避免生产无政府状态，这是由我国生产资料社会主义公有制的制度条件决定的，同时这也是我国作为社会主义国家的一个重要的经济发展方式标志。当然，这并不是说，全国所有的经济活动，都必须由中央来统一管理，这是不可能的。像我国这样幅员辽阔、人口众多的大国，想要把一切经济管理工作全部由中央进行统一的计划是不现实的。因此我们必须坚持统一计划，分级管理的方针，中央拥有大权，对国家的整体发展方向进行把控，地方拥有小权，在经济发展中具有一定的自主性，但发展方向仍要满足国家的要求。"在国家计划的统一指导下，让各级地方政府统一管理它们自己范围内的经济活动。凡是地方自己能办的事，尽可能让地方自己去办。"① 充分地发挥地方的积极性、有效地利用地方的灵活性是建立在中央统一领导的基础上的。因此我们首要任务是要巩固中央的统一领导，其次才是在中央的领导下进行分权，促进整个国民经济发展。中央和地方之间是相辅相成、相互促进的关系。"中央要巩固自己的领导，就要注意地方的利益。而越是强调注意地方的利益，反过来也就越需要中央统筹兼顾全面安排"。② 此外，国家与市场、企业以及个人之间的关系也是在进行分权时需要关注的重点内容，集权与分权的关系应当朝着有利于生产的方向发展。在企业内搞体制改革，其核心是要扩大企业生产经营的自主权，但是在此过程中处理好每个人的经济活动的自主权也是很重要的。我国在这一阶段的劳动力分配制度存在控制过严的现象，企业和个人在日常的生产活动中缺乏选择的自主权。"企业

---

① 薛暮桥：《社会主义建设理论的重大发展——学习〈论十大关系〉》，载于《北京师范大学学报》（社会科学版）1977 年第 4 期。
② 里岗、吴家骏：《在巩固中央统一领导的前提下，发挥中央和地方两个积极性——学习〈论十大关系〉的体会》，载于《经济研究》1978 年第 2 期。

需要的不给,不需要的硬塞给你;个人想干的不让干,不愿干的硬分配你去干"。[1] 这种方式的生产不利于按劳分配政策的顺利推行,也无法调动大家的劳动积极性,生产效率又怎么能提升上去呢?所以,企业管理体制改革,要同时关注企业经济活动的自主权问题以及为劳动人民个人经济活动的自主权问题创造条件。

二、关于计划和市场关系的探讨

在关于计划与市场关系的讨论中,陈云在党的八大上提出了"三个主体,三个补充"的思想。"三个主体,三个补充"从所有制结构、工农业生产、市场结构三方面肯定了市场经济作为社会主义经济体制补充部分的重要作用。其主要内容是:(1)在工商经营发展领域,仍保持以国家和集体经营为工商经营的主体,但与此同时也允许个体经济存在对工商业的发展进行补充;在生产计划领域,保持计划生产在工农业生产中的主要指导地位的同时也允许自由生产,但是自由生产必须是在国家计划允许的范围内依照市场的需求而进行的生产;在市场结构领域,仍要坚持以国家市场为主体,但是可以发展在国家市场领导下的自由市场,将其作为国家市场的补充。"三个主体,三个补充"的思想对计划和市场的关系进行了明确的定位即计划生产是主体,市场是计划生产的补充。[2] (2)党的八大之后,中央十分重视"三个主体,三个补充"的重要作用,提出了更多有关所有制改革的思想。在"二五"计划建议报告中,周恩来指出,我们要在国家统一市场领导下在一些领域有计划地建立自由市场,这种自由市场将作为国家市场的补充部分。[3] 这个思想突破了以往我国模仿苏联建设单一公有制的所有制形式的思想,成为我国后期"以计划经济为主,市场调节为辅"思想的早期萌芽。(3)随着自由市场活跃,个体工商户数量增加,

---

[1] 刘国光:《对经济体制改革中几个重要问题的看法》,载于《金融研究动态》1979年第 S6 期。
[2] 中共中央文献编辑委员会:《陈云文选(1956-1985)》,人民出版社 1986 年版。
[3] 周恩来:《关于发展国民经济的第二个五年计划的建议的报告》,http://www.chinadaily.com.cn/dfpd/18da/2012-08/29/content15715153.html.

毛泽东又提出"新经济政策",指出我国的经济发展允许开设私营工厂,"可以消灭了资本主义,又搞资本主义",[①] 这不同于以往苏联的所有制体制模式,在经济发展中更具灵活性。刘少奇认为"我们国家有百分之九十几的社会主义,有百分之几的资本主义,我看也不可怕,它是社会主义经济的一个补充嘛"。[②] 但是这些新的思路,还没来得及按照其自身发展的逻辑得到进一步完善,就被1958年兴起的"大跃进""人民公社化"大规模消灭商品和市场的"左"的错误所打断。

之后学术界也对这一问题展开了讨论,大多数学者认为要将计划与市场结合起来,单独强调某一方面的重要性而忽略另一方面这种想法是片面的。在我国这种社会主义经济中既可以建立起以公有制为主的生产资料所有制形式又允许商品和货币在经济发展中发挥作用。因此,在社会主义经济中计划性与市场性是可以同时存在并有机地融合在一起的,你中有我,我中有你。社会主义的计划经济与共产主义的计划经济不同,社会主义的计划经济是计划与市场相结合的。同时社会主义的计划经济与资本主义市场经济也是不同的。在所有制结构上就存在本质上的不同,社会主义经济是在公有制的基础上,将市场与计划相结合。"为了使计划性和市场性更好地结合起来,需要按经济合理和专业化协作的原则,改组工业,组织专业公司或联合公司。公司是国家用经济办法管理企业的组织形式,它可以敏捷地把国家计划的意图贯彻到企业中去,并使企业的生产活动迅速地反映和适应市场情况的变化。"[③] 因此,在社会中主义经济中公司是十分重要的一环,他是将计划和市场相结合的重要方式。此外也有学者从市场经济和计划经济的定义出发论证了将二者进行结合的科学性。计划经济其本质是以公有制为基础的社会主义经济,社会的生产、交换、分配过程可以由中央根据经济发展情况和人民生活水平情况来进行统一的计划和协调。而市场经济则与之不同,它可以分为两种不同的形式,一种是社会主义市场,另一种是资本主义市场,也就是说社会主义市场既可以是指资本主义

[①] 毛泽东:《关于农业机械化问题的一封信》,载于《人民日报》1977年12月26日。
[②] 《刘少奇论新中国经济建设》,中央文献出版社1993年版。
[③] 孙尚清、陈吉元、张耳:《社会主义经济的计划性与市场性相结合的几个理论问题》,载于《经济研究》1979年第5期。

的自由市场经济,也可以是指社会主义的有计划的市场经济。"'半'计划市场和集市贸易,会有相应的资本主义自发倾向,但是只要有强大的社会主义全民所有制经济,对它们发生经济的控制作用,就不会破坏而会有利于社会主义计划经济的发展。"① 因为只要市场与计划的结合是建立在社会主义基本经济规律、价值规律、有计划按比例发展规律这几大经济发展规律的基础上的,就可以实现充分发挥社会主义市场的作用,将计划与市场有机结合起来的目的。这样的结合是有助于社会主义计划经济的发展的,是会有利于巩固和发展社会主义经济制度,而不会使我们的社会主义制度倒退回资本主义制度的。② 将计划与市场相结合的好处在于计划经济可以使我们在经济发展中具有全局意识,而市场调节则是对经济发展的细节进行修正和补充。因此有学者认为"将计划调节与市场调节相结合才能既顾全大局又处理好细节。市场机制是实行分权型管理体制的一个重要手段,它对纠正集权型体制的一些弊病,是非常必要的。为了搞好全局利益与局部利益的结合,在整个经济体制上就要搞好计划调节和市场调节的结合,在计划体制上就要搞好自下而上和自上而下的结合。自下而上和自上而下的计划协调,加上各项经济政策的调整,以促使企业按照国家计划的目标来调整自己的行动,这应当是计划调节的两个基本手段"。③

三、关于管理体制改革的探讨

在 20 世纪 70 年代我国进行了管理体制改革,这次改革的重心是生产、分配等领域内的"权力下放"。这一改革有助于增强我国经济的灵活性,改善我国的经济体制结构。但是受当时国内环境的影响,这次改革的实施过程中存在一些阻碍。但是分权的思想已经在主流意识形态和学界的研究中占据了重要的地位。

---

① 骆耕漠:《关于计划经济、市场经济及其他》,载于《经济研究》1979 年第 S1 期。
② 周振华:《重视价值规律把计划调节同市场调节结合起来》,载于《西南师范大学学报》(人文社会科学版) 1979 年第 3 期。
③ 刘国光:《对经济体制改革中几个重要问题的看法》,载于《金融研究动态》1979 年第 S6 期。

关于管理体制改革的问题探讨主要从宏观和微观两个视角进行了探讨。1969年2月27日中央提出了《中央各部关于企业管理体制下放的初步设想》，希望通过赋予地方和企业一定的自主权改善企业生产的积极性。之后又于1970年3月5日制定了《关于国务院工业交通各部直属企业下放地方管理的通知（草案）》，国务院明确指出要将权力下放给各单位。该草案规定直属单位和事业单位的绝大部分权力下放；少数企业和极少数大型骨干企业实行中央和地方共同领导，但前者以地方领导为主，后者则以中央为主。

学界关于这一问题的探讨，主要是从宏观和微观两个方面进行了探讨。从宏观的角度上有学者提出高度集中的财政管理体制导致了财政的浪费和不平衡，高度集中的财政管理体制存在以下弊端：第一，地方财政的收入没有独立的来源，因此地方无法根据收入调整支出；第二，地方财政的收支是由中央统一管理的，地方不负责财政的平衡，因而无法向同级的人民代表大会提请审查和批准；第三，由于中央对地方财政的过度干预，导致地方财政没有节约支出或超收的激励，导致地方财政存在浪费的现象。由此可见，这一时期的学者已经意识到了，高度集中的财政管理体制对我国经济发展的各个方面都产生了极大的影响，因此财政管理体制改革对我国的经济发展至关重要。[①] 也有学者针对管理体制改革的意义进行了探讨，认为管理体制改革对我国整体经济发展起至关重要的作用。他们认为管理体制改革主要有以下三点作用：第一，有助于激发地方的积极性；第二，加强中央的领导；第三，简化管理机构体制，提高中央和地方的工作的效率，减少官僚主义现象的出现。因此，管理体制改革对未来生产活动的展开提供了有利条件，对经济发展具有积极作用。[②] 同时加强地方的财政自主性和灵活度是十分重要的。明确中央与地方在财政上的职责，给予地方更多的财政自主权，是要建立在明晰的中央与地方之间的分级财政体制制度之上的。有了制度的保障才能明确划分中央与地方的收支范围，且制度的稳定性有助于增强分权的实施效果。"地方有自己的财政收入，

[①] 李民立：《改进财政管理体制的重大意义》，载于《财经研究》1958年第1期。
[②] 吴智伟：《我国商业管理体制上的一次重大改革》，载于《财经研究》1958年第1期。

第二章　新中国经济转型思想的早期探索与理论贡献研究

多收了可以多支,充分调动地方增产、节约、挖潜,组织收入的积极性。收入划归地方以后,支出由地方根据中央的方针政策统筹安排。譬如说,地方基建的投资如何使用,文化教育事业怎样发展,先搞什么后搞什么,都由地方当家做主,中央只保留审批权,进行综合平衡。这样,地方就会非常重视效果,讲究核算,注意综合平衡。现在存在于我们经济生活中的很多弊病,就可以防止和纠正"。[①]

从微观的角度上应该对企业的管理体制进行改革,给予企业更多的自主权。过度集中的管理体制会影响企业的生产效率和资源利用,阻碍企业和整个产业的发展。以工业生产为例,我国在工业领域存在管理体制过度集中,管理方式过度严苛的问题,这阻碍了我国工业的快速发展。这种阻碍主要来源于以下几个原因:第一,由于存在高度集中的管理体制,导致在工业企业中存在无法合理对生产资料和生产力进行配置,导致生产潜力无法全部发挥出来;第二,生产中发生的问题无法及时地反映和解决;第三,由于直接由国家进行统一管理,使得地方的资源不能被充分利用,生产、需求、原料供应等方面存在脱节;第四,在工作上增加地方企业的实际困难。[②] 同时要想实现对企业的完全计划生产也是不可能实现的,因为随着社会经济的不断发展以及社会技术的不断革新和进步,企业生产的产品种类也是会愈加丰富的,因此想要通过中央的统一计划对全社会数以百万计的商品实现统一的计划既不合理也不现实。而且在现实生产中,人民的需求是不断发生变化的,全部依靠计划进行生产就无法根据人民的需求进行及时的调整,这样反而是会导致生产与需求出现严重偏差甚至会产生浪费的现象。因此有学者指出"一切基层企业甚至集体经济单位都只能够按照国家计划下达的指标办事,取消它们的自主权和主动性。这样做将使国民经济陷入僵死状态,生产和需要互相脱节的现象永远无法解决。特别是在我们这样国土大、人口多的国家,这种计划管理制度,显然是不适宜的。"[③] 企业管理体制的目标应是在国家计划调节下最大限度地发挥企业的主动性,提高生产率的同时保障生产满足社会要求。改革社会主义经济

[①] 朱福林、项怀诚:《对改革财政体制的一些看法》,载于《经济管理》1979 年第 5 期。
[②] 陈大倫:《我国工业管理体制的改变》,载于《经济研究》1958 年第 3 期。
[③] 薛暮桥:《谈谈经济管理体制改革问题》,载于《金融研究动态》1979 年第 S1 期。

管理体制应该以正确处理国家和企业的关系，充分发挥企业的主动性为中心问题。在实现了企业的自主权之后还要使企业的生产能够自行与社会需求相匹配，即实现企业的自动化。"我们不仅要使社会主义企业有主动性积极性，而且应该使它自动化，就是使它时时刻刻有主动性，努力发展社会主义生产，满足整个社会及其成员的需要，而不是依靠国家行政机关推一推，动一动，不推则不动。企业自动化了，才能经常发挥主动性，它的积极性也才能持久地有效地发挥作用。"①

总之，政府和学术界都在这一阶段对我国的经济体制改革中对集权与分权、计划与市场、管理体制改革进行了探讨。首先，高度集权的经济发展模式使得我国在这一阶段的经济发展中存在体制僵化，发展受阻的现象，在集权与分权方面主要是探讨如何在中央的控制下合理的发挥地方的作用，有效利用地方在经济发展中的灵活度，实现高效率的分权。但在分权的同时仍要注意这种分权不可以破坏集权，我国是以公有制为基础的社会主义国家，这种所有制模式使得我国政府必须在经济发展中处于主导地位，因此地方的权利不可过大以致破坏中央的集权；其次，随着经济的不断发展，计划经济模式与我国经济的高速发展出现了不匹配不协调的情况，因此要适当地引进市场因素，将其作为计划经济的补充共同为我国的经济发展做贡献。市场因素相较于计划经济有更高的灵活度，能够敏锐的察觉人民的需要，并根据人民的需要进行生产，对于满足人民的物质需求具有重要作用，因此要将市场与计划有机地结合起来，是我国的经济发展既有计划的秩序性又有市场的灵活性；最后，给予地方一定的财政自由有助于地方政府合理利用财政支出、减少财政浪费、积极发展地方经济。因此，我国进行了宏观领域内的财政分权改革，将一部分财政权力下放至地方政府，增加地方政府的财政自主权。除此之外，在微观领域，我国也进行了企业层面的管理体制改革，给予企业一定的自主决策权利，减少政府在企业日常生产中的控制作用，增强了企业的灵活度。这有助于提升企业的利润空间，增加企业的生产积极性，提升企业的生产效率，对我国整体

---

① 周叔莲：《关于社会主义经济管理体制改革的几个问题》，载于《学术月刊》1979 年第 8 期。

的经济进步具有积极意义。

第六节　早期探索阶段经济转型思想的理论贡献和政策绩效分析

作为建设社会主义的最初阶段，也是经济政策长期选择"赶超策略"但短期目标在不断变化的探索时期，本阶段的经济形势始终处于一个不断波动的状态，经济思想也以试错和修正为主要讨论过程，但整体来看，本时期对我国的经济增长做出了巨大贡献。通过上述对这一时期经济思想的梳理，我们也挖掘出了其中包含的经济转型的重要思想，这些思想轨迹为后来整个中国经济的发展起到了基础性的作用。本章从早期探索阶段的理论逻辑出发，对这一阶段的理论贡献进行评述，并对其政策实践和经济绩效进行考察。

一、早期探索阶段经济转型思想的理论贡献

早期探索阶段，我国在计划经济体制的大框架下对社会主义的基本构想、发展目标和建设路径等内容进行了详细研究。本节首先对这一时期的理论逻辑进行分析，并在此基础上考察早期探索的理论意义和理论贡献。

新中国成立初期，我国的经济制度是在马克思主义经典理论的框架下，借鉴苏联社会主义实践模式中建立起来的。由于在经典理论中，马克思所设想的社会主义，生产资料公有，生产者并不交换自己的产品，不需要交换，自然不需要市场和市场经济[1]。这种社会主义市场经济的观点是以他的生产资料公有制理论为前提的，他反对私有制，并提出"消灭私有制"[2]。恩格斯与马克思的观点一致，认为"一旦社会占有了生产资料，商品生产就将被消除……社会生产内部的无政府状态将为有计划的自觉地

---

[1] 《马克思恩格斯选集》（第3卷），人民出版社1972年版。
[2] 《马克思恩格斯选集》（第1卷），人民出版社1995年版。

组织所替代"①。因此，我国建立起了高度集中统一的计划经济体制模式。

  计划经济体制对于迅速恢复国民经济发挥了积极的作用，但是随着国民经济体系的日益完善，计划经济体制越来越表现出不适应社会生产力发展的要求，经济建设屡遭挫折，生产力发展缓慢，尤其是"大跃进""人民公社化"运动给国家和人民造成了非常严重的损失。计划经济实践过程中出现的种种问题，引发了政府和学者对现有的高度集中统一的计划经济体制进行反思，围绕商品经济、价值规律、按劳分配、政府和市场的关系等方面进行了诸多的探讨，虽然这些探索是在计划经济理论的框架下进行，但是通过激烈的理论交锋，社会主义商品经济的思想得以丰富和发展。在此理论背景下，中国共产党采取了一系列新的措施对国民经济进行调整，缓和了经济发展中的矛盾，但是在调整政策的过程中，党内对现有形势的估计和具体措施的实施细节上发生了意见分歧，党中央错误的看待了这种分歧，认为现有的一些思想背离了马克思主义经典理论和社会主义发展方向，在走资本主义道路，最终使得阶级斗争又成为工作重心，高度集中的计划经济再次得到加强，从而导致了"文化大革命"的发生。在此期间由于过分夸大上层建筑的作用，忽视了经济发展的客观规律，结果生产力非但没有得到长足的发展，反而遭到严重破坏，中国经济一度濒临崩溃的边缘。这一次，政府和学界对现有的经济体制进行了彻底的反思，随后在1978年党的十一届三中全会上决定开始实行改革开放的新政策。

  可以发现，这一时期我国的社会主义经济体制改革的经济思想是在反反复复的矛盾过程中形成，由于始终没有突破计划经济的单一框架，经济转型思想缺乏完整的逻辑链条，没有形成系统的理论框架。但是在一系列理论的探讨和争锋中形成的一些理论成果已经可以看出中国关于社会主义市场经济的端倪思想，这为后来社会主义市场经济体制的构建埋下了伏笔。特别是对社会主义条件下商品经济、价值规律和按劳分配的探讨都是对传统经典理论的突破，是马克思主义中国化的重要理论成果，已经触及中国特色社会主义市场经济体制改革中的核心内容。

---

① 《马克思恩格斯选集》（第3卷），人民出版社1972年版。

（一）对社会主义商品经济的探索

根据马克思、恩格斯的设想，未来共产主义社会中不存在商品和商品经济。这种设想是建立在物质资料极大丰富、社会生产力水平极大提高的前提之下的。我国处于社会主义的初级阶段，现阶段的生产力水平、生产关系等距离共产主义社会的要求还有很长一段距离。根据社会主义初级阶段的实际特征，提出在社会主义条件下存在商品经济，是对传统经典理论的突破。商品经济是市场经济的初级形态，在社会主义条件下提出商品经济，为后来社会主义经济体制下也可以有市场、计划与市场只是调节资源配置的手段、使市场在资源配置中起决定性作用和更好地发挥政府的作用等理论的提出和现在市场经济体制改革奠定了基础。

马克思、恩格斯关于未来共产主义社会的设想中指出没有商品，没有商品经济，没有货币，也就没有价值规律。而在早期探索阶段，毛泽东就指出"价值规律是一所伟大的学校"，从顶层设计上肯定了价值规律的存在作用。并且对价值规律的作用范围进行分析，不同的领域内价值规律起到的作用不尽相同，也是一种超越经典理论的体现。通过价值规律来推动价格机制转换，实现价格由政府决定转换为由市场决定而成，即让价格由市场形成，逐步建立完善的社会主义市场价格机制，为倡导公平的竞争环境等一系列市场经济体制改革提供了理论奠基。

马克思、恩格斯关于未来社会对个人消费品的分配原则是按劳分配，这里的按劳分配是产品型按劳分配，而在早期探索阶段我国就已提出了商品型按劳分配，是马克思主义中国化的重要理论成果。在社会生产力比较低下的时期，为了促进生产水平的提高以及人民劳动的积极性，需要按劳分配，进而也需要在生产资料的交换中存在一定的商品生产关系。按劳分配只能通过市场来实行，为发展社会主义市场经济提供了动力，强调了劳动的重要性，也肯定了要素市场的作用，注重对效率和公平的权衡，为日后实现按劳分配为主体，多种分配方式并存的分配制度的构建指明了方向。

(二) 对管理体制进行了分权和集权的探索

对社会主义经济体制的改革探索，不仅保证了我国经济在经历了几次波折后依然能持续保持较稳定的发展，更为改革开放以后各项经济转型思想的确立和实施奠定了基础。

对集权和分权思想的探索，尤其是持续的分权和适度的收权，在很大程度上改变了中国的计划经济体制。有学者指出，毛泽东对于计划经济的改造导致了中国与东欧及苏联经济结构的差异：东欧和苏联的组织结构是一种以职能和专业化"条条"原则为基础的单一形式，而中国的层级制是一种自1958年以来就存在的以区域"块块"为基础的多层次、多地区的形式。这两种不同的经济结构对于各自的改革战略和改革绩效有重大的影响。[①] 另外，这种对于计划经济改革的探索，提高了经济效率，克服的中央集权的弊端，并通过多次的改革尝试为后来的改革者提供了更为开阔的改革思路，也为中国的市场化经济转型创造了有利的初始条件，从而大大降低了计划经济体制转型的难度。

而中共八大后提出的"三个主体、三个补充"的思想，从理论上突破了苏联的以单一公有制、单一的经营形式、高度集中的计划经济体制为特征的社会主义经济发展模式，是探索社会主义国家经济发展道路的一个重要尝试。同时这一经济思想也表明了，市场的作用不等同于资本主义的作用，市场只是一种资源配置方式。这种对市场和计划之间关系的朴素而先进的认识，反映了我党在面对经济建设的问题时所表现出的谦虚气度。早期我们对社会主义建设的规律认识还不成熟，还不能很好地认识并处理好市场与计划的关系，直至中共八大党的领导人相继作了政治报告阐述了相关经济探索和发展的思想，党的经济思想有了转变，工作重心转移到经济建设，同时结合中国实际不断发现问题、分析问题、解决问题。"三个主体、三个补充"经济思想在思想上破除了僵化的经济发展模式，对当代中国特色社会主义市场经济体制的产生起到了积极作用，同时也在思想上激励着党不断地研究适合中国国情的经济思想理论和经济发展道路，为改革

[①] 钱颖一：《现代经济学与中国经济改革》，中国人民大学出版社2003年版。

开放以后正确处理市场和计划的关系作了铺垫，也为当代中国经济体制改革奠定了基础。

而对管理体制的改革，可以看作是后来经济体制改革的一个缩影。通过在微观上对企业管理制度的改进，不仅提升了企业的自主性和灵活性，而且增加了整个经济的活力。在进行管理体制改革的同时，这些举措也影响到了整个经济活动，调整国民经济的管理权限。作为宏观经济制度改革的一个小方面，对管理体制的改革，不仅有效区分了指导型和指令型、计划型和市场型计划的作用和实施方式，从而调整好国民经济的比例关系，帮助我国经济在几次波动中平稳发展；同时搞清经济体制改革的方向，保证了工业发展的高效率和经济活动的简化和成本节约，从而为以后经济体制的全面改革和社会主义市场经济的形成作出贡献。

二、早期探索阶段经济转型思想的政策践行与经济绩效

从新中国成立到改革开放之前，我国对经济体制改革的探索思想总体是朝着计划经济方向发展，但在理论探索中也不乏对商品经济、价值规律、按劳分配等市场因素的争论和探讨。这些对于市场因素的早期探索和萌芽思考不可能不对中国经济发展带来影响，这一影响可以从这一时期我国的政策践行和经济绩效两个维度进行分析和考察。

（一）早期探索阶段经济转型思想的政策践行

这一时期的政策践行主要是在计划经济体制下进行，但也有两个相对较为集中的反映市场因素的实践阶段，分别为1954～1957年全国人民代表大会和中共八大时期以及1961～1965年国民经济调整时期。

首先，1954～1957年全国人大以及中共八大期间，我国提出和制定了关于所有制结构、权力结构、市场结构等方面的政策举措。

1952年中共中央提出要对农业、手工业和资本主义工商业进行社会主义改造，将生产资料私有制转变为社会主义公有制。但实际上，在1954

年版的《中华人民共和国宪法》中，隐含着对生产资料私有制的一定程度的接纳和保护，主要体现在《中华人民共和国宪法》第五条即"中华人民共和国的生产资料所有制包括国家所有制、合作社所有制、个体劳动者所有制和资本家所有制"，以及第九条即"国家依法保护手工业者和其他非农业的个体劳动者的生产资料所有权"。

其次，1956年召开的中共八大，在我国已基本建立起计划经济体制并确信第一个五年计划能够得以实现的条件下，进一步明确和制定了下一阶段我国经济建设的目标和举措。这一次会议不仅对当时我国经济发展形势进行了较为准确的判断，即提出社会主义改造基本完成以后国内的主要矛盾将转变为"人民对于经济文化迅速发展的需要同当前经济文化不能满足人民需要的状况之间的矛盾"，而且在此基础上进一步明确了解决这一矛盾的方法即为发展社会生产力。

这就要求，必须恢复市场经济规律在我国社会经济中的作用，为此中共八大以后我国围绕所有制结构、权力结构、市场结构等内容制定了一系列的经济体制改革举措：一是所有制结构方面，在保持以国家和集体经营为工商经营的主体的同时允许个体经济存在对工商业的发展进行补充，在保持计划生产在工农业生产中的主要指导地位的同时也允许自由生产，其后推动的"新经济政策"则进一步允许私营工厂的开设，这实际上是允许了多种所有制的存在和发展；二是权力结构方面，1957年中央制定了以向各级地方政府放权让利为主要内容的经济管理体制改革方案，将一部分工业管理、商业管理和财政管理的权力下放给地方和企业，以便发挥地方和企业的主动性和积极性；三是市场结构方面，允许国家领导下的自由市场的存在和一定程度的发展作为国家市场的补充，即在一定程度上接受了自由市场在社会经济发展中的资源配置作用。

然而，由于国内外形势的变化、改革思想本身存在的问题、社会主义建设思想准备尚不充足等多方面的原因，这一时期的绝大部分改革思想和举措尚未得到充分贯彻和进一步完善，就被1958年兴起的"大跃进"以及"人民公社化"大规模消灭商品和市场的"左"的错误所打断。

最后，1961~1965年国民经济调整时期，为修正前一阶段我国经济建设实践的"左"倾错误，恢复国民经济发展，我国进行了以"调整、巩固、充实、提高"为主要内容的改革实践，其中也蕴含着价值规律、市场经济的改革思路。

1961年中共八届九中全会上，正式决定国民经济实行"调整、巩固、充实、提高"八字方针，即调整国民经济各方面的比例关系、巩固国民经济发展中的成果、以少量的投资充实一些部门的生产能力、提高产品质量和劳动生产率等。1962年"七千人大会"以后，我国进一步制定了一系列调整政策，主要包括农业、工业以及财政金融三个维度。

在农业调整方面，核心目标为大力恢复农业、调动农民积极性。为此，我国一方面调整了所有制形式，即规定农村人民公社三级所有制为基础，发还自留地，并开放自由市场等；另一方面则推动了按劳分配，即纠正在农村大办食堂的平均主义，清理"一平二调"，对于违背等价交换和按劳分配原则抽调生产资料和生活资料的行为进行清算退赔等。

在工商业调整方面，主要以调整工业生产速度、增加商品流通渠道为主要目标。为此，我国一方面降低了工业生产计划中不切实际的指标，在压缩基本建设规模的同时不断充实轻工业，与此同时积极改善经营管理、提高产品质量、加强专业协作；另一方面则恢复了农村供销合作社，形成了商业开放、农村集市贸易、国营商业等多种流通渠道，缓解了市场供应的短缺问题。

在财政金融调整方面，节减财政支出、稳定市场物价是重点内容。为此，我国政府在国家计划层面对国家财政开支采取紧缩政策，降低财政赤字程度；在市场调节层面对一些商品实行高价政策，进而实现货币回笼，最终达到稳定市场物价的目的。

通过这一调整时期，我国的经济发展得到了较好的恢复，工农业的生产得到了发展，工商业的效益得到了提升，国家对经济的管控能力也得以增强。但是，受1968年开始的"文化大革命"影响，国民经济调整时期的思想和方针同样没有得到较为充分和持续的贯彻和发展。

可见，在改革开放以前，我国的经济体制主要以计划经济为主，但是在实践过程中由于经济发展的需要，已经出现了市场经济思想的萌芽，政府也不断尝试将市场经济融入社会主义经济体制中，并对其融入方式进行了不断的调整。但是受到历史条件的约束，在这一时期并没有形成明确和系统的社会主义市场经济体制改革，在进行市场经济相关的改革实践过程中，由于思想认知的局限性，市场和商品实际发挥的作用十分有限，使得我国经济发展呈现曲折向前的趋势。

（二）早期探索阶段经济转型思想的经济绩效

从中华人民共和国成立到改革开放之前的近30年，在党的领导下我国进行了社会主义经济建设的探索和实践，这些实践使得我国在经济增长、工农业发展、人民生活水平等方面取得了一系列成就，尤其是迅速构建了相对完整的工业体系，为我国经济后续建设打下了良好的工业基础。

第一，从经济增长的变化情况来看，新中国成立以来我国国民经济整体实力不断增强，GDP增长呈现出高速、大幅波动的特征。从1953年提出"一化三改"到1956年"三大改造"基本完成，再到1957年超额完成第一个五年计划，我国年均增长率达到10.9%，国民收入增长率达到53%；而到了1965年，国民收入相比1957年再次增长了52.7%，1976年则相比1996年进一步增长了53%。[①]

第二，从工农业产值的变化情况来看，计划经济时期我国的工农业生产总值均呈现出波动中上升的趋势。图2-1展示了1952~1978年我国工业生产总值的变化，可以看出，我国工业生产总值变化趋势基本与国内生产总值的变化趋势相同，都是在波动中上升，在1978年达到1621.5亿元的峰值。1952~1978年，我国工业生产总值增幅超过十倍，工业得到了显著的发展。农业生产也呈现出类似的上升趋势，如图2-2所示，我国农业生产总值从1952年的396亿元上升到了1978年的1117.5亿元，上涨了约2.8倍。

---

① 国泰安数据库。

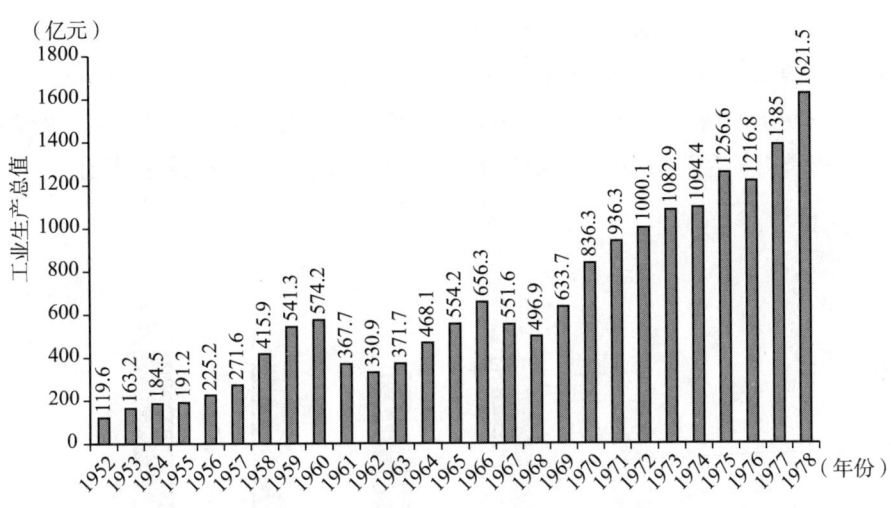

图 2-1　1952~1978 年中国工业生产总值

资料来源：国泰安数据库。

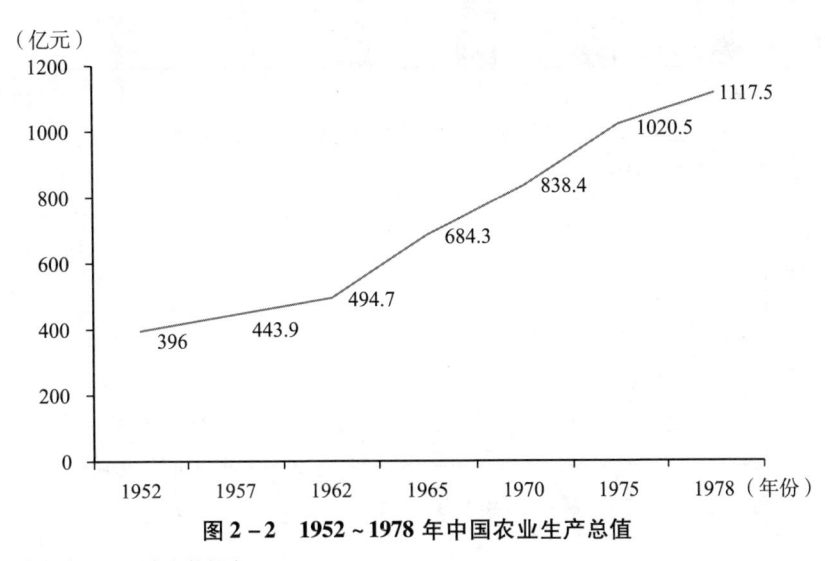

图 2-2　1952~1978 年中国农业生产总值

资料来源：国泰安数据库。

第三，从民生情况来看，我国城乡居民家庭人均收入增长相对较为缓慢。对于农村居民家庭，其人均收入增长较为平缓，尤其是在 1964~1977 年，13 年的发展仅仅使得农村居民家庭人均收入增长了 15 元左右（如图

2-3所示)。城镇居民的收入也同样存在这一情况,如图2-4所示,1952~1978年期间我国城镇在岗职工年平均工资从445元增长到615元,显示出明确的增长,但增长速度并不高,1960年开始"八字方针"后,1962年工资增长率达到8.04%,但到1966年以后工资增长幅度再次停滞不前。

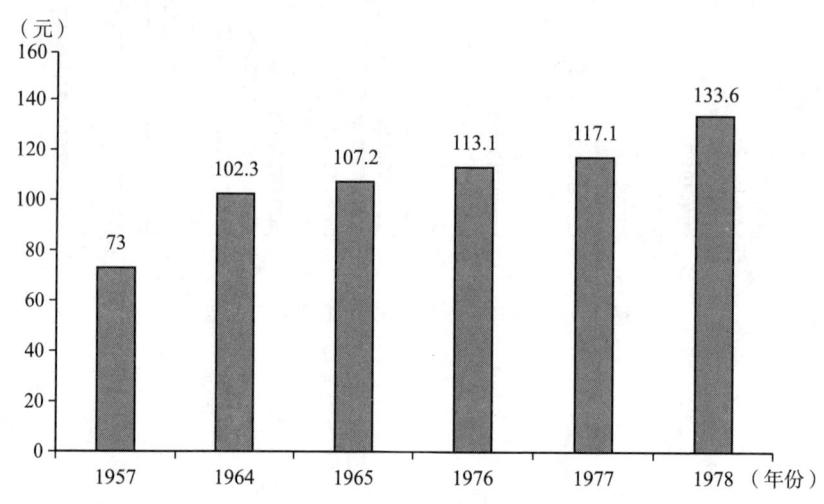

图2-3 1957~1978年中国农村居民家庭人均纯收入

资料来源:前瞻数据库。

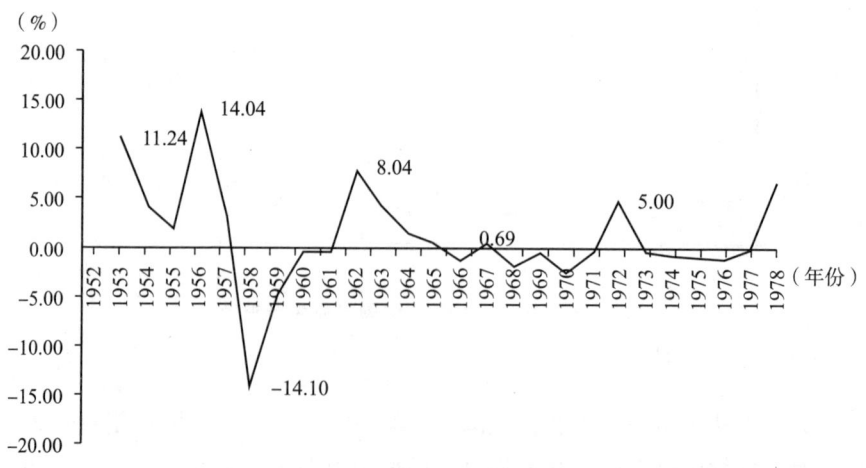

图2-4 1952~1978年中国城镇单位在岗职工平均工资增长率

资料来源:国泰安数据库。

从以上数据可以发现，这一阶段集中规模的经济发展显著地促进了我国工业化体系的建立以及社会主义基本经济制度的完善，国民生产总值得到了极大提高。虽然这一时期是以计划经济体制为主，但其中对商品和市场等因素的思想探索也不同程度地贯穿于中国经济这一时期的改革实践，并对经济实践产生一定影响。这一影响在我国经济增长率的总体变化情况中有所体现，即在两次相对集中的商品和市场思想探索实践时期，我国经济增长的表现都是相对更好的，如图2-5所示。

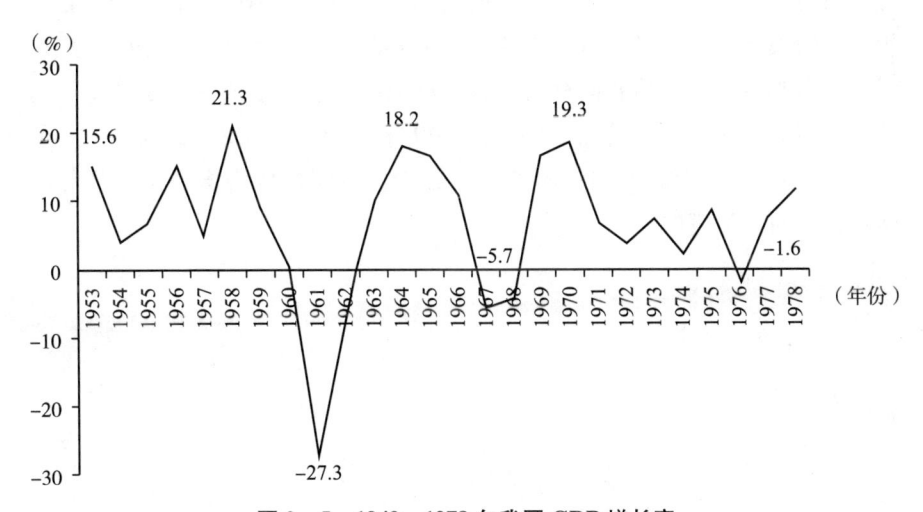

图 2-5　1949~1978 年我国 GDP 增长率

资料来源：国泰安数据库。

第一次市场经济思想的探索和实践发生在1954~1957年。这一时期，理论界针对如何建立社会主义、如何发展社会生产力等进行了一系列讨论，并提出应引入市场来提升经济活力；与此同时，中共八大也进一步确立了引入市场经济作为补充的经济体制改革思路。这些市场因素的思想探讨以及由此引发的政策践行，对我国的经济发展产生了一定的积极作用，国民经济明显有了一个稍有滞后但随即快速上升的时期（如图2-5所示）。

第二次市场经济思想的探索和实践是在1961~1966年。与第一次对商品、交换和价值规律等多种市场要素的讨论和实践不同，这次的改革目标主要集中于僵化的计划经济体制，通过实践中对市场活动的放宽和调整，国民经济得以恢复，市场在国家调控的作用下也发挥了一定的促进经济发展的作用。从图2-5中可以看出，在经历了三年自然灾害国民生产总值急剧下降的情况下，调整时期的政策成功将经济增速拉回到一个较高的水平。

总之，从新中国成立到改革开放之前这一阶段，我国所建立的计划经济体制为下一阶段经济发展提供了重要的物质和体系基础，而这一过程中所出现的关于商品经济、价值规律、按劳分配、经济体制改革等的思想探讨，也为改革开放以后我国社会主义市场经济思想的形成埋下了伏笔。这进一步印证了，中国经济前30年与后40年之间的密切联系，后40年的成绩是以前30年为起点的，两者不可分割，共同构成中国经济市场经济体制改革的完整逻辑。

第三章

新中国经济转型思想的自觉探索与形成逻辑研究

经济体制从计划到市场的过渡，可以说经历了较长的探索期，在改革之初，对于未来的方向并没有完全确定。十一届三中全会虽开启了改革的"大幕"，但是怎么改？程度如何？改成什么样子？我们没有充足的理论准备和蓝图设计，理论是被实践推动逐步前进，并在改革中不断调整方向。

为此本章以改革"自觉探索阶段"为历史背景，首先总结政府和学术界关于改革方向的认识与论断，梳理其思想通过交锋不断走向清晰和统一的思想轨迹，并总结这一思想轨迹的理论成果。其次描述经济转型过程中的政策变化，结合实践分析政策演变的原因。最后阐明这一阶段改革的思想轨迹与实践带来的经济绩效。试图通过改革理论、改革实践，与改革绩效三个角度的分析，全面地展现了新中国经济转型思想的总体发展过程和理论逻辑。

第一节 关于经济转型的历史背景与目标探讨

我国经济转型是建立在对我国所处历史发展阶段的科学论述之上，总结1949～1977年在社会主义建设道路上的成效、经验与教训，我国明确了经济转型的道路与方向。首先，总结了我国社会主义计划经济体制的经验和教训；其次，明确了我国当前所处的历史阶段，得出我国处于社会主义初级阶段的科学论断，确定了经济体制改革和经济转型的历史出发点；在此基础上，探索社会主义制度与商品经济相结合的必要性和可行性。

一、关于计划经济体制弊端的反思

1949～1978年，在党的领导下我国经济在探索中寻求发展。新中国成立初期，我国逐渐建立起高度集中统一的计划经济体制，对当时我国经济及社会各相关事业的发展起到了不可替代的作用。但由于经济发展水平较差、生产力水平较低，为此我国进行了"三大改造"，大力发展社会主义集体经济。与此同时，也逐步开始推行第一个五年计划，重点发展我国的工业、农业、制造业等领域，第一个五年计划效果明显，我国不仅提前完成了原有计划的建设，而且建立起一大批国营企业，使得我国经济得到了极大发展。民生方面，社会总产值、职工平均工资、城乡居民平均消费水平等方面均取得了显著的提升；基础设施建设领域，我国政府向公路铁路的建设中投入大量资金；科学技术方面，取得了突破性的进步，我国第一次成功进行了核试验，发射导弹，研制氢弹并成功爆炸，发射人造地球卫星，研制核潜艇成功；资源方面，钢铁和石油基本达到自给。我国取得的这些成就与我国新中国成立初期实行的计划经济体制息息相关。而当时选择建立这种计划经济建立的客观因素主要包括三点：一是新中国成立初期"被封锁"的国际环境和我国实施的"一边倒"的外交政策；二是新中国刚成立面临着战后遗留的严峻的经济形势，这时的经济发展低迷、通货膨胀严重、市场混乱、物资匮乏；三是国家出于对国防和国家主权保护的考量决定采用优先发展重工业，这样的经济发展战略使得采用计划经济来集中力量建设是较为适合的方式。学术界也探讨总结了计划经济在19世纪20年代到50年代取得了成功的原因：一是计划经济体制可以最有效的集中运用资源，使我国在有限的社会资源进行最大程度的经济建设；二是可以最有效的满足人民的需求（主要是温饱需求）；三是在一穷二白的情况下实行工业化，没有历史负担，没有产业结构之间的复杂的经济交叉效应；四是在敌强我弱的态势下，可以有效地保护自己，免受资本主义世界市场的冲击。[①]

高度集中统一的计划经济体制在中国的建立和实行，在当时的历史条件下，是客观形势的需要，有一定的合理性。"一五"计划的提前完成和国家工业体系的建立，证明了这种经济体制在相当程度上适应了在落后、贫困的起点上发展现代工业的中国国情，但这并非承认计划经济体制没有弊端。随着经济建设的不断发展和经济规模的扩大，高度集中统一的计划经济体制的缺陷和弊端日益暴露。主要表现为：由于对自身经济发展阶段的认识不够深刻而出现的急功冒进的现象，导致全国出现"共产风""'左'倾思想"，以及对当时的主要矛盾认识的偏差，导致在一段时间内

---

① 刘吉：《从计划经济到市场经济》，载于《改革》1992年第6期。

过度重视阶级斗争而忽略了经济发展；权力过分集中，以党代政、党政不分，以政代企、政企不分；官僚主义严重，机构臃肿重叠、不讲效率；封建主义影响远未肃清，干部领导职务终身制，只能上不能下、只能为官不能为民，法治挂念淡薄等。① 在这种背景下，逐步引发了各界对于计划经济体制弊端的深入反思。

毛泽东早在1956年4月《论十大关系》的讲话中就明确指出照抄照搬苏联模式不符合中国实际的社会主义建设道路。此后，在国务院召开的全国经济体制工作会议上和中共八大、八届三中全会上，都提出过变革经济体制的方案，而且在实践上采取了一些旨在调整中央与地方关系的实际步骤，但在随后的"大跃进"浪潮中被淹没。1984年12月20日，中国共产党第十二届中央委员会第三次全体会议认真总结了近几年的城乡体制改革的经验，一致通过了《中共中央关于经济体制改革的决定》，认为如果脱离现实的国情，企图把种种社会经济活动统统纳入计划，并且单纯依靠行政命令加以实施，忽视经济杠杆和市场调节的作用，那就不可避免地造成在计划知道思想上主观与客观相分离，计划与实际严重脱节。1989年6月18日，邓小平关于《党和国家领导制度的改革》的重要讲话，更进一步论述了从事改革的动因及其改革的目的。邓小平深刻地指出，中国共产党成为执政党，特别是生产资料私有制的社会主义改造基本完成以后，党的中心任务已经不同于过去，社会主义建设的任务极其繁重复杂，权力过分集中的管理体制，越来越不能适应社会主义事业的发展。对这个问题长期没有足够的认识，行为屡屡发生失误，特别是发生"文化大革命"这样的全局性失误的一个重要原因……我们过去发生的错误，固然与某些领导人的思想、作风有关，但是组织制度、工作制度方面的问题更重要。这些方面的制度好可以使坏人无法任意横行，制度不好可以使好人无法充分做好事，甚至会走向反面……不是说个人没有责任，而是说领导制度、组织制度问题更带有根本性、全局性、稳定性和长期性。②

学者们将计划经济的弊端总结如下：一是计划完备的不可能性。随着

---

① 姚丽萍：《浅议建国初期计划经济体制的形成及历史作用》，载于《中共太原市委党校学报》2003年第3期。
② 《邓小平文选》第3卷，人民出版社1993年版。

社会的发展，社会中所包含的产品的种类会不断地增加，而且各类产品内部又会存在各种各样的细微差别，在这样的情况下想要通过国家的统一计划实现对所有的产品的统一管理是不可能实现的。而且对地方和企业管得越多，市场对其生产的影响作用就越会被削弱，这样生产就无法依据市场的变化进行调整，最后将导致供需之间的不平衡以及生产的不充分。① 二是计划对微观经济主体积极性的阻碍作用。新中国成立之初，国家的计划工作有权力过度集中、管得过死过严的趋势，希望把国民经济的各个方面都纳入统一的计划之中，但是同时兼顾如此多方面的发展的计划既不符合现实也不满足客观规律的要求。高度集中的计划经济体制由于不存在自动调节的机制，如果出现计划失误，往往对整体经济发展造成损失。计划生产对市场的需要反应不灵敏，已经大批积压的商品继续在生产，市场缺少的商品又不能迅速扩大生产。产品统购包销，物价长期固定，企业的经营管理和技术革新缺乏内在的经济推动力。② 三是计划制订的人为失误。在经济管理方面存在的两点问题：一是制订的计划与价值规律的要求偏离；二是在计划管理体制方面，高度集中的计划经济体制，没有给地方和企业以应有的自主权，在管理方法上主要应用行政手段，导致削弱了中央、地方、企业之间的经济利益关系，也从而扩大了计划与经济规律之间的差距。③ 而计划配置的缺陷主要是由于负责制订计划的决策制定者存在信息不对称以及认识能力上的局限性，以及其本身的社会地位和社会身份导致的局限性，因此计划制订的方式中就难免存在不合理的因素，这些都会阻碍经济的发展，不利于资源的优化配置。④

---

① 薛暮桥：《研究和运用社会主义经济发展的客观规律》，载于《经济研究》1979年第6期。
② 顾纪瑞：《关于社会主义市场经济的几个问题》，载于《经济研究》1979年第1期。
③ 李映青、孙诚等：《对计划经济和市场经济结合问题的几点看法》，载于《陕西财经学院学报》1979年第1期。
④ 刘国光：《谈谈社会主义市场经济——为什么要变计划经济为市场经济》，载于《财贸经济》1992年第12期。

二、关于社会主义初级阶段理论的探讨

随着高度计划经济的弊端的不断暴露，针对我国在建设社会主义的道路上走得过急的教训，理论界和政策部门认真探索，逐步明晰了我国处于社会主义初级阶段的事实。1981年6月，中共十一届六中全会通过的《关于建国以来党的若干问题的决议》第一次明确指出："我国的社会主义制度还是处于初级的阶段。"1982年9月中共十二大报告和1986年9月中共十二届六中全会均强调了我国还处在社会主义初级阶段。[①] 1987年11月，中共十三大报告系统地阐述了社会主义初级阶段理论。大会指出：正确认识我国社会现在所处的历史阶段，是建设有中国特色的社会主义的首要问题，是我们制定和执行正确的路线和政策的基本依据。社会主义初级阶段包含两层含义：第一，我国社会已经是社会主义社会。我们必须坚持而不能离开社会主义。第二，我国的社会主义还处在初级阶段，我们必须从这个实际出发，而不能超越这个阶段。

（一）社会主义初级阶段含义

中共十三大报告指出我国社会主义初级阶段不是泛指任何国家进入社会主义都会经历的起始阶段，而是特指我国在生产力落后商品经济不发达条件下，建设社会主义必然要经历的特定阶段。此后，理论界关于这一问题的研究和讨论逐步趋向高潮。首先总结了关于我国处于社会主义初级阶段的原因：第一，在物质文明发展层面，我国目前的物质文明发展程度尚不发达；第二，生产资料所有制制度不成熟，存在以公有制为主体的多种所有制制度；第三，在商品交换关系发展层面，存在社会主义商品经济交换关系和非社会主义商品交换关系，但以前者为主体；第四，再分配制度层面，按劳分配实现不完全，其作为基本分配形式的按劳分配与其他非按劳分配形式并存；第五，民主政治不完备，高度的社会主义精神文明正在

[①] 《关于社会主义精神文明建设指导方针的决定》，1986年。

建设之中。① 其次探究了社会主义发展初级阶段的含义和特点：一是"初级阶段"理论是针对我国出现的急于向共产主义过渡的现象提出来的；二是"初级阶段"理论说明社会主义是存在着不同的阶段的，因此它要不断发展、不断完善的，而非一直保持固定不变的模式；三是社会主义初级阶段向高级阶段的发展，绝不会再回到那种集权的模式；四是绝不能孤立的静止地看待公有制的各种实现形式，以及包括个体经济在内的多种经营形式；五是要明确加强和改善党的领导的必要性和方向。② 同时对社会主义初级阶段的主要矛盾进行了细致的分析：认为我国在现阶段的主要矛盾是人民日益增长的物质文化需要同落后的社会生产力之间的矛盾，虽然阶级斗争在一定范围内仍会存在，但已经不是我国社会主义初级阶段的主要矛盾。共产主义社会的主要矛盾的特殊表现，主要表现在三个方面：一是人的发展需要和社会生产的矛盾集中反映了整个共产主义生产方式的本质；二是人的发展需要和社会生产的矛盾决定着其他矛盾的发展；三是人的发展和社会生产的矛盾规定着整个共产主义社会的中心任务，而这种矛盾正好反映了社会主义初级阶段的个性。"需要同生产"矛盾决定着社会主义初级阶段的存在，制约着社会主义初级阶段上的阶段矛盾和其他矛盾，而它本身又是更深层次的社会矛盾的体现，归根结底是生产关系与生产力之间的矛盾在社会主义初级阶段上的具体表现。③

总的来说，我国社会主义初级阶段是逐步摆脱贫困，摆脱落后的阶段，是由农业人口占多数的手工劳动为基础的农业国，逐步变为非农业人口占多数的现代化工业国的阶段，是由自然经济和半责任经济占很大比重，变为商品经济高度发达的阶段，是通过改革和探索，建立和发展充满活力的社会主义经济、政治、文化体制的阶段，是全民奋起，艰苦创业，实现中华民族伟大复兴的阶段。

---

① 王克忠：《试论社会主义社会的初级阶段——关于我国社会发展阶段几个问题的思考》，载于《复旦学报》（社会科学版）1987 年第 3 期。
② 荣敬本、冯文光：《社会主义发展的初级阶段理论探索》，载于《经济研究》1987 年第 9 期。
③ 李石泉：《论社会主义初级阶段的主要矛盾和主要任务》，载于《财经研究》1987 年第 11 期。

(二) 社会主义初级阶段的基本特征和基本任务

社会主义初级阶段的基本特征是生产资料所有制形式应是以公有制为主体，多种经济成分并存。分配应是以按劳分配为主体，多种分配方式并存，应当大力发展商品经济，在共同富裕的目标下，鼓励一部分人通过劳动和合法经营先富起来。社会主义初级阶段的基本任务是大力发展生产力，实现工业化和生产的商品化、社会化、现代化。把实现生产的商品化与实现工业化生产的社会化联系起来，既反映了我国社会主义初级阶段，商品经济不发达的客观现实，又突出了建立与商品经济基础，经济体制改革的基本任务。

理论界关于社会主义初级阶段的基本特征和基本任务涌现出了很多的研究。从经典理论方面来看，马克思主义关于"人的全面发展"的经济需要和"自由人的联合体"的最高目标出发，提出了社会主义初级阶段基本特征依据基础、过程、结果三种分析方法，可以分别表述为"公有经济""民主经济""公正经济"三个层次的新命题。[①] 首先，在社会主义初级阶段，它的根本任务是建立和完善社会主义生产资料公有制，实现农业、工业、科学和国防的社会主义现代化，建设社会主义精神文明。[②] 其主要任务是发展生产力，但是，要发展生产力，第一要制定明确的发展目标，第二要选择切实可行的发展路径，第三要采用有效的发展手段或方法，并且在实践过程中摒弃一切与发展生产力相抵触的东西。[③] 其次，社会主义初级阶段的经济特征主要表现在四个方面：一是物质及技术基础相对薄弱导致的生产力比较落后；二是以公有制形式为主体，保持多种所有制共同存在的结构；三是实行有计划经济与商品经济体制并存；四是存在以多种按劳分配形式为主的多元分配格局。[④] 社会主义是以生产资料公有制为本质

[①] 苏东斌：《论社会主义初级阶段经济的三层特征》，载于《学习与探索》1987年第2期。
[②] 王永江、杜一：《试论社会主义初级阶段的就业问题》，载于《经济科学》1982年第2期。
[③] 李石泉：《论社会主义初级阶段的主要矛盾和主要任务》，载于《财经研究》1987年第11期。
[④] 程恩富、徐惠平：《社会主义初级阶段的经济特征与改革》，载于《赣江经济》1987年第12期。

特征的，社会主义所有制结构多种形式的关系对立统一的，就那些除公有制以外的所有制式残余来说，尽管他们还带有不同程度的私人占有，但在现阶段仍能对社会主义经济发展起着积极作用[①]。再次，虽然我国是一个社会主义的大国，我国幅员辽阔，人口众多，但同时在经济发展方面，我国又是一个相对落后的国家，目前我国的生产力水平很低，尤其是在关系国计民生的农业生产领域相当落后，农业生产绝大部分使用手工工具，基于这样的特殊特征，开展经济建设、大力发展生产力是我国社会主义初级阶段突出的中心任务。[②] 最后，社会主义初级阶段具有多种经济成分并存和一部分人先富起来两个重要特征。同时，社会主义的基本任务就是发展生产力要通过现代化建设，缩小我们国家在工业上、农业上、国防上和科学技术文化上"化"与实现现代化的国家之间的差距。因此，现代化就是由于我国仍处在社会主义初级阶段而提出的建设任务。[③]

社会主义初级阶段理论是中国特色社会主义的出发点。充分理解社会主义初级阶段理论的最重大意义在于从中国的国情出发，对社会主义作了新的认识和研究。它不仅为中国社会主义经济学的研究和发展奠定了一个新的理论基础，也为国家制定正确的路线、方针和政策提供了科学依据。[④] 中共十三大着重总结了改革开放以来社会主义建设实践的经验。比较系统地论述了社会主义初级阶段理论，并以此为依据，明确概括和全面阐述了党的基本路线，提出了经济建设发展的战略，经济体制和制度体制改革的原则，构建了中国特色社会主义的理论框架，指明了未来发展的方向。

三、关于社会主义条件下市场经济的可行性探索

任何一种经济体制都有优缺点，计划经济有一定的弊端，与此同时，

---

① 孙连成：《社会主义初级阶段的所有制结构》，载于《中国经济问题》1987年第4期。
② 吴佩钧：《社会主义初级阶段与经济体制改革》，载于《武汉大学学报》（社会科学版）1987年第6期。
③ 于光远：《社会主义初级阶段和社会主义初级阶段的生产关系》，载于《经济研究》1987年第7期。
④ 赵晓雷：《新编经济思想史：第十卷，中国现代经济司献给的发展》，经济科学出版社，第130页。

市场经济也有一定的优越性，尤其是在中国，因为中国经济发展中存在着自然经济关系成分，而且市场经济对于破除封建经济关系有很重要的作用。

以党的十一届三中全会为标志，中国社会主义经济制度进入了一个新的历史时期，开始对高度集中的计划经济模式进行新的探索。1974年4月，继党的十一届三中全会以后，中央又提出了对国民经济实行"调整、改革、整顿、提高"的方针，表明党的经济体制改革理论又向前发展了一大步。1979年，陈云在《计划和市场问题》中认为苏联和中国都没有根据本国生产力发展状况，对马克思的原理加以发展，才导致了现在计划经济中出现缺点。他认为，无论苏联还是中国的计划制度出现的主要问题是只有"有计划按比例"这一条，没有在社会主义制度下还必须有市场调节这一条。计划统得太死，包括的东西太多，结果出现缺少市场自主调节的部分。导致比例失调，忽视市场调节。陈云认为"所谓市场调节，就是按价值规律调节，在经济生活的某些方面可以用'无政府'和'盲目'生产的办法来加以调节"，他提出社会主义阶段存在两种经济成分：计划经济部分和市场调节部分，计划调节是基本的主要的；市场调节是从属的次要的，但又是必需的。① 1981年6月，十一届六中全会通过的《关于建国以来党的若干历史问题的决议》中，正式指出：在公有制基础上实行计划经济，同时发挥市场调节的辅助作用，并提出要大力发展社会主义的商品生产和商品交换。1982年9月党的十二大报告中进一步提出：坚持计划经济为主，市场调节为辅原则，关系到我国经济体制改革的根本性。我国国民经济的主体仍然是公有制基础上实行计划经济，在此基础上，适当选择和放开部分产品的生产和流通，由市场来调节。这样既保留了计划经济"全国一盘棋"的传统优势，又能吸收市场经济"突出效率和重点"的优势。1982年7月26日，邓小平指出"社会主义同资本主义比较，它的优越性就在于能做到全国一盘棋，集中力量，保证重点。缺点在于市场运用得不好，经济搞得不活。"② 可见，解决好计划与市场的关系问题至关重

---

① 《陈云文选》（第3卷），人民出版社1995年版，第245页。
② 《邓小平同国计委负责人谈"六五"计划和长期规划问题》，1982年7月26日 http：// www.gov.cry2t2l/17da/content_739168.htm.

要，解决不好，影响全局。1984年10月，中共中央作出了《关于经济体制改革的决定》，这表明，中国的经济体制改革理论基本上系统化了，改革的基本点主要包括：实行有计划的商品经济；市场调节部分农副产品，日常小商品和服务行业的劳务活动；计划经济不等于指令性计划；指导性计划主要靠运用经济杠杆作用实现，指令性计划则必须执行，但也要运用价值规律。江泽民同志1992年6月9日在中央党校发表讲话时，提到了关于经济改革目标模式有三种表达方法："计划与市场相结合的社会主义商品经济体制""社会主义有计划的市场经济体制""社会主义的市场经济体制"，最终党的十四大采纳了"社会主义市场经济体制"这个提法，得到社会的一致的肯定。1992年10月，党的十四大正式宣布：我国经济体制改革的目标是建立社会主义市场经济体制，并指出：社会主义市场经济体制的建立，就是要按照价值规律的要求，利用市场经济的价格、竞争和供求机制，来配置资源，使市场在社会主义国家宏观调控下对资源配置起基础性作用，市场能够灵活和迅速地对价格信号作出反应，企业根据市场信号进行资源配置，实行优胜劣汰，提高资源配置效率。

学界对于社会主义条件下市场经济的可行性的诸多探索同官方思想大体相似，逐步达成了可以在计划经济体制下逐步引入市场经济的结论：

（1）市场经济是否表现出组织性是与其在何种所有制条件下进行发展高度相关的。即当市场经济与私有制相结合，市场经济会表现出其无组织的特点，但是当市场经济与公有制相结合就可以变成有计划、有组织的了。因为市场经济在与社会主义公有制进行结合的时候，会成为计划市场。这时的计划市场不是简单的计划与市场的加总，此时他们在社会主义计划市场中已经不是两个外在的互相独立的事物，而是有机结合为一个整体的计划市场。"因此它们之间存在的不是笼统的主次关系，也不是互不相容的对立关系，而是互相依存、互相矛盾的关系"。[①] 同时市场经济与公有制相结合表现出的有组织有计划的市场表明市场经济不是导致社会生产盲目性和无政府状态根本原因，也不是资本主义国家的专利品，更不是

---

① 陈希成、闵友诚：《计划经济和市场经济的统一是社会主义商品经济的特征》，载于《安徽财贸学院学报》1980年第1期。

区分资本主义经济和社会主义经济的本质标准，不是社会主义的对立物。市场经济作为一种生产方式，作为一种社会资源利用与配置的方式，同商品经济的内涵，本质上是一致的，其发展进程也是一致的。因为不论是商品经济，还是市场经济，起主导作用的规律都是价值规律。①

（2）总结了市场经济具有的优点。认为市场经济还具有较强的自主性、竞争性、自发性和开放性。在市场经济条件下，企业在市场中的一切生产经营活动都以市场为中心，这是不同于按照来自上级行政机关的计划指令的计划经济的。企业依据市场信号，实行自主经营，自负盈亏，自行发展，自我调整。同时，市场经济所以更有利于实现优化资源配置。因为竞争是市场经济的突出特征，没有竞争，也就没有市场经济。而企业想要在市场竞争中获得优势，就要合理利用自己拥有的资源。市场经济本身是一个自然的经济过程，具有联结各种经济关系、经济部门、经济环节（主要是生产、分配、消费）和经济区域（包括国家）之间的组合和转化之功能，以效益和利益为杠杆进行自然的调节，集中表现为价格制衡机制，特别是对企业经营、组合产生一种强大的动力。可以避免计划经济的弊端即在计划经济中出现的由主观指挥失误造成的巨大浪费，市场经济更有利于按价值规律优化配置。②市场经济的巨大力量渊源于它的机制之中。市场是商品交换的场所，是商品货币关系的载体。市场同时还是一个庞大的机制体系，即由竞争机制、价格机制和供求机制组成的机制群。竞争机制具有筛选的作用，优秀企业成长，劣质企业淘汰，确保在市场中得以生存的企业都是优秀的企业。价格机制可以调节和维持社会总供给和总需求之间的平衡，它具有切身利害的强刺激作用，是市场机制中最敏感的机制并且供求机制具有规范制衡作用。③还有一种观点认为在市场经济下，所有生产要素都要进入市场，由强烈的竞争机制和灵敏的价格机制，引导消费，调节生产，不断地提高资源的利用效率。特别是在微观领域，市场机制强迫企业采用新技术，加强经营管理，从而提高资源产出率和降低产品

---

① 岳章：《商品经济和市场经济的论点综述》，载于《南开经济研究》1988 年第 5 期。
② 杨承训：《社会主义市场经济带来质的飞跃》，载于《中州学刊》1992 年第 6 期。
③ 战勇：《建立市场经济体制势在必行》，载于《求实》1992 年第 11 期。

消耗率。[①]

（3）坚持计划经济与市场调节相结合，并就计划和市场相结合的经济模式建立所需要的条件进行了深入的研究。计划与市场各有其长短优劣，必须扬长避短，取长补短。把两者的优点结合起来运用，摒弃二者的缺点，那么现代市场经济就可以利用政府干预和计划指导帮助市场经济的缺陷，利用市场的灵活弥补政府干预的不足。[②] 也有一些研究主张社会主义可以是有计划主导的市场经济体制。主要包括三个方面的内容：一是现阶段的社会主义计划调节不限于补充市场调节的不足而是上升到主导地位，但又不应上升到主体地位；二是由于市场与计划的相互关系不仅取决于一国经济的社会化和国际化程度，也受制于不同的产权关系，因而我国经济体制改革必须确立有计划主导的市场经济观念，其目标是要建"以市场为基础、以计划为主导"的新模式和新机制；三是为了避免改革取向上出现新的理论偏差，应择用"计划主导下的市场取向"的提法，也就是将市场的存在领域和范围控制在合理的范围内。[③] 而过去一直从生产关系中去寻找社会主义和市场经济之间相统一的基础都无功而返的原因，应该从生产力方面去探索，公有制生产关系与市场经济之间并无直接联系，更不存在相互依存的关系。发展生产力与市场经济之间的关系才具有直接性和依存性。要发展生产力，就必须搞市场经济，用市场手段优化资源配置。社会主义本质是发展生产力，市场经济是发展生产力的重要手段，社会主义与市场经济在这里就有了同一性，社会主义与市场经济在发展生产力的基础上达到了统一。在发展生产力基础上实现社会主义与市场经济的统一是一种自然的、现实的、真正的统一，离开发展生产力去讲社会主义与市场经济统一，不可能使两者真正统一起来。[④] 计划和市场的能够得到有效结合应具备以下如下条件：一是要实现国民经济计划科学化；二是要有一个正

[①] 谷文耀：《加快建立市场经济体制促进经济高速协调发展》，载于《南方经济》1992年第6期。

[②] 刘国光：《谈谈社会主义市场经济——为什么要变计划经济为市场经济》，载于《财贸经济》1992年第12期。

[③] 程恩富：《借鉴西方经验建立有计划主导的市场经济体制》，载于《财经研究》1992年第9期。

[④] 李克清：《社会主义与市场经济的兼容性》，载于《财经研究》1992年第9期。

常态的市场；三是需要研究和探索计划和市场二者的结合范围、结合点、结合度、结合方向与方式等。①

因此，面对计划经济体制出现的种种弊端，以及市场经济所体现出的种种优越性，我国在十一届三中全会之后逐步开启转型之路，但是具体的改革方向，在开放之初，并不是很明确，也经历了一段摸索期。

第二节　关于经济转型的方向性探索

1978~1991年，我国经济体制改革整体围绕着探索计划与市场有机结合的模式而展开，目的是要建立一个既体现社会主义生产方式的本质特征，又符合商品经济基本规律的经济运行和管理体制。这一过程中，中国始终坚持了改革的整体目标是完善社会主义制度，但关于社会主义制度采取的具体模式的选取，以及计划与市场的结合方式等问题的认识，经历了一个渐进的过程。

中国政府确立的转型具体目标主要围绕明确计划和市场的关系而展开，大体经历了五个具体发展阶段：一是1978年十一届三中全会提出的"放权让利"阶段。二是"计划经济为主，市场调节为辅"的阶段。1981年6月，中共十一届六中全会决议正式提出了"计划经济为主，市场调节为辅"的改革模式，指出必须在公有制基础上实行计划经济，同时发挥市场调节的辅助作用。三是"有计划的商品经济"阶段。1984年10月，中共十二届三中全会通过了《中共中央关于经济体制改革的决定》，提出了社会主义经济是在公有制基础上的有计划的商品经济的重要理论。四是"国家调节市场，市场引导企业"阶段，1987年10月，中共十三大报告指出：社会主义有计划商品经济的体制，应该是计划与市场内在统一的机制，并设计了"国家调节市场，市场引导企业"的体制改革模式。确立了

---

① 岳福斌：《坚持计划经济与市场调节相结合》，载于《中央财政金融学院学报》1990年第3期。

"社会主义有计划商品经济体制"这一改革目标,指出这一体制在运作上应该是计划与市场内在统一的,计划与市场的作用范围都是覆盖全社会的。这是对计划与市场、社会主义与市场经济关系在认识和实践上的一大发展。五是"计划经济与市场调节相结合"阶段。1990年12月,中共十三届七中全会通过了《中共中央制定国民经济和社会发展十年规划和"八五"计划的建议》指出,建立计划经济和市场经济相结合的经济运行机制,是深化经济体制改革的基本方向。

与此相适应,学术界主要集中于探索社会主义基本制度条件下,计划与市场的关系,从而为转型目标的确立提供理论依据。

一、关于坚持和完善计划经济体制的讨论

关于计划经济为主体,市场经济为辅,学术界进行了诸多的讨论。主要观点有:(1)计划经济是高速建设社会主义的保证。计划经济能够保证生产资料和劳动力在社会生产的各部门之间的能够根据合理的比例进行分配,使之满足社会化的大生产的需求,保障社会再生产的顺利地进行。而且也只有生产资料公有制这种强有力的所有制形式才能有效地将国民经济各个部门有机的结合成一个统一的整体。因此,更多的学者开始重新认识计划经济对社会主义经济发展的重要作用。[1](2)在经济发展中应不断完善计划经济体制。一些学者是从为什么要坚持计划经济体制为主进行研究,他们认为计划经济和市场经济既不能结合也不能融合,没有计划经济就没有社会主义制度,坚持社会主义制度必须坚持实行计划经济。[2] 必须坚持社会主义计划经济的原因主要有以下三点:第一,社会化大生产要求我国必须实行社会主义计划经济;第二,社会主义制度下建立起来的生产资料公有制的所有制模式,为我国实行计划经济提供了良好的客观环境;第三,实行计划经济是主体,市场调节是一种辅助作用的经济制度,是符

---

[1] 景康:《计划经济是高速度建设社会主义的重要保证——批判"四人帮"破坏国民经济计划的罪行》,载于《山东师院学报》(社会科学版)1978年第4期。
[2] 褚高峰、孙小素、高巍:《论计划经济与市场经济的关系》,载于《山西财经学院学报》1990年第6期。

合我国的经济发展现状的。党的六中全会根据我国十亿人口、八亿农民、人口众多、经济发展基础薄弱等现实问题，提出了建设社会主义现代化强国有步骤分阶段的奋斗目标这充分体现了持久战的战略方针。(3) 抓住战略重点。我国的经济发展国情决定了我国经济建设中农业、能源和智力开发等我国经济建设的薄弱环节，只有将薄弱环节的进行发展，我国的经济才能实现一个整体的提升，而通过计划经济模式则能够行之有效的抓住重点进行发展。① (4) 具体提出完善计划经济体制改革的措施。首先，需要充分发挥计划经济的优越性，在坚持计划经济的基本，在制订计划时要着眼于以下四个方面：一是从主导思想方面来看要端正经济工作和计划工作的，这是防止宏观决策失误的决定性条件；二是从执行计划的具体方式上来看，加强国家的统一计划，因为这才是真正坚持计划经济的重要标志；三是从发展眼光来看，把重点放到中长期计划上来，要保证计划的持续有效性，使之不仅能够适应现阶段的发展，也能为未来的发展奠定良好的基础；四是从计划的目标来看计划要以满足人民物质和文化生活的基本需要为目标，把社会发展的各个方面例如经济、社会和科技等方面的发展紧密结合来。② 其次，在运用计划经济的优越性进行经济发展的同时也不能忽略价值规律的重要作用，要善于发挥价值规律和价格杠杆的作用。一要发挥价格杠杆在竞争中有利于提高质量方面的调节作用，促进我国工农业产品、建设工程、服务行业等领域的高质量发展；二要发挥价格在推动科学管理和技术进步、提高经济效益方面的调节作用；三要发挥价格调节经济结构，促进按比例发展方面的调节作用。③

二、关于坚持计划与市场相结合的讨论

20世纪80年代末和90年代初，中国理论界的主要观点认为，中国社会主义经济是公有制基础上的有计划的商品经济，中国经济体制改革的主

---

① 田方、张国福：《必须坚持社会主义计划经济》，载于《计划经济研究》1981年第38期。
② 桂世镛：《充分发挥计划经济的优越性》，载于《经济学动态》1982年第1期。
③ 马毅：《运用价值规律和价格杠杆发挥计划经济的优越性》，载于《财经理论与实践》1985年第4期。

要目标是适应有计划商品经济的发展要求，构造一种适合中国国情的计划经济与市场调节相结合的经济体制和运行机制。

多数观点认为计划经济是社会主义的基本经济制度，市场调节是商品经济运行的基本条件形式，实行计划经济与市场调节相结合，就是指在计划经济制度中引入市场调节机制，充分发挥市场机制的调节作用，从而更有效地实现计划经济。

其内涵具体表现为：第一，社会主义经济运行机制要体现社会主义有计划商品经济制度的特征。因为计划经济是社会主义的基本经济制度，而且我国现阶段社会主义经济以公有制为基础上，因此我国的商品经济也是有计划的商品经济。在此基础上形成的计划经济与市场调节相结合的经济运行机制，也就自然成为社会主义经济的运行机制。第二，社会主义新经济运行机制具有自身独特的特点。在社会主义新经济运行机制中虽然与传统的计划经济要依靠指令性计划来实现，由于引入市场机制，计划与市场一同对经济发展产生作用，但是在社会主义新经济运行机制中仍是计划经济计划调节应居于主导地位。有许多学者对市场经济和计划经调节作了区分，认为计划调节与市场调节是调节经济运行的两种重要手段。所谓计划调节，是指宏观经济管理部门按照政府的期望达到的目标，通过国民经济计划的制订和实施调节经济运行的行为。所谓市场调节，是指由商品经济条件下客观存在的价值规律，自发地调节经济运行计划。计划调节与市场调节，不具有明显的社会性和阶级性，属于中性概念，他们可以相互结合，共存于同一社会条件下，发挥各自的功能。

计划调节与市场调节的关系，在社会主义商品经济宏观运行的讨论中，计划调节与市场调节的关系是理论界关心的重要问题，各种观点的分歧主要集中在一点上，即在社会主义商品经济计划调节与市场调节应如何结合。

（一）关于计划与市场之间的关系探讨

1978年5月10日，中共中央党校内部刊物《理论动态》上发表了《实践是检验真理的唯一标准》一文，一场全国范围的真理标准问题的大讨论就此展开。在1979年1月，中央宣传部和中国社会科学院就召开理论务虚会，批判"两个凡是"的思想，将全党全国人民的工作重心转移到经济建设这一中心任务上，提出坚持改革开放和四项基本原则的方针。解放思想的方向被确立，经济理论界开始对传统的计划经济进行反思，恢复对社会主义商品经济相关理论的探索。1982年5月，"国家经济体制改革委员会"正式成立，其职能之一是制定经济体制改革的总体规划，成立当天，国务院经济研究中心和体改委受命组织的经济体制改革理论讨论开始。这场讨论延续了4个月，有300多位参加者，分8个组，大小会开了70多次之多。一些学者提出要坚持"国家调节市场，市场引导企业"的经济运行机制，就要满足以下条件：第一，营造良好的经济发展环境，遏制总需求膨胀、通货膨胀和物价猛烈上涨的局面，构建总供给略大于总需求的较为宽松的经济环境。第二，加强对计划调节的控制，使其能够适应经济发展的需要。第三，必须建立和完善能够在宏观间接管理体制中起中介作用的比较完善的市场体系。第四，建立与经济发展现状相匹配的企业管理制度。第五，建立社会主义商品经济新秩序使之适应社会主义新运行机制的需求。[1] 他们认为在具体实施的过程中应该将计划经济与市场经济有机结合。计划调节的作用是高层次的调节，制定国家总体经济发展方向。市场调节的作用是低层次的调节，在经济建设的过程中起到对经济实践的调节作用。计划机制通过给市场机制导向，把国家的经济发展战略目标和计划的意向，输送给市场，然后通过市场调节实现国家的战略目标。在这种计划调节与市场调节相结合的方式中，计划调节要起主导作用。但是这种主从关系是指二者的功能上的分工，就作用范围来说二者是没有区别的。[2] 在实际经济实践中结合市场经济与计划经济应遵循以下几点原则：首先，计划调节与市场调节的比重大小，始终将其控制在一个合理的范围，避免过度计划产生的僵化，也要避免过度依赖市场产生的无序；其次，计划与市场结合，必须要有立法保障。发展有计划商品经济，通过立法保持公有制在我国的主导地位；再次，完善市场体系，是实行计划调节

---

[1] 蒋学模：《论计划经济为主导，市场经济为基础的经济运行机制》，载于《学术月刊》1989年第1期。
[2] 卫兴华：《论计划经济与市场调节的有机结合》，载于《中国人民大学学报》1990年第1期。

与市场调节的重要条件；最后，加强计划管理科学化，完善宏观调控体系。①

也有一些学者认为计划和经济这两种经济虽然看起来互相排斥，但实际上在我国的国情下存在契合点，可以将二者合理的结合在一起可以实现各得其所，甚至可以形成合力，这样可以保证在优化国民经济运行机制的同时，获得"两加强"。"一是加强计划作为维护和完善社会主义公有制，按劳分配乃至社会主义意识形态的机能作用，而最低限度的好处是使人们不会产生为了完善运行机制而掉进丢掉计划的误区；二是加强市场作为为卖而买，实现价值增殖的功能，以及由此带来的在追求利润最大化的过程中，适应市场需求的迅速变化，而广泛优化资源配置的巨大效果"。②

（二）关于如何在计划经济中引入市场机制的探讨

虽然，我国提出了要将计划经济与市场经济相结合，但我国没有充足的理论准备和蓝图设计，正如时任国家经济委员会副主任的袁宝华回忆所说"那时候，我们对改革开放没有思想准备，许多问题还来不及仔细研究思考，就事论事，为了解决实际问题，提出一些具体措施。但总觉得这些措施缺乏理论根据，所以落实起来也是困难重重"。③ 此时中国的思想解放还没有到完全接受市场经济为主要经济运行方式的地步，而且同时期在苏联实行的是计划经济中引入市场机制的分权制改革，这种经济体制改革正好与我国此时的经济体制发展程度相适应。因此，在这一阶段我国的经济体制建立借鉴了苏联东欧经济体制改革的经验和由此形成了相关理论。另外，苏联东欧国家的马克思主义和社会主义传统，也更容易被接受。因此 1981 年 3～4 月，奥塔锡克应邀在北京、上海、苏州 3 个城市做了 7 场学术报告，参加座谈会，介绍捷克进行的价格改革，这一次的活动在中国掀起了研究改革理论和实际措施的热潮。国家决定建立国务院价格研究中

---

① 石祖培：《计划经济与市场经济辨析》，载于《中山大学学报》（哲学社会科学版）1990 年第 4 期。
② 姜启渭：《从理论的原则性与灵活性相结合看计划经济与市场经济相结合》，载于《当代财经》1992 年第 7 期。
③ 柳红：《八十年代中国经济学人的光荣与梦想》，广西师范大学出版社 2008 年版，第 84 页。

心，在计划经济体制中计划价格是支柱作用，能够维持计划经济体制的稳定，因此建立一个专门的价格研究机构，足以显示国务院领导的改革决心。随后在浙江德清县的莫干山召开了苏联东欧经济体制改革座谈会，史称第一次莫干山会议，向中国介绍了苏东国家的改革动向和经济发展情况，开始开展分权的尝试，减弱中央集权的程度；由国营经济，到发展多种经济成分和经营方式；在计划控制的同时重视市场机制；由用行政办法管理经济，转向结合经济手段。① 1985 年，价格双轨制在工业和生产资料上被鼓励实施之后，中国经济学界却很快开始了对它的利弊展开激烈争论。反对价格双轨制的经济学家后来逐步形成了"配套改革"的方案。1985 年引发对价格双轨制的争论的一个很大的原因是当时宏观经济的失衡状况和转型初期出现的一些"设租"和"寻租"现象，也就是计划外的价格放开后，计划内外之间由于存在价差而出现的倒买倒卖现象。而且 1984～1985 年，以所谓"消费基金"膨胀为特征的压力不断增加，物价变得不稳定。反对价格双轨制的经济学家认为是价格双轨制助推了物价的上涨和通货膨胀，滋生了官员和企业利用体制内外价差进行套利的现象，滋生了腐败，严重影响了收入公平分配。在 1985 年初，社会科学院的经济学家提交了《全面改革亟须总体规划——事关我国改革成败的一个重大问题》的报告，其中提到价格双轨制本身就是有冲突的体制，如果长期维持必将引起经济领域的协调失败，产生混乱局面，葬送改革的前途。之后在国务院领导的支持下开始研究整体配套改革方案，并在 1985 年 8 月发表了研究报告《关于体制改革总体规划研究》，在研究报告中他们进一步指出了价格双轨制的"八大弊端"，主张尽快取消价格双轨制，代之以整体配套改革的战略。吴敬琏、周小川和李剑阁等写出一系列关于经济体制改革整体推进的研究报告，其中也公开反对价格双轨制。② 当时有的经济学家主张尽快恢复计划价格体制取代价格双轨制，至少 80% 以上的生产资料价格双轨制要尽快并轨到计划的轨道上来，只有少量、次要的和供求基

---

① 《苏联、东欧国家经济体制改革理论讨论会纪要》，载于《苏联东欧问题》1982 年第 4 期。
② 吴敬琏、周小川、李剑阁：《关于各级政府职能和分层管理的思考》，载于《经济管理》1986 年第 12 期。

本平衡的生产资料才可以并为市场轨道。

三、关于强化市场经济作用的讨论

1987年10月，中共十三大报告指出：社会主义有计划商品经济的体制，应该是计划与市场内在统一的机制，并设计了"国家调节市场，市场引导企业"的体制改革模式。确立了"社会主义有计划商品经济体制"这一改革目标，指出这一体制在运作上应该是计划与市场内在统一的，计划与市场的作用范围都是覆盖全社会的。这是对计划与市场、社会主义与市场经济关系在认识和实践上的一大发展。中共十三大以后，理论界对社会主义市场经济的讨论曾一度活跃，然而，20世纪80年代末经济改革转入治理整顿期，关于"市场化"的讨论因缺乏相应的政治、经济环境而一度低落。

1990年10月，国家经济体制改革委员会组织编写了《外国关于计划与市场问题的争论和实践以及对中国的计划与市场关系的评论》。报告介绍了20世纪30年代西方经济学界关于资源配置方式的大论战。以美国经济学会会长泰勒为代表的一方，支持20世纪初意大利经济学家帕累托提出的关于中央计划配置资源的主张；以奥地利学派领袖人物为代表的另一方则认为计划经济在实际中是不可行的。这需要在几百万个数据的基础上列出几百万个方程，到解出方程的时候，所依据的信息已经过时。报告借引外国专家意见认为，从全球的实践来看只要满足了明确计划机制与市场机制的含义的前提，把他们很好地衔接起来是可行的，此外从经济发展的内在要求和客观趋势看，也是合理的。报告的主旨在于阐明计划经济与市场经济只是两种不同的资源配置手段，关于两者的争论也是在社会主义出现之前便已发生，因此没有必然社会属性。报告得到了当时中央主要领导的肯定，为当时的顶层决策提供了参考。[①] 1990年12月，中共十三届七中全会通过了中共中央制定《国民经济和社会发展十年规划和"八五"

---

① 载于《中国新闻周刊》2012年第32期。1992年该报告的作者江春泽将报告以《计划与市场在世界范围内争论的历史背景和当代实践》为标题发表，载于《改革》1992年第2期，转引自赵晓雷。

计划的建议》(以下简称《建议》),《建议》指出,建立计划经济和市场经济相结合的经济运行机制,是深化经济体制改革的基本方法。但一直到1992年春邓小平"南方谈话"发表以后,社会主义市场经济才成为理论界研究讨论的热点,人们对这一论题的认识不断深化,并形成了普遍的共识。

有学者在对社会主义市场经济理论的几个重要问题的论述过程中提到,在我国经济体制转型的最初,有一类方向是"市场取向论"。在一次中央高层会议上,两派经济学家又发生激烈交锋,老经济学家薛暮桥慷慨陈言,批驳"计划取向"的言论,并在会后上书中央倡言市场经济改革。他提出对计划经济和市场经济之间的关系就不应再强调积极结合,而应有意识地但有步骤地摒弃计划经济,否则就不能实现从两种经济并存的局面向以社会主义市场经济为主体的局面的转变。[①] 从改革的最终目标来说,不接受包括"积极结合论"在内的任何"结合论"。他在提出"主体论"时就是从这样的观点出发来立论的。他认为"主体论"是走向以社会主义市场经济为主体的必由之路。可以说,在1978~1992年,这一类观点虽有,但并不多,而且囿于当时的主流意识形态,很多声音并没有被听到。

四、关于经济转型具体路径改革的讨论

从上一节中关于计划与市场相结合的改革的讨论中可以发现,这一阶段,在确立了经济要转型的思想之后,关于转向哪里的探讨是最为丰富的,而这其中关于计划与市场相结合的讨论也最多,当然,这也是在中央确立了二者结合情况之下展开的。但涉及具体的生产流通领域怎么转,理论界也有诸多讨论。

(一)农村经济转型思想探索

经济改革最早从农村发起,早在党的十一届三中全会公报中就明确表示全党目前必须集中主要精力把农业尽快搞上去。为此这一时期理论界关于如何发展农村经济进行了诸多的探索,逐渐达成了以"包干到户"和

[①] 叶介甫:《改革开放以来的三次著名争论》,载于《钟山风雨》2014年第3期。

"包产到户"等形式的家庭联产承包责任制为主的改革模式的一致观点,随后基于家庭联产承包责任制对我国土地制度进行了激烈的探讨。

农村改革初期,学术界围绕"能不能包产到户"这一实践中产生的问题进行了激烈争论,对"包干到户"和"包产到户"等的性质、理论依据和效果进行了探讨。一些学者认为"包产到户"并不等于搞单干,也并不意味着必然会滑向单干。因而,实行"包产到户"同"破坏人民公社集体经济""实行资本主义复辟"完全是风马牛不相及的。[①] 另外一些学者则进一步对"包干到户"和"包产到户"等存在的争议做出了解释,认为实行"包产到户"不是一种倒退,衡量一种生产关系是不是倒退,最主要的是看它是否促进了生产力的发展,实践证明,包产到户确实能够做到增产、增收、增加对国家的贡献。[②] 不论其形式如何不同,它实际上体现了这种集体和个体的相互交错关系。因此说,它并不是什么资本主义,也不同于分田单干,而是从私有向公有、从个体经济向集体经济过渡的中间形式,已经带有社会主义的性质。它之所以能够适应我国部分农村现有生产力水平的一个重要标志,就是它能够最大限度地调动农民群众的积极性和创造性。部分学者则是通过实地调研进行检验,从省委、地、县的领导部门,从同公社、大队、生产队干部谈话和调查中认为"包产到户"的发展前途宽广,原因是:第一,由于实行包产到户会促进农业生产大幅度增长,可以较快地改变原有的吃粮靠返销,花钱靠救济,生产靠贷款的被动局面;第二,社员之间还会出现职业上的分化;第三,社员们会逐步以各种形式再次联合起来,这种联合是在经济发展的基础上自然要求的联合,是建立在等价交换、自愿互利基础上的联合,而不再是行政命令式的联合。[③]

关于农村土地所有制方面,学界主要是从四个方面来进行争论和探讨。

一些学者认为农村土地集体所有制并没有真正意义上存在过。第一,在实行农业生产责任制以前,"农村集体所有制"只不过是农村集体劳动

[①] 周诚:《包产到户初探》,载于《经济学动态》1980年第12期。
[②] 王贵宸、魏道南:《论包产到户》,载于《经济研究》1981年第1期。
[③] 陆学艺、王小强:《包产到户的发展趋势》,载于《农业经济丛刊》1981年第2期。

者对一些农具、畜力等农业生产资料的共同占有，而并不是对土地的真正占有；第二，在实行农业生产责任制以后，土地出租者的一方只不过是作为国家的基层代表和农户签订合同。此时的"集体"既没有自己的经济利益，也没有这种谈判的权力，因此，只能起国家政府机构基层组织的作用，对上反映农民的要求，对下传达国家的意愿，这就是它在合同签订中的作用，根本不能以此证明它作为"土地所有者"的存在；第三，农业经营规模跨区域扩大的趋势，冲击着所谓"土地集体所有制的范围"。① 在人民公社时期，农村土地确属集体所有，但在人民公社解体以后，农民集体作为一个经济组织事实上已经不存在了，农村没有也不可能产生一个新的集体经济组织来充当集体土地所有权主体。② 农地国有化不仅不损害农民利益，还有助于规范地方政府的行为，保护农民利益。③

有学者持反对意见，认为现有的土地产权关系模糊，导致贪污、挪用、乱占集体财产，导致土地承包关系不稳定，农民投资在土地上的有效肥力不断地被侵占，因而宁可撂荒，也不愿意转包给他人。④ 为此一些学者给出了解决办法，认为实行土地国有化成为一种现实可行的制度选择，而且这种选择在我国的经济、政治和社会生活中不会引发剧烈动荡。⑤ 实行土地国有化有利于国家对土地资源的高效管理以至于实行土地国有化的具体方案，针对这一意见，不同学者主要有两种意见。⑥ 一种认为应实行国家租赁制，即宣布全部土地归国家所有，成立国家土地经营管理部门，将土地按效益原则租给农民使用，农民按租赁合同规定向国家缴纳地租。⑦ 另一种认为应实行国有永佃制，即土地所有权归国家，不允许买卖或转让，土地使用权则通过法律形式永佃给农民，政府不收地租，只征收统一地税。⑧

还有一种观点支持"土地私有化"，认为承包制激发了农民的劳动积

---

① 文迪波：《还农村土地所有制形式的本来面目——国家土地所有制》，载于《农业经济问题》1987年第8期。
② 安希伋：《论土地国有永佃制》，载于《中国农村经济》1988年第11期。
③ 韩俊：《中国农业劳动力转移前景展望》，载于《未来与发展》1989年第5期。
④⑦ 蔡昉：《论我国农村合作经济存在的条件》，载于《未来与发展》1989年第4期。
⑤⑧ 安希伋：《论土地国有永佃制》，载于《中国农村经济》1988年第11期。
⑥ 杨勋：《国有私营：中国农村土地制度改革的现实选择——兼论农村改革的成就与趋势》，载于《中国农村经济》1989年第5期。

极性，因而短期内是有效的，但这种制度无助于激发农民的长期投资愿望，因而其效率只能是越来越低。解决这一问题的根本办法是实行土地私有制。在一个生产力落后、土地资源不足、土地使用效率和土地肥力不断走向恶化的国家里，必须按照现代商品经济发展的要求来重新构造土地所有权制度。只有土地所有权主体明确，才有可能提高土地经营的长期效率，充分发挥市场对土地资源的调节作用。因此应该让农民把土地所有权购买下来，然后再合股经营。① 他们认为应打破全民所有制和集体所有制就是社会主义的神话，将农村土地的所有权给予农民，真正实现马克思所说的重建个人所有制。②

另外还有第四种意见存在，部分学者认为应"坚持和完善集体所有制"，我国是社会主义国家且正处于发展的初级阶段。我国的社会生产方式的基本特征应以社会主义公有制和按劳分配为主体，我国社会生产力和商品经济的发展水平还很低，人地矛盾突出。与此相适应，我国现行的集体所有家庭承包经营的土地制度，在其基本形态上是基本适应我国现阶段社会生产方式和基本国情的。我国现行农村土地制度改革的重点不是改变土地所有制，而是完善两权分离机制，中心任务是进行土地经营使用制度的改革，建立和健全土地有偿使用和合理流动的机制。③ 他们认为在我国现阶段，要农民在保证生活水平基本不降低的情况下来提高耕地的利用效率，农村土地制度的选择空间不大。完全不必采取过于复杂或动作过大的变革，因为这种变革既缺少现实效率，又具有大得难以估计和控制的风险。④

（二）国有企业转型思想探索

随着计划机制与市场机制结合方式的发展变化，加之农村经济改革不

---

① 陈东琪：《论社会主义市场经济条件下所有制形式的选择——对近十年国有企业改革的理论分析》，载于《江汉论坛》1989年第4期。
② 李永民、李世灵：《农村改革的深层障碍与土地产权构建——兼述我们同流行的理论观点的分歧》，载于《中国农村经济》1989年第6期。
③ 刘书楷：《构建我国农村土地制度的基本思路》，载于《经济研究》1989年第9期。
④ 陈吉元、英淘等：《中国农村经济发展与改革所面临的问题及对策思路》，载于《经济研究》1989年第10期。

断取得成效，理论界开始对国有企业的转型改革方向进行了探索，主要是围绕着工业经济责任制和"利改税"两个阶段做出了诸多探索，逐步达成了要不断增强国有企业市场化成分的一致观点。

工业经济责任制方面。自从 1997 年扩大工业企业自主权试点到 1991 年正式决定实行工业经济责任制以来，取得的成果是显著的，但在理论上和实践上却还存在一些问题，需要进一步研究和解决，概括起来理论界主要围绕以下三个问题进行探讨：一是工业经济责任制的内涵及其客观依据是什么；二是实行工业经济责任制与实行农业生产责任制有什么区别；三是怎样不断完善工业经济责任制。①

（1）阐明了实行经济责任制的必要性。主要是由于我国的社会主义国营经济在管理体制上、管理方法上还存在着不少急待解决的问题，在其中，最突出的是企业和国家的经济关系以及企业内部的分配关系两大问题。② 一些学者进一步总结了推行经济责任制的必要性，认为：一是受到现实实践的启示；二是社会化大生产的客观要求；三是实现按劳分配原则的客观依据。③ 我国企业实行以利润盈亏包干为主要形式的经济责任制并不是为了摆脱经济困难而采取的临时性措施，是权宜之计，而是社会主义经济的客观要求，是生产关系适应生产力性质的需要，是社会主义国营企业的性质和地位决定的。④

（2）概括了工业经济责任制的含义和内容。一是强调国家计划的统一指导；二是强调提高社会经济效益；三是强调责任、权利和经济利益相结合；四是强调生产和经营相结合。⑤ 另外，认为工业经济责任制是一个完整的体系，它的内容可概括为三个方面：一是企业与国家之间的经济责任制；二是企业与企业之间的经济责任制；三是企业内部的经济责任制。这三个方面的核心是权、责、利统一的问题。这是工业经济责任制的核心内容，是社会主义所特有的，虽然当代一些资本主义企业也试图把工人的个人物质利益同企业的经营成果联系起来，但它所体现的实质上是资本家对

---

① 周绍朋：《正确认识工业经济责任制》，载于《学习与研究》1983 年第 3 期。
②⑤ 许涤新：《国营企业实行经济责任制的几个问题》，载于《经济研究》1981 年第 12 期。
③ 赵国良：《正确认识工业经济责任制的实质》，载于《经济问题探索》1982 年第 3 期。
④ 朱铁臻：《论社会主义工业经济责任制》，载于《人文杂志》1982 年第 4 期。

企业的管理权，这种管理权是从属于资本的。资本家对工人"监督劳动"的目的，是为了榨取更多的剩余价值。在社会主义社会，工人阶级是国家的主人，国家、企业、职工个人三者的根本利益是一致的。因此，就有可能也有必要实行权、责、利相统一的工业经济责任制。这种经济责任制，从本质上说，就是工人阶级对经济的管理。①

（3）区分了工业经济责任制和农业生产责任制的不同。第一，由于两者的所有制关系不同，决定了利益分配上的差别；第二，由于两者的生产社会化程度不同，受外部条件制约程度也有差异；第三，工业产品和农业产品的种类和需求不同，考核指标有区别；第四，对国家的财政影响不同。目前我国财政收入的75%来自工业企业，工业生产的经营效果如何，完成上交任务好坏，直接关系到国家经济的全局。②

（4）关于改革的建议。宏观上来看，一是要建立健全各种形式的责任制；二是以全面完成国家计划为中心，结合加强计划管理的工作进行；三是把它理解成是在社会主义工业经济活动中，各有关方面相互承担一定的义务和责任的生产经营管理制度；四是加强政治思想工作。③ 微观上来看，一是需要改进和完善计划工作；特别需要加强对企业的计划指导和控制；二是要把重点放在企业内部责任制的层层落实上；三是自觉利用价值规律，发挥经济杠杆的作用；四是进一步处理好国家、企业和职工三者之间的经济利益关系。④ 具体措施来看，一是必须讲求经济效果，实行经济责任制的国营企业，为了获得良好的经济效果，就必须以降低产品的单位成本作为主要用途。二是必须保证产品的质量，上述经济效果，不仅是产品的数量问题，而且也是产品的质量问题。商品（在我国社会主义制度下，产品还要采取商品的形式）是价值和使用价值的统一。三是济责任制是能够提高工人群众的劳动积极性的。面对这种情况，搞好工人在生产中的安全，是一个决不能忽视的问题。在经济责任制的条件下既提高工人的劳动生产率，又确保工人在生产中的安全，这是社会主义制度有别于资本主义

---

① 葛立成：《试论工业经济责任制的客观基础和内容》，载于《浙江学刊》1982年第2期。
② 朱铁臻：《论社会主义工业经济责任制》，载于《人文杂志》1982年第4期。
③ 赵国良：《正确认识工业经济责任制的实质》，载于《经济问题探索》1982年第3期。
④ 周绍朋：《正确认识工业经济责任制》，载于《学习与研究》1983年第3期。

制度的特征之一。四是必须全面考虑国家、企业和个人之间的经济关系，这是统筹全局的问题。①

"利改税"方面。学界对实行"利改税"进行了细致研究和探索，主要是从"利改税"的基础、重要性、利弊、税收和利润的异同点、两步"利改税"的改革的成效与不足等方面进行探讨。

（1）讨论了"利改税"之后是否会改变国营企业全民所有制的性质。针对国有企业利改税中是否会改变国营企业全民所有制的性质，是否会削弱国家计划管理，是否否定了利润杠杆作用这三个方面，学者们主要从全民所有制企业在社会主义生产、交换、分配诸关系中的地位、作用及其表现特征等方面依次论证了"利改税"并不改变全民所有制企业的性质。②国家向国营企业征收固定资产占用费和流动资金占用费，正是表明了国家对国营企业的生产资料享有所有权。

（2）归纳了国营企业实行利改税的基础和重要性。"利改税"的基础仍然是以社会主义国家为主体（主要是生产资料所有者身份）参与企业利润的分配，国营企业作为相对独立的商品生产经管单位或经济实体是利改税的客观经济条件，同时国营企业"利改税"的形式转换，取决于税收的固有形式特征。③从实践上来看，"利改税"是我国处理国家与国营企业分配关系的一种新型方式。国营企业的利润分配应当分为两个基本层次：一是国家以政治权力代表者的身份参与企业利润的分配。这一层次的分配是根据统一的所得税法进行的，是一种强制性、无偿性、固定性的分配；二是国家以生产资料所有者的身份参加企业税后利润的分配。④"利改税"之所以重要是由于其不仅仅是一个财政问题，而是一项重大的经济变革，是加快城市经济体制改革的一项宏观决策，"利改税"的实施，在社会主义经济发展阶段有其客观必然性。⑤对国营企业实行"利改税"，从理论

---

① 许涤新：《国营企业实行经济责任制的几个问题》，载于《经济研究》1981年第12期。
② 谢平：《"利改税"并不改变全民所有制企业的性质》，载于《财经科学》1984年第1期。
③ 邓子基：《国营企业实行利改税的理论与实践》，载于《中国经济问题》1983年第6期。
④ 刘佐：《关于利改税的反思和今后改革的设想》，载于《中央财政金融学院学报》1988年第6期。
⑤ 林松：《对国营企业利改税的再认识》，载于《江西财经学院学报》1986年第6期。

上讲，一是基于对社会主义国营经济的正确认识，是城市经济体制改革的迫切需要；二是社会主义国家税收不仅是组织财政收入的方式，而且是国家掌握的一个重要的经济杠杆，是国家调节利润和调节国民收入分配，正确处理国家、企业和职工个人三者之间的经济利益关系，促进经济发展的一个重要手段。

（3）分析了税收和利润的异同点。两者都来自国营企业为社会劳动所创造的纯收入的一部分，在本质上并没有区别，但利润是国家凭借对生产资料的所有权从国营企业所创造的纯收入中提取的一部分财政收入，而税收形式则不然。税收是国家凭借政治权力参与国营企业纯收入的分配，它具有强制性、固定性、稳定性的特点，不受生产资料所有制的限制。要想理解国营企业为什么要实行利改税，首先要弄清楚税收和利润这两种形式的异同，我国生产力的发展水平是国营企业利改税的根本原因，这是由于在我国社会主义阶段生产力发展水平还比较低的条件下，商品生产仍然存在，国营企业仍然是一个相对独立的商品生产者和经营单位；国营企业同国家之间仍然存在着经济利益上的矛盾，人们的思想还带有旧社会的痕迹。[①]

（4）总结了"利改税"取得的成效和不足。一方面"利改税"不仅有利于搞活微观经济，而且在企业经济效益不断提高的基础上有助于宏观经济的稳定和发展。另外，"利改税"不会削弱国家计划管理，反而有利于国家计划任务的顺利实现。最后，"利改税"不仅不否定利润杠杆的作用而且要求充分发挥这个经济杠杆的作用。"利改税"的基本目的就是要提高企业经济效益，而衡量企业经济效益高低的一个重要指标，就是企业的利润水平。[②] 国营企业"利改税"后，有利于贯彻执行计划经济为主、市场调节为辅的方针与责、权、利、有效相结合的经济责任制与贯彻经济核算制，使企业有了压力与动力，能够增强活力，挖掘潜力；在国家计划指导下，企业实行利改税，将有利于防止企业片面追求利润，分散资金，

[①] 李九龙：《关于国营企业利改税客观基础的探讨》，载于《湖北财经学院学报》1984年第5期。

[②] 赖昭瑞：《关于利改税的若干问题》，载于《赣江经济》1984年第7期。

盲目建设，重复生产的行为。① 另一方面存在调节税的设置尚不太合理、调节税仍有浓厚的利润留成性质、调节税的名称含义不清等问题。两步税收的第一步是成功的，主要表现在三个方面：一是企业实现的利润大部分通过征收所得税的办法上缴；二是扩大了企业的财权，调动了企业和职工的积极性；三是比较好地处理了国家、企业和职工个人三者的利益关系。但第一步暴露出了税种较单一，税后利润分配形式仍然纷繁，企业之间留利悬殊过大等问题，故实行了第二步税改，给企业带来了一些优惠，主要有：一是放宽国营小企业的标准；二是调节税的改进。② 但第二步利改税在具体实施过程中暴露出三个问题：一是混淆利润和税收的界限，影响税收功能的发挥；二是所得税税率偏高，税前还贷口子大，形成实际税负低于名义税负，不利于稳定国家与企业的分配关系；三是所得税征管基础薄弱，财税部门职责不清，有损于税法的严肃性。③ 从实践的结果看，两步"利改税"的改革在运用利益机制手段，协调和改善国家与企业的分配关系，推动企业向自主经营、自负盈亏的商品生产经营者转变，并逐步建立起间接宏观调控机制等方面，都创造和积累了大量的经验。然而，承包经营责任制的推行，使国家与企业的分配形式发生了新的变化，在一定意义上，形成了与利改税相悖的、非规范化的分配格局。④

（三）非公有制经济发展思想探索

随着改革开放政策的推进，理论界涌现了大量关于个体经济、私营经济的研究，讨论的焦点也由改革开放前的批判和抵制逐渐向认可和鼓励转移，主要是围绕发展个体经济和私营经济的优点和如何培育个体经济和私营经济的发展两个方面进行探讨。

首先，探析了发展个体经济和私营经济的优点。认为个体经济不仅适应商品经济还欠发达的国家，就是在商品经济高度发达的国家中，由于生

---

① 邓子基：《国营企业实行利改税的理论与实践》，载于《中国经济问题》1983年第6期。
② 严振生：《关于国营企业的第二步利改税》，载于《政法论坛》1985年第3期。
③ 周俊义：《浅谈完善利改税制度的设想》，载于《广西会计》1988年第11期。
④ 曹建、李力强：《关于利改税与承包经营责任制的若干问题》，载于《求索》1990年第1期。

产力的发展也还是不平衡、有层次的，仍有其不可取代之处而继续存在着。而且，由于它分散、灵活、流动、及时和细、小、杂的经营特点，还有着一些国营经济难以替代的作用，所以它还是社会主义经济的必要补充。① 应该允许个体经济存在和发展，不仅可以为工农业提供更多的服务，促进工农业生产的发展，还可以提供更多的劳动力就业。② 具体来说，第一，有利于充分利用自然资源和劳动力资源，加快国民经济的发展；第二，有利于方便群众生活，城镇个体经济的经营方式灵活多样，它们的网点分散，就近为居民服务；有的连家带铺随时营业；有的走街串巷服务上门；第三，有利于社会主义公有制经济的发展和壮大。城镇个体经济还是公有制经济本身发展壮大的好帮手；第四，对社会主义的国营经济和集体经济具有补充作用，同时能够促进国营企业和集体企业改善经营管理，提高产品和服务质量。另外，指出私营经济作为第三条道路的出现和存在，对于发展社会主义生产力和社会主义商品经济也是有积极作用的。一是在社会主义初级阶段，个体经济无法实现生产力内部诸要素在更高层次上的结合，而公有制经济由于物质基础还不够雄厚，因而暂时还不能够积累足够的资金来吸收现有分散的或没有充分利用的生产要素，私营经济则在这方面具有个体经济和公有制经济不可替代的作用；二是社会主义初级阶段既然还存在一定的私有制商品经济，因此，商品竞争存在于公有制商品经济和私有制商品经济之间；三是私营商品经济有利于完善市场体系和市场机制，更好地发挥商品经济规律的作用；四是私营经济的存在和适当发展，有利于平衡市场商品供求关系，填补社会需求的缺口；五是私营经济的存在造就了一批发展社会主义商品经济所需要的新型企业家。③

其次，探讨了如何培育个体经济和私营经济的发展。为了引导私人经济的健康发展，应在政策和法律上给予适当引导，尤其是在法律上既要保证私人经济的正常经营，又要在个人收入上以税收形式给予适当调节，同时还要对私人经济的种种违法乱纪现象依法严惩。④ 针对个体经济提出了

---

① 蔡北华：《论个体经济》，载于《社会科学》1980 年第 6 期。
② 森忠：《要允许个体经济有一定的发展》，载于《经济研究》1980 年第 10 期。
③ 李国荣：《私营经济：个体经济发展的第三条道路》，载于《财经研究》1988 年第 7 期。
④ 寒冰：《论个体经济》，载于《理论学刊》1987 年第 6 期。

以下几点对策：一是要从宏观计划着眼，重视和认真对待个体经济的发展，并把它的发展纳入国家经济和社会发展的总体规划；二是加强对个体经济的领导与管理，必须有相应的组织机构来保证；三是加强对个体经济的监督与引导，促使其端正经营作风，讲究职业道德。① 另外着重探讨发展个体经济和私营经济的若干设想和对策。一是要放开手脚，大力发展，将第三产业特别是服务业全部或者大部分个体化或私营化；二是放宽政策，创造环境；三是强化管理，对个体经济和私营经济的工商、税务、物价、环卫、能源、计划生育等专业性监督管理，要从不同角度切实保障消费者的利益，是对个体经济和私营经济进行综合长远规划、制定和调整政策。② 此外，还有学者补充认为可以从以下 4 个方面来促进私营经济的发展，第一，大力宣传党和政府关于个体私营经济长期发展的政策，而且更重要的是要帮助个体私营业主，树立社会化大生产和现代商品经济的观念，克服小生产和简单商品经济的观念和不法经营的恶劣习惯。有一些学者则进一步补充强调要着眼于群众的教育，最重要的是进行道德思想教育，以促使他们树立正确的经营观点，坚持合理取利、守法取利，不因利忘义，欺骗坑害顾客，损害国家利益。要使个体户自觉认识到，只有合法经营，合理合法赚钱，自尊、自爱、自重、自强，树立良好的整体形象，才能得到应有的社会地位；③ 第二，明确指导思想，制定有关个体及私营经济的行业政策和总体发展规划，把个体及私营经济的发展纳入国民经济发展计划之中，从经营范围及人员构成等方面对个体及私营经济的经营方向和经营方式等作出明确规定，把个体及私营经济的活动限于对公有制经济的"补充"的范围之内；第三，加强管理和引导，完善和增强管理体制及管理力量，提高和健全管理手段及方法，真正把个体及私营经济的发展置于严格的管理和监督之下；第四，要加强个体劳动者协会及私营企业家协会和行业公会的建设，充分发挥这些组织的积极作用，配合政府有关部

---

① 王占鳌：《试论我国个体经济的发展与管理》，载于《财经研究》1988 年第 7 期。
② 白钦先：《关于发展我国个体经济和私营经济的战略与对策》，载于《山西财经学院学报》1989 年第 1 期。
③ 孔祥丽：《个体经济发展中的问题及对策》，载于《山西财经学院学报》1990 年第 5 期。

门加强对个体及私营经济的监督管理。①

(四) 价格改革转型思想探索

改革开放前,我国主要是采用计划价格模式,随着市场化成分的越来越多,作为市场经济的核心枢纽——价格越来越多地引起理论界的关注,此时期围绕如何在计划经济的框架下逐步放开价格管制做出了诸多有益的探索。国内很多学者对价格改革进行了研究,主要是对必要性、前提保证、价格双轨制的利弊、价格改革的具体措施等进行了探讨。

(1) 价格改革的必要性探讨。价格改革采取走一走看一步、摸着石头过河的方针,虽然比较稳妥但是也说明了对价格改革缺乏充分的理论准备、实践准备各项改革难以成系统的配套,对价格改革的经济环境认识不清,出台的后续影响估计不足;虽然价格改革付出了较大的代价,但是松动僵硬的价格体制并结束长期抑制性低价状态是迈向价格改革成功之路的重要步伐,应当认真总结经验教训,不失时机地把价格改革推进下去。②另外,经济体制改革经过 1986 年的巩固、消化、补充、改善即将迈出新的步伐。围绕价格改革与所有制改革哪个重要、谁先谁后、利弊得失所存在的不同观点和纷争也表明准确把握价格改革与所有制改革的内在联系,全面认识价格改革在经济体制改革中的地位与作用,深入分析价格改革的难点,不仅是经济体制改革中的重大理论课题,而且,也是设计改革思路和方案的实践需要。价格改革和所有制改革是经济体制改革的两条主线,二者不可偏废;价格改革仍然是经济体制改革的关键作用不能低估,价格改革的难点是改革序列的内外配套,障碍可以克服。③

(2) 价格改革或体制基本转轨成功的前提保证。一是通货膨胀处于控制之中。二是经济结构能够相应调整,即要素可以流动和重组。这两条也是经济稳定发展的重要前提。东欧的教训表明,这两个方面事实上存在着

---

① 魏杰:《关于发展个体及私营经济的几个问题》,载于《中国工业经济研究》1990 年第 6 期。
② 陈洪博:《前期价格改革评估和近期价格改革设想》,载于《经济研究》1986 年第 4 期。
③ 张卓元:《边勇壮:价格改革仍然是经济体制改革的关键——兼与厉以宁同志商榷》,载于《商业研究》1987 年第 2 期。

紧密关系、宏观控制不紧，无助于促进竞争和调整结构；要素不能流动（结构调不动）就无真正的竞争，因而会推动膨胀。南斯拉夫、匈牙利陷入严重滞胀和价格—税收—补贴的"百慕大三角"，原因也是这两条。战后联邦德国、日本转轨迅速，也正是因为：第一，银根抽得很紧、第二，结构剧烈调整（大面积的破产和失业）。[①] 三是我国初级阶段的基本国情是研究价格改革的基本出发点，社会主义初级阶段价格改革面临的基本矛盾是商品经济不发达和形成价格机制目标的矛盾，价格改革需要放、调、控、管、统等方式并用，另外需要深化企业改革提高经济效益，这是承受价格改革风险的基础[②]。

（3）价格双轨制利弊的探讨。一些观点认为十年价格改革中争论最大的问题莫过于双轨价格问题。价格双轨制的积极作用主要表现为：一是双轨制价格的出现打破了计划价格一统天下的局面；二是改善了企业经营管理，促进了物耗的降低；三是调节了供需矛盾，活跃了社会主义市场。生产资料价。[③] 价格双轨制的弊端体现在四个方面：第一，造成流通秩序混乱和倒风盛行的重要因素；第二，推动工业品价格上涨的重要原因；第三，易于诱发短缺商品的抢购和囤积居奇，扩大供求矛盾，干扰价格改革部署；第四，导致政府腐败的重要原因。接着从两个方面来论述如何根治价格双轨制产生的"官倒"、价格上涨等弊端。在宏观上，限制计划外商品价格水平、征收价格调节税；在行动上，要执行国家的定价、综合平均价，调整企业经济利益指标，放开价格的商品必须进入市场。[④]

（4）价格改革的具体措施。认为当前的任务并不是过早地人为地结束双轨价格制度的命运，而要根据不同情况，将双轨价格多元化，实行不同形式的双轨价格制度，更充分地发挥双轨价格制度的作用，从更长时期看，多元化的双轨价格制度可能是整个社会主义初级阶段上价格领域中计

[①] 郭树清、刘吉瑞：《价格改革和体制转轨的成功保证》，载于《改革》1988年第6期。
[②] 张维达：《从社会主义初级阶段国情对价格改革的几点思考》，载于《经济纵横》1988年第10期。
[③] 王更新：《推进生产资料价格双轨合一改革的思考》，载于《经济纵横》1991年第12期。
[④] 杜俊仪：《论海南价格并轨问题》，载于《海南大学学报》（社会科学版）1992年第2期。

划与市场相结合的生动体现。① 推进生产资料价格双轨问题解决的方法和步骤：一是调整计划价格和放开价格相结合；二是分年度有重点地推进和分步推进相结合；三是提高计划内价格和修订计划比重相结合；四是分产品推进和分地域推进相结合。②

（五）政府职能转型思想探索

在计划经济下，政府作为经济调节的"手"，其掌控着经济发展的方方面面，但随着学界对于市场经济的逐步探索，围绕政府职能转变的研究被提出，此时期理论界逐步达成了政府需要不断简政放权的统一认识，关于政府职能如何转型进行了诸多的研究，主要是从政府职能转变的必要性、存在的问题、转变的方向和措施等方面进行探讨。

（1）政府职能转变的必然性和目前存在的问题。之所以要进行政府职能的转变主要有以下几点：上层建筑必须适应经济基础，决定了政府经济管理职能必须发生转变，以适应有计划的商品经济的发展；深化企业改革也迫切要求政府经济管理职能发生转变；历次精简改革的经验教训，说明了在政府经济管理机构调整的时候，必须进行政府经济管理职能的转变。③ 另外一些学者则是从具体的实践中得出改革的必要性，认为十年改革开放的实践证明，实行以市场为取向新的经济体制，是特区能够迅速崛起并取得举世瞩目成就的根本原因。④ 将政府职能目前存在的问题总结：经济管理方法难以适应新形势，一些部门热衷于管理各种具体事物；部门设置太细、层次太多，容易导致"条条块块"倾向，造成整体市场的人为分割；机构臃肿人浮于事，办事效率低；政府直接干预企业的现

---

① 杨圣明、温桂芳、柳梅：《论双轨价格制度的历史命运》，载于《经济科学》1990年第1期。
② 国家物价局物价研究所课题组：《逐步解决生产资料价格双轨问题的思路》，载于《中国物价》1990年第9期。
③ 郑辉、伍江陵：《我国政府经济管理职能的转变》，载于《社会科学研究》1987年第4期。
④ 王守仁、王军昭：《特区市场经济与政府职能的转换》，载于《管理世界》1992年第6期。

象仍然存在。① 另外，一些学者则是从国营企业的角度出发，认为我国的国营企业也是处在从计划经济的经营机制向市场经济的经营机制转换之中。转换企业经营机制不能单刀直入解决。必须先扫除转换企业经营机制的客观和主观的障碍。目前妨碍企业经营机制的转换，主要是政企不分，主要表现在四个方面：（1）企业目标与政府目标分不开；（2）财政负担和企业负担分不开；（3）社会福利与企业福利分不开；（4）国家计划管理与企业运用市场机制的矛盾。因而当前转变政府职能要解决好三个问题：（1）要分离政府行政管理职能；（2）政府只管宏观，不干预微观；（3）政府对企业从管理为主转向服务为主。同时也必须转变经营观念：从重生产观念转变为重流通观念；从资源导向观念转变为市场导向观念；从资源高消耗观念转变为高附加值观念。② 最后，还有些学者补充认为目前我国的经济体制改革虽然以"破三铁"为中心，以几"放开"、几"自主"为内容，一个新高潮正在形成，正向纵深发展。但这些措施的出台充其量只是享受新政策的企业，"跳"出了原有的体制，政府原有职能还存在，旧经济体制还没有破除，这些"跳"出来的企业，还有可能随时被拉回原体制中去。在这个时候提出我国的改革需上一个新台阶是非常重要、非常及时的。这一新台阶就是要破除旧的经济体制，转变政府职能，转换企业机制，解放生产力。③

（2）政府职能转变的方向和措施。中央政府既是社会经济行政管理者，也是全民公有财产的所有者代表，政府与企业具有双重关系。因此要把国有企业推向市场，真正做到自主经营，政府职能需要向两个方向进行转变：一是建立和完善各类经济成共同遵守的商品经济的运行秩序；二是建立适应商品经济的国有资产所有权管理职能，推进所有权机制进企业。抛开"大政府"与"小政府"的争论旧框架，针对过去政府管得太多、绕得太死的弊端，要努力缩小政府职能。并同时，根据我们国家目前的情况，我们必须特别注意发挥社会的整体优势，避免分散主义和各自为政的

---

① 蒋志刚：《关于"把企业推向市场"的政府职能与作用》，载于《计划经济研究》1992年第6期。
② 张井：《转变政府职能和转变经营观念》，载于《商业经济研究》1992年第12期。
③ 何伟：《转变政府职能是当前深化改革的关键》，载于《改革》1992年第3期。

第三章　新中国经济转型思想的自觉探索与形成逻辑研究

现象。首先，新时期政府职能大致有两个方面：政府的第一职能是行政领导即政治职能；政府的第二职能是协调服务即经济职能。政府两个方面的职能缺一不可，政府职能应是有领导、有服务，三分领导、七分服务的服务型机构，既是政权机关又是服务机构。保证政府职能的实现不单是减少几个中转部门就可以万事大吉，而是要从机构构成和内部联系上正确解决权力集中和分散的问题，使政府机构适应社会主义社会协调机制的领导和管理，真正把权力交给基层，交给企业。① 其次，转变政府职能，政府职能既有应当削弱的一面，也有应当加强的一面。第一，微观上放开，主要是指要撤销政府专业经济部门直接管理企业的职能，真正把生产经营权下放给企业，使企业作为法人直接进入市场，自主经营、自负盈亏、自我发展、自我约束。第二，宏观上加强，首先是要完善政府依法保障国家对国有资产所有权的职能。再次，要增强政府组织管理经济的"规划、协调、监督、服务"职能，包括把综合经济部门的工作重点转到加强宏观调控上来，完善政府的宏观调控手段，加强政府的宏观调控能力，指导、协调国民经济的健康运行。② 同时，在我国目前情况下，调整和转变政府职能，绝不能简单化。我国是一个发展中的社会主义国家，一方面，生产资料的公有制，决定了我国政府职能必然与西方资本主义国家有明显不同；另一方面，生产力的相对不发达，又决定了我们做任何事情都不能一蹴而就，急于求成。我们的优势，在于以计划指导与市场调节相结合，而计划指导，既有减少盲目性的长处，又有凭借国家力量，适当集中社会财富，统筹规划，合理利用的长处。③ 另外，城市政府的职能转变有一个前提，就是转变观念。政府尤其是企业主管部门，如果继续按照传统观念把企业当作附属物，那么转变职能就会形同虚设，在这个前提下需要处理好放开与管好、行政管理与服务、"人治"与法治、管企业与管市场四个方面的关系。具体来说：制定产业和政策，调整经济结构，这是城市政府急需干好的事情，也是企业的迫切需要；推动企业走向联合、改组之路，优化社会

---

①　赵黄龙：《略论新时期的政府职能及其实现》，载于《理论探索》1986 年第 11 期。
②　郑志飚：《转变政府职能加快机构改革》，载于《理论导刊》1992 年第 1 期。
③　刘熙瑞、时和兴：《转变不等于弱化——我国政府职能发展分析》，载于《郑州大学学报》（哲学社会科学版）1990 年第 4 期。

经济结构；完善与发展市场体系，优化企业经营环境；健全调控体系，促进经济发展；建立与健全社会保障体系，促进企业深化改革。① 最后，转换国营企业的经营机制、把企业推向市场是当前经济体制改革的主题。企业经营机制转换与政府职能转变密切相关，企业面向市场需要一个较为宽松的外部条件，要解决企业经营机制的转换就必须解决政府职能对企业人、财、物和企业制度的约束。转变政府的经济管理职能是实现企业真正走向市场的重要途径。政府要实现三大转变：一是由微观管理转向宏观管理；二是由直接管理转向间接管理；三是由"管"字当头转向服务监督，即通常所讲的变成"小政府、大社会"，摆脱检查、评比、验收等老一套工作方法。②

第三节 关于经济转型自觉探索阶段的政策践行分析

经济转型政策是经济体转型思想的实践，也是沿着经济转型的逻辑进行推进。该期经济转型的政策实践主要着力于如何在计划经济体制的基础上完善商品货币关系，并逐步发挥市场的调节作用。主要包括4个方面，一是农村经济改革，在农业中引入商品和市场关系。二是国有企业改革，通过放权让利，逐步扩大国有企业自主权，初步探索如何恰当处理和企业和政府的利益关系，如何有效实现经营权与所有权两权分离等。三是允许并鼓励非公有制经济成分的发展。同时进行了以价格改革为中心的流通领域改革。通过这些改革，我国商品价格的市场定价机制逐步形成，并且在经济中的比重不断增加。四是农户、企业等微观经济主体行为模式逐步向独立的市场主体靠拢。同时，改革实践中，我们逐步认清了政府与国有企业之间的利益关系，以及政府的经济职能与社会管理职能之间的关系等重要问题，为进一步改革打下了基础。

---

① 方先铭、陈革：《适应搞活企业的需要加速城市政府职能转变》，载于《经济体制改革》1991年第5期。
② 高勇：《企业经营机制转换与政府职能转变》，载于《经济体制改革》1992年第5期。

第三章　新中国经济转型思想的自觉探索与形成逻辑研究

一、关于农村经济改革的践行

我国经济转型的自觉探索阶段最早是从农村经济转型开始，主要进行了家庭联产承包责任制的改革，包括包干到户和包产到户等形式。十一届三中全会公报中说："全会认为，全党目前必须集中主要精力把农业尽快搞上去，因为农业这个国民经济的基础，这些年来受了严重的破坏，目前就整体来说还十分薄弱"。[①] 1987年6月，邓小平在会见南斯拉夫共产主义者联盟中央主席团委员科罗舍茨时阐述道："为什么要从农村开始呢？是因为农村人口占我国人口的百分之八十，农村不稳定，整个政治局势就不稳定，农民没有摆脱贫困，就是我国没有摆脱贫困。坦率地说，在没有改革之前，大多数农民是处在非常贫困的状况，衣食住行都非常困难"。[②] 农村所面临的困境窘迫，迫使中国最早从农村经济开始改革，农村对于经济改革有着有利的条件——曾三起三落、屡禁不止的包产到户已扎根于农民的心中，包产到户成为中国农村改革的突破口。

（一）家庭联产承包责任制

1. 提出和推广时期（1978～1982年）

"文革"结束后，全国百废待兴，农业的基础性作用尤为突出。为了稳定和发展农业生产，中央强调要继续维护公社、大队、生产队三级体制，致使农业生产停滞徘徊。此时安徽省、四川省等地的一些农民开始自发地改变了一些生产模式，悄悄地实行起了责任制。1978年，党的十一届三中全会决定要改革开放的同时，明确规定"不许包干到户，不许分田单干"。[③] 1979年，国家对包产到户开了"口子"，但对其范围进行了严格限制。[④] 1980年5月，邓小平在谈话中肯定了"包产到户"的做法，认为其

[①]《中国共产党第十一届中央委员会第三次全体会议公报》，载于《中国共产党历次全国人民代表大会数据库》，1978年12月。
[②] 邓小平：《改革的步子要快》，人民网，1987年6月12日。
[③]《人民公社工作条例》（试行草案），1978年。
[④]《中共中央关于加快农业发展若干问题的决定》，1979年9月。

153

能够提高生产力和巩固集体经济。① 这标志着中央对"包产到户"的限制进一步松动。1980年9月，中共进一步放松了包产到户和包干到户的范围，并延长了时间。② 这表明中央开始陆续对"包产到户"政策进行支持。9月，中央下发的文件对联产承包责任制做出了肯定，从此各种承包责任制迅速发展。到1981年底，各种形式的生产责任制式的基本核算单位纷纷建立起来，在全国农村中占了97.8%，其中以家庭联产承包责任制居多。1982年中央"一号文件"《全国农村工作会议纪要》中指出：目前实行的各种责任制，都是社会主义集体经济的生产责任制，是社会主义农业经济的组成部分。此"一号文件"消除了人们思想上的顾虑，促进了人们思想的解放，也促进了生产责任制的快速发展。③

2. 基本确立和稳定发展时期（1982~1992年）

由于初步推广了"包产到户"的做法，我国农业连续实现大丰收，即使在有灾害之年，农业也照样获得丰收。实践已证明"包产到户"是符合我国农村实际的，符合我国农业生产力发展水平的，同时也证明了"包产到户"政策的正确性。1983年初，全国已经完成了废除人民公社制度，实行联产承包责任制的重大历史转变。同年，第二个"一号文件"《当前农村经济政策的若干问题》的出台肯定了家庭联产承包责任制的合法性。文件指出，"家庭承包责任制"是马克思主义农业合作化理论在我国实践中的新发展，并首次指出，"这种分散经营和统一经营相结合的经营方式具有广泛的适应性，既可适应当前手工劳动为主的状况和农业生产的特点，又能适应农业现代化进程中生产力发展的需要"。④ 其后，中央陆续出台的"一号文件"均强调要继续推行农村家庭联产承包责任制，并深化农村经济改革。到1986年，取消了30年来农副产品统购派购的制度，并对粮、棉等少数重要产品采取国家计划合同收购的新政策。1991年中共十三届八中全会通过了《中共中央关于进一步加强农业和农村工作的决定》，提出把以家庭联产承包为主的责任制、统分结合的双层经营体制作为我国

---

① 彭海红：《邓小平关于农村改革和发展的思考》，载于《前线》2016年第1期。
② 《关于进一步加强和完善农业生产责任制的几个问题的通知》，1980年9月。
③ 邓小平：《关于农业政策问题》，《邓小平文选》（第二卷），1980年。
④ 邓小平：《当前农村经济政策的若干问题》，1983年1月2日。

乡村集体经济组织的一项基本制度长期稳定下来,并不断充实完善。家庭联产承包责任制的推行,通过将个人付出与收入挂钩,改变了过去农业部门吃"大锅饭"的弊端,使农民生产的积极性大增,解放了农村生产力。

(二)基于家庭联产承包责任制的土地制度改革探索

家庭联产承包责任制形成了农村土地集体所有、家庭承包、统分结合双层经营的土地制度。改革初期的土地制度虽然是成功的,但随着时间的推移,家庭承包制的制度缺陷日益暴露出来,因而从地方到中央为完善农村土地制度开始了新的实践与理论的双重探索。1984年的《关于一九八四年农村工作的通知》奠定了改革以来农村土地制度的基础。这之后,国家在稳定家庭承包制不变的前提下,允许在人口变动、出现较大人地关系变化时,经乡(镇)政府和县级主管部门批准,对承包地实行"大定、小调整"。针对土地经营规模过小和效益不高问题,提倡农户转让土地使用权,使土地向种田能手集中,扩大土地的经营规模,逐步实现适度规模经营。

进入80年代后期,伴随着改革的成功,出现了一些棘手的问题,特别是土地的条块分割制约了农业现代化的步伐,土地制度的进一步改革成为需要。1988年《宪法》修正案中规定:"任何组织或者个人不得侵占、买卖或者以其他形式非法转让土地。土地的使用权可以依照法律的规定转让。"修正案为土地转包提供了法律依据。

二、关于国有经济改革的践行

改革计划经济体制,必须进行国有企业改革,因为"企业改革是经济体制改革的核心"。随着计划机制与市场机制结合方式的发展变化,国有企业经历了从局部到整体,在实践中不断试错和校正的渐进式改革,具体分为"放权让利"到"利改税"再到"推广和完善承包责任制"三个阶段,在这个过程中国有企业被赋予了越来越多的自主权和市场化成分。

"放权让利"阶段(1978~1982年),改革的主要内容是逐步扩大企业自主权,推行经济责任制。早在1978年7~9月,国务院召开的务虚会上就提出了应当给予企业必要的独立权利实行独立核算。随后，四川省试点的成功使得"放权让利"改革在全国范围内推广。1979年7月国务院连续发布了一系列的配套的文件，在人、财、事等方面赋予了企业更多的自主权。放权让利式改革极大地提升国有企业的积极性和生产效率，但由于配套制度的不完善，国家和企业之间在利益分配上的矛盾随之产生。1979年的改革并未规定国有企业上缴利润的比例，因此企业上缴的利润增加很慢，使得国家财政在1979~1980年出现了300亿元左右的赤字。为此，1981年10月，国务院决定在全国范围内推广实行经济责任制，指出经济责任制是在国家计划指导下以提高经济效益为目的，国有企业每年增加的利润必须首先保证财政上缴任务的完成。这一举措扭转了财政赤字的局面，但又出现"鞭打快牛"的新问题，经营得越好的企业上缴的利润越多，留在企业内的利润越少，而经营的越差的企业通过与政府谈判降低上缴的利润额，这种现象严重地挫伤了企业的生产积极性。

"利改税"阶段（1983~1986年），为了解决经济责任制带来的一系列问题，1983年，国务院决定取消利润分配制度。随后改革推行了两步"利改税"的改革。第一步是对除个别承包企业以外的全部国营企业开征所得税，把相当大的利润上缴转为规范化的税收，较为成功。第二步利改税，设想用分类的产品税率来削弱和缓和价格的扭曲，开征资源税来解决企业资源计划分配的苦乐不均的情况。但在实施过程中，出现了税率过高、实施不规范、导致企业生产积极性下降等一系列问题。第二步利改税的意图之一是想通过计划经济体制内部的巧妙技术设计，来解决计划配置资源产生的价格扭曲，但遭到了失败。此外，两步"利改税"试图通过税收来处理国家与国有企业的分配关系，强调了国家的社会管理者身份，却忽视了国家的资产所有者身份。要解决这一问题，需要正确区分国家的"社会管理者"与"生产资料所有者"双重身份。进一步理顺企业的所有权结构。虽然1985年，理论界就开始讨论理顺产权关系，解决财产的组织管理形式问题，对股份制进行探讨和尝试。但由于认识不统一，到90年代初，股份制改革并未铺开。

"推广和完善承包责任制"阶段（1986~1992年），乡镇企业和农村改革的迅猛发展，使得其经验被引入了城市国有企业改革。1982年，首钢就开始试行承包制,开创国有企业承包制的先河。到 1986 年 12 月,国务院决定在全国范围内推行承包制以代替利改税制。1987 年底,全国 80%以上的预算内国有企业都实行了承包制。1988 年国务院进一步要求国有企业实行承包制必须"包死利润基数、确保上交、超收多留、欠收自补"。到 1990 年,国有企业开始了第二轮承包期,但新的一轮承包制的效果越来越差,"包赢不包亏""信息不对称""道德风险"等一系列问题逐渐出现,到 1993 年国家进行财政和税收改革,承包制停止实施,并退出了历史的舞台。

三、关于非公有制经济改革的践行

随着农村土地改革的推进,农民获得了越来越多的土地经营自主权,极大地提升了农民的生产积极性,农产品从最初的短缺也慢慢出现了剩余,进而出现了长途买卖和集市贸易的现象,社队企业也逐渐演变成了乡镇企业,社会也出现了一些个体工商户。另外,由于大量的知青回城给城镇带来了巨大的就业压力,也促使了个体经营的发展,社会要求发展个体经济的呼声越来越高,在这种背景下,我国开始了对非公有制经济的探索,纵观整个探索期,非公有制经济经历了从不合法到合法再到成为重要的"经济补充成分"的变革过程。

非公有制经济的探索最早是从个体经济开始,经历了从初现到逐步认可的过程。1978 年,党的十一届三中全会召开后,"解放思想、实事求是"的指导思想和"改革开放"的基本国策的确立使得我国民营经济出现了发展的曙光。大会中提出,一定范围内的劳动者的个体经济与社会主义道路不冲突;反而是社会主义经济的必要补充因素。同年 12 月,第五届全国人民代表大会第五次会议中首次从国家宪法上认可了城乡劳动者个体经济是社会主义公有制经济的补充。到 1982 年,党的十二大提出了社会主义初级阶段的思想,再次强调和认可了个体经济不仅是公有制经济的必要补充还是公有制经济的有益补充。1983 年 8 月党和国家领导人在中南海同 300 多名全国集体经济和个体经济的先进代表会见,进一步解放了以往认为在社会主义发展非公有制经济是不光彩的思想枷锁。此时，无论是从法律还是思想上个体经济的发展都得到了逐步的认可。

在个体经济得到逐步认可和长足发展后，私营经济的概念也渐渐的不断被提出和得到认可。1986年9月，党的十二届六中全会提出在社会主义初级阶段这样一个基本背景下，需要以公有制为前提发展多种经济成分，这是中央文件首次提到了"多种经济成分"的概念，这为私营经济的出现做了重要的政策背景。在这样的背景下，1987年1月中央政治局在《把农村改革引向深入》的文件中提出在农村发展过程中，一些少量的私营经济的是难以避免的，因此可以采用多种经济形式共同发展的战略。这份文件的出台是中央政府首次对私营经济存在的认可，为接下来私营经济的发展做了良好的铺垫。同年，党的十三大报告正式提出了私营经济的概念，并指出私营经济不仅是公有制经济的必要补充还是公有制经济的有益补充，此时中央正式认可了私营经济发展的益处并颁布了发展的方针。1988年4月，《宪法修正案》第十一条增加了新规，认可了私营经济在法律范围内的合法性和经济地位。同年6月，国务院发布的《私营企业暂行条例》则进一步规范了私营企业的发展规范，同时也从具体上明确了私营经济发展形式。

尽管从中央思想、政策、法律上都认可了个体经济和私营经济的发展，但是受到国内政治因素的影响，民营经济的发展也受到了一系列的阻力，其间甚至一度倒退，但是在改革开放的大背景下，非公有制经济仍然在逐步上升。

四、关于价格改革的践行

改革开放以前，与传统的计划经济相配套的，我国实行的是计划价格制度，但随着计划调节和市场调节相结合逐渐成为经济体制改革的方针，价格作为二者调节的枢纽，逐渐成为经济体制改革中的一个重大问题。1978年党的十一届三中全会通过的《中共中央关于经济体制改革的决定》中就提出："价格体系改革是整个经济体制改革成败的关键"。价格作为枢纽，其改革较其他方面改革具有很大的难度和风险，因此在整个探索期

第三章　新中国经济转型思想的自觉探索与形成逻辑研究

中，价格改革也是经历了"调放结合"—"生产资料价格双轨制"—"价格闯关尝试"—"逐步并轨"的渐进式的改革模式。

1978~1983年，价格改革主要是以"调放结合"为主。一方面，较大程度地调整了价格不合理的地方，进行了六次全国规模的大调价：1979年间国务院决定大幅度提高农产品的收购价格；提高8类副食品及相关制品的价格；对煤炭、铁矿石、钢、水泥等原材料的价格进行提高，同时降低部分电子产品和机械产品的价格；1981年11月，对烟、酒、皮革等产品的价格进行上调，同时对电视机、手表、袜子等产品的价格进行下调；1983年1月对纺织品的产品价格进行了系统的调整，主要是上调棉纺织品产品的价格以及下调化学纤维产品的价格；1983年12月，上调了铁路货运和水运的价格。另一方面，也逐步放开了一些产品的价格，允许企业一定程度上的自主定价权利。譬如，1979年8月开始实施的电子产品浮动价格制度；次年6月，进一步扩大了电子产品浮动价格制度实施的范围，到8月浮动价格制度开始对部分农产品实施；到1981年后，浮动价格实施的范围再次扩展到部分消费资料。可以发现，这一阶段，价格的改革是通过"调节结合"的方针在实践过程中逐步从单个领域逐渐扩展到多个领域，这些举措促进了我国价格体系的系统性和合理性。

1984~1987年，价格改革的重点主要从"调放结合"转向了"生产资料价格双轨制"。1984年5月，国务院颁布的《关于进一步扩大国营企业自主权的规定》指出，企业自销的或者计划外的生产资料，可以允许企业在不高于计划价格20%的幅度内进行自己定价或者双方协定定价。这个规定标志着"生产资料价格双轨制"政策的出台。同年10月，党的十二届三中全会上出台的《中共中央关于计划经济体制改革的决定》进一步明确了要扩大浮动价格和自由定价的范围，让价格更好地满足市场供需平衡。随着政策实施的效果逐渐展现，1985年，国家物价局和物资局联合发布了《关于放开工业生产资料超产自销产品价格的通知》，取消了20%的限制，允许企业按照市场价格进行售卖计划外的产品。这个通知的发布标志着"生产资料价格双轨制"政策的正式实施。同年9月，党的全国代表大会通过的《中共中央关于制定国民经济和社会发展第七个五年计划的建议》明确了今后价格改革的方向是逐渐实现计划价格和市场价格的并轨，让价格逐步走向市场化。此阶段，随着"生产资料价格双轨制"的展开，计划产品外的商品基本实现了市场化定价，大幅提升了企业的自主权，促进了生产力的发展。

1988～1992年，价格改革经历了最初激进的并轨模式到稳妥的逐步并轨模式的过程。"生产资料价格双轨制"的实施在促进生产力的同时也带来了通货膨胀的快速上升，到1988年，通货膨胀率首次突破了两位数达到了18.5%，高通货膨胀率给人们带来了严重的恐慌，在这种背景下，1988年5月，政府决定进行"价格闯关"，希望在短时间内实现双轨制价格的并轨。但是导致了1988年下半年物价指数的进一步上升和商品抢购状况，引发了更大的社会矛盾。此后，国家开始调整急于求成的改革模式，党的十二届三中全会以及国务院发布的《关于加强物价管理严格控制物价上涨的决定》均提出当前的改革重点是稳定物价和必需品的供应。1989年11月，党的十三届五中全会做出的《关于进一步治理整顿和深化改革的决定》进一步指出要改变激进的改革模式而采用稳步推进的模式来进行价格改革，此文件奠定了未来"控中求改、相机调放"的稳健改革步伐的基调，使得价格双轨制逐步平稳的趋于并轨，商品价格逐渐步入市场化。

五、关于政府职能改革的践行

经济体制改革不能不受政治体制、行政体制、政府职能、政府机构、人事制度和传统观念等方面的制约。此阶段的政府职能改革的实践主要是对政府角色与作用进行探索，主要是从四个方面进行：

一是政府的经济角色，在调控经济方面，从通过高度集权的计划调控，逐步开始转向间接调控，开始突破计划，思考市场的作用。1982年中共十二大正式提出"计划经济为主，市场调节为辅"的原则，正式提出了指令性计划、指导性计划和市场调节三种管理方式。1984年10月，十二届三中全会通过《关于经济体制改革的决定》，指出："社会主义的国家机构必须通过计划的和经济的、行政的、法律的手段对企业进行必要的管理、检查、指导和调节"，提出要"建立自觉运用价值规律的计划体制，发展有计划的商品经济"。自 1985 年起，我国经济体制改革逐步发展商品经济，逐渐从国家直接调控走向间接调控，宏观调控体系初步形成。

二是进行财税体制改革，由计划经济体制下高度集中的财政体制和极度单一的税制。财政体制方面，依次采取"划分收支、分级包干"体制即"分灶吃饭"打破财政大锅饭，使财力分布从调调为主变为快快为主（1976～1984 年），到"划分税种、核定收支、分级包干"（1985 年），再到"包干"体制（1988 年以后），中央从地方财政收入增量中多拿一些。80 年代以来为财政体制的改革以包干为主要内容，是突破计划体制下僵化的管理制度的有意探索。改变了传统的高度集中的状况，充分调动了地方各级政府发展经济的积极性，扩大了地方财政的自主权。此外，一定五年不变的原则，增强了稳定性。有利于地方制定经济发展的长远规划。但这个改革还有过渡阶段的特征。税制方面，1983～1984 年推行了两步"利改税"改革。改变了企业上缴利润的分配方式，规范了国家和企业之间的分配关系，合理划分了国家和国营企业的分配结构。同时对原有单一的工商税制进行全面的改革和完善，包括改革和完善流转税制度，健全所得税制度，初步建立涉外税制。同时，为了实现税收的某些特殊调节职能，还开征了很多新型税种，包括资源税、建设税、投资方向调节税等。

三是金融体制改革。在计划经济体制下，银行仅仅作为国家的出纳和会计的角色。首先，健全和完善金融组织体系，逐步恢复商业银行和城市信用合作社、保险公司等非银行金融机构。初步形成了以中国人民银行为领导、国有商业银行为主体，多种金融机构并存的金融体系。其次，改革信贷资金的"统存统贷"制度，给基层银行一定的发放贷款自主权。同时，积极培育和发展金融市场。包括重新发行国债，承兑和贴现商业票据，发行企业债券和股票等。1985 年以后，金融市场快速发展，同时改革外汇管理体制。1979 年成立外汇管理总局，金融对外开放不断深入。

四是投资体制改革方面，在投资权限、投资结构、投资主体等方面进行了一系列的变革。（1）调整投资结构，压缩基本建设投资规模，调整投资方向。(2) 下方投资审批权限，简化投资审批手续，扩大地方和企业的投资权。(3) 开辟多种融资渠道，从过去主要由财政拨款，开始实行"拨改贷"，并且发行国债、企业债券、金融债券和股票等。形成以银行信贷为主，多种方式并存，直接融资与间接融资相结合的融资结构。(4) 改革投资项目管理体制。1984 年起引入责任制，引入竞争机制，自 1985 年起，对建设项目实施招投标制度。

第四节　自觉探索阶段经济转型思想的形成逻辑与绩效分析

这一阶段，新中国经济转型思想的特征在于对转型目标和模式的探索，由计划经济为主，转向计划与市场相结合。从理论到实践，我国选择"摸着石头过河"，沿着探索—反思—坚持—再探索这样的路径逻辑不断推进经济的转型。

一、自觉探索阶段经济转型思想的理论成果

随着社会生产力水平的不断进步，面对计划经济体制出现的种种弊端，以及市场经济所体现出的种种优越性，国家对于计划经济体制的转型要求出现要求。而全球化新阶段的到来改变了中国的国际环境，减轻了国家所受到的外部压力。内外条件的共同变化为我国从计划经济体制向市场经济体制转变提供了契机。然而，我国在计划经济时代就具有的一些国情特点决定了我国经济体制转型的方向、内容和特点。总结来看，在 1978~1992 年，我国在经济转型过程中形成了诸多理论成果，主要有以下 3 个方面。

第一，社会主义初级阶段理论的确立。中国所处的社会主义初级阶段，不是泛指任何国家进入社会主义都要经历的起始阶段，而是特指我国在生产力落后，市场经济不发达的条件下建设社会主义要经历的特定的历史阶段。也就是说，社会主义初级阶段是我国的初级阶段，而非他国的初

级阶段。这是从我国的基本国情出发,对社会主义作了新的认识和研究,它不仅为中国社会主义经济学的研究和发展奠定了一个新的理论基础,也为国家制定正确的路线、方针和政策提供了科学依据。

第二,社会主义商品经济理论成型。在社会主义初级阶段这个实际背景下,突破了把计划经济同商品经济对立起来的传统观念以及"计划经济为主、市场调节为辅"的框架。社会主义商品经济是继以劳动者个体所有制为基础的简单商品经济和以资本家所有制为基础的资本主义商品经济之后出现的历史上新型的商品经济。社会主义经济是在公有制基础上的有计划的商品经济,进而从这一科学论断出发,对社会主义的计划体制、价格体制、政企职责分开、建立多种形式的经济责任制等一系列重大问题,提出了适合中国生产力发展的改革方案。社会主义商品经济的论断是对马克思主义政治经济学的一个重大发展。

第三,对转型方向的认识逐步清晰和明确。在1978～1984年的第一阶段,市场机制初步被引入我国原有的"铁板一块"的计划经济体制内。首先,家庭联产承包责任制改革作为标志性事件,启动了我国农村土地制度的和生产制度的改革,同时,以扩大自主权为主张的国有企业改革也在城市中展开。两方面的改革共同推动1982年中共十二大提出的"计划经济为主、市场调节为辅"重要原则。在1984～1992年的第二阶段,有计划的商品经济得到了发展。1984年中共十二届三中全会首次提出了社会主义经济是公有制基础上有计划的商品经济的思想。1987年中共十三大进一步指出,"社会主义有计划商品经济的体制,应该是计划与市场内在统一的体制",而且在运行机制上应为"国家调节市场、市场引导企业"。1992年党的十四大正式确立了"社会主义市场经济体制"的改革目标。因此,在1978～1992年,我们是在逐步探索的过程中,边改革边总结,最终明确我国经济转型的方向是社会主义市场经济体制。

二、自觉探索阶段经济转型思想的形成逻辑

改革自觉探索阶段,在我国特有的现实背景和理论背景下,我国提出了社会主义初级阶段理论,完善了社会主义商品经济理论并最终明确了社

会主义市场经济体制改革的目标。因此,形成了包含"改革起点—改革理论依据与实践路径—改革阶段性目标"在内的系统的改革逻辑。

(一) 现实背景

回顾1949~1977年我国社会主义的建设道路,中国共产党在领导社会主义建设中存在着两种不同的经济建设方针,一是强调从生产关系即所有制上来建设社会主义,二是从发展生产力的角度来建设社会主义,这两种建设方针交织贯穿在我国早期的社会主义经济体制改革探索中。其间,经济建设在初期取得了巨大的成就,但是在发展过程中由于缺乏经验也出现了疏忽和错误,对经济发展造成了一定的影响。例如对自身经济发展阶段的认识不够深刻出现的急功冒进的现象,导致全国出现"共产风""左"倾思想,以及对当时主要矛盾认识上的偏差,在一段时间内从生产关系上来建设社会主义的方针一度占主导地位,造成经济建设屡遭挫折,生产力发展缓慢,人民生活水平没有明显提高。尤其在"大跃进""人民公社化"运动和"文化大革命"时期国民经济遭受巨大损害。在这样的背景下,1978年5月11日,《光明日报》发表了一篇题为《实践是检验真理的唯一标准》的文章引起了一场持续半年多的关于"解放思想"和"真理标准"问题的大讨论,为改革开放做出了良好的理论准备。

(二) 理论背景

在经典理论中,马克思所设想的社会主义,生产资料公有,生产者并不交换自己的产品,不需要交换,自然不需要市场和市场经济。[1] 这种社会主义市场经济的观点是以他的生产资料公有制理论为前提的,他反对私有制,并提出"消灭私有制"。[2] 恩格斯同意马克思消灭市场经济的观点,他认为"一旦社会占有了生产资料,商品生产就将被消除……社会生产内部的无政府状态将为有计划的自觉地组织所替代"。[3] 十月革命后,列宁完全按照马克思、恩格斯的构想,实行了完全排斥市场经济的"战时共产

---

[1] 《马克思恩格斯选集》(第3卷),人民出版社1972年版,第10页。
[2] 《马克思恩格斯选集》(第1卷),人民出版社1995年版,第286页。
[3] 《马克思恩格斯选集》(第3卷),人民出版社1972年版,第323页。

主义政策",之后又实行了"新经济政策",开始了市场经济理论最早的探索。列宁去世后,高度集中的计划经济模式——"斯大林模式"开始推广。与此相对应的,西方经济理论界开展了第一次关于社会主义经济核算的大论战,由此催生的"竞争解决方案"的兰格模式,是对传统社会主义计划经济模式的第一次突破,也是市场社会主义理论诞生的重要标志,为市场社会主义理论奠定了基础。东欧各国的市场化改革模式中,也产生了诸多对社会主义市场经济的看法,改革的起点是南斯拉夫的"自治社会主义"改革,第一次尝试把市场社会主义思想应用到经济组织实践中。另外,东欧各国的经济学家根据自己国家的国情,提出了形态各异的市场经济理论,由于东欧各国的经济体制改革主要是在原有的计划经济体制内引入市场机制,形成了计划与市场并存的"分权模式",其理论也就被称为"分权模式"的市场社会主义理论,其中有代表性的理论有:布鲁斯的"含内置市场机制的计划经济模式",科尔奈的"有宏观调控的市场协调模式",奥塔·锡克的"以市场机制为基础的分配计划模式"。

在面对经济实践过程中出现的种种问题,传统理论已难以提供有效的政策和建议,加之国外关于市场经济相关的理论在中国的传播,引发了政府和学者对计划经济体制的诸多困惑和思考。在此基础上,逐步提出了社会主义初级阶段理论,界定了改革的历史起点与背景,并通过政策文件指明了方向;进一步的理论界结合社会主义初级阶段的现实背景和国外市场经济的理论,丰富和发展了早期思想,形成了系统的社会主义商品经济理论,为本阶段中国经济体制改革提供了理论基础;在这样的历史起点和新的理论背景下,我国逐渐明确了改革的整体目标是建立中国特色的社会主义制度。在改革的具体目标上,市场化取向逐步清晰和明确。

此阶段,整个经济转型的过程呈现出了一个不断探索的过程,因此我们的改革也是双轨制渐进式的改革,主要是从原来"铁板一块"的计划经济体制不断转向计划和市场相结合的过程。由于改革的试验特征,也出现了一些问题,例如价格双轨制下的通货膨胀和流通秩序的混乱,以及仍然没有统一认识计划和市场与资本主义和社会主义的关系,为后续转型思想的进一步发展提供了现实材料。

三、自觉探索阶段经济转型思想的制度绩效与经济绩效

（一）自觉探索阶段经济转型思想的制度绩效

在体制转型的内容方面，无论是农村经济问题、个体私营经济、国有企业以及流通领域都形成了各具特色的发展模式。一是农村问题从最初的"能不能包产到户"到家庭联产承包责任制的推广，多个"一号文件"肯定了农村改革方向和政策的正确性；二是国有企业，从以放权让利为主到实行利改税，推动国有企业逐步走向自主经营、自负盈亏；三是个体经济和私营经济的不断发展，逐渐形成了以公有制为主体，多种所有制共同发展的新制度；四是在流通领域，从计划经济体制下的价格全面管制到计划与市场结合的双轨制以及大部分产品价格的全面开放；五是在政府职能转变方面，从计划经济体制的全面管制到社会主义市场经济体制下，政府应该从全局出发，做好宏观经济运行的调控者。

在这一时期的经济转型中，我国也形成了自己独有的转型特点。在确定转型方向的过程中先立后破，我国是在保留计划经济体制使其发挥作用的同时，不断积累市场经济体制运行的各种要素，从而使市场经济不断发展起来。在经济转型的过程中，都会采取局部试点后大面积推广的方式，无论是家庭联产承包责任制还是企业承包制以及经济特区的发展，都是在小范围内试点成功后，才进一步推广经验发展其他地区。在经济转型的模式中，我们也是渐进式的改革，逐步过渡。体制转型是社会的一次全面革新，会面临巨大的风险，成本也很高，渐进式的体制改革在一定程度上会减少不确定性，从而规避较大的风险。

（二）自觉探索阶段经济转型思想的经济绩效

自觉探索阶段间，我国在经济转型的过程中，无论是从转型方向、转型内容还是转型的方式上都取得了较大的成果，那么，这些理论成果究竟

在经济发展方面带来多大的成效,下面将分别具体展开分析:

第一,中国经济转型思想的不断深入探索,推动了我国综合经济实力的不断提升。

经济增长方面,如图 3-1 所示,1978~1992 年,GDP 年均增长率 9.6%,远超过同期世界经济年均增长率 2.7%。经济总量方面,我国 GDP 从 3679 亿元增长到 27195 亿元,其中,从 1978 年上升到 1986 年的 1 万亿元用了 8 年时间,上升到 1991 年的 2 万多亿元仅用了 5 年时间,我国高速增长期持续的时间和增长速度都超过了经济起飞时期的日本和亚洲"四小龙",创造了人类经济发展史上的新奇迹(如图 3-2 所示)。

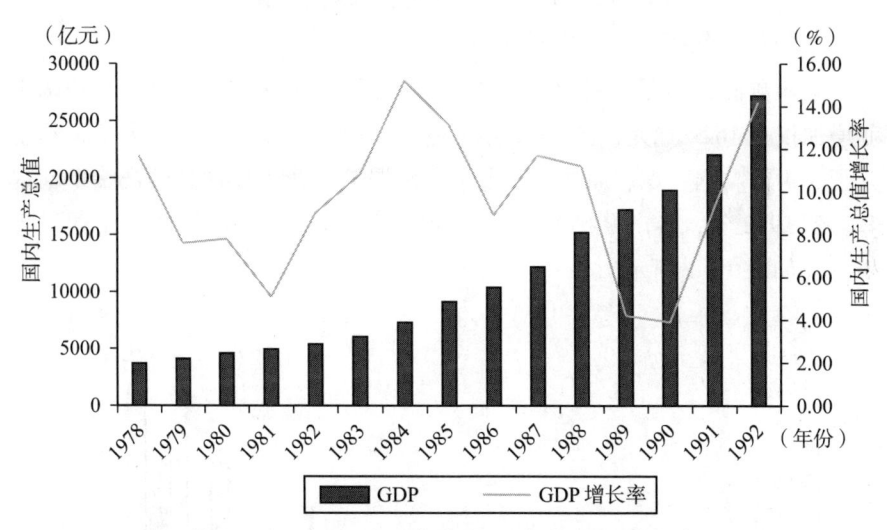

图 3-1 1978~1992 年我国 GDP 及 GDP 增长率

资料来源:中国经济与社会统计数据库。

农业方面,由于家庭联产承包责任制的推广,使农业生产摆脱了从 1959 年以来 20 年间长期停滞的局面,如图 3-2 所示,1978~1992 年,我国粮食产量虽然每年均有小幅度变动,但 1992 年的粮食产量为 44265.8 万吨,较 1978 年约增加了 11054.3 万吨,约增长了 33%。

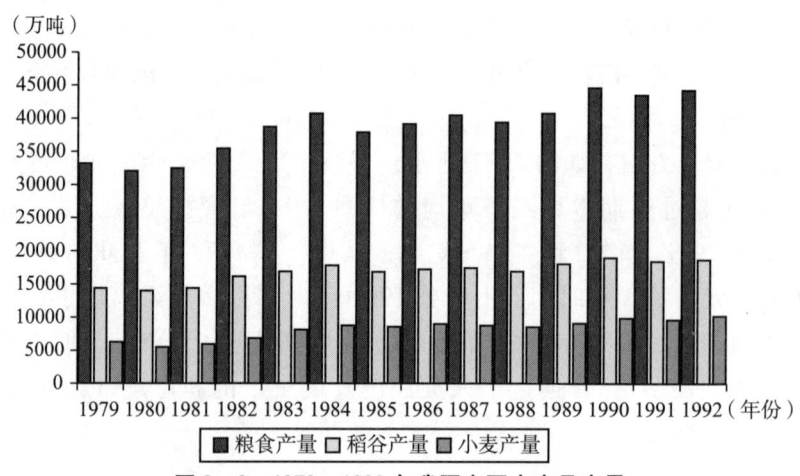

◇ 新中国经济转型思想研究（1949~2019）

图3-2　1979~1992年我国主要农产品产量

资料来源：国泰安数据库（CSMAR）。

工业方面，如图3-3所示，1978年我国工业基础比较薄弱，我国工业增加仅有1622亿元，到1992年工业增加值突破了1万亿元大关，约上升了5.4倍。钢、煤、原油、发电量、水泥等工业主要产品的产量不断提升，到1992年，各产量排名均在世界前五，其中煤和水泥的产量居世界第一（如表3-1所示）。

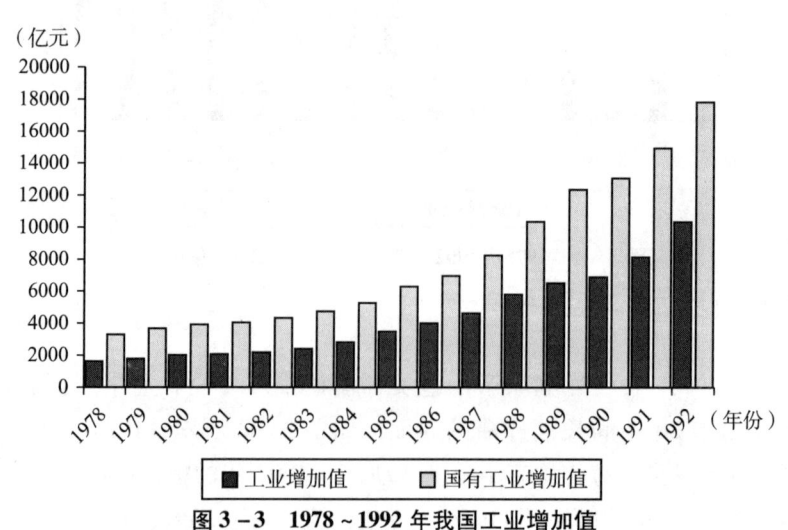

图3-3　1978~1992年我国工业增加值

资料来源：中国经济与社会发展统计数据库。

表 3-1　　　　　　　　　工业主要产品居世界排名

年份	钢	煤	原油	发电量	水泥
1978	5	3	8	7	4
1980	5	3	6	6	4
1985	4	2	6	5	1
1990	4	1	5	3	1
1992	3	1	5	4	1

资料来源：国泰安数据库（CSMAR）。

国家财政方面，实力明显增强，政府对经济和社会发展的调控能力日益增强。如图 3-4 所示，1978 年财政收入仅 1132.26 亿元，1985 年翻了近一番，达到 2005 亿元，到了 1992 年为 3483.37 亿元，年均增长速度约为 9.9%。财政的提高为我国经济发展、社会保障、基础设施建设等改善民生方面提供了强有力的保障。

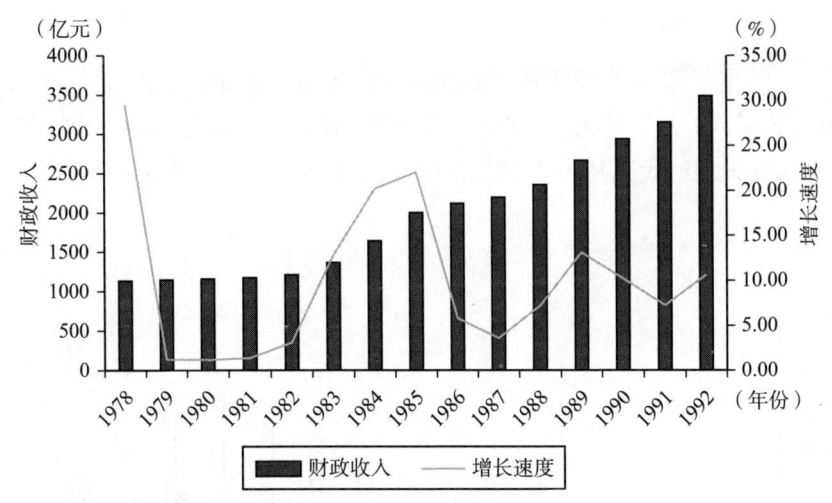

图 3-4　1978~1992 年我国财政收入

资料来源：国泰安数据库（CSMAR）。

外汇储备方面，储备大幅度上升，实现从外汇短缺国到外汇储备大国的巨大转变。如图 3-5 所示，1978 年，我国外汇储备仅为 1.68 亿美元，居世界第 38 位，人均只有 0.17 美元，1990 年跃居世界第 7 位，再到 1992 年我国外汇储备为 194.43 亿美元，上涨了近 115 倍。

图 3-5　1978~1992 年我国外汇储备

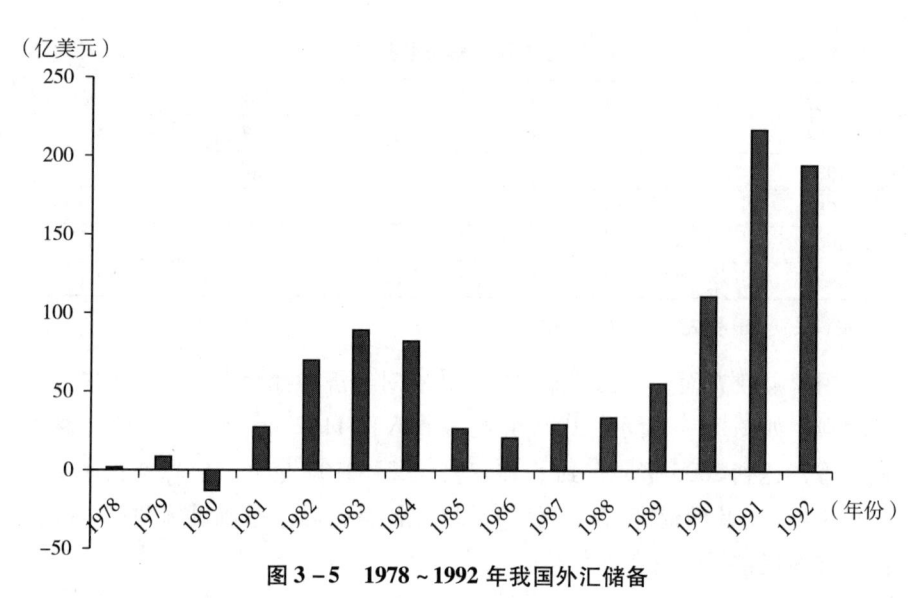

资料来源：国泰安数据库。

人民生活水平不断提高，如图 3-6 所示，城镇居民可支配收入从 1978 年的 343 元上升到了 1992 年的 2004.82 元，上涨了约 4.9 倍，农村居民家庭人均纯收入从 133.57 元上升到了 784 元，约上升了 4.8 倍。

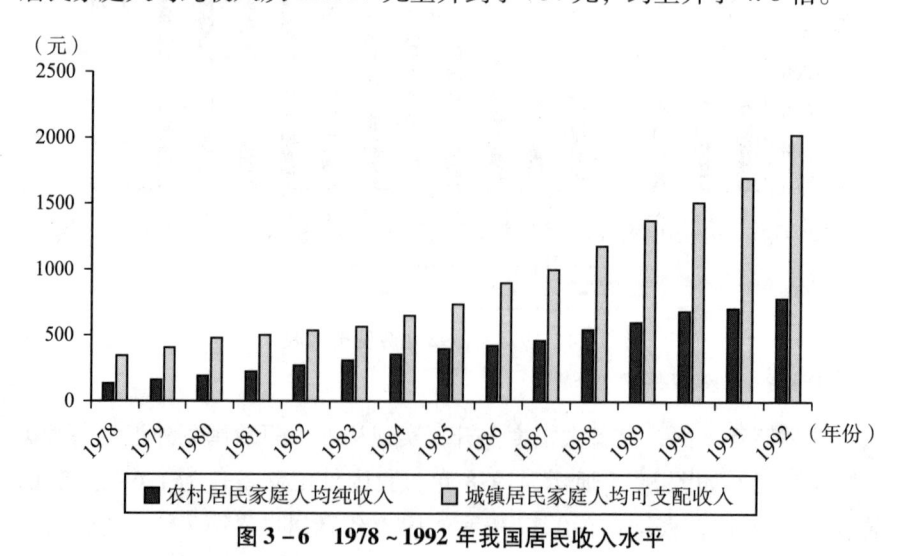

图 3-6　1978~1992 年我国居民收入水平

资料来源：中国经济与社会发展统计数据库。

第二，中国经济转型思想的不断深入探索，推动了经济结构不断优化升级，城乡经济不断协调发展。

经济结构持续优化，产业结构不断升级。一个国家的经济发展不能只看总量上的增加，更重要的是表现为经济结构的优化。从产业结构方面来看，如图3-7所示，1978~1992年，第一产业的比重由27.7%下降到21.3%，第二产业的比重由47.7%下降到43.1%，第三产业的比重则由24.6%上升到35.6%，产业结构不断趋于平衡。

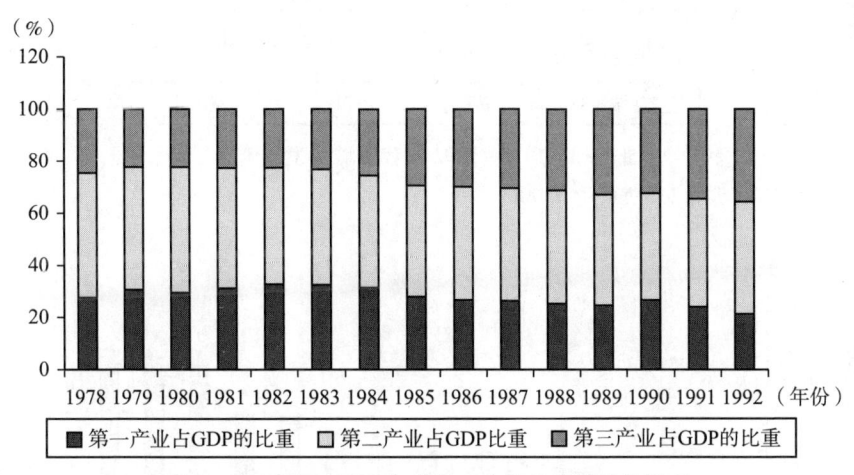

图3-7 1978~1992年我国三次产业结构变化情况

资料来源：国泰安数据库（CSMAR）。

城镇化步伐不断加快，促进了城乡经济的协调发展。如图3-8、图3-9所示，城镇化水平由17.9%上升到27.46%。乡村总人口从79014万人上升到84996万人，增加了约8%，而城镇总人口从17245万人增加到32175万人，增加了约87%。随着城镇化的不断推进，城镇吸收就业的能力也不断提升，从9514万人增加到17861万人，约增加了87.7%。

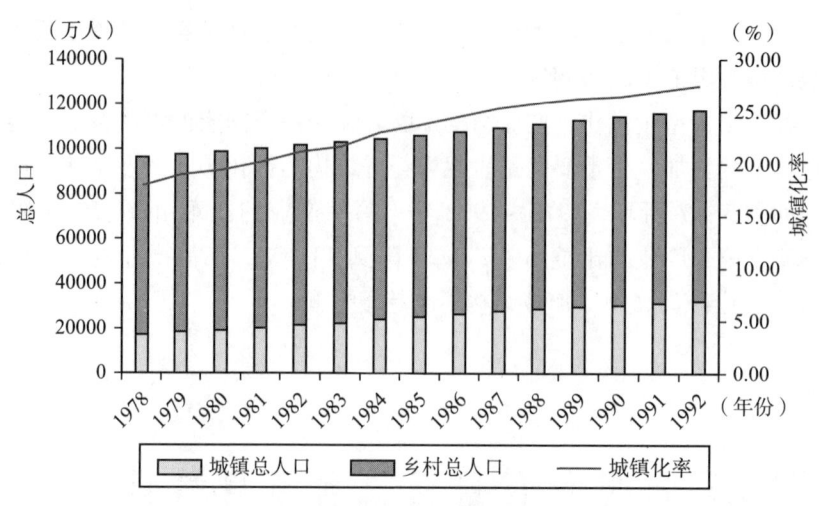

◇ 新中国经济转型思想研究（1949~2019）

图 3-8　1978~1992 年我国城乡发展情况

资料来源：国泰安数据库（CSMAR）。

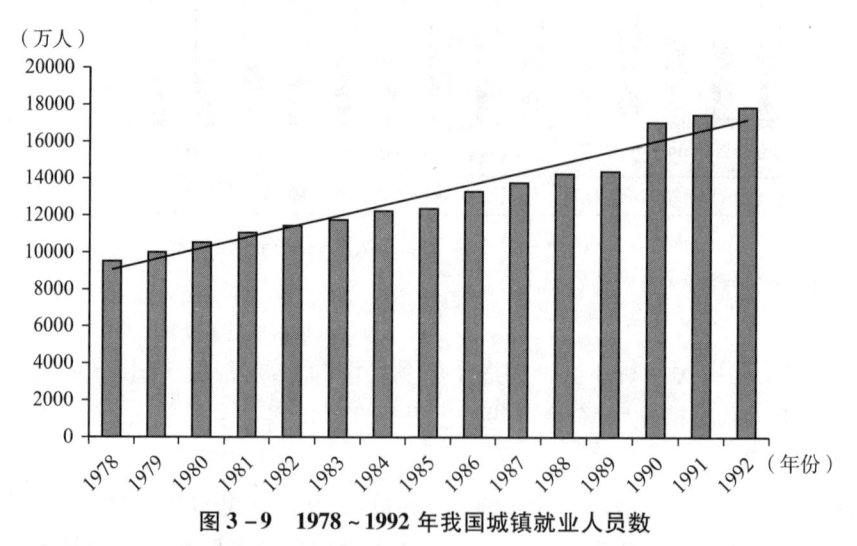

图 3-9　1978~1992 年我国城镇就业人员数

资料来源：国泰安数据库（CSMAR）。

第三，我国经济转型思想的不断深入探索，推动了我国对外经济不断提高。

第三章　新中国经济转型思想的自觉探索与形成逻辑研究

伴随着1978年改革开放的不断深化以及工业化进程的推进,我国日益融入国际市场,对外经济的程度不断增强,吸引了大量的外资,不断成为贸易大国。如图3-10所示,对外贸易总量快速增加,1978年我国的进出口贸易总额只有206.4亿美元,位居世界第29名,1988年突破了1000亿美元,到1990年名次跃至第16名,再到1992年,进出口贸易总额达到了1644.25亿美元,约增加了7倍。

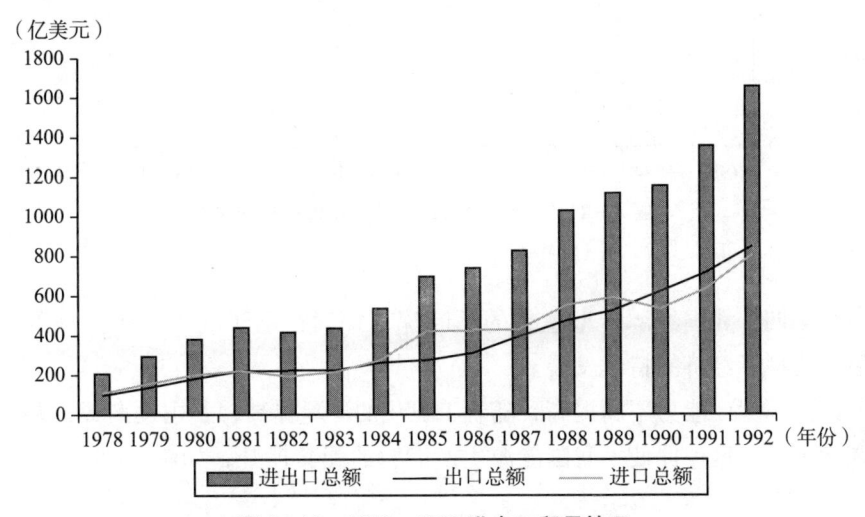

图 3-10　1978~1992进出口贸易情况

资料来源:国泰安数据库(CSMAR)。

引进外资与对外投资不断增加。改革开放以来,我国利用自身资源丰富、劳动力丰沛等优势,逐渐成为国际投资的聚焦之地。利用外资额不断成为推动我国经济发展的重要力量。如图3-11所示,1983~1992年,我国实际利用外资额总体呈现出不断上升的趋势,从226000万美元上升到了1920300万美元。从世界排名来看,1978年我国的外商直接投资额居世界第129名,但到了1990年已经位居世界第14名,实现了巨大的提升。

图 3-11　1983~1992 我国实际利用外资额

资料来源：国泰安数据库（CSMAR）。

第四，我国经济转型思想的不断深入探索推动了我国基础产业的发展，支撑了经济的持续发展。

能源生产能力不断提高，随着工业化的不断提高，我国逐渐成为能源消耗大国，这也促使了我国能源生产能力的配套提升，如图 3-12 所示。

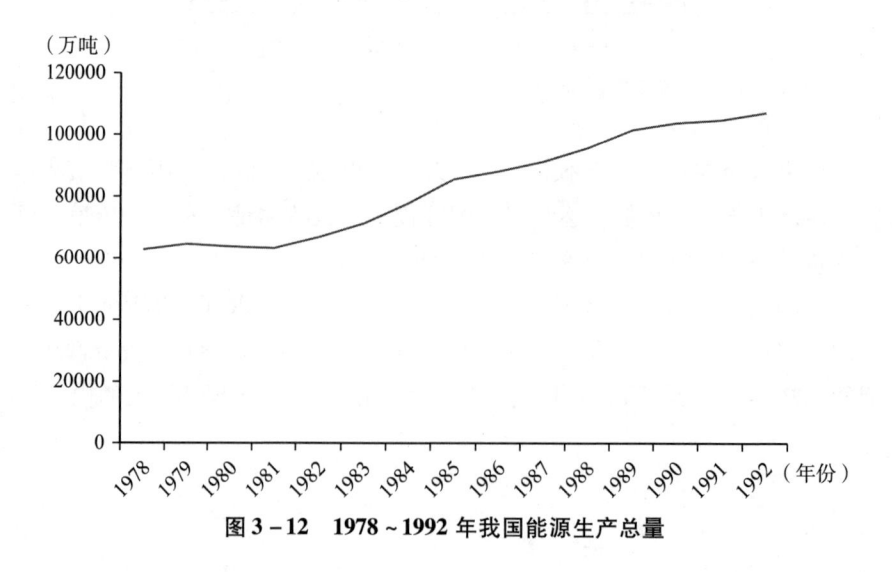

图 3-12　1978~1992 年我国能源生产总量

1978～1992年，我国能源生产总量逐年快速上升，从1978年的62770万吨标准煤上升到1992年的107256吨标准煤，约上升了70%。能源结构也不断优化，水电、核电、风电占能源生产总量的比重等清洁能源的比重也不断增加，从3.1%上升到了4.8%（如图3-13所示）。

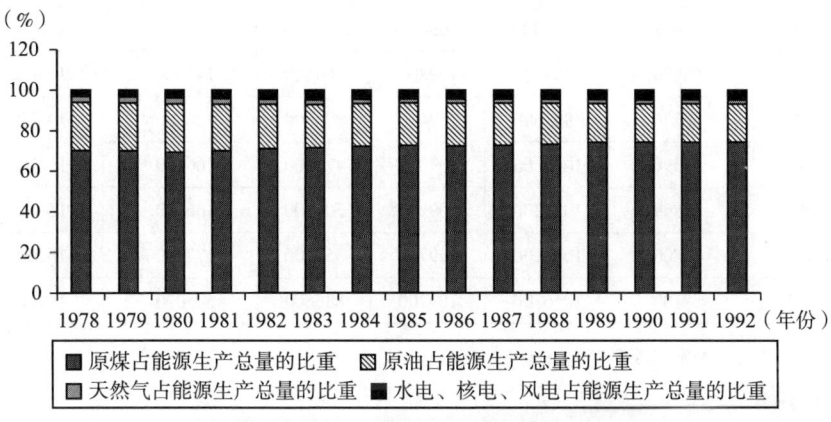

图3-13 1978～1992年我国能源生产构成

资料来源：国泰安数据库（CSMAR）。

交通设施不断完善。1978～1992年我国交通运输网络不断完善，有力地支撑了各项产业的发展。如表3-2所示，1978～1992年，我国铁路营业里程约增加了12.3%；公路里程约增加18.7%；民航里程约增加了4.5倍；国际航线里程约增加了4.5倍；管道里程约增加了1倍。

表3-2　　　　　　　　1978～1992年我国运输线路长度　　　　　　单位：千米

年份	铁路营业里程	公路里程	内河里程	民航里程	国际航线里程	管道里程
1978	51700	890200	136000	148900	55300	8300
1979	53000	875800	107800	160000	51300	9100
1980	53300	888250	108500	195300	81200	8700
1981	53900	897500	108700	218200	82800	9700
1982	53317	907000	108600	232700	99900	10400

续表

年份	铁路营业里程	公路里程	内河里程	民航里程	国际航线里程	管道里程
1983	54597	915100	108900	229100	99900	10800
1984	54764	926700	109300	260200	107400	11000
1985	55220	942400	109100	277200	106000	11700
1986	55818	962800	109400	323100	107600	13000
1987	55976	982200	109800	389100	148900	13800
1988	56236	999600	109400	373800	128500	14300
1989	56996	1014300	109000	471900	166400	15100
1990	57899	1028300	109200	506800	166400	15900
1991	57800	1041100	109700	559100	177400	16200
1992	58100	1056700	109700	836600	303000	15900

资料来源：国泰安数据库（CSMAR）。

四、双轨制的问题与进一步改革的方向

改革自觉探索阶段，中国取得了巨大的经济成效，但也存在诸多教训和不足。

国有企业改革方面，无论放权让利、两步"利改税"还是生产责任制、承包制的改革，实际都试图通过探索经营权与所有权的两权分离模式以提升效率。通过赋予企业越来越多的自主权，促使其按照市场要求形式，提升效率。但由于改革没有触及产权层面的调整，不可能真正形成"自主决策、自负盈亏、自我约束、自我发展"的微观市场主体。没有真正理顺国家与企业之间关系，从而无法很好地处理二者之间的利益矛盾。在预算软约束下，很多国有企业长期处于亏损中。资料显示，到1990年末，全国处于亏损的国企数量达到了13171家，约占比35%，其中辽宁省的亏损面最大达到了52%。[①]

---

① 孙健：《中华人民共和国经济史》，中国人民大学出版社1992年版。

非公有制经济发展方面，由于市场监管理念的滞后和监管机制不完善，没有形成完整的对非国有企业的监管体系，使得私营经济的运行存在一些问题。例如虽然公布了《城乡个体工商户所得税暂行条例》，但是由于该条例尚存在一些不足之处导致对私营经济的约束力不够，对税收额度的制定不科学，一定程度上甚至为偷税漏税现象提供了合理的理由。由于缺乏必要监管，非公有制企业在经营过程中往往打擦边球，甚至进行非法经营，对我国公平竞争秩序的形成，以及经济结构的优化和稳定发展产生了一些负面影响。

价格改革方面，生产资料价格双轨制下计划价格与市场价格存在较大差异，加之城乡和地区之间物价变动的不同步，使得不同地区和商品之间产生了套利的可能，尤其是对于一些稀缺生产资料和商品更是出现了黑市交易、炒卖批文和指标的非法活动，导致了流通秩序的混乱，甚至一些单位内外合谋倒卖国家计划物资，"寻租"和"腐败"乱象丛生。同时，由于市场机制运行要求的政府宏观调控手段尚不完善，使价格体系调整的同时引起了通货膨胀。1978～1992年，商品零售物价总指数每年平均递增4.4%，特别是1988年，通货膨胀率首次突破了两位数达到了18.5%，而食品类的价格指数的增长更是攀升到了23%。严重影响了居民生活与消费（见表3-3）。

表3-3　　　　　　　1978～1992年我国商品零售物价指数

年份	总指数	食品类	粮食
1978	100.7	101.5	101.3
1979	102	105.5	103.7
1980	106	110.5	103.5
1981	102.4	103.9	103.9
1982	101.9	102.8	100.2
1983	101.5	102.4	99.9

续表

年份	总指数	食品类	粮食
1984	102.8	102.6	99.8
1985	108.8	114.4	110.9
1986	106	107.4	109.3
1987	107.3	110.1	106.2
1988	118.5	123	114.1
1989	117.8	116.2	121.3
1990	102.1	95.2	101.6
1991	102.9	108.6	109.9
1992	105.4	124.3	105.9

导致上述问题的原因，归根结底是双重体制的问题。由于我国改革的具体目标模式是在摸索中逐步确立的，并且经历了由计划经济为主，向市场化改革不断趋近的过程，因此在自觉探索阶段的较长时间段内，我国经济各方面都表现出"计划"与"市场"并存的特征，其结果可能不是计划与市场的优点相互强化，而是二者的缺陷相互叠加。其原因在于：第一，传统计划经济体制可能束缚了市场机制作用的发挥。例如对生产资料的价格的控制，制约了市场价格信号的形成。对国有企业的计划指令和预算软约束，影响了国企效率的提升，同时计划体制外的私营企业获取资源的途径受限等；第二，配套制度的不完善影响了市场机制作用的有效发挥。例如对私营企业的不合规、不合法行为缺乏行之有效的监督与管理，以及政府宏观调控体系的不完备，导致对通胀控制的滞后等；第三，"计划"与"市场"双轨制下两种价值观的冲突，引起了对改革的困惑。改革自觉探索阶段后期，由于市场化改革取向带来的经济社会的巨大变革使人们产生了改革方向性的困惑，引发了改革方向是"社会主义"的还是"资本主义"的大讨论，为此新的改革措施在1990年后基本停滞。

理论界认为，双重体制的形成源于渐进式而非"一揽子"的改革模式。这是中国经济体制改革创造的一种风险性较小,兼容性较大的改革方式,具有合理性和科学性。但只要这种转换没有完成,双重体制并存的弊病仍十分明显。因此,不少学者主张早日结束双轨制,尽快过渡到新体制占主导地位。[①]

在此基础上,1992年党的十四大提出建设社会主义市场经济体制,我国社会主义市场经济体制改革由自觉探索阶段进入了全面突破期。

[①] 刘国光:《中国经济改革理论十年回顾》,载于《改革》1988年第5期。

第四章

新中国经济转型思想的全面探索与践行绩效研究

1992年的邓小平南方谈话,成为经济体制改革从以计划为核心到以市场为核心的转折点,他提出了"计划经济不等于社会主义,资本主义也有计划;市场经济不等于资本主义,社会主义也有市场"这一关键论断。[①] 1992年10月,在南方谈话精神指导下召开了党的十四大,确立了我国经济体制改革的目标是建立社会主义市场经济体制。同时,在1992年前后,学术界进行了姓"资"姓"社"大讨论和社会主义本质讨论。学者纷纷从生产关系、社会主义初级阶段等方面探讨姓"资"姓"社"问题。这些研究为新中国经济转型思想全面探索奠定了较强的理论基础。

为此,我们以1992年作为新中国经济转型思想全面探索的开端,以此为起点至2012年党的十八大召开是本书界定的新中国经济转型思想全面探索阶段。

同时,这一阶段(1992~2012年)的我国经济转型思想探索表现出全方位、多层次的特征。具体来说:

首先,在国家顶层设计层面,一是构建了社会主义市场经济体制的基本框架,主要包括宏观管理体制、国有企业改革、市场体系和社会保障体系四个方面的内容。二是初步完善社会主义市场经济体制,取消了农业税、牧业税、特产税,促进非公有制经济发展,实行浮动汇率制度等政策。由此,土地、劳动力、产权、资本等要素市场得到逐步完善。三是逐步形成了"经济特区—沿海开放城市—沿海经济开放区—沿江沿边沿交通干线开放区—内地"的全方位开放格局。

其次,在学界研究层面,这一阶段不但开辟了中国特色社会主义市场经济理论研究繁荣发展的新局面,而且研究重点具有多层次、全方位的特点。一是对政府职能的研究,主要集中在完善政府宏观调控体系探讨上,研究了宏观调控的工具选择和政策效果。二是对市场体系的研究,主要是对建立以商品市场、劳动力市场和资本市场为主体的社会主义市场体系的研究。三是对企业改革的研究,主要集中在推进国有企业改革和促进非公有制经济的发展。四是对全球化背景下对外开放的研究,先是探讨了对外开放格

[①] 邓小平在武昌、深圳、珠海、上海等地的谈话要点,http://www.people.com.cn/GB/Shizheng/252/7292/7293/20020117/650038.html。

局，再是探讨了"引进来"和"走出去"问题。

总之，这一阶段国家确定了新中国经济转型思想全面探索的方向和基本框架，同时学界全面探讨了新中国经济转型思想全面探索的各个具体层面的理论与实践。二者共同构建了社会主义市场经济理论和政策践行全面耦合的体系。为此，本书将这一阶段界定为全面探索时期。综上，本书界定 1992～2012 年为中国经济转型思想的全面探索阶段。

我国经济转型理论沿着历史的逻辑和理论的逻辑，分别形成了发展轨迹和构建了发展框架。基于我国经济转型全面探索的理论思想，我国形成了一系列经济转型全面探索的动态方针政策，并将这些政策在改革实践中付诸行动，同时，中国在坚持社会主义基本制度前提下建立社会主义市场经济体制的尝试，取得了令人瞩目的辉煌成绩，使中国在经济发展过程中进行的理论尝试得到了实践上的证明。为此，本章梳理了这一阶段我国探索经济体制改革的理论思想，在此基础上对这一阶段国家政策践行进行了考察，并对这一阶段经济转型的经济绩效进行了检验。

第一节　关于经济转型背景的探索

20 世纪 80 年代末，我国国内外形势发生了一系列重大变化。1989～1990 年，我国经济增长为改革开放以来的最低水平，理论指导上甚至出现了短暂倒退。从国际来看，苏联解体和东欧巨变，社会主义阵营瓦解。在此国内外形势下，关于计划与市场的争论又成为争议核心，由此引发了关于姓"资"姓"社"的大讨论以及社会主义本质的讨论下，这为我国经济转型的探索提供了现实依据和前进方向。

一、关于姓"资"姓"社"大讨论的分析

自 1987 年，一方面全国掀起了一场商业企业实行个人承包、租赁和租赁群体的经营方式是社会主义的还是资本主义的讨论。另一方面，国际

形势出现了大动荡：自1989年起，东欧国家相继发生巨变，1991年底，世界第一个社会主义国家苏联宣布解体。在此国内外背景下，自1989年，我国开始了一场姓"资"姓"社"的大争论，这一争论直接引向了对改革开放的质疑。1989年以后，关于要计划还是要市场的讨论已经演变成一个姓"资"还是姓"社"的问题。

学术界针对姓"资"姓"社"问题进行了激烈的讨论。学者们主要是从生产力和生产关系的角度来进行讨论。第一种观点认为判断姓"资"姓"社"的标准，即区分资本主义和社会主义的标准，就是生产关系。因为资本主义和社会主义，首先是指一种经济关系，判断的标准应当是：所有制的不同，劳动力与生产资料结合方式的不同，分配方式的不同，生产目的的不同。在邓小平同志的著作与讲话中关于社会主义内容的分析，强调的主要点是：公有制、按劳分配和共同富裕，这同样是从生产关系上概括社会主义的本质的。[1] 第二种观点从社会主义初级阶段这个角度出发认为要确立生产力标准的观念，即在社会主义条件下进行的改革开放，到底姓"资"姓"社"不是用其他什么标准来衡量，而是要用是否有利于社会主义社会生产力的发展，是否有利于社会主义国家的综合国力的提高，是否有利于人民生活的改善来衡量。[2] 第三种观点认为姓"资"姓"社"中主要集中要解决两个问题：一是区分姓"资"姓"社"的标准，主要是看是否有利于发展社会主义生产力，是否有利于提高综合国力，是否有利于提高人生活水平；二是对所要判断的姓"资"姓"社"的对象也要做分析。不要一强调姓"资"姓"社"问题，就把某些对发展社会主义有利的东西也当作是姓"资"的东西加以反对，甚至现在就要限制它们在这样的意义上讲姓"资"姓"社"，就会打击一大片，所以对所要判断的姓"资"姓"社"的对象的分析很重要。从计划和市场的角度来阐述姓"资"姓"社"的问题。[3] 第四种观点探讨了计划和市场是否是区分姓"资"姓"社"的标志，在探讨了计划与市场的内涵的基础上，认为过去

---

[1] 卫兴华：《关于姓"资"姓"社"与生产力标准问题》，载于《中国工商管理研究》1992年第2期。
[2] 林凌、郭元晞：《论改革开放中的姓"资"姓"社"问题》，载于《改革》1992年第4期。
[3] 于光远：《市场经济姓"资"姓"社"的问题》，载于《经济学家》1992年第3期。

更多的是关注社会主义与资本主义在计划问题上的差异性，较少看到或不愿看到其同一性，这是一种片面性，应当转变只有社会主义和共产主义才能有计划发展经济的传统观念，树立计划是现代社会规律在人们头脑上的表现的新观念，认识计划只是经济手段，没有姓"资"姓"社"的区分，社会主义和资本主义都可以用它来实现经济的良好循环。因此社会主义和资本主义可以相互学习与借鉴，通过吸收当代世界各国在计划上已有的文明成果，创造出适合中国特色的体制。

中共十三届七中全会召开前夕，1990年12月24日，邓小平针对反对市场经济的势头，说："我们必须从理论上搞懂，资本主义与社会主义的区分不在于是计划还是市场这样的问题。社会主义也有市场经济，资本主义也有计划控制。资本主义就没有控制，就那么自由？最惠国待遇也是控制嘛！不要以为搞点市场经济就是资本主义道路，没有那么回事。计划和市场都得要。不搞市场，连世界上的信息都不知道，是自甘落后。"[①] 1991年，邓小平再次提出要在计划与市场的问题上解放思想。由此，关于市场经济姓"资"姓"社"的讨论得到了统一的结论，即"计划经济和市场经济两者都是手段，市场也可以为社会主义服务"。

二、关于社会主义本质的分析

新中国成立初期，我国逐渐建立起高度集中统一的计划经济体制，对当时我国经济及社会各相关事业的发展起到了不可替代的作用。这种计划经济建立的客观因素主要包括三点：一是新中国成立初期的国际环境和"一边倒"的外交政策，是导致采用苏联的计划经济模式的重要因素；二是新中国刚成立面临着严峻的经济形势：经济低迷、市场混乱、物资匮乏、通货膨胀；三是国家采用优先发展重工业的战略背景使得采用计划经济来集中力量建设成为了较为合适的选择。在新中国成立的初期，这种经济模式良好运行，集中力量办大事，极大地促进了国防军事建设、基础设施建设和社会经济发展。但是随着高度集中的计划经济模式导致越来越多

---

① 《邓小平文选》（第3卷），人民出版社1993年版，第364页。

的矛盾产生时，国内不得不重新开始关于社会主义本质认识的探索。经过官方和学界的探索，国内形成了对社会主义本质基本认识的统一论调，这成为我国探索市场经济问题和确定转型方向的理论前提。

关于社会主义本质基本认识的探索，学界讨论主要集中在计划经济不等于社会主义这一观点上。

一类观点从造成计划经济等同于社会主义这一错误观点的原因出发，探讨计划经济为何不等于社会主义。有学者认为造成这一错误的深层原因是历史唯物论的简单化教条化。按照简单化教条化的历史唯物论，社会结构分为生产力、生产关系（经济基础）、上层建筑三个层次。而计划经济和社会主义都只能属于中间层次的生产关系，因而使之获得了理论上的同一性。即造成这一错误的直接原因是混淆了社会生产的组织形式与劳动的组织形式的区别。[①] 有学者认为"计划调节""社会调节""计划性"，甚至简称"计划"，这些术语的含义都是同一的，指的是与公有制和非商品经济共存的经济体制或调节手段。所以研究古人的经典著作，对于这几个同一含义的术语没有必要去细分。可是研究今人的论述和现实社会经济，由于人们对"计划经济"概念的理解不同，因此对这几个术语的含义，不但需要区分，而且需要正名。他认为计划经济和市场经济都不是社会经济制度，而是经济手段，因而都可以使用，而不用单一的计划经济不一定会带来更好的发展，需要将两者结合。[②]

另一类观点认为在社会主义初级阶段，计划经济不等于社会主义，市场经济也不代表资本主义。有学者认为计划经济不等于社会主义，市场经济也不代表资本主义，由于社会主义还处于初级阶段，生产力水平还没有达到全部生产资料由社会占有的阶段，并且商品经济仍然存在，在这种经济背景下，完全采用计划经济必然会导致国民经济比例失调的情况。[③] 也有学者强调社会主义国家，作为"计划经济"，管理体制的"计划体制"，应该适应社会化大生产和社会主义公有制的双重要求，并在这一双重要求

---

① 舒化鲁：《计划经济不等于社会主义》，载于《财经理论与实践》1992年第6期。
② 张井：《什么是社会主义市场经济》，载于《商业经济文荟》1992年第6期。
③ 李连仲：《计划经济不等于社会主义 市场经济不等于资本主义》，载于《经济研究参考》1992年第Z6期。

第四章　新中国经济转型思想的全面探索与践行绩效研究

的合力作用下，选择适合各国国情的具体的"计划体制"，并在国民经济的发展中逐步臻于完善。因此，计划经济并不能单纯地认为等于社会主义。[1] 还有学者指出了理论界对与计划经济的认识的一个错误，即斯大林认为，在社会主义制度下，在生产资料公有制的基础上产生了一个社会主义所特有的国民经济有计划按比例发展规律，反映这个规律的计划经济必须实行指令性计划，否则就不成其为社会主义计划经济。他认为计划经济并不是社会主义经济特有的范畴，指令性计划经济是官僚主义的"温床"，严重地压抑了广大企业和群众积极性和创造性的发挥，另外计划经济必然在理论上和实践中排斥商品经济与市场经济的存在和发展，使社会经济处于封闭的产品经济状态；限制生产社会化、商品化和现代化。[2]

从社会主义本质认识的探讨中来看，绝大多数学者们对计划经济存在弊端这一问题保持了高度的一致性，且提出了计划经济不等于社会主义这一论调，展开了对社会主义本质的热烈探讨，促进了社会主义本质理论的形成。1992 年的邓小平在南方谈话中将社会主义的本质高度概括为解放生产力和发展生产力，消灭剥削，消除两极分化，最终达到共同富裕。由此，国内形成了对社会主义本质基本认识的统一论调。姓"资"姓"社"的大讨论和社会主义本质的讨论为建设社会主义市场经济奠定了理论基础，这成为我国探索市场经济问题和确定转型方向的理论前提。

第二节　关于经济转型方向的探索

在新的历史背景下，我国首先结束了姓"资"姓"社"大讨论，得出了"计划经济和市场经济两者都是手段，市场也可以为社会主义服务"的统一论调，其次形成了社会主义本质理论，这为进一步探索经济转型方向提供了理论和现实基础。在此理论和现实背景下，官方和学界对经济转

---

[1] 杨顺羽：《为什么说计划经济不等于社会主义——学习邓小平同志南巡讲话》，载于《中南财经大学学报》1992 年第 6 期。
[2] 张朝尊、文力：《论社会主义市场经济》，载于《中国社会科学》1992 年第 4 期。

型方向和目标进行了深入的探索,深入分析了经济转型的目标、市场经济的本质与框架以及社会主义市场经济属性与特征等内容,为我国全面推进市场化转型以及转型模式的探索奠定了理论依据。

一、关于转型目标的分析

20世纪80年代末90年代初,苏联、东欧以及中国等30多个国家踏上从计划经济向市场经济转型的道路。这场史无前例的大转型催生了一门以经济转型为研究对象的转型经济学。它旨在运用现代经济学理论,研究转型的动因、方式、路径和绩效等问题,探寻经济转型的一般规律,并为转型实践提供政策建议。

基于"转型经济学",我国学术界对转型目标的讨论主要分为以下几点:

其一,对实现社会主义初级阶段经济体制改革的目标和路径进行探索,主要是从社会主义的经济规律以及社会主义与商品经济的关系这两个方面进行研究。孙冶方在国务院务虚会上重提"千规律,万规律,价值规律第一条",有学者也提出要利用市场活跃流通等思想;在1979年召开的无锡价值规律讨论会准备会上,经济学界就计划经济与市场经济结合的问题进行了改革开放后的第一次探讨,并且在这次会议上首次出现了"市场经济"的提法。有学者在全国经济科学规划会议上,再次批判自然经济论,认为"那种没有交换概念,没有流通观念,要把货币批臭的思想,就是自然经济思想"。并明确提出"体制问题是政治经济学的研究对象"[1]。1979年4月,中共中央决定要贯彻"调整、改革、整顿、提高"的八字方针,同年,在江苏无锡市举行了名为"社会主义经济中价值规律问题讨论会"的全国第二次经济理论研讨会,会议的主题是讨论如何在经济生活中引入市场机制,扩大市场调节的作用,按价值规律办事[2]。这是改革开放后经济领域中较早和较大规模的研讨会,经济学家们在会上肯定了社会

---

[1] 孙冶方:《部分经济理论工作者在座谈会上的发言贯彻"双百"方针开展经济科学研究工作》,载于《经济学动态》1979年第10期。

[2] 杨圣明:《社会主义经济中价值规律问题讨论会在江苏省无锡市召开》,载于《经济学动态》1979年第6期。

第四章 新中国经济转型思想的全面探索与践行绩效研究

主义经济是商品经济,肯定社会主义经济中市场调节的作用和价值规律的作用。1979年3月中共中央决定成立国务院财政经济委员会,组织了400多人,经过10个月大规模的基层调研,认为原来的集中计划、经济体制起源于优先发展重工业的路线,反过来又加强这一路线,造成结构失衡。因此提出在调整经济中必须着重加强农业和轻工业,重工业要讲究质量而不是数量。

其二,经济管理体制改革应当把发挥企业主动性作为基本出发点,不能只在中央和地方的关系上兜圈子。有学者进一步提出了著名的"企业本位论",认为经济改革归根到底是要解放生产力,生产力不在中央也不在地方,而在企业,搞活企业应该成为改革的最终立足点、出发点和归宿点。改革要从企业改革开始,把行政组织和经济组织区分开来,确立企业应有的自主权[1]。实际上,这个时候的中国经济学界已经在探讨经济改革的切入点,或者说改革该从哪里下手的问题。也有人多次提出,社会主义经济只能是一种商品经济,计划调节和市场调节相结合,在计划指导下,充分发挥市场调节作用[2]。

中共中央关于转型目标的讨论也取得了诸多突破。1984年召开的十二届三中全会通过了中共中央关于经济体制改革的决定。该决定指出,改革计划经济体制,首先要突破把计划经济同商品经济对立起来的传统观念,明确认识社会主义计划经济必须自觉依据和运用价值规律,是在公有制基础上的有计划的商品经济。1992年10月中共十四大确定了"建立社会主义市场经济体制"的改革目标,为中国经济转型指明了方向。这是中国告别传统计划体制的转折点,并形成不可逆转的市场化改革取向。1993年中共十四届三中全会《中共中央关于建立社会主义市场经济体制若干问题的决定》提出了"整体推进、重点突破"的改革战略,确定了实现这一目标的具体步骤,要求在20世纪末建立社会主义市场经济体制。中国经济改革转入全面构建社会主义市场经济体制的阶段。1994年根据"整体推进"战略进行财政体制、金融体制、企业制度和外汇管理体制等改革,建

---

[1] 蒋一苇:《论社会主义企业管理的基本特征》,载于《经济管理》1980年第11期。
[2] 薛暮桥:《社会主义现代化的中国式的道路》,载于《农业经济问题》1980年第1期。

189

立新的社会保障体系，这些改革加强了中央政府的宏观调控能力，对改善企业的市场环境起了重要的作用。与此同时，国企改革从放权让利和承包制转向建立现代企业制度的制度创新和有进有退、有所为有所不为的战略性布局调整。1995年中共十四届五中全会提出，到2000年要"初步建立社会主义市场经济体制"。中国经济转型目标具体化为从计划经济向社会主义市场经济的转轨。1997年中共十五大提出到2010年要"建立比较完善的社会主义市场经济体制"，确定了"公有制为主体、多种所有制经济共同发展"的基本经济制度，认为国有经济比重的大小与社会主义性质并没有直接的关系。为此，政府决定实施所有制结构调整的相关政策，完善所有制结构，寻找公有制实现形式的多样化，鼓励个体、私营等非公有制经济的发展，使之成为社会主义市场经济的重要组成部分，为社会主义市场经济构筑微观基础。改革以来率先形成多种所有制经济共同发展的格局，东南沿海地区的经济获得了迅猛发展，出现了苏南模式、新苏南模式、温州模式、珠江模式等。2003年中国宣布社会主义市场经济体制已经基本建立，经济转型进入到体制完善与深化改革的新阶段。随着经济并轨目标的完成，不仅要求中国社会主义市场经济与国际接轨，同时，对经济社会发展的目标和内涵进行了更广泛的扩展。经济转型引发的社会心理、行为习惯与道德观念也发生了巨变，并要求推进与经济体制相匹配的行政体制改革，2007年中共十七大提出进行行政体制改革是宪政转型的必然选择。从着手解决日益严重的"三农"问题提出建设社会主义新农村，到从全面建设小康社会提出建设社会主义和谐社会，再到从以人为本提出科学发展观，都体现了中国经济转型向全面的经济社会转型前进。

二、关于市场经济的分析

自1992年起，学界对市场经济的内涵以及市场经济体制的基本框架进行了大量的讨论与研究，这方面的论文集中发表于1992～1995年。从理论上说，市场经济是商品经济自我实现的形式。从实践上看，市场经济是一种资源配置手段。通过对市场经济本质和内涵的分析，明确了市场经济"是什么"这一问题，并进一步对市场经济体制的基本框架进行探讨，为在我国建立市场经济体制提供了理论支持。

（一）关于市场经济本质的分析

关于市场经济本质的探讨，第一类观点针对市场经济与商品经济的关系，认为市场经济本质是商品经济的高级阶段，但市场经济作为一个经济范畴，既不能简单地等同于商品生产者商品交换，也不能简单地与商品经济画等号。有学者指出，商品经济与市场经济既有联系，又有区别。商品经济是相对于自然经济、产品经济而言的；市场经济是一种资源配置方式，与计划经济相对应。从逻辑的角度看，商品经济属于比较抽象、本质的内容层次，市场经济则是更为具体、现象的形式层次。可以说市场经济是商品经济的一种高度发展了的现象形态。[1] 市场经济是商品经济的高级阶段，社会经济生活全面市场化，商品经济的内在潜力充分地发挥出来。商品生产者的组织形式有了突破性的变化或质的飞跃。或者有学者提出市场经济是商品经济发展的成熟阶段，是商品经济以市场为核心的制度化。市场经济制度是以市场为基础，以市场为中心，以市场为导向，从而围绕着市场建立起一整套系统化、规范化、制度化的经济制度。[2] 在各种探讨的基础上，有学者详细地总结了市场经济与商品经济的关系，即市场经济就是商品经济。狭义地说，市场经济是社会化大生产条件下的商品经济，是市场充分发育，形成了完备的市场体系，市场机制的调节功能得到充分发挥，成为资源配置的主要力量的商品经济。在生产社会化高度发展的条件下，市场经济表现为：一是市场化程度更深，市场体系更加完备，市场组织更加完善。更大范围、更多品类的物质和精神产品成为市场交换的对象，并形成了它们借以进行流通的要素市场、市场组织和市场流通的机制。二是市场范围更加扩大，世界市场的进一步发展成为新特征。消费品和一切生产要素均在国际市场范围内流通。三是市场对生产、交换、消费的调节作用大大增强，市场价格机制更加灵活。总之，其特征是全面的市场化和市场作用的强化。[3]

---

[1] 刘国光：《关于社会主义市场经济理论的几个问题》，载于《经济研究》1992年第10期。
[2] 赵尔烈：《建立以公有制为主体的市场经济新体制》，载于《江苏商论》1992年第7期。
[3] 刘诗白：《论社会主义市场经济》，载于《经济学家》1992年第5期。

第二类观点认为市场经济就是由市场来导向资源配置的经济运行方式。众多学者纷纷从各个角度定义市场经济的内涵，分别形成了以下定义。一是认为所谓市场经济，或称市场取向的经济，是指在这种经济中，资源的配置是由市场导向的，市场经济一词，从一开始就是从经济的运行方式，即资源配置方式立论的，它无非是货币经济或商品经济从资源配置方式角度的另一种说法。① 二是认为市场经济，是适应社会化大生产和市场国际化这个客观需要，以市场作为配置资源及经济运行的形式和方法。三是认为市场经济是一种自发地、直接地实现市场调节的运行方式。生产资料私有制或多种所有制并存是市场经济存在的重要条件。② 四是认为市场经济即市场导向经济，反映的是一种以市场调节为基础和主导的经济运行形态，本质是通过供求规律、价值规律来进行全社会资源配置和生产力布局。市场经济是一种经济管理体制或经济调节方式，和生产资料所有制经济体制之间并无必然联系。③ 除此之外，学者指出市场是社会资源配置的基本手段，具体来说，市场首先是作为将各种产品、生产要素的买者和卖者连接起来的交换机制，是实现社会资源配置手段得以正常顺利运作的制度。④

第三类观点除在市场经济是资源配置的手段和方法方面达成了共识之外，还提出了市场经济是全部经济活动的中心和基础。有学者指出市场经济不是"存在着市场"的经济，而是"以市场为中心组织经济运作的经济"，或者说，是"以市场机制为基础的、有效的经济运行方式"。在市场经济条件下，市场不仅仅是一种资源配置的手段和方法，而是全部经济活动的中心和基础，是微观与宏观一切管理活动的出发点和重要依据。有商品就有市场，是完全正确的；而以为有市场就是市场经济，却不正确。甚至不能说："商品经济就是市场经济"。真正的市场经济，不仅要求在一

---

① 吴敬琏：《为什么要确立社会主义市场经济的改革目标？》，载于《中国工商管理研究》1992年第2期。
② 王德民：《试论社会主义商品经济存在的两种运行方式与两种运行机制》，载于《广西社会科学》1992年第3期。
③ 郑方辉、樊均辉：《重构所有制结构——再论企业改革新思路》，载于《南方经济》1992年第2期。
④ 乔刚：《发展社会主义市场经济的几个问题》，载于《改革》1992年第5期。

个国家是普遍的、统一的以市场为中心进行运作,而且在国际上也是有一定规范,能够完全融合的。① 还有学者综合概括市场经济是个动态的发展的范畴,是一个适应当代社会生产力发展的过程。市场经济的内涵包括两个方面:一是经济市场化,二是市场现代化。经济市场化指市场覆盖整个国民经济,市场机制的导向作用遍及微观经济和宏观经济;市场现代化是指市场组织、运营规划、运行主体、管理方法、操作手段、市场设施的现代化、科学化、规范化。经济市场化和市场现代化相互联系,相互制约,密不可分。②

根据学界对市场经济的本质和内涵探讨,得出了三个主要结论。一是市场经济即市场导向经济,反映的是一种以市场调节为基础和主导的经济运行形态,本质是通过供求规律、价值规律来进行全社会资源配置和生产力布局。二是市场经济是一种经济管理体制或经济调节方式,和生产资料所有制及经济制度之间并无必然联系。三是市场经济是直接以交换为目的,具有商品生产、商品交换、货币流通的经济形式。由此,"市场经济"可以定义为:强调市场作为重要特征的既定政治地理区域内各相互关联的生产部门的总体;特指国民经济时,它是社会经济在国家层次上的概括,表现为市场在一国范畴内与政府及其他非市场部分结合在一起形成具体的国民经济各部分的总和。从理论上说,市场经济是商品经济的自我实现的形式;从实践上看,市场经济是一种资源配置手段。通过对市场经济本质和内涵的分析,明确了市场经济"是什么"这一问题,这就要求接下来对市场经济体制的基本框架进行探讨,以期为在我国建立市场经济体制提出理论支持。

(二)关于市场经济体制基本框架的分析

在明确了市场经济基本内涵的基础上,学术界对建立市场经济体制的基本框架进行了理论上的探讨。有学者在总结了我国改革开放以来培育市场关系中的成就与得失的基础上,结合党的十四大报告提出的转换企业经

---

① 唐丰义:《革命性转折:走向社会主义市场经济》,载于《财贸经济》1992年第8期。
② 赵晓雷:《市场经济与产权制度——社会主义市场经济若干理论问题的思考》,载于《经济学家》1993年第3期。

营机制、加快市场体系培育、深化分配制度和社会保障制度改革、政府职能转变四项任务，提出了培育市场经济体制的十项转变原则。① 还有学者分析了市场经济体制在最为抽象和综合意义上的一般特征：一是经济关系市场化。竞争性市场是全部经济关系的凝结点，全部生产要素都作为商品进入市场。二是企业行为自主化。三是宏观控制间接化。四是经营管理法制化。② 有学者从产权制度方面来强调市场经济是人类经济系统发展的一个阶段，具有专业化的生产性质和广义联合产权的制度性质。相比之前的经济系统，市场经济的性质突出体现在广义联合产权制度性质上：平等的参与权、共享的收入权和普遍保障权。转型国家和发展中国家构建完善的市场经济制度，不应该过分强调私有化，而应该首先明确个体对市场经济享有充分的参与权、收入权和保障权。③

三、关于社会主义市场经济属性与特征的分析

在学术界探讨了对市场经济的基本认识之后，接下来需要探讨社会主义与市场经济结合的问题，以此形成了中国的社会主义市场经济理论。学术界先探讨了社会主义与市场经济结合的必要性与可行性，再着重从市场经济和公有制结合方面研究了社会主义市场经济的特征问题。

（一）关于社会主义与市场经济结合必要性的分析

国内众多学者从理论层面详细阐述社会主义与市场经济结合的必要性，并指出由计划经济向市场经济转型是我国改革的必由之路。

一类观点从历史与现实角度出发，认为计划经济体制已经无法适应中国经济的发展，试图从社会主义与市场经济结合的角度寻找新的出路。有学者认为之所以要建立社会主义市场经济体制，一是因为高度集中的计划

---

① 马洪：《建立社会主义市场新体制》，载于《经济研究》1992年第11期。
② 范恒山：《论社会主义市场经济的基本特征》，载于《经济理论与经济管理》1993年第1期。
③ 刘长庚、韩雷：《市场经济的性质》，载于《湘潭大学学报》（哲学社会科学版）2012年第36期。

经济体制束缚了生产力的发展，必须进行根本性的改革；二是14年的改革实践证明，市场取向的改革方向是正确的；三是把改革与发展结合好，要实现邓小平同志提出的三步发展战略，要解决深层次的体制与经济发展问题，也离不开市场经济；四是中国要走向世界，也迫切需要搞市场经济；五是经过14年的改革，为建立社会主义市场经济体制创造了有利条件。①

另一类观点从各种角度、不同原因来分析计划经济体制已经无法适应中国经济的发展。具体而言，有学者指出原因在于有计划的商品经济机制，未能解决计划与市场究竟何者为资源配置的基础性方式或主要手段，而市场经济是适应社会化大生产和市场国际化客观需要，通过市场机制来配置资源，实现资源优化配置的经济运行方式。社会主义市场经济在实践上对改革旧体制的弊端更有针对性，更能反映出我国经济体制改革的客观要求，是我国经济体制的一场根本性变革。②有学者从历史的角度看待这一问题，认为中国选择社会主义市场经济体制具有历史的必然性。主要体现在：社会主义的本质特征和根本任务决定了中国必然选择社会主义市场经济体制；解放思想，打破传统观念决定了中国必然选择社会主义市场经济体制；十多年来改革开放实践的必然结果决定了中国必然选择社会主义市场经济体制；抓住有利时机加速经济发展的迫切要求决定了中国必然选择社会主义市场经济体制。③也有学者强调从社会主义本质的问题上看待社会主义和市场经济的结合，指出中国发展社会主义市场经济的目的是要大力发展社会生产力，巩固和发展社会主义制度，是社会主义本质的要求，且社会主义制度与市场经济的有机结合，不仅是必要的，而且改革开放的实践也足以说明这具有可行性。④还有学者主要从外部性和思想解放来分析为何要将社会主义和市场经济相结合，认为现代市场经济体制的形成和启迪是其外部影响，世界经济一体化的趋势和潮流是其时代背景；中

---

① 高尚全：《关于社会主义市场经济的几个问题》，载于《中国工业经济研究》1992年第12期。
② 罗惠芬：《试论我国实行社会主义市场经济体制的必要性》，载于《广州市财贸管理干部学院学报》1992年第4期。
③ 郝之洪：《中国选择社会主义市场经济体制的历史必然性》，载于《陕西工商学院学报》1995年第4期。
④ 吴雨霖：《中国选择社会主义市场经济体制是历史的必然和时代的要求》，载于《经济管理研究》1998年第4期。

国共产党思想解放和观念更新是其思想条件。[①]

根据学术界对社会主义与市场经济结合的必要性探讨，可见，绝大多数学者分别从不同的角度分析了社会主义与市场经济结合是促使中国经济转型的关键所在。由此有必要分析在中国是否存在社会主义与市场经济结合的土壤，对探讨社会主义与市场经济结合的可行性提出了要求。

（二）关于社会主义与市场经济结合可行性的分析

在社会主义与市场经济结合的可行性上，主要分为国家层面和学术界的探索。

从国家顶层设计层面而言，以党的十一届三中全会为标志，中国社会主义经济制度进入了一个新的历史时期。开始对高度集中的计划经济模式进行新的探索。1974年4月，继十一届三中全会以后，中央又提出了对国民经济实行"调整、改革、整顿、提高"的方针，表明党的经济体制改革理论又向前发展了一大步。1979年，陈云在《计划和市场问题》中认为苏联和中国都没有根据本国生产力发展状况，对马克思的原理加以发展，才导致了现在计划经济中出现的缺点。他认为，无论苏联还是中国的计划制度出现的主要问题是只有"有计划、按比例"这一条，没有在社会主义制度下还必须有市场调节这一条。计划统得太死，包括的东西太多，结果出现缺少市场自主调节的部分，导致比例失调。陈云认为"所谓市场调节，就是按价值规律调节，在经济生活的某些方面可以用'无政府'和'盲目'生产的办法来加以调节"，他提出社会主义阶段存在两种经济成分：计划经济部分和市场调节部分，计划调节是基本的、主要的；市场调节是从属的、次要的，但又是必需的。1981年6月，十一届六中全会通过的《关于建国以来党的若干历史问题的决议》中，正式指出："在公有制基础上实行计划经济，同时发挥市场调节的辅助作用。并提出要大力发展社会主义的商品生产和商品交换"。邓小平的观点终于得到肯定。1982年9月党的十二大报告中进一步提出："坚持计划经济为主，市场调节为辅

[①] 张森林：《社会主义同市场经济相结合发生于20世纪末期的原因》，载于《世界经济与政治》1998年第9期。

原则，关系到我国经济体制改革的根本性。我国国民经济的主体仍然是公有制基础上实行计划经济，在此基础上，适当选择和放开部分产品的生产和流通，由市场来调节。这样既保留了计划经济'全国一盘棋'的传统优势，又能吸收市场经济'突出效率和重点'的优势"。1982年7月，邓小平在南方谈话时说："与资本主义比较，社会主义的优势在于它能够集中力量保重点，劣势在于市场因素太少，导致经济缺乏活力"。可见，解决好计划与市场的关系问题至关重要，解决不好，影响全局。1984年10月，中共中央做出了《关于经济体制改革的决定》，这表明，中国的经济体制改革理论基本上系统化了，改革的基本点主要包括：实行有计划的商品经济；市场调节部分农副产品、日常小商品和服务行业的劳务活动；计划经济不等于指令性计划；指导性计划主要靠运用经济杠杆作用实现，指令性计划则必须执行，但也要运用价值规律。江泽民同志1992年6月9日在中央党校发表讲话时，提到了关于经济改革目标模式有三种表达方法："计划与市场相结合的社会主义商品经济体制""社会主义有计划的市场经济体制""社会主义的市场经济体制"，最终十四大采纳了"社会主义市场经济体制"这个提法，得到社会的一致的肯定。1992年10月，党的十四大正式宣布：我国经济体制改革的目标是建立社会主义市场经济体制，并指出：社会主义市场经济体制的建立，就是要按照价值规律的要求，利用市场经济的价格、竞争和供求机制，来配置资源，使市场在社会主义国家宏观调控下对资源配置起基础性作用，市场能够灵活和迅速地对价格信号做出反应，企业根据市场信号进行资源配置，实行优胜劣汰，提高资源配置效率。

与此同时，学界对于社会主义条件下市场经济的可行性也做了诸多探索。

首先，从社会主义和市场经济的关系入手分析，认为市场经济不是社会主义的对立物，两者存在着统一的基础。有学者认为，随着条件的改变，商品生产和社会主义公有制相结合，市场也必然变成有计划、有组织的了。市场经济可以跟社会主义公有制相结合，成为计划市场，在社会主义计划市场中计划和市场已经不是两个外在的互相独立的事物，不是"计划"加"市场"而是有机结合为一个整体的计划市场。因此，它们之间存在的不是笼统的主次关系，也不是互不相容的对立关系，而是互相依存、互相矛盾的关系。① 有学者提出市场经济不是导致社会生产盲目性和无政府状态的必然根源，不是资本主义国家的专利品，也不是资本主义经济和社会主义经济的分水岭，更不是社会主义的对立物。市场经济作为一种生产方式，作为一种社会资源利用与配置的方式，同商品经济的内涵，本质上是一致的，其发展进程也是一致的。不论是商品经济，还是市场经济，起主导作用的规律都是价值规律。②

其次，计划经济与市场调节相结合，取长补短。有学者提出过去一直从生产关系中去寻找社会主义和市场经济之间相统一的基础都无功而返，应该从生产力方面去探索，公有制生产关系与市场经济之间并无直接联系，更不存在相互依存的关系。发展生产力与市场经济之间的关系才具有直接性和依存性。要发展生产力，就必须搞市场经济，用市场手段优化资源配置。社会主义本质是发展生产力，市场经济是发展生产力的重要手段，社会主义与市场经济在这里就有了同一性，社会主义与市场经济在发展生产力的基础上达到了统一。在发展生产力基础上实现社会主义与市场经济的统一是一种自然的、现实的、真正的统一，离开发展生产力去讲社会主义与市场经济统一，不可能使两者真正统一起来。③ 有学者强调要坚持计划经济与市场调节相结合，并提出了计划和市场相结合的经济模式建立所需要的条件：一是要实现国民经济计划科学化；二是要有一个正常态的市场；三是需要研究和探索计划和市场二者的结合范围、结合点、结合度、结合方向与方式等。④ 有学者认为计划与市场各有其长短优劣，必须扬长避短，取长补短，把两者结合起来运用，接着具体从这两种经济运行机制在世界经济竞技场上进行的历史较量，说明它们各自在什么条件下是资源配置的更为有效的方式，最后得出现代市场经济不仅不排斥政府干预

---

① 闵友诚、陈希成：《社会主义市场中的供求、竞争和价格》，载于《山西财经学院学报》1980 年第 1 期。
② 岳章：《商品经济和市场经济的论点综述》，载于《南开经济研究》1988 年第 5 期。
③ 李克清：《社会主义与市场经济的兼容性》，载于《财经研究》1992 年第 9 期。
④ 岳福斌：《坚持计划经济与市场调节相结合》，载于《中央财政金融学院学报》1990 年第 3 期。

和计划指导,而且必须依靠它们来弥补市场自身的缺陷。①有学者主张可以建立社会主义有计划主导的市场经济体制。主要包括三个方面的内容:一是现阶段的社会主义计划调节不限于补充市场调节的不足而是上升到主导地位,但又不应上升到主体地位;二是由于市场与计划的相互关系取决于一国经济的社会化和国际化程度,又受制于不同的产权关系,因而我国经济体制改革必须确立有计划主导的市场经济观念,其目标是要建立"以市场为基础、以计划为主导"的新模式和新机制;三是为了避免改革取向上出现新的理论偏差,应择用"计划主导下的市场取向"的提法,也就是有限度的市场取向。

最后,市场经济具有较强的自主性、竞争性、自发性和开放性,市场经济这些属性使得自身存在着与社会主义结合的可能性。有学者指出,在市场经济条件下,企业的一切活动都以市场为中心,它不是按照来自上级行政机关的计划指令,而是依据市场信号,实行自主经营,自负盈亏,自行发展,自我调整。它和以国家为本、突出政府作用的计划经济体制形成鲜明的对照。竞争是市场经济的突出特征,没有竞争,也就没有市场经济。市场经济固有的特征是经济运行的自发性和盲目性,因为它是靠"看不见的手"而且是"不断变化的手"来指向的,是由自发性的市场机制来进行调节的。与此同时,在市场经济条件下,不仅实物产品要进入市场,资金、土地、技术、信息和劳动力等生产要素也要进入市场,从而形成一个无所不包的完备的市场体系。②有学者认为在基本经济制度上,所有制结构是以公有制(包括国有制和集体所有制)为主体,个体私营、外资经济为补充,不同所有制可用不同形式组合经营,各种经济成分和经营形式的企业都进入市场,平等竞争,共同发展,国有经济的主导作用要通过市场竞争来实现。与所有制结构相适应,社会主义的分配制度以按劳分配为主体,按其他生产要素分配为补充,兼顾效率与公平,运用市场机制合理拉开差距,刺激效率,同时运用多种调节手段缓解分配不公,逐步实现共同富裕。③还有学者指出市场经济的巨大力量渊源于它的机制之中。

---

①③ 刘国光:《关于社会主义市场经济理论的几个问题》,载于《经济研究》1992年第10期。
② 杨敏:《社会主义市场经济的发展对策》,载于《经济体制改革》1992年第6期。

市场是商品交换的场所，是商品货币关系的载体。市场同时还是一个庞大的机制体系，即由竞争机制、价格机制和供求机制组成的机制群。竞争机制具有筛选良莠的作用，优秀企业成长，劣质企业淘汰，确保企业优生。价格机制具有切身利害的强刺激作用，是市场机制中最敏感的机制。供求机制具有规范制衡作用，可以调节和维持社会总供给和总需求之间的平衡。[1]

（三）关于社会主义市场经济属性与特征的分析

在对社会主义与市场经济结合必要性与可行性达成了共识之后，必然对市场经济和社会主义所有制相结合的理论探讨提出要求，在关于社会主义市场经济属性与特征的探索中最为关键的部分就是对公有制和市场经济关系的探讨。

第一类观点认为市场经济既可以与资本主义所有制相结合，也可以与社会主义所有制相结合。社会主义与市场经济的结合能够有效的促进社会生产力的发展。有学者指出市场经济是商品经济的高级形态，股份制企业制度是它的微观基础。市场经济可以和资本主义结合，也可以和社会主义结合。市场经济具有强有力地调动企业和生产者积极性不断高涨的功能；具有强有力地推进生产社会化不断向深度和广度发展的功能；具有强有力地促进生产技术和经营管理水平不断提高的功能；具有社会生产强有力的调节功能。他们认为，发展社会主义市场经济并不意味着排斥计划经济，相反，这恰恰为计划经济准确、科学地实施提供了新的客观依据和条件。[2]有学者提出社会主义公有制与市场经济相结合具有一定的思想、历史、社会和经济基础，即党的十一届三中全会以后，对社会主义公有制与市场经济相结合的问题，我们党不断进行理论探索；社会主义经济体制改革在沿着公有制与市场经济相结合的路子在走，积累了一些经验；市场经济并非万能，它在某些领域的调节也并不很灵通；市场经济的一般特性符合社会主义公有制的基本要求，市场经济选择的社会主义所有制结构，是以公有

---

[1] 战勇：《溶合：计划与市场的结合方式》，载于《党政论坛》1992 年第 9 期。
[2] 张朝尊、文力：《论社会主义市场经济》，载于《中国社会科学》1992 年第 4 期。

制为主体、多种所有制形式并存的所有制结构，因此两者的结合具有历史的必然性。

第二类观点认为社会主义公有制与市场经济不存在根本对立的矛盾。有学者指出社会主义公有制同市场经济不存在根本对立的矛盾的原因在于：首先，市场经济不排斥社会主义公有制，建立社会主义公有制是商品经济和社会化大生产发展到一定高度的内在要求，市场经济与社会主义公有制经济可以循着某些共同的经济规律运行。其次，社会主义公有制也不排斥市场经济，发展市场经济是社会主义公有制的内在要求，在社会主义初级阶段发展市场经济的要求更加迫切。最后，市场经济同社会主义公有制可以结合，实践证明是中国共产党领导全国人民对建设中国特色社会主义道路的历史性探索。① 有学者试图从中国经济体制改革的实践证明社会主义与市场经济并非完全对立，社会主义与市场经济是可以结合起来的，其依据是解放和发展生产力是社会主义与市场经济结合的物质基础；市场经济作为资源优化配置的有效形式，它本身无社会制度属性，这是社会主义与市场经济结合的客观经济依据；我国的社会主义经济建设是社会主义与市场经济结合的实践依据。②

第三类观点认为公有制与市场经济之间具有内在统一性，可以相互结合。此外，有学者认为，市场经济与社会主义基本制度并不矛盾，两者能够结合的依据是：从社会生产关系的结构体系看，市场经济是经济运行方式，不具有社会基本制度的属性；从社会主义市场经济与资本主义市场经济的共同性看，市场经济能够与社会主义基本制度相结合。③ 有学者提出公有制与市场经济之间具有内在统一性的重要的原因之一是随着社会化大生产的发展，生产资料占有的社会化程度通过股份公司、资本主义国家所有、机构投资者等形式在提高，从而保持了市场经济竞争的活力，在某种

---

① 刘立祥：《市场经济同社会主义公有制兼容论》，载于《青年学刊》1994 年第 2 期。
② 万小勇：《一个伟大的创举——论社会主义与市场经济的结合》，载于《中学政治教学参考》1999 年第 7 期。
③ 白占群：《关于市场经济与社会主义基本制度相结合的几个问题》，载于《内部文稿》1995 年第 18 期。

程度上缓解了社会化大生产和资本主义私有制之间矛盾的结果。① 有学者指出市场经济能同社会主义基本制度全方位结合，其基本依据是有以下三个方面：物质依据，社会主义市场经济本身就是"社会主义"这一人类文明和"市场经济"这一现代化发展过程中形成的文明成果相结合的产物。邓小平同志就把市场经济同社会主义、精神文明联系在一起。实践依据，由改革开放的实践可知，社会主义市场经济同社会主义基本制度不仅能够全方位结合，而且必须实行全方位结合。② 还有学者试图从社会主义基本制度与市场经济结合的逻辑依据方面探讨公有制与市场经济的关系，分别从三个层次进行论证。首先，从人的全面发展的最基本需求层次来看，马克思主义认为人类发展的历史就是人自身获得解放的历史，是人的个性走向自由发展的历史，到实现共产主义时，"每个人的自由发展是一切人自由发展的条件"，是"建立在个人全面发展和他们共同的社会生产能力成为他们的社会财富这一基础上的自由个性"。其次，从社会主义基本制度的特性与功能的层次来看，社会主义的本质在于它是一种社会制度，而市场经济的性质在于它只是服务于某种社会制度的经济运行形式。最后，社会主义基本制度可以与市场经济相容的一个重要根据是，社会主义基本制度为广大人民群众实现平等权利，提供了政治保障。③ 有学者强调社会主义公有制与市场经济并不存在根本对立，可以相互兼容。一方面，社会主义公有制赖以建立的社会化大生产的特点与市场经济所要求的物质利益基础相统一；另一方面，社会主义公有制经过改造形成多元产权结构及多样实现形式与市场经济所要求的经济制度基础相符合。④⑤

第四类观点认为要实现社会主义和市场经济的有效结合，前提是必须坚持公有制。有学者认为，尽管市场经济是随着私有制商品经济发展起来的，但不能就此简单地认为：要搞市场经济就得放弃公有制，要坚持公有

---

① 臧志风：《关于社会主义公有制与市场经济相结合的几点认识》，载于《理论前沿》1995年第15期。
② 曾阁山：《论市场经济与社会主义的全方位结合》，载于《生产力研究》1997年第1期。
③ 华东师范大学当代马克思主义研究中心：《为什么说社会主义基本制度可以与市场经济有机结合》，载于《毛泽东邓小平理论研究》2000年第6期。
④ 张静：《试论社会主义公有制同市场经济的融合》，载于《林区教学》2003年第8期。
⑤ 周莉：《论社会主义公有制同市场经济的融合》，载于《黑龙江科技信息》2004年第5期。

制就不能搞市场经济，我们需要寻求公有制同市场经济的接口，并从实践上攻克这个既要坚持公有制为主体又要搞市场经济的世界性难题。同时，要实现两者的无矛盾无摩擦的结合，关键是解决两大问题，对市场经济进行扬弃，把市场经济从同资本主义私有制的结合体中分离出来；改革现行的公有制企业的运行机制，寻求公有制在市场经济中的实现形式。[①] 同样，有学者强调建立和完善社会主义市场经济体制是一个艰巨而复杂的社会系统工程，要做好市场经济体制与社会主义基本制度相结合，要求在建立市场经济体制时必须坚持以生产资料公有制为主体、其他非社会主义成分为补充，多种经济成分共同发展，通过平等竞争发挥国有企业的主导作用，以按劳分配为主、其他分配方式为补充，既合理拉开差距，又防止两极分化，逐步实现共同富裕。[②] 要使市场经济与社会主义基本制度结合，首要的就是要使市场经济的一般利益关系与社会主义的本质利益关系结合起来，否则市场经济不可能成为社会主义经济的运行机制。而社会主义本质利益关系的核心就是按劳分配，即劳动者之间等量劳动互换，按劳分配是社会主义公有制的实现形式，因此，要使市场经济与社会主义基本制度相结合，就要使等价交换原则与按劳分配原则的实践结合起来，否则市场经济就难以成为社会主义条件下的资源配置的手段。[③] 还有学者认为坚持社会主义基本制度是社会主义基本制度与市场经济结合的立足点；实现共同富裕是二者结合的基础，一方面，共富是社会主义的本质要求；另一方面，改革公有制的实现形式是结合的关键，社会主义与市场经济的结合，归根结底是公有制与市场经济的结合，是公有制在市场经济中采取怎样的实现形式的问题。[④]

因此，面对计划经济体制出现的种种弊端，以及市场经济所体现出的种种优越性。结合时代背景和中国实际，我国开始对经济转型目标、市场

---

① 洪银兴：《论社会主义公有制和市场经济的结合》，载于《中国高等教育》1992年第11期。
② 周新城：《市场经济体制要与社会主义基本制度相结合》，载于《高校理论战线》1993年第2期。
③ 郭新涛、白继红：《对市场经济与社会主义制度相结合的一点认识》，载于《运城高专学报》1994年第2期。
④ 俞群策：《试论社会主义基本制度与市场经济的结合》，载于《南京工业职业技术学院学报》2003年第1期。

经济基本认识和社会主义与市场经济相结合，主要是公有制和社会主义的关系，进行了理论上的探索和现实上的实践。由此，我国在十一届三中全会之后逐步开启转型之路，开始了关于全面推进市场化转型的中国方式探索。

第三节　关于全面推进市场化转型的探索

在全面推进市场化转型的探索中，首先需要厘清市场主体问题，解决中国市场化转型的主体是什么，然后才能建立适应中国国情的市场体系，在此问题中的关键在于处理好政府与市场的关系。因此，在全面推进市场化转型的中国方式探索中，学界主要从这三个方面对我国经济转型模式的探索提供了理论支持。

一、关于市场主体培育的分析

社会主义市场经济体制的建设，首先需要弄清我国市场经济的主体，重新探讨在转型后我国市场经济主体的培育问题。

（一）关于政府作用转变的分析

在研究主体问题前，需要对在执政观念上转变政府作用进行分析，以期改变政府在市场中的作用，更好发挥市场主体作用，调动生产者的积极性，促进经济发展。

为此，一些学者从社会主义市场建设过程中政府职能的转变角度出发，对改革以来，政府角色的变化进行了细致的分析。他们认为中国经济在世纪之交的前后一个相当长的历史时期内，属于一种从传统集中型计划经济向社会主义市场经济过渡的制度转型经济。在这种经济的运行和发展过程中，政府的角色定位和职能转变始终具有原发性的意义。并且在对中国改革与发展经验的相关经验和理论研究成果的基础上，得出政府在中国经济转型发展过程中所起到的与以往不同的意义。① 还有一些学者对中国的地方性政府在经济发展过程中所起到的作用进行分析和探讨。他们认为自改革开放以来，地方政府在经济过程中起到的作用正是中国经济可以得到快速发展的原因。② 一些学者在对我国在经济改革过程中遇到的瓶颈进行分析时支出，我国的政府与企业间的财务契约关系一直是我国经济改革的关键与难点。国有企业改革，需建立明确的、有约束力的财务契约关系，而国有资本经营预算制度正是这一改革思路的直接体现。在分析中国转型经济下政府与国有企业财务契约关系的演变路径时，可以得出国有资本经营预算产生的必然逻辑。③ 还有一些学者认为，政府在市场化改革的过程中，与企业的关系转变是必然发生的。制度性结构、机制性结构和主体性结构共同构成了政府与企业关系的系统性结构，也是认识和理解政府与企业关系转型的基本脉络。中国的政府与企业关系转型，既遵循转型社会的一般规律，又具有鲜明的中国特色。只有通过进一步深化的系统性改革，才能化解政府与企业关系转型的现实困境，推动政府与企业关系的健康发展。④

可见，绝大多数学者认为政府应当转变在经济生活中的作用，让市场更多地发挥其基础调控作用，增加市场活力，促进市场竞争发展。

（二）关于非公有制经济发展的分析

在执政理念上转变了政府作用之后，得出了社会主义市场经济体制的建设必须坚持以公有制为主体、多种经济成分共同发展的方针，进一步转换国有企业经营机制，建立适应市场经济要求，产权清晰、权责明确、政企分开、管理科学的现代企业制度这一观点。而处在经济转型期，首先应当对非公有制经济的发展进行探讨。学术界对该问题探讨如下：

其一，从理论层面分析发展非公有制经济的原因，构建非公有制经济

---

① 李宝元：《转型发展中政府的角色定位及转换》，载于《财经问题研究》2001年第1期。
② 丘海雄、徐建牛：《市场转型过程中地方政府角色研究述评》，载于《社会学研究》2004年第4期。
③ 张秀烨、张先治：《转型经济视野的政府与国有企业财务契约关系重构》，载于《改革》2008年第11期。
④ 范春辉：《政府与企业关系转型析论》，载于《江苏行政学院学报》2011年第6期。

在社会主义初级阶段的发展模式。一些学者认为，在社会主义初级阶段，在生产力发展的同时，还要使人们的富裕生活得以实现。在发展非公有经济的过程中，需要通过公有资本在某些领域以及企业的退出，进而发展多种所有制经济结构，推进所有制结构转型，发展以股份制为主体的混合所有制经济。同时，民营经济可以通过自身的制度创新和参与公有制企业的改制以实现提升。① 还有一些学者认为，我国现代民营企业经过多年的快速发展，形成了积累效应，已从量的积累进入以企业全面转型和提升为核心任务的质的提高阶段。但我国现代民营企业在转型中遇到一些亟待解决的制度上的障碍。现代民营企业必须实施战略转型，在产权制度、业务链的平衡、业务流程设计、企业家选择、融资机制等方面进行新的制度安排。我国现代民营企业的本质内涵是知识能力。我国现代民营企业具有时代性、社会性、现代市场性、知识性、全球性的基本特征。为了适应以全球化、知识化、客户经济为特征的新经济时代和买方市场发展的客观要求以及企业自身发展进化的内在要求，我国现代民营企业必须进行全面的转型和提升。在转型过程中，我国现代民营企业在适应我国市场和世界市场快速变化的要求的同时，也为企业自身更新知识，以适应知识经济全球化的需要。由于市场和企业是不断变化的，这决定了企业为了保持和提升竞争力，必然要调整资源的配置结构，从而不可避免地调整企业制度及企业治理结构生态系统。企业在发展过程中，各生产要素所有者之间的力量对比发生了变化，因而，原来的企业制度安排就要重新谈判。因为企业的所有权也是动态演化的、权变的，各企业由于自身条件的不同，从而有效的治理结构也各异，不存在统一的广泛适用的最优治理模式。基于我国现代民营企业转型的条件和转型中存在的障碍，需要在调整经营战略、综合平衡业务链、建立有效融资机制、培养企业文化理念、提升核心竞争力等方面进行企业制度创新。②

其二，集中在通过数学工具构建中国经济转型的微观模型。有学者认为在地方政府在追求自身效用最大化的情况下，为了满足民生需求，放松

---

① 洪银兴：《用科学的改革观指导国有企业改革》，载于《求是学刊》2004 年第 6 期。
② 任熹真、王海英：《我国现代民营企业发展的前景探讨》，载于《理论探讨》2005 年第 4 期。

了对企业的规制，进行体制转型，因此，体现出典型的阶段性特征。政府在退出企业内部生产管理的产权转型期、政府促进外部要素市场自由化、完善企业所处产业规制的市场转型期以及政府协调企业和社会共同发展的和谐转型期。①

在社会主义市场经济的推行过程中，非公有制经济理论逐步完善，非公有制经济得到了迅速的发展。

（三）关于国有企业改革的分析

在探讨非公有制经济发展的同时，对公有制在转型期的新发展的探讨也提出了要求，主要是针对国有企业的改革问题展开了热烈的讨论。对该问题探讨如下：

其一，改革开放以来，伴随国有企业构成的变化，国有企业治理体制也在发生转变。有学者认为国有非公共企业是推动上述国有企业治理体制转型的主要力量，在实践中，国有非公共企业的治理体制转型方向与发达市场经济国家的国有公司治理体制趋同，而国有公共企业在汲取现代公司治理的有益成分的同时，仍然保留了相当数量的特殊性制度安排。② 有学者认为在这一时期，国有企业正经历从行政型到经济型的公司治理转型。在现代企业制度渐进过渡的基础上，国企治理转型路径一方面体现为治理主体与治理边界的变迁，另一方面为从传统的行政型治理到内部人控制进而到经济型治理机制建设的层次性演进，最终构建了治理转型的双重量化体系。③ 同时，他们还认为，由外部环境力量主导和驱动的国有企业积极、主动响应和自主开展的管理创新，是现在和今后国有企业管理创新动力机制的最基本的属性特征。在坚定地落实政企分开政策的同时，应进一步健全和完善国有企业的法人治理结构，进一步优化和完善国有企业主要经营者和国有企业领导班子考评指标体系，进一步提供行政支持和财政、金融

---

① 曲亮、任国良：《高管薪酬激励、股权激励与企业价值相关性的实证检验》，载于《当代经济学》2010年第32期。
② 黄速建：《国有企业改革的实践演进与经验分析》，载于《经济与管理研究》2008年第10期。
③ 李维安：《阳光下公司治理的较量》，载于《南开管理评论》2010年第13期。

援助；加强外部环境的管理等方面的管理应集中在政府手中。[1] 还有学者针对国有企业治理体制中的经营者报酬制度进行了分析，认为，在国有企业战略性改组的整体制度转型过程中，企业经营者报酬制度的转型对于国有企业的长期发展尤为重要。考察中国国有企业经营者报酬制度的现状及改革实践，并根据现代企业理论及现代人力资源管理理论，评判并设计出中国国有企业经营者报酬制度未来转型路径。虽然以年薪制为主体的报酬制度改革是明智而现实的选择，但报酬制度的进一步优化势在必行。[2]

其二，从不同的视角去分析国有企业的作用和改革的建议。有学者针对国有企业在经济发展时期的作用，提出国有企业一直是中国国民经济的重要支柱，也是中国全面建设小康社会的主要力量，更是落实国家宏观经济政策以及参与国际竞争的主力军。但是随着市场经济的发展，对国有企业的争论愈发激烈。这些争议表明社会各界对国有企业尚有一定的认识误区与迷思，国有企业改革已经进入一个新的阶段。中国在建设创新型国家的战略背景下，提高自主创新能力、走创新驱动发展之路，是中国国有企业尤其是中央企业改革发展的基本方向和主要目标。[3] 还有学者从伦理的角度上分析国有企业在进行管理的过程中需要注意的地方。他们认为经济转型意味着旧的"社会契约"被打破，而新的契约尚未订立时，作为企业行为调控机制的伦理作用得以彰显。在分析市场经济体制下，西方企业管理制度中的"伦理"与"绩效"的基础上，对企业的伦理本身的特有属性及经营绩效的内涵进行分析，同时结合中国国有企业目前面临的伦理困惑，认为国有企业要破解这些伦理困惑，就必须根据变化了的现实对其管理伦理进行合理定位，以"社会期望"为前提谋求企业与社会的和谐，以市场经济游戏规则为准谋求企业之间的和谐，以人本管理为依托达到企业与员工关系的和谐统一，以生态优先为基准谋求企业与自然的伙伴关系，以与全球经济接轨为基础实现国有企业组织个性化，以"权威声誉、伦理

---

[1] 王永、刘建一：《动力机制、运行机理与国有企业创新能力改善》，载于《改革》2012年第1期。
[2] 安同良：《中国国有企业经营者报酬制度的转型建议》，载于《南京大学学报》（哲学·人文科学·社会科学版）2000年第4期。
[3] 李政：《"国企争议"与国有企业创新驱动转型发展》，载于《学习与探索》2012年第11期。

声誉"营造社会激励伦理行为的氛围。① 此外,从影响企业绩效的关键因素入手,系统地研究了企业动力系统构成开始,一些学者详细地分析了计划经济、转型经济、市场经济条件下企业动力系统构成的差异及转型经济时期国有企业动力系统构成的特殊性。并且在对企业动力系统的变迁进行系统研究的同时,又对市场经济条件下,企业的委托代理关系对企业绩效的影响进行了分析。② 还有学者基于组织生态学视角,构建制度变迁、组织转型和国有企业持续成长的关系模型,从观念、制度、结构和战略四个方面剖析改革开放以来国有企业组织转型成长的路径。其发现制度的变迁是推动国有企业组织转型和持续成长的决定性因素,但三者之间的关系受到国有企业生态位变化的调节。在制度变迁影响国有企业组织转型的过程中,当国有企业已经成为自我发展的市场主体时,如果生态位未能及时调整,组织转型将呈现脱耦特征,国有企业也将因安于现状而失去持续成长的动力。③

综上,学术界从政府转变作用、非公有制经济和国企改革三个方面入手,分析了转型期中市场主体的培育问题,基本对我国市场经济主体是什么,如何发展这一难题达成了基本的共识,尤其是针对公有制经济和非公有制经济在转型期的发展问题进行了深层次的探讨。在这一时期,民营经济的迅猛发展,逐渐成为支撑国民经济的重要组成部分,而在国家的命脉行业、支撑国家发展的重要行业,国有经济所起到的作用是其他经济无法替代的。这就要求接下来开展对于市场体系培育的探索,建立适合中国国情的社会主义市场体系。

二、关于市场体系培育的分析

学术界主要从四个方面分析了社会主义市场体系:一是关于劳动力市

---

① 高小玲、李郸、苏勇:《转型期国有企业改革的伦理困惑与破解——基于中国的实践和西方的经验》,载于《财经科学》2006年第3期。
② 田会:《从转型对企业动力系统的影响看国有企业改革》,载于《管理世界》2006年第9期。
③ 黄群慧、白景坤:《制度变迁、组织转型和国有企业的持续成长——深入推进国有企业改革的生态学视角》,载于《经济与管理研究》2013年第12期。

场的培育；二是对商品市场的培育；三是对资本市场的培育；四是在全球化下国际市场的发展。

（一）关于劳动力市场培育的分析

劳动力市场是市场经济的重要组成部分，尤其在社会主义的市场经济之下，劳动力市场的作用便显得更为重要。因此，社会主义市场经济体系的培育和发展需要首先对劳动力市场进行探讨。

一类观点主要集中从历史的角度探讨劳动力市场的发展方向，认为劳动力市场体系的建立是一个逐步演进的过程。有学者认为，自20世纪90年代中期以来，中国城镇部门在经历了激进式的经济改革之后，城镇劳动力市场也进行了急剧转型，劳动力市场这种转型过程，最为直接的影响之一便在于导致了劳动力谋职方式的改变。谋职方式的变化特征及其对劳动力市场表现的影响表明，非市场化的劳动力市场配置方式成为保护某些人群免于市场竞争压力的屏障。在非市场化谋职方式就业人群中，增强相应劳动力市场的竞争化程度，降低市场化与非市场化谋职方式对于劳动力市场表现的差异化程度，成为劳动力市场一体化建设、提高劳动力市场竞争性程度所应当关注的内容之一。[①] 有学者提出劳动力市场体系的建立是一个逐步演进的过程。劳动力供给行为方式的差异性，是由政府及劳动力供给当事人所在劳动组织对他的保护程度的差别和他支配个人劳动力转让的自由度的差别决定的。而劳动力需求行为方式的差别，则取决于体制环境和劳动力资源配置机制。[②] 还有一些学者在分析市场和国家在市场转型过程中各自扮演的角色和功能的过程中认为，现代市场经济下市场和国家的功能可以被归结为"劳动力商品化"功能和"去劳动力商品化"功能。并且市场在转型实践的过程中市场和国家分别扮演的"劳动力商品化"功能和"去劳动力商品化"功能缺一不可；国家力量的退却并不一定就意味着市场的前进，国家力量在"劳动力去商品化"福利供给上的加强，是促

---

① 罗楚亮：《城镇劳动力市场转型与谋职方式的转变》，载于《北京师范大学学报》（社会科学版）2012年第4期。
② 许经勇：《论我国体制转型中的劳动力市场》，载于《经济经纬》2000年第5期。

进市场转型和市场发育的重要动力。①

另一类观点主要从数理的角度分析劳动力市场转型结构和影响因素等。有学者从农业、劳动密集型行业及收入差距等角度出发，论证和检验了中国劳动力市场的结构转型。② 有学者在对我国的房地产市场进行分析的过程中发现，人口年龄结构、空间结构、家庭户规模都是影响其需求和价格的重要因素。③ 还有学者从我国劳动力变化方面讨论劳动力市场的变化，他们在分析当前"用工荒"现象的特点和发展趋势的基础上，认为农村剩余劳动力总量、结构变化及区域间就业比较利益调整是引致中国劳动力市场供求关系变化的重要因素。④

随着经济成分的愈发多样化，劳动力市场也发生着巨大的变化。伴随着私有经济的发展，我国劳动者的身份逐渐多元化，在作为中国公民拥有生产资料所有权的同时，受雇于私营业者也使他们变为了出卖劳动力的雇佣劳动者。随着市场体系的不断完善，劳动力市场也逐渐形成了市场型按劳分配的制度原则。

（二）关于商品市场培育的分析

生产资料和生活资料价格的市场化为我国商品市场的发展奠定了基础。在 20 世纪 90 年代，在工业生产资料价格变为市场价格单轨制之下，大部分商品的价格在市场中形成，我国的商品市场初见雏形。党的十四大第一次明确提出了"市场对资源配置的基础性作用"，同时，在围绕如何建立社会主义市场经济体制的问题上，提出要"加快市场体系的培育。继续大力发展商品市场特别是生产资料市场"，这成为市场体系建立的着力点。

在商品市场培育上，学界的研究重心先是对商品市场流通领域的改革

---

① 梁玉成：《市场转型过程中的国家与市场——一项基于劳动力退休年龄的考察》，载于《中国社会科学》2007 年第 5 期。
② 高铁梅、范晓非：《中国劳动力市场的结构转型与供求拐点》，载于《财经问题研究》2011 年第 1 期。
③ 孙晓芳：《劳动力流动理论的思路变迁与路径探索》，载于《中国人口·资源与环境》2012 年第 22 期。
④ 辜胜阻、李华：《以"用工荒"为契机推动经济转型升级》，载于《中国人口科学》2011 年第 4 期。

各抒己见，有学者认为在改革初期行政干预使得商品流通领域的行政分割局面没有根本转变，价格体系并未健全。商品市场存在商品流通领域中行政划分不明确、价格体系不完善、发展水平滞后、市场发育不平衡、宏观调控不力等因素①。随着在改革的进程中商品流通领域的计划问题逐步消除，主要体现在社会商品流通中指令性计划的品种和数量缩小，市场调节的范围和比重逐步扩大。② 也有学者认为，周期波动特征是衡量商品市场运行情况的一个重要指标，而改革开放使我国商品市场越来越具有持续、稳定增长的特征，商品市场周期波动对我国消费、投资、价格指数的影响效应不断增加，对总体经济的影响日益显著，市场化改革对我国商品市场的持续繁荣和稳定增长具有决定性作用③。也有学者通过对某一特定商品市场的培育进行研究，认为商品市场作为一切市场发展的基础，是活跃市场行为、提升商业文化的重要力量。上海的商品市场发展便是建立在这一基础上，其肩负了全国重要资源配置中心的责任，将商品市场建设与体制改革相结合，建立起文化多元、交易活跃的商品市场。④

（三）关于资本市场培育的分析

随着社会主义市场经济的不断发展，金融资本的发展伴随而来，要求逐步完善和发展金融资本市场。因此，对社会主义市场经济体系培育的探讨同样也要求对金融资本市场进行分析。

有学者认为我国目前尚处于经济社会转型时期，与众不同的制度环境和一系列"本土化特征"，决定了中国金融体系中具有发达市场经济国家所没有的"特殊金融谜团"。这些谜团的出现是中国由计划体制向市场体制转型中的经济问题在金融领域里的必然反映。它表明，尽管经过20多年的经济金融改革，中国的金融深化取得了重大进展，但是由于采取的是渐进的改革方式，我国当前依然存在着许多无法用市场经济成熟、发达国

---

① 许荣昌、罗精奋、庞鸣：《深化流通体制改革培育和完善商品市场体系》，载于《财贸经济》1994年第4期。
② 李由鹏：《我国商品市场发育现状和近期改革目标》，载于《东岳论丛》1992年第3期。
③ 陈乐一、吴川龙：《我国商品市场周期波动实证研究》，载于《贵州社会科学》2014年第9期。
④ 许学武：《上海商品市场建设30年》，载于《上海商业》2010年第9期。

家总结的一些金融理论来加以解释的谜团现象。① 一些学者还认为转型是当今世界各大城市共同面临的一个课题。国内的一些大城市在实施由制造业城市向服务型城市的转型过程中，主要对综合服务能力进行培育和完善。其中金融服务功能建设是城市转型的核心内容之一。② 此外，还有一些学者认为，由于传统的发展战略和增长机制已难以持续，加快推动发展模式的转型，并要求金融体系实现实质性的转变才是实现稳步经济增长的重要保障。而其中，着力解决金融资产定价机制和市场优胜劣汰机制扭曲的问题进而提高金融运作的市场化程度、建设和完善多层次的金融市场体系进而使金融资源能够顺畅地流向经济的不同层次、积极发展资本市场使更多地依靠资本市场来聚集和配置金融资源成为金融体系改革培育的重点内容。在做到这些内容的过程中，政府对地方性金融机构的监管也同样的重要。③

（四）关于全球化的分析

国际间的贸易发展作为市场经济发展的重要组成部分，对中国经济市场化的发展起到了重要作用。因此，对社会主义市场经济体系培育的探讨还要求对国际化和全球化进行分析。

一类观点从资本市场的国际化培育和发展角度对我国市场经济发展过程中的国际化全球化进行了深入分析。有学者认为为实现我国成为在资本市场上全球最重要、规模最大、流动性最强交易场所之一，需要进行资本市场的战略型转移。为此在制度变革、蓝筹股回归、流动性充盈和宏观经济基本面等多重因素的推动下，中国资本市场从2006年开始进入跨越式发展阶段。中国资本市场的跨越式发展使中国正在成为一个资本大国，进而推动着中国金融的崛起。同时中国资本市场发展的政策理念必须从单一的需求管理过渡到供给管理，政策的重心是扩大供给、优化结构并不断地

---

① 阎坤、周雪飞：《透析中国转型时期的"特殊金融谜团"》，载于《财贸经济》2003年第1期。
② 韩汉君、黄恩龙：《城市转型的国际经验与上海的金融服务功能建设》，载于《上海经济研究》2006年第5期。
③ 张承惠：《金融改革须重视金融基础设施建设》，载于《重庆理工大学学报》（社会科学）2013年第27期。

疏导内部需求、积极地拓展外部需求，以实现资本市场供求的战略平衡。①还有学者认为，资本市场国际化与经济转型是一个双向互动的过程，资本市场国际化是经济转型的内在要求，而资本市场的全球资本配置能力决定了一国的经济结构以及经济增长方式。资本市场国际化通过引导资本的合理流动，形成促进经济平衡性增长的资本流动机制。中国资本市场国际化应该积极借鉴新兴国家的经验并吸取其教训，以货币兑换自由化、取消外汇管制为前提，深化改革、强化监管，保证国内金融市场稳定和经济发展模式的成功转型。②

另一类观点集中在以宏观视角进行研究。有学者认为自2012年以来我国投资、消费、出口需求均有不同程度减弱，经济运行热度明显下降，企业景气状况下滑较多，企业经营处于相对困难的时期，主要原因包括外需不足、产能过剩、房地产调控面临两难和中小企业融资难，企业经营者认为经济回暖的过程可能会比较长，对未来持谨慎乐观的态度，并且在面对当前的困难和挑战时，虽然不少企业表示要积极应对，但企业也期待政府进一步深化改革，推动企业的转型升级和经济的持续健康发展。③ 还有一些学者认为，传统宏观经济理论将消费、投资和净出口作为驱动短期经济增长的"三驾马车"。近年来，受国际市场的需求萎缩、国内投资的剧烈波动以及刺激内需的政策效果难以具有持续性的影响，使传统的"旧三驾马车"正在失灵，并提出中长期驱动中国经济转型发展的"新三驾马车"：城镇化、资本化和金融化。其中城镇化是个综合实体经济概念，它的质量和水平的提高有助于提升居民收入水平，并能通过基础设施建设和新产业培育来拉动投资增长，具有刺激消费和投资的双重增长潜力，而资本化主要提供金融资源配置和促进转型发展的平台、机制和动力，解决经济发展的增量拉动和结构优化问题，金融化则有助于解决经济发展中的金

---

① 吴晓求：《中国的金融开放与金融安全》，载于《中国国情国力》2007年第12期；吴晓求：《关于全球金融危机产生原因的十个问题》，载于《上海金融学院学报》2008年第6期。
② 何诚颖、徐向阳、翁媛媛：《资本市场国际化与中国经济增长方式转型》，载于《经济学动态》2012年第9期。
③ 潘建成、李兰、彭泗清、郝大海、董博：《企业经营者对宏观形势及企业经营状况的判断、问题和建议——2012·中国企业经营者问卷跟踪调查报告》，载于《管理世界》2012年第12期。

融服务和存量保护及金融服务问题。①

综上，学术界通过对劳动力市场培育、产权市场培育、金融资本市场培育和国际化全球化四个方面的分析，全面论证了社会主义市场体系的构建。对于社会主义市场经济体系而言，统一、开放、竞争、有序是使市场经济体系顺利运行的基础，在此基础上使城乡市场变得更为紧密，以及使国内外市场之间的关系更为紧密，促进常见资源的优化配置。而要构建社会主义市场体系，需要处理好政府和市场的关系，由此对政府与市场的关系问题探索提出了新的要求。

三、关于政府与市场关系的分析

中国作为社会主义社会，在实行市场经济的过程中，政府在其中的作用是极其重要的，政府不仅需要在市场经济发展出现问题时及时对其进行纠正，在重要行业和领域都需要对市场的发展做出正确的引导。为此，在我国实行市场经济的过程中，处理好市场与政府的关系，成为我国经济可持续、合理增长的重要内容。由此，学术界展开了对政府和市场关系的探讨，探讨主要包括政府职能的界定、宏观经济调控和社会保障体系三个方面。

（一）关于政府职能界定的分析

探讨政府与市场的关系需要回答政府与市场之间的关系究竟如何，市场在作用期间，政府的参与程度如何把控等问题，而首当其冲的就是政府的职能在市场经济中的界定问题，只有界定好政府职能的内涵和范围，才能继续展开对政府与市场关系的探讨。

第一类观点从政府转型入手来界定政府职能。有学者认为由于我国的改革正处在关键时期，并已进入以政府转型为重点的结构性改革阶段。以公共服务为中心的政府转型，是我国下一步改革的中心和重点。因此，努

---

① 孙才仁、宋志红、孙婧：《论驱动经济转型发展的"新三驾马车"》，载于《证券市场导报》2013年第3期。

力实现以公共服务为中心的政府转型,既是落实经济社会协调发展科学发展观的重要保障,又是在宏观调控中推进改革,保持经济持续增长的重要举措。① 有学者从历史发展的脉络,对中国政府转型的历程进行全面地回顾和总结,同时总结阶段性政府职能特征,认为根据中国政府转型的历史演进路径,中国政府转型的历程大体划分为三个阶段。1978~1986年为经济建设型政府阶段、1987~2002年为经济调节型政府阶段、2003年至今为公共服务型政府阶段。政府转型需要处理好政府与市场的关系,客观界定政府职能,有效发挥政府职能。② 还有学者通过"寻租"经济学的分析方法,对经济转型时期地方官员腐败和公共投资效率两者之间的内在关联进行了综合研究,并指出基于转型时期有效监管制度的缺失,腐败对地方政府公共投资的规模效率、结构效率以及产出效率都产生了不同程度的负面效应。③

第二类观点认为在政府的职能作用中,税收是政府职能的重要环节。有学者从增值税入手,认为增值税转型改革,既是完善税制的需要,也是应对金融危机,实行扩张性税收政策,鼓励投资和扩大内需的宏观调控手段。④ 还有学者认为实施增值税转型能够刺激投资,促进经济增长,但没有充分认识到这个转型也会扭曲资本与劳动相对价格,产生资本对劳动的替代效应,对就业造成负面影响,并通过一般均衡分析得出在中国国情下,无歧视减税政策比增值税转型更优选。⑤

第三类观点认为政府在执行宏观经济政策的过程中,对内需的调整也是政府职能的一个重要职责。有学者认为扩大内需是我国经济发展的战略方向。人口年龄结构和居民消费结构之间的各项关联非常稳健。通过判断年龄效应、时期效应和队列效应的相对重要性,并同时控制一系列社会和经济特征效应后发现,消费者年龄是消费结构的关键决定因素。根据人口

---

① 迟福林:《以政府转型为重点的结构性改革》,载于《江苏社会科学》2004年第6期。
② 王东京、田清旺:《政府转型的演进轨迹及其引申》,载于《改革》2008年第11期。
③ 张雷宝:《转型时期腐败和地方政府公共投资效率的关联分析》,载于《财经论丛》(浙江财经学院学报)2005年第5期。
④ 王素荣、蒋高乐:《增值税转型对上市公司财务影响程度研究》,载于《会计研究》2010年第2期。
⑤ 陈烨、张欣、寇恩惠、刘明:《增值税转型对就业负面影响的CGE模拟分析》,载于《经济研究》2010年第45期。

转型趋势把握产业发展方向并制定科学的产业政策，对我国经济稳定、持续、健康发展至关重要。①

（二）关于宏观经济调控体系的分析

社会主义市场经济体制的建设，要求转变政府职能，建立以间接手段为主的完善的宏观经济调控体系，因为在市场经济条件下，市场机制对资源配置起基础性作用，但是市场具有自发性和盲目性，必须建立和健全宏观调控体系。这要求学术界对宏观经济调控体系的建设提出理论上的指导，在此基础上，开始了关于宏观经济调控体系的探索。

第一类观点从宏观政策的效果来分析转轨经济的体制性矛盾，认为转轨中的体制性矛盾最终必须通过深化改革来消除。有学者认为，自1998年以来积极财政政策的工具性效果不足和经济运行失衡成为中国经济的两个突出问题，二者皆具有承继关系，都受到同一转轨背景下的体制性约束。由于现阶段中的市场机制还只是框架性的，导致经济失衡和失业问题的原因不同于一般性的市场失灵，以启动经济自主增长作为积极财政政策的目标缺乏体制上的内在机理。经济运行的失衡则是消费的体制性压抑、投资的体制性冲动双重约束的结果。当前中国经济运行中的问题是结构性的，其实质是转轨过程中传统体制性约束导致的市场机制运行障碍，是市场机制不成熟、不完善的结果。由于问题产生的体制背景不同，实践中的财政政策既无力像西方那样用以启动市场机制的恢复，也不可能解决转轨中的体制性约束问题，只能提供一个有利于解决问题的相对平稳的宏观环境。财政政策作用下的经济运行也同样受到这些因素的制约。② 有学者提出，微观规制职能的宏观政策化是新一轮经济周期以来宏观调控政策的特征，但从当前经济运行态势看，其调控效果并不明显，从而使宏观调控陷入新的困境。而这些则表明，无论调控政策与手段如何完善、改进，如果缺乏相应制度的保障，宏观调控不可能切实有效，因此，制度转型亟待提

---

① 茅锐、徐建炜：《人口转型、消费结构差异和产业发展》，载于《人口研究》2014年第38期。

② 吕炜：《体制性约束、经济失衡与财政政策——解析1998年以来的中国转轨经济》，载于《中国社会科学》2004年第2期。

上日程。①

第二类观点从金融市场的角度分析政府的宏观调控现状以及存在的问题，以期给出建议。有学者从我国商业银行的发展角度探讨宏观经济调控，认为现阶段中国商业银行在发展过程中遭受了资本约束的困境，宏观经济波动性的增强使得宏观调控政策出现了更加频繁、更加市场化的新特征。为突破资本约束的困境和防范宏观调控带来的风险，商业银行必须进行战略转型，走低资本消耗、高盈利模式的集约化经营道路，一方面要认真分析宏观经济环境的变化以及宏观调控政策的新趋势，另一方面还要增强自身的风险管理能力以控制业务拓展和创新过程中带来的风险。② 有学者认为宏观调控的过程中存在着调控失范的行为，其产生的主要原因是，转型期宏观调控法律制度体系中，某些法律供给缺失、控权不能、控权不足。我国应转变政策调控的习惯思维、职权主义的立法模式、粗放主义的立法策略，并完善有关保障社会主体基本经济权利的立法，通过法律制度的变革，对这种特殊的宏观调控行为予以有效规制。③

(三) 关于社会保障体系的分析

社会主义市场经济体制的建设，要求建立以按劳分配为主体，效率优先，兼顾公平的收入分配制度，鼓励一部分地区和一部分人先富起来，走共同富裕的道路。这就要求建立多层次的社会保障制度，为城乡居民提供与我国国情相适应的社会保障制度，无疑向学术界提出了理论支持的要求。而建设社会保障体系要求在市场规律发挥作用的同时，政府发挥自身职能，构建多层次的社会保障体系。因此，应当将关于建设社会保障体系的分析纳入政府和市场关系的探索中来。

首先，以社会福利制度为切入点，主要认为社会福利是现代社会中社会认同的基础。有学者认为自 1978 年以来，以社会保障为核心的中国社

---

① 杨全社、李江涛：《当前宏观调控政策困境下的制度转型》，载于《国家行政学院学报》2007 年第 6 期。
② 索彦峰、刘晓辉、于波：《资本约束、宏观调控与商业银行战略转型》，载于《广东金融学院学报》2008 年第 5 期。
③ 张辉：《我国转型期的宏观调控失范行为》，载于《华东政法大学学报》2009 年第 4 期。

会福利体系经历了一个碎裂化与重构的双重过程，而与之相随的则是社会认同经历了从机械型社会认同向有机型社会认同的转型。而有机型社会认同则具有利益共享性、边界开放性、多元并存性、可持续发展性等特征。[1]有学者认为，中国社会发展正处于结构转型、体制改革、现代化建设、制度创新和制度典范战略升级的历史转折关头，社会保障制度典范向社会福利制度典范战略升级是重要组成部分。在全面、系统探讨制度典范概念，制度典范升级的条件与环境，制度典范升级类型与途径，重点阐述社会保障制度"压迫"社会福利制度的诸多不利后果，社会保障制度向社会福利制度战略升级的必要性、重要性、紧迫性和诸多优越之处，并指出中国特色社会政策框架与"积极性"社会福利政策时代已经来临。[2]

其次，转型社会的阶段具有构建社会保障体系的阶段特征。有学者提出从传统农业产业向现代工业产业转变过程中，一国的经济增长与收入分配差距变化呈现一种"倒U型"趋势。然而中国经济在改革开放后的三十余年里保持高速增长，但收入分配差距并没有达到"倒U型曲线"的拐点，居民的收入差距还在扩大。借助于马克思生产与消费关系原理进行分析，可以发现中国经济持续高速增长之所以没有实现收入分配的转型主要决定于体制转型和转型方式这两个因素，而要实现中国经济增长促进收入分配转型必须改变初次分配中的劳动者地位，以及转变消费、投资和出口在拉动经济增长中的结构。[3] 还有学者提出相对于比较稳定、协调的社会形态而言，转型社会是社会发展最为快速的社会，同时也是社会代价集中付出的社会。快速社会变迁引起的社会结构功能的失调、经济发展与社会发展的失衡、中国独特的社会转型的困难等导致了转型时期社会代价的形成。而现阶段社会代价支付与补偿机制方面存在的一些严重缺陷，诸如支付主体的错位性、支付方式的转嫁性、代价补偿的滞后性，则是引发当前社会成员、社会群体等不同主体之间尖锐、复杂的利益矛盾的根本原因

---

[1] 陈劲松：《转型时期我国社会福利体系的重构与社会认同的转型》，载于《中国人民大学学报》2009年第23期。
[2] 刘继同：《社会福利制度战略升级与构建中国特色福利社会》，载于《东岳论丛》2009年第1期。
[3] 蔡昉：《全球化、经济转型与中国收入分配优化的政策选择》，载于《改革》2006年第11期。

之一。从构建和谐社会的基本需要出发,健全、完善我国的社会代价补偿体系乃是党和政府工作的当务之急。① 此外,在对我国当前的社会保障制度进行分析的过程中,一些学者认为当前我国社会保障制度是残缺的和断裂的,这与后二元社会结构的特征和对社会保障制度的认定相关,我国的社会转型和社会进步要求弥合这种断裂,重要的是在农村建立相应的社会保障制度,在城市建立与社会保障制度相连接的社会服务体系。②

再次,从保险制度方面对我国的社会保障体系进行分析,学者提出要在考虑人口老龄化和社会转型阶段的前提下,建设社会保障体系。有学者认为,我国目前正处于大规模的社会转型阶段,在此阶段中我国政府和人民将面对各种改革风险和社会问题,构建适应当前国情的社会保险制度既是应对之策也是必然之举,在当下的特定时期内,在完善我国社会保险制度时,应该力争突破我国社会立法的原有路径依赖,把社会保险制度的建设放置于合理的发展轨道之内。与此同时,要理性地认识全球化可能带来的社会问题以及社保负担,还要兼顾对人口老龄化趋势的考量;在制定社会保险法时则要找准立法难点,重点突破的同时还要兼顾社会现实。③ 还有学者从医疗保障体系入手,认为虽然改革之初在公共财政、卫生筹资等领域的责任弱化,导致民众医药费用的负担大大加剧,产生了严重的社会不公。但自 2003 年以来,这种局面开始逆转,我国卫生总费用中公共筹资或者广义政府卫生支出的比重大幅度提高,开始接近并将超过发展中国家的平均水平。与此同时,公共财政的转型在医疗卫生领域有了充分的体现,即政府不再独揽卫生筹资和基本医疗卫生服务提供的责任,而是通过公共财政筹资优势的发挥以及政府购买服务的方式,动员社会资本进入医疗卫生领域,在服务提供方面引入竞争。政府还调整了公共资源的配置方向,强化对农村地区基本医疗卫生服务体系和城乡基本医疗保障体系的投

---

① 李迎生:《社会转型加速期的代价支付及其补偿问题》,载于《中国人民大学学报》2007年第3期。
② 王思斌:《当前我国社会保障制度的断裂与弥合》,载于《中国特色社会主义研究》2004年第3期。
③ 夏蕾:《关于构建转型时期中国社会保险制度的思考》,载于《劳动保障世界》(理论版)2010年第5期。

入。① 也有学者试图从社会养老保险入手,分析随着我国逐渐进入老龄化社会,构建社会养老保险对完善社会保障体系的作用。然而,自20世纪80年代中期开始探索实施的传统型农村社会养老保险由于在制度设计和具体实施中存在诸多问题,导致保障功能极其有限。一些学者认为,试点新型农村社会养老保险具备难得的有利条件,必须抓住机遇,切实采取有效措施积极推进制度建设,明确新型农村社会养老保险制度的社会保险属性,加快试点步伐,强化政府主导意识、多渠道筹集资金,创造条件探索城乡养老保险制度有效衔接的办法,加强基层农保机构和农村养老服务体系建设等。② 还有学者提出,养老保险制度自从建立以来,就在不断地经历调整和演变。虽然从中国养老保险制度正在从传统的单位保险向现代的社会保险演变目标来看,是建立科学合理的责任共担机制。但这一变迁在实施的过程中,政府责任则在从"无所不包"向"有所为、有所不为"迈进。③

最后,从收入分配和公平正义角度分析建设社会保障体系,构建合理的社会保障制度能够调节收入分配,达到缩小贫富差距,维护社会公平正义的目的。有学者从财富分配的角度对社会保障制度进行分析,认为自改革开放以来,贫富不均,社会财富分布趋于集中逐渐成为影响国民经济发展和社会公平的核心问题。中国已经是世界上收入差距最大的国家之一,机会不均等是收入差距持续扩大的重要原因,也是滋生社会矛盾和冲突的主要源泉。因此深化收入分配改革扭转社会财富集中,是破解经济体制改革困境的重要突破口。④ 有学者把中国劳动者的工资增长和福利改进置于全球化的背景下进行讨论,构建了一个普通劳动者从中国参与全球化中获益的理论分析框架。对中国参与经济全球化的必然性、全球化惠及普通劳动者机制的作用条件、"刘易斯转折点""库兹涅茨转折点"重合条件等

---

① 顾昕:《中国社会政策支出的筹资模式:收入结构的公平程度与激励效应》,载于《河北经贸大学学报》2016年第37期。
② 张建伟:《中国农村社会养老保险制度:转型与发展》,载于《中央财经大学学报》2010年第5期。
③ 杨方方:《我国养老保险制度演变与政府责任》,载于《中国软科学》2005年第2期。
④ 付文林、张婉:《价值链嵌入模式与国民收入分配结构失衡》,载于《上海经济研究》2013年第25期。

角度的分析表明，在中国经济转型期，应通过政策选择，进一步实现经济增长与收入分配同步，使中国的劳动者从全球化中更多地获益，进而促进中国收入分配的优化。① 有学者从要素供求结构和产业的国际竞争优势来看国民收入分配关系，认为其能够提升中国经济的收入创造能力，构建国家创新体系，激发全社会的自主创新能力；通过国内消费市场的发掘和培育，提高本土企业的价值链分工地位也是解决收入分配问题的重要途径之一。② 有学者认为在客观描述转型以前即改革开放前我国收入分配关系特点的基础上，在体制改革和对外开放条件下我国经济高速增长所产生的收入分配效应，以及在对经济运行内在机制分析之后，得到了在经济转型时期，从总体上说中国经济增长所产生的收入分配恶化效应强于增长所带来的收入分配改善效应，而之所以产生如此结果，就是因为有其产生的内生性原因和内在的作用机制，因而具有内生性和必然性特点。③ 在公平正义的角度来看，有学者提出，社会财富存在"向城市集中、向发达地区集中、向政府集中、向少数家庭集中、向垄断行业集中和向资本所有者集中"的现象，而社会财富过度集中的制度成因是收入分配制度供给质量低、产权制度扭曲、政府改革和社会转型的迟滞。因此财富过度集中的治理应从深化收入分配体制改革，提高收入分配制度的供给质量，改革不合理的产权制度，加快政府改革和社会转型等，进而达到缩小贫富差距，维护社会公平正义的效果。④

综上，通过对市场主体培育、市场体系培育以及政府与市场关系的探索，学术界逐渐形成了系统的转型经济市场化理论，对我国进行进一步的市场化改革起到了指导作用，取得了众多理论成果。

---

① 乔榛、孙菲菲：《经济增长促进收入分配转型的中国式路径》，载于《学习与探索》2011年第3期。
② 陈斌开、曹文举：《从机会均等到结果平等：中国收入分配现状与出路》，载于《经济社会体制比较》2013年第6期。
③ 权衡、徐琤：《收入分配差距的增长效应分析：转型期中国经验》，载于《管理世界》2002年第5期。
④ 杨洁：《中国社会财富集中的制度成因及治理策略》，载于《理论与改革》2012年第5期。

第四节 关于市场化转型路径的选择

根据转型经济学,在转型初期,占主导地位的转型经济研究范式是新自由主义范式。该范式继承了自斯密以来的经济自由主义传统,将市场经济视为最有效的经济体制。在政策层面,其核心主张体现为推行"华盛顿共识"。苏联几乎照搬了这套纲领,以图实现从计划到市场的一步跨越。在转型经济学中,对新自由主义做出严厉批判的一个重要研究范式是演化经济学范式。该范式将市场经济视为一套信息处理的手段。由于经济主体具备有限理性,只能在长期摸索中搜集有用的信息。激进式转型摧毁了原有经济组织,社会主体无法迅速积累起适应市场运行的知识和信息,必然导致经济崩溃。渐进式转型为经济主体提供了稳定的适应性学习环境,便于他们积累必要的知识和信息,因此转型过程更为平稳。

对华盛顿共识提出挑战的第二个重要研究范式是制度主义范式。该范式认为有效的制度安排能为经济主体提供强有力的激励机制,促使其将资源禀赋投入创造财富的活动中,推动经济发展。激进式转型虽然摧毁了计划体制,却未能迅速创造出支持市场有效运行的制度安排,结果使俄罗斯等国陷入"制度真空"。

第三个有影响力的研究范式是新比较经济学范式。该范式认为,经济体制是由各种组织、规则和治理机制构成的制度系统,由于存在制度关联性和互补性,经济体制必然呈现多样性特征。历史上形成的"文明资本"对后继制度产生重要影响,盲目移植外来制度并不能增进体制绩效。转型不是向某种"最优"体制趋同的过程,而是呈现出多元发展轨迹。这一时期的转型经济学呈现以下特点:一是从早期的政策性争论转向更为深入的学术研究和理论构建;二是在比较激进与渐进两种转型方式的基础上,反思华盛顿共识的内在缺陷;三是有关经济转型的观点出现分化,越来越多的学者开始关注中国转型的成功经验及其对西方主流经济学的挑战。

自我国明确由计划经济向市场经济转变后,关于我国应当采用何种转型方式才能帮助我国顺利实现目标，国内学者展开了激烈的争论。通过梳理分析发现，我国学者在转型路径选择上，基于转型经济学的各种不同范式，首先从经济转型模式立足点分析，再根据苏联等国家实行的"激进式改革"的经验与教训，总结了"激进式改革"的弊端，根据中国国情，提出了"渐进式改革"的转型路径选择。

一、关于经济转型模式立足点的分析

学术界在对"激进式改革"模式的反思的问题上，首先认为之所以中国无法适用"激进式改革"模式，是因为中国想要进行经济转型，面临特殊的国内外环境，应该立足在中国实际上探讨经济转型路径。

一类观点从经济体制的运行方式和基本研究角度分析，认为我国经济转型的模式必须立足国情，坚持从实际出发，实事求是，建设中国特色社会主义经济新体制。有学者认为经济改革是要改变经济体制的基本规定性和运行原则，是由一种经济模式过渡到另一种经济模式。探索我国经济改革的目标模式，必须从我国的国情出发，同时认真总结中华人民共和国成立以来我国经济体制演变的经验教训。[①] 有学者强调我国经济体制改革要采取的模式，必须是中国式的模式，即是有中国特色的社会主义经济模式，在细节上，尤其要切合中国的经济情况。[②] 有学者认为建立社会主义市场经济，必须从实际出发，采取实事求是的科学态度，承认和扩大商品经济存在的范围。[③] 持这一观点的学者众多，分析了建立社会主义市场经济新体制，要从中国实际出发，使之具有中国特色。市场经济虽然具有内在的本质的规定性，适应市场经济发展的经济模型也具有一些固有的特点，但是市场经济体制绝不是只有一种模式，因此，我们要从自己的实际出发，既学习、吸收西方发达国家发展市场经济的经验，又加上我们自己

[①] 陈吉元、荣敬本、林青松：《关于我国经济体制改革的目标模式问题》，载于《中国社会科学》1984年第5期。
[②] 刘国光：《我国经济体制改革的模式问题》，载于《财经问题研究》1984年第6期。
[③] 郭元晞：《中国改革的目标是发展社会主义市场经济经济》，载于《体制改革》1992年第4期。

的创造，不盲目照搬，在发展市场经济过程中少走弯路，少付代价。①

另一类观点强调保持开放态度，吸收借鉴成功经验。有学者强调立足国情之外，还需要借鉴吸取世界各国经验教训，认为从国情出发确定经济体制改革的目标模式，是关系国家能否走上正确的发展道路并保持长期稳定的重大问题。各国的国情不同，采取的经济体制模式也不同，我国必须从当前基本国情出发，既要充分借鉴世界各国包括资本主义发达国家一切反映社会化大生产和市场经济一般规律的经验，又要解放思想，实事求是，坚持走自己的道路。②还有学者强调要建立中国特色的社会主义市场经济模式，认为改革必须打破思想僵化，冲破教条主义的束缚，勇于创新和探索，学习与借鉴别国的成功经验，但选择体制模式绝不能从一个极端走到另一个极端，即从照搬苏联计划经济模式走到照抄西方国家的教条，必须坚持实事求是，从中国国情出发，走一条有中国特色的改革之路，选择一个有中国特色的社会主义市场经济模式。③

二、关于"激进式改革"模式的分析

长期以来，众多学者在探索经济体制改革模式时，立足中国实际，结合苏联失败经验，一是否定了中国经济体制转型中采用"激进式改革"模式，即"苏联模式"这一可能。二是中国深入分析了苏联"激进式改革"模式，对这一模式进行了批判，从各个角度分析"激进式改革"模式存在的弊端。

绝大多数学者认为该模式虽然对苏联经济发展起到一定的积极作用，但是存在严重弊端，不符合中国经济发展的国情。有学者从企业和农民生产积极性入手，认为苏联模式的高度集权不利于调动企业生产的积极性和主动性；会大幅压抑农民的生产积极性以及拉大党政领导人、企业领导人同普通劳动者之间的工资差距，同时这种模式也妨碍了社会主义民主政治

---

① 逄锦聚：《关于社会主义市场经济的几个理论问题》，载于《天津社会科学》1992年第6期。
② 高尚全：《中国：从计划经济走向市场经济》，载于《太平洋学报》1994年第1期。
③ 于祖尧：《中国经济改革的历史经验》，载于《新视野》1996年第2期。

的健全和完善。① 还有学者从苏联的体制分析,认为苏联经济进入衰退的根本原因在于体制本身,主要原因为:经济活动的动机被严重扭曲;管理机构僵化,行政命令抑制了企业的创造力;工业结构专业化的双重缺乏(一是国际市场上缺乏专化分工,二是国内各部门和企业的专业化程度也很低);技术进步缓慢以及中央计划动员资源和资金的作用越来越小。② 有学者从苏联的战略目标来研究苏联模式失败的原因,认为战略目标决定了它必然具有内在的逻辑封闭性,必然是排他的、闭锁的、自成内向系统的体系。它不能也无法对外开放,因为它追求的目标实际同它的宣言始终相互矛盾,因此,它承受不住外界对其社会成员的诱惑和压力。苏联模式从总体上看不过是过分集权制度的载体。其运作过程的一大特点,是实际的战略目标同社会本质的背离。随着时间的流逝和社会成员热情的减退、幻想的破灭,模式效率呈现出难以遏制的递减趋势。③ 有学者从苏联原有的制度限制方面分析了苏联失败的原因,认为随着时代主题的转换和科技革命的迅猛发展,随着改革大潮的兴起和苏联国内形势的变化,苏联模式的潜力已耗尽,生机已丧失,其历史局限性和落后性已经暴露无遗,不能继续发挥积极作用,并阻碍着社会的发展,也失去了它在各民族人民中的凝聚力。首先,在中央集权的计划经济体制下,联盟中央对地方经济具有垄断权。在规划和建设中,往往只强调国家的利益,忽视民族和地方的利益,忽视不同民族和地区的不同情况和特点,采取"一刀切"的经济政策,从而剥夺了各民族和地区根据自身特点发展民族经济的权利,严重损害了他们的民族利益。其次,苏联长期推行中央高度集权的经济体制,强调统一的指令性计划,完全排斥价值规律和市场机制的调节作用,采取"平调"政策,企图用行政手段"拉平"落后民族地区与先进民族地区的差距,而并没有把各加盟共和国之间的经济关系建立在科学的经济核算的

---

① 杨玲:《苏联模式浅析》,载于《齐齐哈尔师范学院学报》(哲学社会科学版)1987年第4期。
② J.维尼涅茨基著,熊志军译:《苏联模式的经济是否正进入长期衰退的时代?》,载于《国外社会科学》1987年第8期。
③ 姜长斌:《苏联模式探析》,载于《西伯利亚研究》2001年第4期。

基础上，从而导致国民收入的再分配背离了社会主义的利益公正原则。①还有学者试图从苏联模式的根本特征层面上分析苏联模式失败原因，探讨了苏联模式产生的国际影响，认为其根本特征是高度集权，主要体现在经济、政治、文化、社会等方面。在历史上，苏联模式曾经起过积极作用，但随着这种模式的日益凝固和僵化，其对包括苏联和中国在内的国际共运产生了巨大的危害。②

总之，众多学者在对"激进式改革"模式的理论机理进行深入分析的基础上，认为"激进式改革"模式不符合我国基本国情，不能帮助解决我国经济转型难题，否定了我国在经济转型中实行"激进式改革"模式的可能性。其次，党和国家主要领导人和学术界深入研究了苏联模式的弊端，探讨了苏联模式失败的原因。在此，得出了共识，认为我国应该立足基本国情，探索符合中国国情的经济转型模式，由此展开了对"渐进式改革"模式的探索。

三、关于"渐进式改革"模式的分析

学术界对"渐进式改革"模式的探索主要从两个方面入手，一是理论层面，二是绩效比较分析层面。

第一类观点从理论上分析了为何中国选择"渐进式改革"。有学者提出了两种新的成本概念从理论上分析转型路径的选择，认为如果单纯来看"激进式改革"的改革"转换成本"，成本过大，容易导致新规则还未发挥效用，经济效率损失，经济生活混乱。同时由于"渐进式改革"过程长、分步走和小步走的特点，"转换成本"相较"激进式改革"更大。但是，通过分析中国社会进行改革的阻力归结于三个方面原因，分别是体制改革、获益不均和改革投入产出存在时滞，最终形成了对改革的社会阻力导致了改革的"摩擦成本"这一新的概念。因此，中国进行经济转型改革

---

① 潘素洁：《苏联模式的弊端与联盟国家解体之关系探微》，载于《宁夏大学学报》（人文社会科学版）2002年第24期。
② 王书会：《中国特色社会主义是对苏联模式的根本否定》，载于《探索与争鸣》2007年第12期。

面临两种成本，分别是"转换成本"和"摩擦成本"。"分步走"的"渐进式改革"，逐步改变利益关系，引发的社会阻力，即"摩擦成本"较小，可以实现社会的较平稳过渡。并将"渐进式改革"的实质归纳为，旧体制根深蒂固，需要大力培养发展一种"新体制经济"。① 有学者将帕累托改进的检验作为支持"渐进式改革"的理论基础，认为在理论上，有两种推进经济改革的方式。一是在制度变革中不触及既有利益，而是通过改善交易环境使得经济运行效率提高，即"帕累托改进"；二是调整既有利益的群体形成新的均衡制度，即"非帕累托改进"，但是整个社会福利程度提高。可以预期，采用第二种方式，触动既有利益群体，会遭到利益集团的抵触，加大改革的摩擦和震荡。但是由于渐进式改革目的在于将社会总财富增长，社会资源不断扩大，从而产生可供在各个利益集团中分配的份额，使得"非帕累托改进"拥有了"帕累托改进"含义，最终将改革成本和风险控制在较小程度。② 有学者认为在中国实行完全的私有化和迅速的市场化，并不会产生与西方市场经济一样的效果。具体来说，在"激进式改革"之后，传统的国有工业部门会类似垄断厂商，"激进式改革"并不会立刻促成一个完全竞争市场，由此一个更合理的改革步骤是运用分步走的"渐进式改革"，并抨击了国外学者认为简单将渐进式改革归功于中国改革的特殊起点这一观点。③ 有学者认为，近年来中国的学者对改革过程的性质及其绩效作了大量的研究，一种普遍的观点是，中国的改革道路具有渐进性质，它促进了中国的经济增长。但由于范式选择的混乱或所选范式本身的缺陷，这些研究还没有真正揭示中国改革的演进特征。重新回顾中国改革过程的研究具有很重要的意义，这不仅是因为近十年中国的学者已经从一般的描述性分析逐步转向较严谨的逻辑推理，理论与经验实证方法被广泛运用，并取得了一系列的研究成果，更重要的是，随着研究的深入，必须触及一些基本的理论命题。如前文所述，在研究渐进式改革

---

① 樊纲：《渐进与激进：制度变革的若干理论问题》，载于《经济学动态》1994年第9期。
② 林毅夫、蔡昉、李周：《论中国经济改革的渐进式道路》，载于《经济研究》1993年第9期。
③ W. 哈勒根著，张军译：《改革起点与改革路径：一个可行的模拟》，载于《经济研究》1996年第1期。

道路时，仅仅强调改革起始条件、改革成本及正式契约的影响，并不足以解释改革路径的性质，同样，比较静态分析也无法说明不同改革路径的绩效差异。这是因为：第一，制度变迁是一个复杂的演进过程，其中初始条件只是当事人进行制度创新时所面临的约束条件之一，另一些更重要的条件还有待揭示出来，比如当事人制度知识的分布状态、当事人从事创新的自由度等。第二，把改革路径的选择与改革成本联系起来，意味着可能寻找到改革成本最小化路径，然而，给定信息的不对称性、制度知识分布的异质性和分散化，试图通过人为设计最优的制度创新方案是不现实的。目前的制度变迁案例基本上证明，中国的制度变迁更多的是政府与群众的一种默示交易过程，其中政府的退出和群众的自发创新行为构成了变迁的主线。第三，大量的实证分析只是显示正式制度的变革对绩效的影响，但农地制度变革、乡镇企业的兴衰、地方政府的企业家行为及国有企业银行的低效率等都不是仅仅用产权或正规契约所能解释的，制度演进的路径依赖特征必然要求更多地关注传统文化习俗及政治体制的影响，特别是一个更好的研究框架必须是在动态的制度演进过程中，分析正式和非正式规则约束下当事人之间的互动行为与后果，以及当事人与规则之间的相互关系和后果。[①] 有学者从意识形态上分析为何中国选择"渐进式改革"，认为中国的"渐进式改革"方式的选择，在很大程度上应由传统的儒家意识形态和马克思主义意识形态所规定的制度变迁路径来说明。然而，国内外研究经济体制转轨的学者大多忽视了意识形态这个变量或把它外生化。因此，加上意识形态这个变量或缺环，就是将来研究转轨经济学的一个重要方向。[②]

第二类观点是主要集中在绩效比较和现实情况分析上，论证相比"苏联模式"，中国"渐进式改革"模式获得成功这一现实。有学者认为，"渐进改革"创造了世界瞩目的"中国奇迹"，这个成就的取得受益于中国改革的渐进式路径选择及其进程中的制度变迁，尤其是以体制外的增量改革和经济改革为主线、政治改革相配合的特点更值得重视。制度变迁的

[①] 周业安：《中国渐进式改革路径与绩效研究的批判性回顾》，载于《中国人民大学学报》2000年第4期。

[②] 柳新元：《意识形态与中国渐进式改革方式的选择》，载于《理论探讨》2010年第4期。

多样化使中国改革没有出现大面积的"制度真空"而保持了社会有序,其绩效已为20多年的中国发展所证实。在改革中累积的一些经济和社会问题需要解决,采用比较优势的发展战略符合中国的要素禀赋,有助于增量和存量改革的相互配合,对制度的继续创新、经济和社会问题的解决乃至社会稳定都比较有利。[1] 有学者从中国经济的比较优势入手,提出改革以来中国经济的比较优势是否得到进一步发挥,是评价"渐进式改革"道路的成功与否以及判断中国在加入世界贸易组织后能否增强竞争力,并实现持续经济增长的关键。通过揭示"渐进式改革"的逻辑,并实际检验了中国经济整体、工业经济和农业经济地区专业化分工的趋势。进一步减少产品和生产要素市场的扭曲,通过专业化分工,中国可以更加充分利用劳动力资源丰富的比较优势,在 WTO 时代增强国际竞争力。[2] 有学者从现实角度出发,认为经济转型之初,一些经济学家基于新古典经济学信条提出,可以通过"激进"措施将原来的计划体制一次性破除而重建一个全新的市场经济。但迅速私有化并没有带来企业治理结构的改善和原国有资产的有效重组。与此形成鲜明对照的是,中国的渐进改革却取得了成功,并得到了越来越广泛的认可。20 世纪 90 年代中期以来,经济转型理论开始发生变化,"制度演进主义"的影响日渐扩大,经济学家开始强调市场经济支持性制度的重要性以及制度变革的长期性,认为分权、激励、竞争、良好的司法和会计制度等比私有化更重要,并在政治经济学层面上分析了不确定性、利益集团、政府、改革秩序与步骤对制度变迁的影响。[3] 同样,有学者认为,从中央高度集权的计划经济体制向市场经济体制转型,不同国家选择了不同的改革道路。苏联和东欧国家选择了根据主流经济学理论设计的"激进式改革",中国选择了一条自我探索的"渐进式改革"之路。体制内改革与体制外推进并行,以政府为主导实现强制性与诱致性改革的统一,从局部入手改革最终实现经济体制的整体转换是中国经济改革模式

---

[1] 张湛彬:《中国渐进式改革的路径选择和制度变迁评析》,载于《中共党史研究》2002 年第 4 期。
[2] 蔡昉、王德文、王美艳:《渐进式改革进程中的地区专业化趋势》,载于《经济研究》2002 年第 9 期。
[3] 胡家勇、陈健:《经济转型理论评析》,载于《中南财经政法大学学报》2003 年第 2 期。

的成功经验。应以此来解决中国在未来改革中遇到的新问题。①

第三类观点从"渐进式改革"的全球价值来分析，认为中国改革开放为全球转型国家提供了有价值的参照体系，也为经济学家探讨转型经济学提供了丰富的视角。有学者研究了"渐进式变迁"和"激进式变迁"的争议以及强制性变迁和诱致性变迁的争议。并对中国经济改革进行了理论提炼，揭示了经济转型的中国范式的内涵及其全球意义。②还有学者对中国的"渐进式改革"进行了概括和总结，认为中国经验或中国模式的基本特征可以概括为：在体制转轨上不搞"休克疗法"式的激进改革，而是促进诱致性制度变革和渐进式改革；在政治制度上选择了一个强有力的政党及其领导下的权威政府；在经济体制上选择了具有中国特色的政府主导型市场经济模式；在发展战略上选择高投入、低消费与出口拉动的外向型经济发展战略；在政治改革与经济改革的关系上，选择了经济改革的"理性超前"与政治改革的"理性之后"的非对称组合。现行发展模式在取得巨大成就的同时也面临着全球金融危机与环境恶化的严峻挑战。需要在以下方面促进中国发展模式的转型与优化：探索以内需为主导与外需相协调的新经济发展模式；以大力发展低碳经济和循环经济以及技术进步与创新促进经济发展方式转变与经济转型；以深化市场化改革和政治改革为经济发展方式转变奠定体制基础；确立以人为本的宗旨和市场主管效率、政府主管公平的体制模式，促进经济与社会协调发展；以市场经济与民主政治的基本原理与中国传统文化相结合重塑中华民族思想文化和中国的软实力。③

在对"激进式改革"模式的反思之后，得出了中国经济转型路径选择需要立足在实际，并且探讨了"苏联模式"诸多弊端结论。这必然要求采取新的路径，于是开始了对"渐进式改革"模式的探索，探讨出无论是在理论基础还是绩效比较层面上，"渐进式改革"是符合中国国情，适宜中

---

① 赵海东：《中国经济改革模式：路径、经验与国际比较》，载于《内蒙古大学学报》（哲学社会科学版）2008年第40期。
② 王曙光：《转型经济学的框架变迁与中国范式的全球价值——纪念中国改革开放30周年》，载于《财经研究》2009年第35期。
③ 全毅：《论中国经验与中国模式》，载于《福建论坛》（人文社会科学版）2011年第1期。

国发展的新的转型路径。众多学者指出,"华盛顿共识"并不符合我国经济发展变革的现状,即我国并不适合"休克疗法"式的"激进式改革",而是应该结合中国国情,创新性地提出符合中国国情的转型模式,即"北京共识"的"渐进性改革"。于是,得到了中国绝不走"激进式改革"道路,而是"分步走",采用"渐进式改革"作为经济转型路径这一结论。

第五节 全面探索阶段经济转型思想的政策践行和绩效分析

我国经济转型理论沿着历史的逻辑和理论的逻辑,分别形成了发展轨迹和构建了发展框架。我国经济转型全面探索阶段是经济转型理论形成的井喷期,同时在这一阶段,政策践行和经济绩效均取得了众多成果。中国在社会主义的社会制度下推行市场经济的尝试,取得了令人瞩目的辉煌成绩,经济的快速稳步增长,国民经济的飞速发展,使中国在经济发展过程中进行的理论尝试得到了践行上的证明。在经济转型全面探索阶段,我们得到了丰富的理论成果,建立了社会主义市场经济的理论体系,我国经济搭上了高速发展的快车,取得了一系列成绩。为此,在经济转型全面探索阶段的发展轨迹和发展框架的基础上,我们着重对政策践行和经济绩效进行了分析。

一、全面探索阶段经济转型思想的形成逻辑与分析

(一)全面探索阶段经济转型思想的形成逻辑

我国经济转型全面探索阶段的经济思想的形成逻辑按照以下脉络进行发展。首先,中国在经济转型全面探索阶段,经济的实践过程与传统理论发生了背离,经济发展遭遇困境,而市场经济的作用在逐步扩大,由此引发了关于姓"资"姓"社"的大讨论,经过官方和学界的共同探析,最

终关于市场经济姓"资"姓"社"的讨论得到了统一的结论,即"计划经济和市场经济两者都是手段,市场也可以为社会主义服务"。中国学者进一步运用现代经济学理论,对转型的动因、方式、路径和绩效等问题进行了进一步的探析,探寻经济转型的一般规律,并为转型实践提供政策建议。

其次,在此基础上,我国进一步探析了社会主义的本质问题,指出,社会主义的本质为解放生产力和发展生产力,消灭剥削,消除两极分化,最终达到共同富裕。由此,国内形成了对社会主义本质基本认识的统一论调,这成为我国探索市场经济问题和确定转型方向的理论前提。

再次,学界关于社会主义市场经济理论进行了分析和完善,主要包括市场经济的本质、市场经济的框架、社会主义与市场经济结合的可行性、必要性以及特征等问题,并进一步探析了如何实现全面推进市场化转型的探索,包括市场主体培育、市场体系培育、政府与市场的关系等内容,这为我国进行经济转型扫清了思想障碍,为确定经济转型模式奠定了基础,提供了有益指导。

最后,在社会主义市场经济理论提出和转型思想初步成熟的基础上,我国就经济转型模式进行了探析,在反思"激进式改革"的基础上,确定了"渐进式改革"的模式,为我国进一步完善社会主义市场经济理论,以及后续转型思想的发展提供了现实基础和理论支撑。

(二) 全面探索阶段经济转型形成分析

自1992~2012年,在经济转型方面,众多学者进行了深入分析,通过文献计量法,在中国知网中搜索了关键词"渐进式改革""经济体制改革""经济改革""社会主义市场经济""经济转型"以及"现代企业制度"相关的文献,具体结果如下:

如图4-1所示,从总量上来看,在1992~2012年期刊中关键词为"渐进式改革"的文献有1113篇,关键词为"经济体制改革"的文献有79430篇、关键词为"经济改革"的文献有49531篇、关键词为"经济转型"的文献有18496篇,关键词为"现代化企业制度"的文献有47278篇。

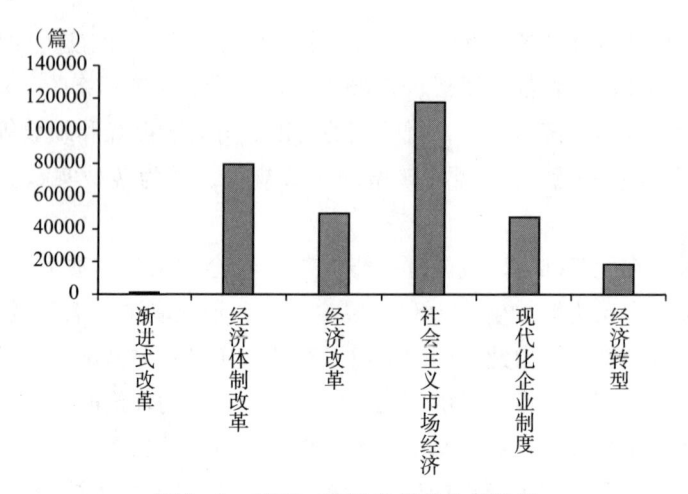

◇ 新中国经济转型思想研究（1949～2019）

图 4-1　1992～2012 年相关文献数量

资料来源：中国知网，由笔者整理。

进一步来看，众多学者从多层次角度深入分析了经济转型所带来的巨大的成就。从"渐进式改革"来看，相关文献自 1992 年以来，整体呈现上升的趋势，尽管在 2006 年有所下降，但 2008 年再一次上升达到顶峰（如图 4-2 所示）。

图 4-2　1992～2012 年"渐进式改革"文献数量变化

从"经济体制改革"来看，如图4-3所示，相关文献在1994年达到一个高峰，此后呈现逐年下降的趋势。

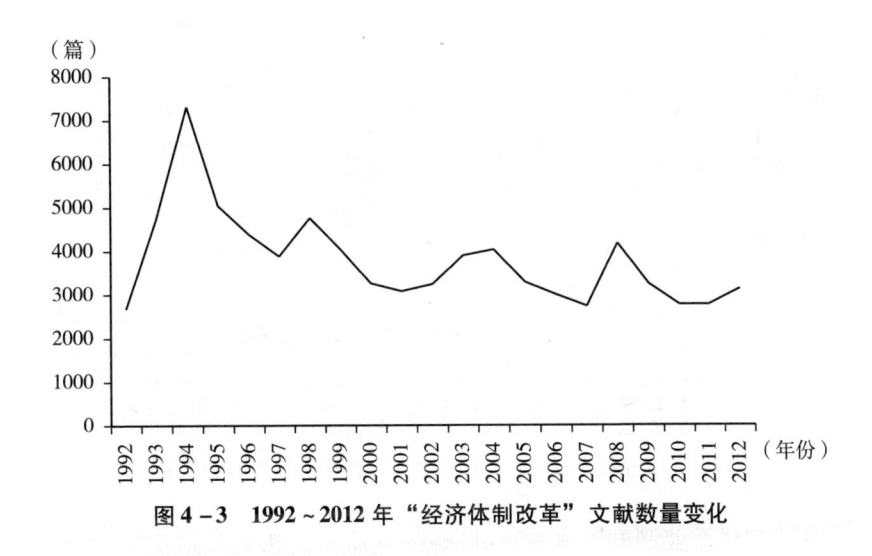

图4-3 1992~2012年"经济体制改革"文献数量变化

从"经济改革"来看，如图4-4所示，与"经济体制改革"几乎一致，相关文献在1994年达到一个高峰，此后呈现逐步下降的趋势。

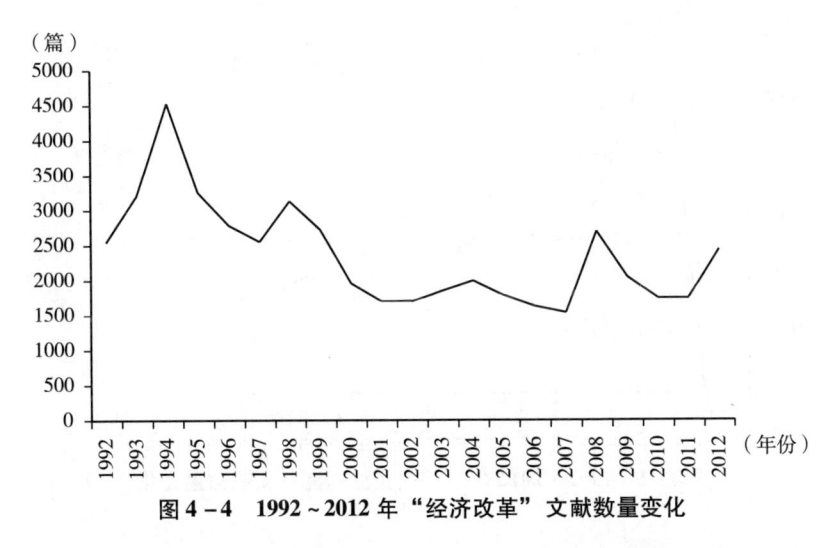

图4-4 1992~2012年"经济改革"文献数量变化

从"社会主义市场经济"来看，如图4-5所示，相关文献在1994年达到一个高峰，此后呈现大幅下降的趋势，在2000年之后，几乎少有上升。

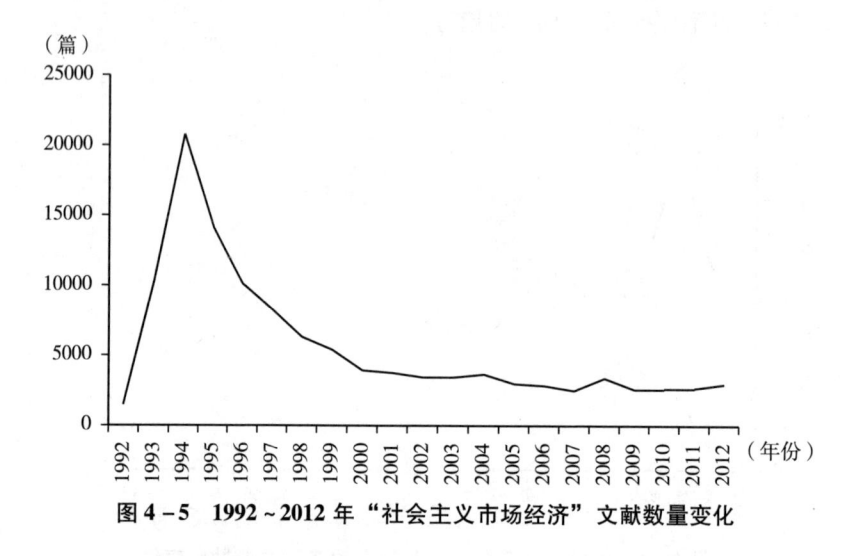

图4-5 1992~2012年"社会主义市场经济"文献数量变化

从"现代企业制度"来看，如图4-6所示，相关文献在1995~1996年达到一个高峰，此后呈现逐步下降的趋势，并保持相对平稳。

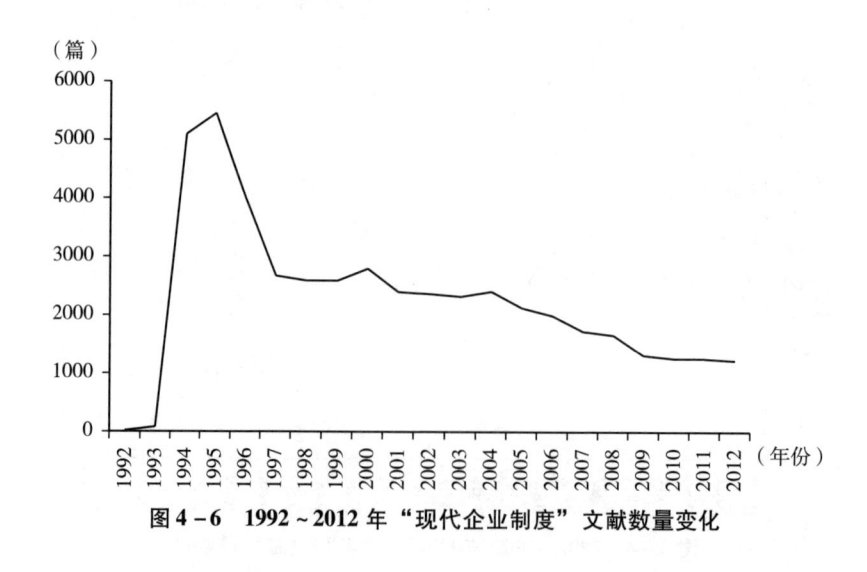

图4-6 1992~2012年"现代企业制度"文献数量变化

从"经济转型"来看，如图4-7所示，相关文献呈现逐步上升的趋势,且仍有继续上升的趋势。

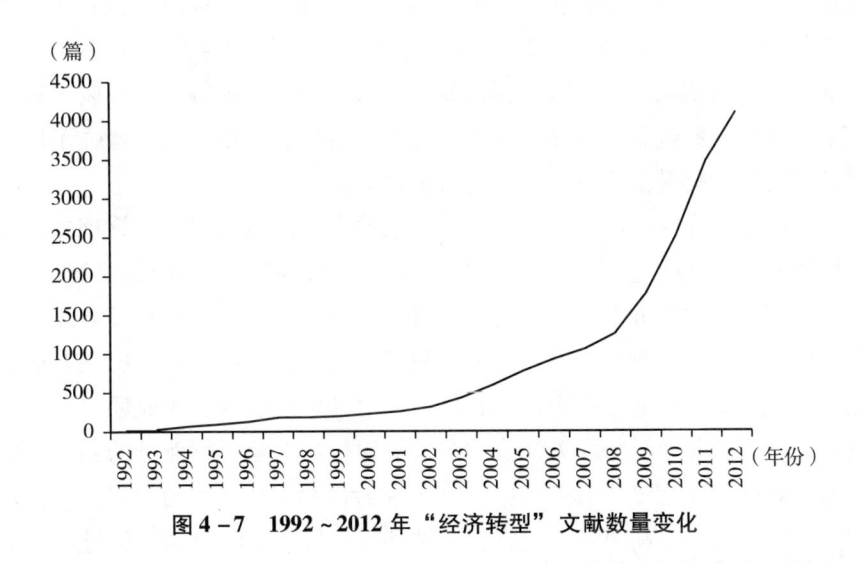

图 4-7 1992~2012 年 "经济转型" 文献数量变化

二、全面探索阶段经济转型思想的政策践行

基于上述中国特色社会主义市场经济体制改革全面探索的思想轨迹,我国形成了一系列社会主义市场经济体制改革的动态方针政策,并将这些政策在改革实践中付诸行动,本书重点考察宏观经济调节、市场体系建立、微观主体培育和对外开放四个方面的政策践行情况。

(一) 政府宏观经济调节的政策践行

这一阶段,政府职能转变的主要思路是处理好市场与政府的关系,将过去集中在政府手中的一些直接参与市场竞争的权力逐步下放,同时探索更好地服务于和管理市场体制运行的新职能的构建,包括推进各项市场化改革、完善社会保障体系,提升宏观经济调控职能等。

一是稳步推进财税体制改革。为解决前提财税包干体制下,过于强调地方组织收入积极性,收入增量分配向地方倾斜过多,从而中央财政收入在整个财政收入增量中的占比不断缩小,影响政府宏观调控能力的矛盾,于1994年启动了分税制财政体制改革。此次改革的主要内容是工商税制改革。包括全面改革流转税，对内资企业实行统一的企业所得税；统一个人所得税；调整、撤并和开征一些其他税种。并在1994年以后逐步取消农业税，对车辆购置税、车船征用税、城镇土地使用税等其他税制进行改革。通过分税制改革，明晰了中央与地方的财权、事权；大大增强了国家财政实力，并提升了中央政府的宏观调控能力。

二是不断完善金融体制改革，主要表现在外汇体制和外汇管理体制改革取得重大进展。包括：（1）中央银行职能转变，加强中央银行监管。（2）相继建立政策银行，完善宏观调控的金融手段。组建了国家开发银行、中国进出口银行、中国农业发展银行三家政策性银行。对国家基础设施和产业、支柱产业和高新技术领域、为对外贸易领域、农业领域等发放政策性贷款。并通过将政策性贷款与中央银行和专业银行业务的剥离，使政府宏观调控职能更加清晰。（3）多元化金融组织机构大力发展了一批非银行金融机构、重新组建了一批全国性和区域性的保险公司；促进了证券市场和信托业的快速兴起等。同时，（4）形成了证监会、保监会和银监会共同监管的金融业分业监管体系。（5）外汇管理体制改革进一步深化，并与1994年实现了汇率并轨，实行以市场供求为基础的、单一的有管理的浮动汇率制。

三是社会保障体系逐步建立。我国社会保障制度的发展在1978年以前主要以"企业保险"为主，1978~1991年主要是维持、巩固和完善这种模式。伴随着社会主义市场经济体系的建立，社会保障制度需要进一步完善，以为市场化行为提供支撑。1991~2000年，我国进行了社会保障制度的探索性改革。1991年6月，国务院发布了《国务院关于企业职工养老保险制度改革的决定》，确立了国家基本养老保险、企业补充养老保险和个人储蓄性养老保险相结合的多层次养老保险体系。后来，在城镇，基本建立了养老、医疗、事业、工伤和生育保险五项社会保险制度。

（二）建立现代市场体系的政策践行

现代市场体系是现代市场经济体系的重要组成部分，商品市场是现代市场体系的基础，要素市场的培育和发展是现代市场体系成熟和完善的重要标志。构建一个体系完整、机制健全、统一开放、竞争有序的现代市场体系，是建立社会主义市场经济体制的重要内容。20世纪90年代以后，我国在工业生产资料价格"双轨制"合并为市场价格单轨制的基础上，进一步放开消费品价格和服务价格、大部分商品和服务价格均由市场形成，同时初步形成了劳动力市场和资本市场。

从商品市场的完善来看，伴随着改革开放，我国市场化交易的商品种类和数不断增多，国内商品市场规模和市场需求持续扩大。政府相继放开了主要农产品和重要生产资料的价格。政府定价和政府指导定价比例逐渐下降，市场调节价比重不断增加。从三种价格形成机制的比重来看，消费品零售总额、农副产品收购总额、生产资料销售总额的市场调节价比例分别从1991年的68.8%，57.8%和45.7%上升到了2001年的96%，93.9%和87.6%[①]。

劳动力市场的建立和完善与国有企业改革和非公有制经济的兴起密切相关。从劳动力供给方面来看，一是农村家庭联产承包制改革解放生产力释放的大量剩余劳动力，伴随着城市化加速，农村劳动力大量流向城市；二是产业结构调整和国有企业改革推进带来大量职工下岗，这些因素形成了大量劳动力供给；从劳动力需求来看，蓬勃发展的非公有制企业和国有企业自主用工机制的形成[②]，形成了对劳动力的需求。1993年在中共14届三中全会，《中共中央关于建立社会主义市场经济体制若干问题的决定》中，第一次明确提出要培育和发展劳动力市场。1998年6月，中央提出了"劳动者自主择业，市场调节就业，政府促进就业"的新时期就业方针。1998年以后，政府注重培育和发展劳动力市场，各类职业咨询网络基本形成，城市劳动力职业的选择趋于多样化，劳动力市场供求机制和自由流动机制发挥了更大的作用，社会保障制度的逐步建立和完善，为劳动力市场的进一步发展奠定了基础。2002年9月，中共中央国务院下发了《关于进一步做好下岗失业人员再就业工作的通知》，重点围绕解决国有企业下

[①] 邹东涛、欧阳日辉：《新中国经济发展60年（1949～2019）》，人民出版社2009年版，第405页。
[②] 1992年，国务院颁布《全民所有制工业企业转换经营机制》，条例规定，国有工业企业自主决定招工的时间、条件、方式、数量。

岗失业人员再就业问题，推出一系列促进就业再就业的政策，确立了积极就业政策的基本框架。

经过多年改革，我国劳动力流动开始突破城乡与地域之间的分割，城乡劳动力市场已经确立。就业双向选择机制，劳动力流动与竞争机制，失业和社会保险机制等劳动力市场机制与政府对劳动力市场的宏观调控机制也开始逐步完善。但是，由于城乡户籍制度及一系列在户籍制度基础上制定的政策措施依然广泛存在，我国城乡间，行业间的劳动力市场迄今没有形成一个统一的竞争性市场。整合劳动力市场，统一城乡、行业和部门分割，积极正确引导劳动力市场的正常、有序、合理流动，仍然是我国深入推进劳动力市场发展的基本路径。

资本市场的建立和完善也是我国经济转型过程中企业的内生需求。伴随着改革开放，我国在 20 世纪 80 年代初出现了股票、国债、企业债和金融债等金融工具。但当时的资本市场构建具有试点和区域分割的特征。1992 年后，股份制成为国有企业改革的方向，更多国有企业实行股份制改革并试图在证券市场融资。为更好地服务企业融资的需要，政府加强了对证券市场的统一监管，资本市场从早期的区域性市场转变为全国统一性市场。1992 年，中央在证券市场设立专门监管机构，成立了国务院证券管理委员会，明确了中央政府对证券市场的统一管理机制。1997 年，中国金融体系进一步确立了银行业、证券业、保险业分业经营、分业管理定额原则。1998 年撤销国务院证券管理委员会，将中国证监会作为全国证券期货市场的监管部门，建立了集中统一的证券期货市场监管体制。伴随着全国性市场的形成和扩大，证券中介机构兴旺发展。期货市场方面，我国 1993 年开始清理和整顿期货市场，2003 年，期货市场全面推行期货交易保证金封闭运行，严格执行期货交易结算规则，防范和化解期货交易结算和交割风险；债券市场方面，1997 年建立的银行间债券市场逐步完善，市场品种和规模不断扩大；2002 年设立面向个人投资者和中小企业从事国债零售业务的商业银行柜台市场的网点快速增长，投资者数量和交易结算量有一定的增长。

为了积极推进资本市场改革开放和稳定发展，国务院于 2004 年 1 月发布了《关于推进资本市场改革开放和稳定发展的若干意见》，此后，中国资本市场进行了一系列改革，完善了各项基础性制度，主要包括实施股权分制改革、提高上市公司质量、对证券公司综合治理、大力发展机构投资者、改革发行制度等。资本市场不断完善。

在建立和完善市场经济体系的过程中，我国始终注意融入世界经济体系，加速资源跨国自由流动。2001年12月11日，我国正式加入WTO，进一步促进了我国改革开放和经济发展。其后我国严格履行入世承诺，加强法制建设、清理法规、加大对外商投资的开放程度、加大市场开放程度、调低关税总水平从15.3%下降到12%，进一步取消非关税壁垒，加强对知识产权的保护，加快垄断性行业的改革等，上述措施促使中国有效融入世界市场，进一步完善了社会主义市场经济体系。

（三）微观主体培育的政策践行

在建立社会主义市场经济体制的过程中，重塑社会主义市场经济的主体，成为保持国民经济持续、稳定、健康发展的关键所在。在市场经济条件下，企业作为最重要的市场活动主题，是市场机制运行的微观主体。因此，在市场经济的建设过程中，坚持社会主义，以公有制为主体，多种所有制形式共同发展，在现代企业制度的基础之上，最大效用地发挥市场的主体优势，推动我国社会主义市场经济的持续有效发展。

在培育公有制的基础上，对国有企业进行市场化改革。为顺应市场经济发展，国有企业的改革成为推进市场化进程的关键所在。党的十四大报告中将我国全民所有制企业的名称由国营企业改为国有企业，意味着在掌握企业所有权的同时，对企业的经营权进行市场化的放权。1993年通过的宪法修正案，将国营企业正式改名为国有企业，标志着政府对企业的管控只通过引导方式进行监管，而不直接参与经营。同年，党的十四届三中全会通过了《中共中央关于建立社会主义市场经济体制若干问题的决定》，进一步提出了要通过转换国有企业经营机制，建立适应市场经济要求，产权清晰、权责明确、政企分开、管理科学的现代企业制度。股份制改革、"抓大放小"的战略性改组推动着我国国有企业的发展。1995年，党的十四届五中全会通过了《中共中央关于制订国民经济和社会发展"九五"计划和2010年远景目标的建议》，文件指出要以产业政策为导向对国有企业实施战略性改组计划。1997年，党的十五大明确提出了对国有企业进行股份制改革。到 2001 年，大多数国有企业改变了原有的经济方式，在企业治理结构的完善和激励约束机制的建立下，我国的国有企业改变了原有的低效率经营，企业效益不断提高。

在培育非公资本的过程中，实现非公企业对激发市场活力的作用。非公经济的发展伴随着邓小平的南方谈话和党的十四大的召开而进入了新的发展阶段。十四大报告提出："以公有制包括全民所有制和集体所有制经济为主体，个体经济、私营经济、外资经济为补充，多种经济成分长期共同发展，不同经济成分还可以自愿实行多种形式的联合经营。"开启了非公有经济，尤其是民营经济高速发展的进程。十四届三中全会提出"在积极促进国有经济和集体经济发展的同时，鼓励个体、私营、外资经济发展"是党第一次要鼓励个体、私营、外资企业的发展。在一系列政策的推动下，民营经济的全速推进，迅速使我国的资本构成向混合型经济方向转变。十五大报告中"以公有制为主体、多种所有制经济共同发展，是我国社会主义初级阶段的一项基本经济制度"的提出意味着民营经济成为社会主义市场经济下的重要组成部分。党的十六大报告指出，要毫不动摇地鼓励、支持和引导非公有制经济发展。个体、私营等各种形式的非公有制经济是社会主义市场经济的重要组成部分，对充分调动社会各个方面的积极性，加快生产力发展具有重要作用。进一步明确了私有经济成分的发展对我国经济建设的重要作用。2003 年 10 月，党的十六届三中全会通过的《中共中央关于完善社会主义市场经济体制若干问题的决定》指出，要大力发展和积极引导非公有制经济。个体、私营等非公有制经济是促进我国社会生产力发展的重要力量。私营经济的发展为我国先进生产力的发展提供了重要的动力，与国有经济一起支撑了我国经济的发展。在市场化的改革进程中，私营经济的发展已经成了推动改革的重要力量。同时，私营企业的发展也带动了我国城镇化进程的发展。因此，随着我国的经济不断改革和发展，民营经济在其中起到了越来越重要的作用。

混合所有制企业作为社会主义市场经济中特有的一种资本形式，在市场经济的发展过程中起着重要的作用。1997 年，党的十五大报告中指出，"公有制经济不仅包括国有经济和集体经济，还包括混合所有制经济中的国有成分和集体成分"，成为党的文件中第一次对混合所有制的认可。

1999年，党的十五届四中全会通过的《中共中央关于国有企业改革和发展若干重大问题的决定》中提出在国有企业实行股份制的过程中，通过"规范上市、中外合资和企业互相参股等形式""发展混合所有制经济"。2003年，党的十六届三中全会明确提出"大力发展国有资本、集体资本和非公有资本等参股的混合所有制经济，实现投资主体多元化，使股份制成为公有制的主要形式。"为大型国有企业的产权改革提供了方向。混合所有制企业的发展为我国的经济体制改革带来了新的力量，在同一企业中拥有多种资本形式，是企业在经济管理中不再依靠单一资本形式，通过多种资本的相互约束，取长补短，更好地进行企业管理，最大化的发挥资本效益，为推动我国市场化改革起到关键作用。

伴随我国社会主义市场经济制度的逐渐建立和完善，以公有制、私营和混合为代表的三种不同的企业所有制形式，逐渐形成了三分天下的态势。坚持公有制的主体地位，更好地发挥其在国家主要行业的支配地位；毫不动摇地鼓励、支持、引导非公有制经济的发展，促进了生产效率的提升；积极发展混合所有制经济，不同性质的经济交叉持股共同促进我国发展。三种市场主体的培育，共同支撑着我国社会主义市场经济体制改革的目标，使我国在市场化道路的改革过程中实现更加稳固、快速发展。

（四）对外开放的政策践行

国际经济关系对我国社会主义市场经济改革的进程起到了举足轻重的作用，我国在国际市场中的地位成了影响着我国经济发展速度的关键因素。1995年，世贸组织总理事会会议决定接纳中国为该组织的观察员，2001年12月11日，中国正式成为世贸组织的成员国，意味着我国的对外开放进入了新的时期。加入世贸组织，使中国在世界贸易合作上受到国际贸易环境下的法律保护，使中国在双边贸易过程中得到了更为平等的竞争机会，并且参与到了全球化的进程之中。加入世贸组织对中国来说不仅进一步的完善了我国的市场环境，推动和深化了市场化改革，在与国外更多的合作与交流下更好地促进了我国的技术进步、产业升级和结构调整，更好地完善了社会主义市场经济体制的建设，同时也带来了人民生活水平的进一步提高。但是世贸组织的加入对于我国的弱势产业也带来了严峻的挑战，关税的降低、国外企业的挤压，使国内的一些产品、企业和产业面临更加激烈的竞争。

1992年以后，我国的对外开放地域迅速扩大，"走出去"和"引进来"成为我国对外开放的重要内容和主要途径。截至2002年，我国共设立了49个国家级高新技术产业开发区、15个国家级出口加工区、14个国家级保税区和14个国家级边境经济合作区。同时，自1994年，通过取消对出口的所有财政补贴，人民币官方汇率与市场调剂汇率并轨，对部分出口商品配额实行公开招标，推进外经贸经营权由审批制向登记制过渡，出口退税的完善等进行对外贸易体制的改革。[①] 党的十四大首次提出要积极进行对外投资和跨国经营，党的十五大指出要进行我国具有比较优势的对外投资，通过发展境外投资办厂、境外资源开发、对外工程承包以及劳务合作等方式，加强我国"走出去"战略的实施。在利用外资方面，党的十七大指出要提高外资利用质量，通过调整产业政策、加强对第一、第三产业特别是高新技术产业、现代化服务业、现代农业等外商投资项目的鼓励，实现我国对外资的高质量利用。为更快地融入经济全球一体化，2001年中国加入了WTO，这标志着我国的对外开放进入了新的阶段，中国将在更大范围、更广阔的环境下进行国际经济合作交流。

三、全面探索阶段经济转型思想的理论成果

在我国经济转型全面探索阶段期，市场经济的稳步推行，使中国由原先计划经济下的单一经济形式，转向市场经济下的各种经济主体共同发展的状态。在改革开放进行之中，我国由计划经济通过商品经济的过渡，真正走向了社会主义市场经济。市场经济的发展使经济活力迅速上升，经济得到了迅猛的发展。在1992~2012年的这二十年，我国在经济转型的过程中诞生了一系列的理论成果。在这一阶段，我国诞生的经济理论创新成果为我国经济发展提供了方向和理论基础。具体来说，社会主义本质理论破除了将计划经济和市场经济作为社会基本制度范畴的束缚，将我国经济发展方向引到发展生产力这条路上来。渐进式转型路径不但是对转型路径

---

① 国务院作出《关于进一步深化对外贸易体制改革的决定》，1994年1月11日。

选择的理论创新，而且在特殊的国内外背景下，起到了稳定国家局面、实现平稳过渡的作用。社会主义市场经济理论是这一阶段最为重要的理论成就，围绕基本经济制度、市场体系建设、政府作用发挥、收入分配制度等进行了探索，为我国构建社会主义市场经济提供了理论基础。

（一）社会主义本质理论

20世纪90年代初，由于国内外的一系列重大变化，社会上对于计划与市场的争论又重新开启。这一阶段，通过学界和官方的不断探索，形成了社会主义本质理论。概括来说，即邓小平在南方谈话中提出的"社会主义的本质，是解放生产力，发展生产力，消灭剥削，消除两极分化，最终达到共同富裕"。这一论断回答了社会主义的本质究竟是什么的问题，提出社会主义的本质是解放生产力、发展生产力，指出社会主义的根本目的是消灭剥削、消除两极分化、最终达到共同富裕。这其中解放发展生产力与消灭剥削、消除两极分化是互为条件的，前者是后者的基础，只有经济发展了，才能达到共同富裕，同时，后者是最终目标和实现方式。邓小平在对社会主义的本质做出概括时，一方面强调必须集中力量解放发展生产力，另一方面支出了解放和发展生产力的手段和目的。在邓小平的这一概括下，既坚持了马克思主义的科学社会主义，同时又赋予了社会主义以新的含义和时代内容。在我国的社会主义发展过程中，坚持对这一本质的践行，不仅为社会主义市场经济的发展奠定理论基础，也为国家今后的发展指明正确的方向。

（二）社会主义市场经济理论

在我国经济转型全面探索阶段，最为关键的经济理论成果，即在改革开放前期孕育的基础上形成和发展起来的社会主义市场经济理论。它不仅丰富了社会主义经济理论，发展了马克思主义政治经济学，而且也对社会经济发展落后的国家如何建设社会主义这一世界性难题提出了新的解决路径，尤其是围绕基本经济制度、市场体系建设、政府作用发挥、收入分配制度等做出了有益探索，受到国际学术界的广泛关注。

我国作为一个社会主义国家，在经济发展的过程中尝试使用市场经济的经济制度形式，是在我国的生产力水平还未达到世界领先水平的基础之上进行的大胆尝试。中国的市场经济模式是在社会主义的基本体制之下将市场经济引入其中，在市场经济之中，让政府强有力的参与其中，做出前人不敢做出的尝试，创造出属于社会主义国家的一套市场经济理论。这是在我国的基本国情之下，在对社会主义进行了重新的认识和研究之下而进行的，这种尝试得到的结果不仅使中国得到了惊喜，也让世界为之震惊。社会主义市场经济理论在实践上的成功也使中国今后的经济发展得到更好的理论支撑，在为国家今后的经济政策和发展提供了理论依据，同时也为世界其他社会主义国家的经济发展提供了有力的理论依据。

在我国经济转型全面探索阶段，社会主义本质理论的构建，为社会主义市场经济理论的形成奠定了基础，并对社会主义市场经济体制的建立形成了巨大的政治感召力。在20世纪90年代前后，主流学术界对社会主义市场经济理论问题进行了大量探讨，对我们党确立社会主义市场经济体制目标起到了重要推动作用。有学者提出"建议确立社会主义市场经济"，认为社会主义商品经济提法"既不能从马克思的原著中找到根据，也不是现代经济学的通用语言"，社会主义市场经济提法更能"突出一种经济体制的运行特征，指明它是基本的社会资源配置手段"。[①] 有学者对为什么要把社会主义商品经济的提法改成社会主义市场经济做了阐释，认为"商品经济属于比较抽象、本质的内容层次，而市场经济则是更为具体、现象的形式层次"，而当时经济改革的实质是用市场配置为主的方式取代计划配置为主的方式，已不是"有计划的商品经济"概念所能涵盖及表达的。[②]

由此，中国经济学界开始真正突破了社会主义与市场经济不兼容、不相融的传统理论"教条"，开辟了中国特色社会主义市场经济理论研究繁荣发展的新局面。尤其是1993年11月党的十四届三中全会通过《中共中央关于建立社会主义市场经济体制若干问题的决定》后，全面勾画了中国社会主义市场经济的基本框架、改革方向和建设蓝图，其制度破冰的改革红利延续至今。在探索社会主义与市场经济结合的过程中，关于所有制和

---

① 吴敬琏：《建议确立"社会主义市场经济"的提法》，载于《财贸经济》1992年第7期。
② 刘国光：《关于社会主义市场经济理论的几个问题》，载于《经济研究》1992年第10期。

第四章 新中国经济转型思想的全面探索与践行绩效研究

市场机制作用的探索是两条清晰可辨的主线，它们从基本经济制度和资源配置方式两个维度决定了中国社会主义市场经济的理论走向。

其一是基本经济制度问题的理论突破。党的十五大报告明确指出，公有制为主体、多种所有制经济共同发展，是我国社会主义初级阶段的一项基本经济制度。同时指出，一切符合"三个有利于"的所有制形式都可以而且应用来为社会主义服务，公有制经济不仅包括国有经济和集体经济，还包括混合所有制经济中的国有成分和集体成分，要建立产权明晰的现代企业制度。学术界认为这一表述对传统所有制理论形成了巨大突破，集中表现在两个方面：一是从单一的公有制理论走向了主辅并存的所有制结构理论；二是将所有制和所有制的实现形式区分开来，形成了公有制实现形式理论。[1][2] 基本经济制度的确立，为以按劳分配为主体、多种分配方式并存的收入分配制度的形成提供了所有制基础。

其二是市场机制作用问题的理论突破。基本经济制度理论的突破，带来公有制经济和非公有制经济的共同发展，无论是国有企业还是民营企业均朝着自主经营、自负盈亏的竞争主体转变，奠定了市场经济的微观基础。党的十四大报告明确提出，我们要建立的社会主义市场经济体制就是要使市场在社会主义国家宏观调控下对资源配置起基础性作用。所谓基础性作用，就是要运用市场对各种经济信号反应灵敏的优点，通过经济杠杆和竞争机制的功能将资源配置到效率较高、效益较好的部门和环节中去。党的十五大报告不再将政府宏观调控作为市场发挥资源配置基础作用的前提，而是将二者并列，提出要充分发挥市场机制作用，健全宏观调控体系，加快国民经济市场化进程。尽快建成统一开放、竞争有序的市场体系，进一步发挥市场对资源配置的基础性作用。相关论述认识到，市场的基础性作用是建立在一个完善的市场体系之上的。通过上述两个维度的理论和实践突破，中国社会主义市场经济体制的基本框架得以渐趋完善。党的十六届三中全会通过《中共中央关于完善社会主义市场经济体制若干问题的决定》，除了提出进一步完善基本经济制度和更大限度地发挥市场在资源配置中的基础性作用之外，同时提

---

[1] 陈征：《所有制理论的新突破——学习江泽民同志十五大报告的体会》，载于《经济学动态》1997年第12期。

[2] 李凤圣：《公有制实现形式的内涵》，载于《经济学家》1998年第2期。

出要建立有利于逐步改变城乡二元经济结构的体制，形成促进区域经济协调发展的机制，建设统一开放、竞争有序的现代市场体系，完善宏观调控体系、行政管理体制和经济法律制度，健全就业、收入分配和社会保障制度，建立促进经济社会可持续发展的机制等一系列目标任务。这一决定与党的十四届三中全会通过的决定，相互联系，前后呼应，反映了党在社会主义市场经济理论的深入认识和全面把握方面的进步。党的十七大报告和十八大报告基本延续了此前提法，分别提出要"从制度上更好发挥"和"更大程度更广范围发挥"市场在资源配置中的基础性作用。

（三）"渐进式改革"路径经验

根据不同的转型经济学范式，我国选择了"渐进式改革"为我国的经济改革路径，由此取得了瞩目的成绩。在吸取苏联"激进式改革"的失败教训下，我国立足国情，探索自身的发展路径选择，创造性地开拓了"渐进式改革"模式，为中国经济转型提供了路径。

众多学者对"激进式改革"模式的理论机理进行了深入分析，并揭示出"渐进式改革"模式提出的历史性意义，及其为中国经济发展带来的重要作用并结合中国的国情分析认为，"激进式改革"模式不符合我国基本国情，不能帮助解决我国经济转型难题，我国应该立足基本国情，探索符合中国国情的经济转型模式。对于"渐进改革"创造了世界瞩目的"中国奇迹"，这个成就的取得受益于中国改革的渐进式路径选择及其进程中的制度变迁。中国的"渐进式改革"方式的选择，在很大程度上应由传统的儒家意识形态和马克思主义意识形态所规定的制度变迁路径来说明。总结中国转型的经验，中国改革开放为全球转型国家提供了有价值的参照体系，也为经济学家探讨转型经济学提供了丰富的视角。

四、全面探索阶段经济转型思想的绩效评价

（一）经济绩效的成绩

中国在坚持社会主义基本制度的前提下建立社会主义市场经济体制的

第四章　新中国经济转型思想的全面探索与践行绩效研究

尝试，取得了令人瞩目的辉煌成绩，使中国在经济发展过程中进行的理论尝试得到了实践上的证明。主要表现在以下 4 个方面：

第一，经济总量快速增长，综合经济实力不断提升。

从总体来看，如图 4-8 所示，1992~2012 年，我国国内生产总值快速增长，年均增长率为 16.36%。人均国内生产总值呈现出快速增长的趋势，增长了 17 倍，年均增长率为 15.26%。

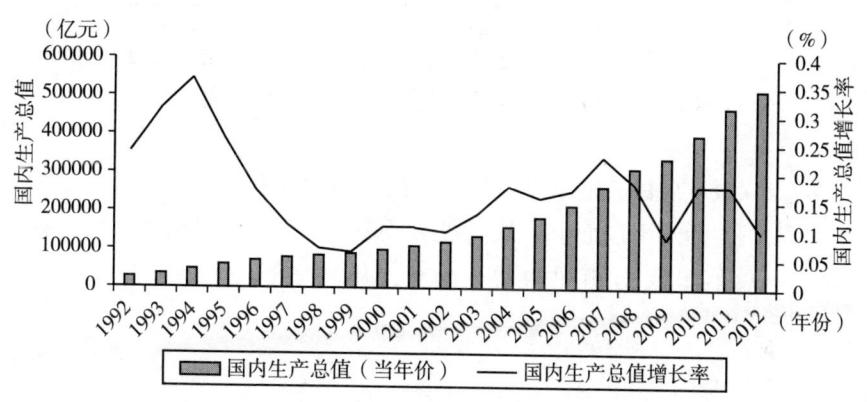

图 4-8　1992~2012 年我国国内生产总值和增长率

资料来源：《中国统计年鉴》。

从分产业来看，如图 4-9 所示，各产业均呈现出快速增长的趋势，其中第一产业总产值的绝对值从 1992 年的 5866.6 亿元增长到 2012 年的 52373.6 亿元（以当年价计算），增长了 9 倍。其中 1994 年年增长率最高，为 37.46%，这主要是由经济转型初始冲击带来的。此后年增长率逐年下降，2000 年之后，进入了波动增长阶段；第二产业总产值从 1992 年的 11699.5 亿元增长到 2012 年的 235162 亿元（以当年价计算），增长了 20 倍。其中 1993 年年增长率最高，为 40.64%。此后年增长率逐年下降，1998 年最低，为 2.60%，之后进入平缓增长阶段；第三产业总产值从 1992 年的 9357.4 亿元增长到 2012 年的 231406.5 亿元（以当年价计算），增长了 24 倍。1994 年年增长率最高，为 35.78%，之后仍保持较高的增速水平。

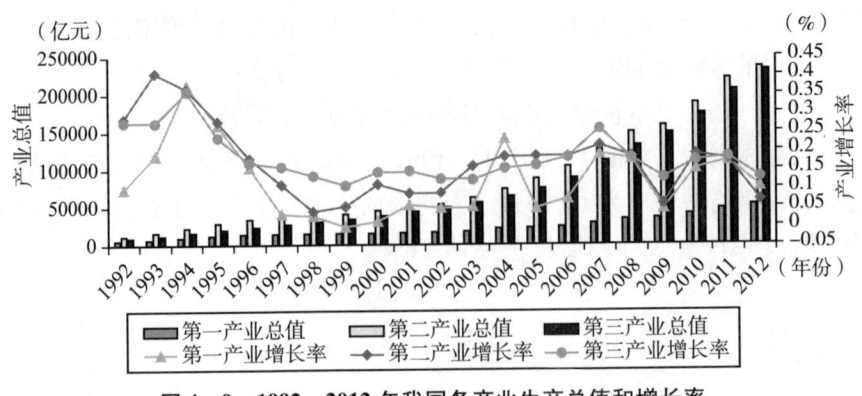

图4-9 1992~2012年我国各产业生产总值和增长率

第二，城乡居民生活水平改善，人民生活幸福感攀升。

在人民生活水平层面上，从消费水平来看，全体居民消费水平与人均国内生产总值呈现出相同的增长趋势，年均增长率为13.75%（如图4-10所示）。

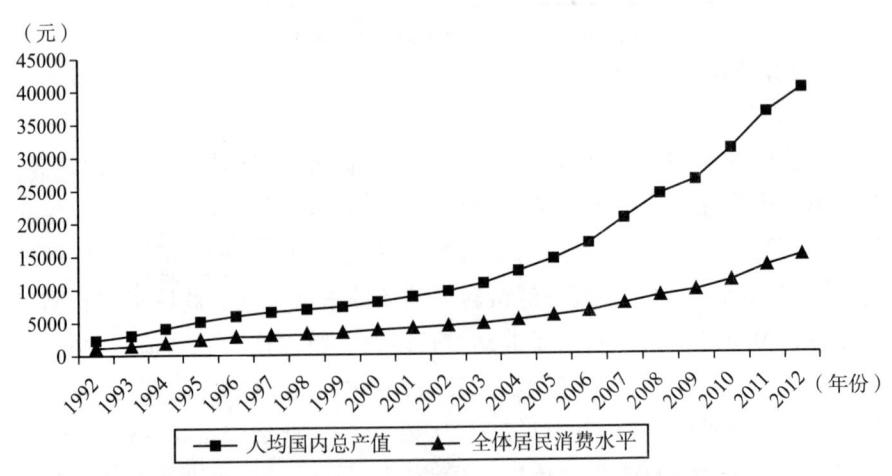

图4-10 1992~2012年我国人均国内生产总值和全体居民消费水平变化

资料来源：国家统计局，由EPSDATE整理。

从劳动力市场来看，城镇就业人数绝对值迅速增加，由于我国城镇化进程不断加速，农村人口绝对值下降，表现为在城镇就业人数不断增加的同时，农村就业人口的绝对值下降（如图4-11所示）。分产业来看，三次产业就业人数绝对值呈现增长趋势，其中，第一产业就业人数占总就业人数的比重逐年下降，第二、第三产业就业人数占总就业人数的比重稳步攀升，总体呈现出劳动力向第二、第三产业流入的趋势。

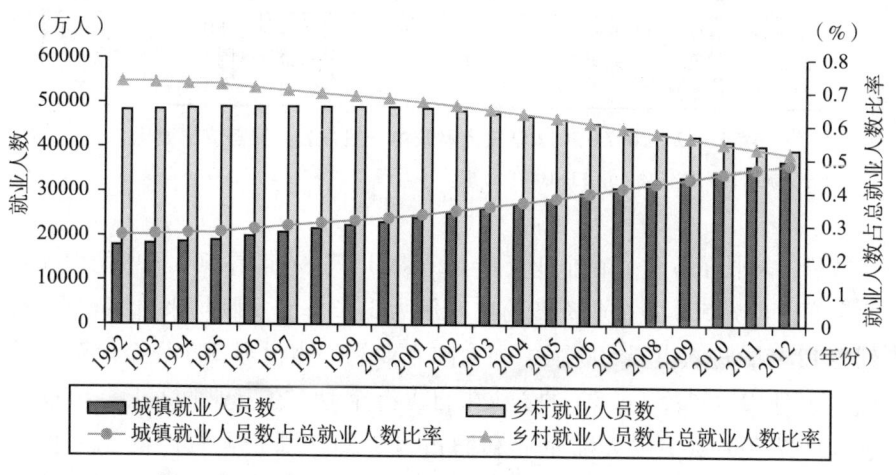

图4-11 1992~2012年我国城镇和乡村就业人员数变化

资料来源：国家统计局，由EPSDATE整理。

从公共服务支出来看，如图4-12所示，国家财政、地方财政、中央财政这三类财政支出中的一般公共服务支出占比均呈现出了稳定下降趋势，特别是国家财政一般公共服务支出占国家财政支出的比例在2008年出现了显著下降。从绝对量来看，国家财政支出中的一般公共服务支出绝对量显著提高，地方财政支出中的一般公共服务支出绝对量同样稳步上升。尽管占比下降，但绝对量攀升，因此增长的公共服务投入，使得社会保障等公共服务不断改善，人民生活水平提高，居民幸福感提升。

第三，国有企业市场化改革效果显著，非公有制经济发展迅速。

从国有企业来看，如表4-1所示，在企业数量上，2000年中国大陆世界500强企业数量为9家，9家全部是国有企业；到2012年，国有企业的占比仍为91%，但是数量达到了64家，相比2000年国有企业世界500

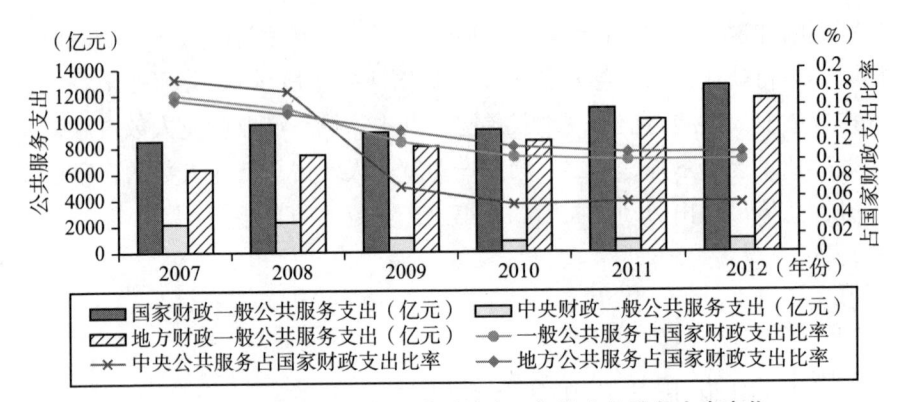

图 4-12 2007~2012 年三类财政中一般性公共服务支出变化

资料来源：国家统计局，由 EPSDATE 整理。

强数量，增长了 6 倍。在企业资产上，2000 年进入世界 500 强中国大陆企业利润占世界 500 强企业资产的比率仅为 3.53%，贡献均来自国有企业；到 2012 年，进入世界 500 强中国大陆企业利润占世界 500 强企业资产的比率达到 12.96%，96.5% 的贡献来自国有企业。在营业收入上，2000 年进入世界 500 强中国大陆企业利润占世界 500 强企业资产的比率仅为 1.49%，贡献均来自国有企业；到 2012 年，进入世界 500 强中国大陆企业利润占世界 500 强企业资产的比率达到 13.01%，其中 95.24% 的贡献来自国有企业。可见，国有企业的综合实力不断攀升，国际影响力逐步扩大。

表 4-1　世界 500 强企业数量、企业资产和营业收入

年份	世界 500 强企业数量 中国大陆（个）	世界 500 强企业数量 国有企业（个）	国有企业占比（%）	企业资产占比世界 500 强企业资产（%）中国大陆	企业资产占比世界 500 强企业资产（%）国有企业	营业收入占比世界 500 强企业资产（%）中国大陆	营业收入占比世界 500 强企业资产（%）国有企业
2000	9	9	100	3.53	3.53	1.49	1.49
2005	15	15	100	4.05	4.05	2.66	2.66
2007	22	22	100	4.63	4.63	3.82	3.82

续表

年份	世界 500 强企业数量			企业资产占比世界500 强企业资产（%）		营业收入占比世界500 强企业资产（%）	
	中国大陆（个）	国有企业（个）	国有企业占比（%）	中国大陆	国有企业	中国大陆	国有企业
2008	26	25	96	4.78	4.77	4.58	4.5
2010	43	41	95	8.77	8.74	8.08	7.89
2011	58	55	95	10.64	10.58	10.66	10.37
2012	70	64	91	12.96	12.57	13.01	12.39

资料来源：美国《财富》杂志世界 500 强企业排名及相关数据。

从非公有制经济来看，如图 4－13 所示，在增长率上，私营企业单位数和工业总产值呈现出波动下滑趋势，尤其私营企业单位数在 2011 年出现了负增长。在绝对量上，私营企业单位数从 2000 年的 22128 个到 2011 年的 180612 个，增长了 7 倍；私营企业工业总产值呈现逐年稳步增长趋势，增长了 47 倍。

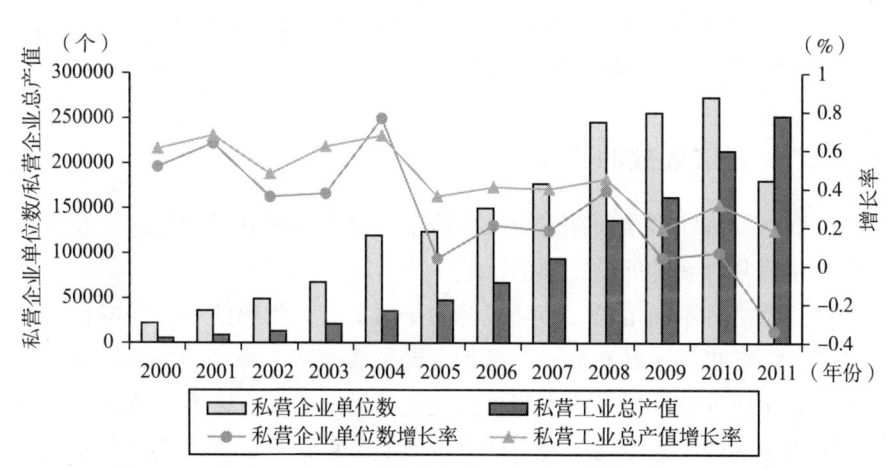

图 4－13 2000~2011 年私营企业单位数和总产值绝对值和增长率

资料来源：国家统计局，由 EPSDATE 整理。

第四，全方位对外开放格局逐步形成，我国对外经济逐年增长。

我国经济体制改革的全面探索阶段，形成了全方位的对外开放格局。对外贸易、引进外资与对外投资都不断增加。如图4-14所示，货物进出口人民币总额、出口总额和进口总额在2007年达到第一个高峰，由于2008年经济危机的影响，使得三者短暂呈现出下降的趋势，自2009年起，继续呈现出稳定增长的趋势，年均增长率分别为17.86%、18.05%和17.65%。

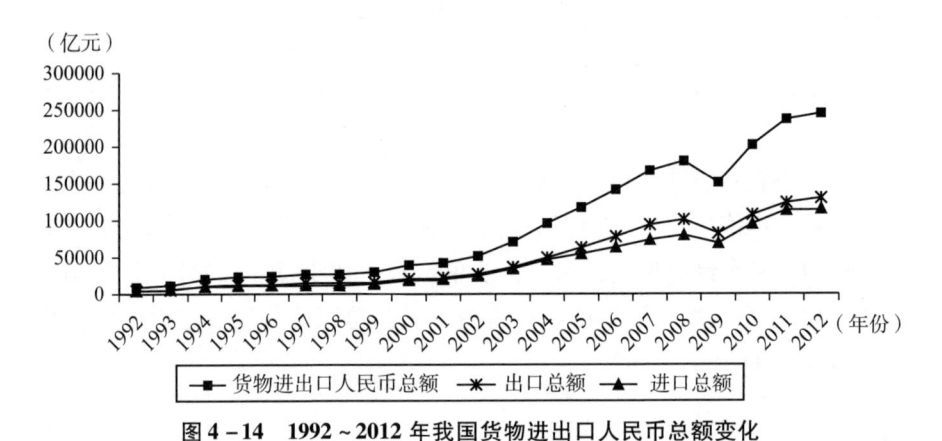

图4-14 1992~2012年我国货物进出口人民币总额变化

资料来源：国家统计局，由EPSDATE整理。

（二）经济绩效的不足

在我国经济转型全面探索阶段，除了取得了一系列成绩之外，在新的时期，也面临着新的问题，新的挑战。

随着经济的不断增长，市场经济的全面实施，我国的私有经济在市场中的地位不断提高。私有经济的蓬勃发展虽然促进了经济的快速增长，劳动者在其中所处的环境发生了很大的变化。受雇于私有资本的劳动者与资本所有者之间的关系变为了侵占剩余价值的关系，由于资本组成的变化使得劳动者的身份变得愈发复杂。在这种情况下，我们会发现劳动者在企业内所产生的劳资矛盾越发激化。从劳动者争议人数来看，如图4-15所示，自 1996 年以来，总体呈现出波动式上涨趋势。具体来说，劳动者争议人数在 2008 年达到顶峰，2009 年之后，呈现出逐年下降趋势。但是近年来，又呈现出增长态势。

图 4-15　1996~2012 年我国劳动者争议人数变化

资料来源：中国劳动统计年鉴。

除劳资冲突外，对环境的污染程度也成为这一时期经济发展过程带来负效应的地方。我国的大气污染、河水污染，自然资源的过度消耗，森林植被的破坏，都在为这一时期的经济发展做出牺牲。具体来说，从大气污染来说，二氧化硫的排放居高不下，如图 4-16 所示，在 2006 年左右达到顶峰，在此之前逐年上升，在此之后，呈现出缓慢下降趋势；同样烟尘排放量在 2005 年左右，开始呈现出缓慢下降趋势。从水污染来说，生活污水排放量呈现显著增长趋势，2010 年比 1999 年翻了 1.8 倍；工业废水排放量在 2005 年达到顶峰，之后呈现出平稳态势。这些数据表明，中国在市场经济的发展过程中，对自然环境的破坏随着市场经济的发展变得更加严峻。

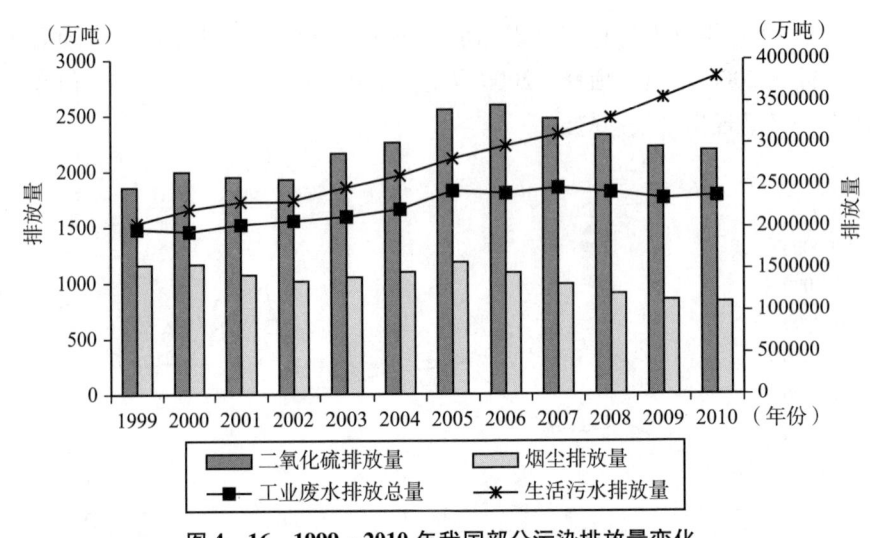

图 4-16 1999~2010 年我国部分污染排放量变化

资料来源：《国家统计年鉴》。

综上所述，在我国经济体制改革的全面探索阶段，我国诞生的经济理论创新成果为我国进行社会主义市场经济体制改革提供了方向和理论基础，这些理论成果催生了科学有效的改革政策，改革政策的践行使我国成功实现了从高度集中的计划经济体制到充满活力的社会主义市场经济体制、从封闭半封闭状态到全方位开放的伟大历史转折，取得了举世瞩目的伟大成就，实现了经济体制的根本性转变，社会主义市场经济体制已经初步建立并不断完善。改革成就被实现的巨大的经济绩效所明证，在 2010 年，中国成了世界第二大经济体。这理论成果和经济绩效和都是思想和实践有机结合和互动的结果，是中国特色社会主义市场经济体制改革全面探索阶段最宝贵的经验和财富，也为下一阶段中国经济体制改革的探索打下了坚实的基础。同时，在我国经济体制改革的全面探索阶段，也产生了新的问题，经济增长速度放缓，产业结构亟待转型，民生问题困难频出，对外开放遭遇瓶颈，生态治理刻不容缓，这无疑对下一阶段经济体制改革提出了新的挑战和要求。

第五章

新中国经济转型思想的深化探索与理论创新研究

经过30年的经济改革与实践，我国经济发展取得了瞩目成绩，也基本实现了从计划经济到社会主义市场经济的转变，达成了改革开放初期邓小平同志的基本设想，即社会主义与市场经济的结合。但经过近10年的持续高速增长，2012年开始我国经济进入"新常态"，这对我国经济转型思想提出了新要求。在这一背景下，我国经济转型思想进入了深化期阶段，其一，"新发展理念"成为我国经济进一步转向更为成熟的中国特色社会主义市场经济的内在核心和思想引领；其二，"现代化经济体系"成为我国转向更为成熟的中国特色社会主义市场经济的总体布局和思想框架；其三，"人类命运共同体"成为我国转向更为成熟的中国特色社会主义市场经济的国际保障和重要拓展。三者之间的有机结合，不仅推动着中国经济转型思想的深化探索，更是对改革开放以来中国经济转型问题的重要理论创新和突破发展。

第一节　关于经济"新常态"的探索

经过上一阶段对"渐进式"改革的再思考，以及对"激进式"改革的反思，我国的经济转型思想已经取得了不少阶段性成果，对于解释和指导中国经济转型有着重要意义。但是，任何思想都需要与经济基础相适应，并随着经济基础的演变而不断发展和深化。2012年开始，中国经济从持续高速增长转入下行通道，进入经济"新常态"，即引发了学者们的诸多讨论与探索。

一、经济"新常态"思想的形成脉络

2011年开始，中国经济增速进入下行通道，从2010年的10.6%的增速，下降到2012年的9.5%，2013年的7.8%，并显示出继续下降的趋势。这对于保持了近10年10%左右高速增长的中国经济而言，具有重要的转折性意义。为此，也引发了学者们的诸多探讨。

第一类观点认为，中国经济增速放缓是一种周期性的下降，通过一定的刺激政策，中国仍能够保持较高的增速。持这类观点的学者对中国经济增速放缓的态度是十分乐观的，但在具体分析时的侧重又有所不同。有学者指出，经济增长的快速下滑并不是中国经济的宿命，如果能够真正推进改革创新，注重人力资本积累，积极参与全球治理，中国经济将会获得新一轮的改革红利、人力资本红利与全球化红利，释放出巨大的增长潜能，从而创造出第四个 10 年甚至更长一段时间的较为强劲的增长。① 也有学者强调，尽管 2012 年以来复杂多变的内外部多重因素使得我国经济下行风险加大，但当前我国经济增速不仅高出发达国家好几倍，也明显高于主要发展中国家，物价上涨压力继续减轻，国际收支状况有所改善，就业形势总体尚可。同时，在稳增长系列政策措施的作用下，我国经济有望逐步企稳回升，因而无需过于担忧经济增速放缓。② 还有学者提出，中国宏观经济形势的变化与经济周期阶段紧密相关，从潜在经济增长率、总需求分析、重要宏观经济变量三个层面对中国经济周期阶段的分析，表明当前中国经济正处于新一轮经济周期的复苏阶段，但复苏的基础还不稳固，目前经济增速放缓是政府主动调控宏观经济的结果，中国经济运行的平稳态势并未发生改变。③ 此外，还有学者认为，我国的经济增速放缓既不完全等同于发达国家经济成熟时的放缓，也区别于落入"中等收入陷阱"国家的停滞，而是具有混合特征，只要有效消除体制障碍，避免系统性风险爆发，就有条件形成经济增长的新动力和国际竞争的新优势。④

第二类观点认为，2011 年以来中国经济增速的下降并不是偶然，未来中国经济将面临进一步下降的压力。例如，有学者从产业结构调整视角，研判中国经济结构性减速时代的来临并预测中国未来 20 年的经济增长速度。结果显示，中国产业结构合理化和高度化都显著促进了区域经济增长，但无论采用合理化还是高度化指标，结构调整效应的产出弹性均随产业结构的调整、资本积累和劳动投入的增加而呈现"倒 U 型"动态演进过

---

① 张晓晶：《中国经济"狼来了"吗》，载于《决策探索（下半月）》2012 年第 8 期。
② 牛犁、高玉忠：《理性看待我国经济增速放缓》，载于《中国金融》2012 年第 15 期。
③ 陈乐一、粟壬波：《当前中国经济周期阶段研究》，载于《学习与探索》2013 年第 5 期。
④ 陈昌盛：《我国经济已进入增长阶段转换的关键期》，载于《经济纵横》2013 年第 9 期。

程。当前，中国整体正处在"倒 U 型"曲线的拐点，面临从"结构性加速"向"结构性减速"转变的困境。经济增速的预测表明，中国经济增长将在 2013~2017 年进入"7 时代"，在 2018~2022 年进入"5 时代"甚至"4"时代。① 再如，有学者强调了，中国当前的经济增速放缓具有长期化趋势，并预计中国"十二五"和"十三五"时期的平均潜在经济增速较 2000~2010 年将分别下滑 2.3 个和 4 个百分点。而造成经济增速放缓的原因在于，总需求中的出口和投资增速显著放缓、低成本优势逐渐消失和全要素生产率增速显著下降以及政府对经济增长的推动作用将可能有所减弱。②

但更多学者持有第三种观点，即认为经济增速放缓预示着中国当前的经济增长模式已达到一定的瓶颈，需要通过转变经济增长方式，推动中国经济进入发展新阶段。具体而言，又包含如下三种分析视角。

有学者从数据分析的视角，测算了中国经济增长放缓的趋势，并提出要进行宏观经济政策的转变。即通过数据分析得出，自"十一五"期间，我国的现在经济增长率已经在放缓，根据劳动力、资本和全要素生产力的变化趋势，到"十二五"计划期间，潜在增长率还会持续放缓至 8% 左右。通过进一步的数据分析，可以发现，短期需求收缩以及中长期潜在供给的趋弱，成了导致我国经济增长的主要原因。并提出，在经济增长速度下降的客观事实下，宏观经济政策需要与"中速"经济增长的预期相适应，同时，宏观调控还需要从立足"稳住"，防止"过度刺激"等方面多重考虑；另外，在短期上政策应立足与"稳"需求的同时，更加重视中长期中供给方面政策的效应问题，通过注重产业和产品的升级，提升潜在的产出能力。③

也有学者从可持续发展的视角，论证了在中国经济增速放缓背景下转变经济发展方式的必要性和客观性。例如，有学者指出，从中长期来看，我国经济增速放缓是经济进入转型发展阶段的必然表现，要应对和解决我

---

① 韩永辉、黄亮雄、邹建华：《中国经济结构性减速时代的来临》，载于《统计研究》2016 年第 33 期。
② 陈彦斌、姚一旻：《中国经济增速放缓的原因、挑战与对策》，载于《中国人民大学学报》2012 年第 26 期。
③ 王红、李若愚：《潜在产出增长放缓背景下宏观政策的选择》，载于《发展研究》2012 年第 12 期。

国经济增速放缓的现状,应更多地立足于确保经济长期可持续发展的同时,解决好自身存在的中长期结构性的矛盾和问题。① 再如,有学者强调,中国的高经济增长是伴随着环境污染等高代价而进行的,从可持续发展的角度来看,中国经济增速放缓,现在已经不可能再以高付出为代价进行。而究其根本原因,增长主义发展模式是中国增长困难产生的根源,破解困境的方法只能通过深化改革。即完成"三大转变",进而抑制"高增长依赖":一是通过加快行政体制改革并深化经济体制改革,将政府的职能从"做大蛋糕"向"做大蛋糕、分好蛋糕和绿色蛋糕并重"方向转移;二是通过深化社会改革,将"以经济建设为中心"的基本路线,向"经济建设和社会建设并重"方向转变;三是通过积极推进司法改革,将"人治"向"法治"方向转移。②

还有学者从供需结构失衡的视角,阐述了中国经济增长放缓的原因以及中国经济发展方式转变的重要性。有学者认为,我国经济增长放缓是受供需两方面的影响进而存在着的阶段性变化,根据这一影响,中期经济增长将稳定在7%~8%之间,并且在这一增长速度下,国际市场的扩张速度也同时放缓,我国的中期增长稳定将面临诸多挑战。为此,中国要解决经济放缓的问题,迫切地需要推动经济转型,培育经济增长的新动力。③ 也有学者提出,中国在高速发展过后已进入到中等收入向高收入的过渡阶段,在这一发展阶段上,既面临着现实现代化的历史机遇,又面临着经济失衡等急需解决的问题。从经济总量上来看,通货膨胀与经济持续下行的风险并存,从结构上看,需求和供给都存在着严重而又深刻的矛盾。总量和结构上的矛盾相互交织,使得国家在进行全面的宏观经济调控的时候遇到更多的挑战。在这种挑战之下,宏观经济调控的方向选择和组合方式,以及政策力度都需要根据经济均衡增长的要求及时变化,同时,要求宏观调控方式做出根本性的调整,经济发展方式的转变必须以宏观调控方式的

---

① 张志远:《经济增速放缓之我见》,载于《统计科学与实践》2012年第3期。
② 陈彦斌、姚一旻、陈小亮:《中国经济增长困境的形成机理与应对策略》,载于《中国人民大学学报》2013年第27期。
③ 王一鸣:《中国经济增长的中期趋势和经济转型》,载于《宏观经济研究》2013年第11期。

变化和有效性方面进行。①

可见，对于2012年以来的经济增速放缓，学者们的认识经历了从"周期性下降"到"结构性减速"再到"转变经济增长方式的内在驱动力"三种不同程度的演变。其结果是，大部分学者都意识到了，中国经济增速放缓的现实并不是一个偶然或周期波动的现象，而是预示着我国经济发展内在结构亟待转变的客观要求，这同时也要求人们对中国经济发展现状提出新的认识和新的判断。

"新常态"，顾名思义，是指某种原本并非常态的现实逐步变为常态，这一说法最早来源于美国。早在2001年就有美国学者提出"新常态"的概念，该概念旨在说明，当时美国面临的恐怖主义威胁和新经济泡沫破灭引发的"危机"局面可能被长期化，从而成为常态。这一概念一经提出，便引发了学术界及主流媒体的关注，据统计，2002年"新常态"一词在国际主流媒体中平均每月出现50次。在这一时期，"新常态"主要用来描述当时美国经济中的两个特点：一是无就业增长的经济复苏；二是恐怖主义距离日常生产更近。

2009年初，全球最大的债券基金——美国太平洋投资管理公司的两位首席投资官比尔·格罗斯和穆罕默德·埃里安在一篇投资展望的文章中再次提出"新常态"一词，并赋予了其新的内涵。他们将"新常态"一词作为2008年全球金融危机之后世界经济尤其是发达国家发生变化的总结。具体来说，这种"新常态"的特征是：增长乏力、失业率持续高启、私人部门去杠杆化、公共财政面临挑战，以及经济增长动力和财富活力从工业化国家向新兴经济体转移。此后，2010年，在第40届瑞士达沃斯世界经济论坛年会上，埃里安再次强调2008年金融危机之后全球经济陷入低增长的"新常态"，认为"2008年的金融危机不是简单的'皮外伤'，而是'伤筋动骨'。危机之后的新常态是经历多年非同寻常时期之后的一个必然结果"。这一提法再次引发了关于"新常态"问题的讨论热潮，2011年"新常态"一词在国际主流媒体上平均每月出现700次。② 同时，"新常

---

① 刘伟：《促进经济增长均衡与转变发展方式》，载于《学术月刊》2013年第45期。
② 张慧莲、汪红驹：《中国经济"新常态"》，载于《银行家》2014年第6期。

态"这一概念也逐渐得到了美国官方的认可,在总统辩论的评论、劳工统计局的预测报告等多次出现。

2014年,埃里安再次对"新常态"这一概念进行归纳和总结。首先,"新常态"概念是指2008年金融危机之后,西方经济体不会出现类似此前普通的经济周期快速复苏,而是保持长期疲弱和高失业率。其次,导致这一结果的原因是,在超高的杠杆比率、过度负债、不负责任的承担高风险和信贷扩张之后,需要花费许多年经济才能完全恢复。最后,在短期内,如果没有大的政策失误,没有地缘政治冲突,没有极端的市场崩溃事件,2014年西方经济体将逐步好转,但仍然缺少迈入较快增长轨道的"逃逸"速度。

至此,美国经济中"新常态"概念的含义终于清晰了起来,这一"新常态"并不是对经济发展新时期的展望,而是用以描述西方发达国家经济体在危机之后陷入长期疲软和高失业率的状态,所谓"新常态",则是强调了这种经济疲弱状态的长期性。可以看出,美国经济中"新常态"的说法实际上是对美国经济未来走向的一种悲观的认识和预期。

比较而言,中国经济"新常态"无论在内涵、目的、政策取向等各个方面都与美国经济"新常态"有着诸多不同。中国经济"新常态"的概念,于2014年5月习近平总书记在河南考察时首次明确提出。总书记指出,我国发展仍处于重要战略机遇期,我们要增强信心,从当前我国经济发展的阶段性特征出发,适应"新常态",保持战略上的平常心态。其后,习近平总书记先后在2014年7月的党外人士座谈会、2014年11月的APEC工商领导人峰会、2014年12月的中央经济工作会议等多个场合提到"新常态"的理念,而中国经济"新常态"的内涵也在这一过程中逐步清晰。

所谓中国经济"新常态",其本质是"提质增效",即形态更高级、分工更复杂、结构更合理,其着力点在于国民生活质量的提高、老百姓获得感的提升、就业稳、价格稳、民生保障更为完善。具体来说,中国经济"新常态"的特征:一是经济增长从过去两位数的高增长模式转为次高增长阶段;二是经济结构不断优化升级,第三产业、消费需求逐步成为主体,城乡区域差距逐步缩小,居民收入占比上升,发展成果惠及更广大民众；三是发展动力从过去的要素驱动、投资驱动转为创新驱动。在"新常态"下，中国经济增长将经历从高速向中高速的转变，但总体质量和效益将从较低水平向中高端迈进。

中国式"新常态"虽然形成于经济的"结构性"减速，但却不是也不应是低速增长状态，而是一种速度上从高速增长向中高速增长转变、结构上从失衡增长向优化增长转变、方式上从要素投入向创新驱动转变的长期稳定状态。在"新常态"下，促进经济结构的优化和实现增长方式的转变，应突破发展过程中的分配结构不合理、人力资本积累慢、企业融资成本高、资源紧张和环境恶化等约束，以切实提升自主创新和促进技术进步。应以国际多边合作为契机，促进对外贸易和对外投资的稳健发展；以新型城镇化为载体，促进投资和消费需求的进一步良性扩大；以深化制度改革为重点，进一步完善制度的有效激励机制，以释放制度改革的巨大红利；以战略新兴产业为支撑，有效培育创新增长点和扩大就业吸纳空间[1]。

可见，"新常态"一词虽然源于美国，但在中国经济中已经被赋予了新的内涵。"新常态"不仅是对当前中国经济发展阶段性特征的总结，更是对未来中国经济发展方式转变、经济发展质量迈向新台阶的一个展望和设想；其背后不仅是现实逻辑的必然，也包含着政策导向的推动。认识新常态、适应新常态、引领新常态是我国当前和今后一个时期经济发展的大逻辑。

二、关于经济"新常态"理论内涵的探讨

中国经济"新常态"关系到我国经济当下及未来很长一段时间内的增长速度、发展方式、产业结构、发展动力等诸多内容，其背后是中国经济发展过程中的一个重大转型和变革阶段，这一阶段的成败对于我国经济能够避过大危机、实现可持续性发展、迈向社会主义建设新时期有着重大意义。因此，"新常态"理念一经提出，便立刻引发了国内学者的密切关注和广泛探讨。这些探讨主要围绕"新常态"是什么、为什么、怎么做这三个问题展开，下面我们便对现有"新常态"文献进行简单的梳理和介绍。

---

[1] 李子联、华桂宏：《新常态下的中国经济增长》，载于《经济学家》2015年第6期。

第五章 新中国经济转型思想的深化探索与理论创新研究

首先,关于"新常态"是什么的问题,习总书记已经在多次会议中进行了较为全面的阐释,但仍有不少学者在此基础上进一步对"新常态"进行了理论定位。在此方面有学者认为,中国经济"新常态"的主要特征就是结构性减速,其中包含着经济朝向形态更高级、分工更细致、结构更合理的阶段演化的积极的内容。除此之外,"新常态"也表示着跨越中等收入陷阱、进入经济发展的新阶段的目标,为此应打造经济创新驱动引擎、在结构中发挥市场的决定性作用、构筑全面对外开放新格局、在生态环境改善中求增长,以实现平稳进入新常态;[①] 有学者则认为"新常态"是各国经济发展过程中均需要经历的客观存在,其存在具有一定的客观规律,并且也是化解多年来积累的深层次矛盾的必经阶段。进入经济"新常态",其主要表现在改变经济增长的驱动要素与结构,更加注重对供给管理、地方政府激励转型以及重构以双轨制为特征的微观基础,应重新定位政府、市场与企业的关系,回归市场机制的决定性作用,以实现我国经济发展从高速发展到高质量发展的平稳过渡;[②] 也有学者提出,改革开放以来,中国的经济增长正是由于将市场经济引入社会主义所得到的巨大成果,因此,在中国经济增速放缓的当下,进入"新常态"正是中国经济更加接近市场经济正常状态的表现。[③] 与此同时,还有学者强调,我国经济增长进入"新常态"实质上是追赶进程进入新阶段,客观、准确地认识"新常态",需要把握好增量和总量变化的关系、潜在增速和实际增速的关系、历史规律和现实创新的关系。在现阶段,我国已经落入了中高速的范围,结构也正发生着积极的变化。[④] 此外还有学者认为,中国"新常态"是一个客观经济运行和政策主动调整叠加的结果,同时也是多重均衡之中的不稳定均衡状态,在这种不稳定均衡状态下,经济有可能向更高的稳定均衡跃升,也有可能走向低效率低产出的稳态均衡。[⑤]

[①] 李扬、张晓晶:《"新常态":经济发展的逻辑与前景》,载于《经济研究》2015 年第 50 期。
[②] 范玉波、张卫国:《"新常态"下经济增长动力机制转型三重解析》,载于《经济问题探索》2015 年第 10 期。
[③] 齐建国、王红、彭绪庶、刘生龙:《中国经济新常态的内涵和形成机制》,载于《经济纵横》2015 年第 3 期。
[④] 余斌、吴振宇:《中国经济新常态与宏观调控政策取向》,载于《改革》2014 年第 11 期。
[⑤] 秦天程:《中国经济新常态的实质特征》,载于《经济研究参考》2015 年第 30 期。

其次,"新常态"形成的原因也受到了诸多学者的关注,并逐渐形成较为全面的分析。有学者从供给和需求两个方面探讨了"新常态"的形成原因,从供给方面,劳动力成本和技术进步成本的逐渐增加所造成的成本上升、利润率不断下降,是促使我国经济进入"新常态"的原因之一;从需求方面,原本中国经济增长依赖的出口规模在世界市场已无法全部消化,这也是"新常态"的重要原因。[1] 也有学者从内因和外因两个层次详细分析了"新常态"的形成原因。认为其内因包括经济发展方式从规模速度型粗放增长转向质量效率型集约增长,经济结构从增量扩能为主转向调整存量、做优增量并存的深度调整,以及经济发展动力由要素驱动、投资驱动转向创新驱动;外因则主要来自世界经济总体持续低迷的"新常态",尤其是主要发达国家经济的"新常态"。[2] 还有学者强调,中国经济的减速主要由投资回报率下降、出口需求减少、劳动成本持续调高等结构性因素引起,因此中国式新常态虽然形成于经济的"结构性"减速,但并不是低速增长的状态,[3] 应从劳动力过剩导致的供给无限性及其转变、资本投资需求及其结构变化、生产率增长率及其变化三个方面来看待转型。[4]

最后,对于"新常态"背景下到底应如何做的问题,学者们也从不同角度进行了分析。有学者认为,中高速增长的新常态需要与发展战略新常态、宏观调控新常态、发展动力新常态这三方面新常态相互支撑。其中,发展战略新常态涉及结构再平衡战略和创新驱动发展战略,宏观调控新常态涉及市场决定资源配置和明确宏观经济的合理区间,发展动力新常态则涉及以改善民生为着力点的消费需求拉动,以及其与投资拉动的相互协调。[5] 也有学者聚焦政府宏观调控政策取向的重要性[6],认为应进一步深

---

[1] 刘伟、苏剑:《从就业角度看中国经济目标增长率的确定》,载于《中国银行业》2014年第9期。
[2] 高建昆、程恩富:《论中国经济新常态下的价值导向》,载于《探索》2015年第1期。
[3] 李子联、华桂宏:《新常态下的中国经济增长》,载于《经济学家》2015年第6期。
[4] 齐建国、王红、彭绪庶、刘生龙:《中国经济新常态的内涵和形成机制》,载于《经济纵横》2015年第3期。
[5] 洪银兴:《论中高速增长新常态及其支撑常态》,载于《经济学动态》2014年第11期。
[6] 余斌、吴振宇:《中国经济新常态与宏观调控政策取向》,载于《改革》2014年第11期;任保平、宋文月:《新常态下中国经济增长潜力开发的制约因素》,载于《学术月刊》2015年第47期。

化改革、加强产业结构调整、加强自主创新、注重使用供给和需求双方面的宏观经济政策组合，并加强货币政策与财政政策的短期组合选择①。还有学者强调，经济"新常态"既是机遇也是挑战，必须要正确处理公有制与私有制、政府与市场、分配中的公平与效率、经济发展与生态环境保护、自主创新与对外开放这五方面关系，并强调"新常态"应以马列主义及其中国化为基础，以提高经济发展的质量和改善民生为中心来进行。②此外，还有学者提出，应加强经济需求结构调整步伐，强化经济发展的内在动力，重视内需的发展；加快技术创新步伐和产业结构调整，实现我国经济增长模式由要素投入带动技术创新带动的转变；积极而审慎推进城镇化，处理好就业和经济发展的关系，强化城镇化的产业支撑，实现人的城镇化和市场的城镇化等。③

上述对"新常态"的解读和分析均有着各自不同的视角，对于理解"新常态"是什么、为什么、怎样做等问题有着重要启示和参考。与此同时，随着对"新常态"认识的不断加深，也逐步衍生出对中国经济转型思想的新要求。

三、关于经济"新常态"对思想转型要求的探讨

经济"新常态"的提出，意味着 2012 年以来中国经济所面临的经济形势已不同以往，意味着中国经济发展的道路和思路亟须转变。尽管中国已经基本实现了从计划经济到社会主义市场经济的转型，但显然，中国经济转型思想面临着一次极其重要的深化和升级，而这是经济"新常态"背景下的必然要求。

一方面，经济"新常态"背景下，要求我国经济发展的观念和思路必须发生转变，否则难以适应、把握、引领"新常态"。以下研究均关注到

---

① 刘伟、苏剑：《从就业角度看中国经济目标增长率的确定》，载于《中国银行业》2014年第9期。
② 高建昆、程恩富：《论中国经济新常态下的价值导向》，载于《探索》2015年第1期。
③ 李祺、代法涛：《经济增长的影响因素与结构特征：理论假说与实证检验——中国经济新常态的一种解释》，载于《经济问题探索》2015年第3期。

了"新常态"对转变经济发展观念和思路的新要求。

不少研究均认识到了"新常态"对产业发展思路方面的新要求。有学者提出，适应经济"新常态"需要率先进行产业政策的转型升级，即改变过去通过扭曲要素价格进行人为的比较优势而进行的产业政策，在内涵、特征和功能上进行产业政策的转型升级。具体而言，需要从要素驱动、投资驱动和创新驱动三个方面进行，其中从物质资本为中心转向以人力资本、知识资本和技术资本为中心的变化，是彻底改变原有产业政策的必然趋势；消除公平竞争的制度障碍，确立横向的产业政策和竞争政策，是在新常态下经济平稳增长的重要手段。[1] 此外，也有学者通过对长周期视角的观察和研究，对全球范围内从旧常态转向新常态的过渡和更替进行了总体性分析，认为应打造创新性驱动引擎、在调结构中发挥市场的决定性作用、构筑全面的对外开放新格局、在生态环境改善中求增长和实现包容性增长。[2]

还有诸多研究强调了"新常态"背景下转变经济增长驱动力的客观要求。如有学者提出，承载着改革开放40年以来中国经济改革与发展的基本模式和总结的"中国模式"，和决策层对中国经济形势的基本分析和研判的"新常态"，两者之间的联系在于，"中国模式"使中国经济持续长时间的高增长以及随之带来的巨大成就，间接导致中国经济步入"新常态"的环境之中。为此，如何在"中国模式"的转型之下妥善应对其与"新常态"背景下的新问题和新挑战之间的关系，是关系未来中国经济能否在"新常态"下实现可持续发展的重大议题。在这个议题下，转变经济改革的驱动机制、具体方式和策略，以及经济增长方式和宏观经济政策，都成为推动经济"新常态"下进行"中国模式"的主要途径。[3] 此外，也有学者强调，中国经济发展旧常态是通过依靠大规模投资带来的高速增长，这种旧常态已经不能继续进行，进而使中国的经济增长进入到下行过

---

[1] 刘志彪：《经济发展新常态下产业政策功能的转型》，载于《南京社会科学》2015年第3期。

[2] 李扬、张晓晶：《"新常态"：经济发展的逻辑与前景》，载于《经济研究》2015年第50期。

[3] 刘洋、纪玉山：《经济"新常态"背景下"中国模式"的转型升级》，载于《河北经贸大学学报》2015年第36期。

程。为此应确立中国经济合理的新常态,努力转变经济发展方式,通过创新驱动、优化结构、提高效率,使中国经济找到新的增长动力,在确保不发生系统性风险的条件下,把主要的力量放在改革的推进上,在此基础上,才能确立中国经济合理的新常态。[①]

此外还有相当多的研究聚焦到"新常态"对经济发展观念的新要求。有学者提出,"新常态"下的中国经济增长,究其本质来讲,是中国赶超型的经济增长进行了新的阶段,传统速度型赶超增长模式亟须转型和创新。且新常态下改变的是该赶超型经济增长的方式和条件,而并非是中国经济赶超型增长的基本趋势和方向。这一新的方式和条件的核心就在于摒弃单纯的速度型赶超方式,追求可持续、有质量、有竞争力的赶超型增长,其必然是通过新动力、新结构、新体制、新开放、新调控的创新性发展。[②] 与此同时,也有学者强调,中国经济的基本面发生了历史性的实质变化,进入到了一个经济发展的全新阶段,政府、企业、居民都必须有新观念和新作为,而这些作为新阶段中全局性、长期性的新现象、新变化,成了中国进行经济发展新阶段的必要条件。[③]

另一方面,中国经济"新常态"并不是孤立存在的,其与全球资本主义国家所面临的长期经济低迷有着密切关系,为此"新常态"的新经济形势也要求我国在国际关系理念方面的进一步升级,以应对经济全球化下的各种负面作用。学者们聚焦国际贸易、国际分工、包容性增长等视角,对此进行了阐述。

从国际贸易视角出发,学者们研究了"新常态"背景下我国国际贸易向"质量"型转变的客观要求。例如有学者认为,我国进入"新常态"的重要表现是外贸发展从超高速增长转向低速增长,而造成这一变化的根本原因在于经济基本面因素发生了巨大的变化。以增速放缓为表征的外贸发展"新常态",不仅仅只是一个速度状态,更是一个发展的"质"的状态,即从以往的"量"性特征转变为"质"性特征发展模式。加快实现

[①] 吴敬琏:《以深化改革确立中国经济新常态》,载于《探索与争鸣》2015年第1期。
[②] 徐琤、权衡:《经济新常态:大国经济赶超型增长的新经验与新理论》,载于《学术月刊》2015年第47期。
[③] 金碚:《中国经济发展新常态研究》,载于《中国工业经济》2015年第1期。

外贸新常态的"质"性特征发展,需要更加着眼长期,在依托科技创新、培育人力资本、加快企业"走出去"整合全球资源等战略举措中,培育起中国外贸发展的长足后劲和竞争新优势是解决我国经济放缓的重要途径。[1]也有学者强调,中国经济"新常态"要求外贸发展不再以追求速度为目的,中国外贸正进入中速增长、提质增效的新常态,转型升级、提质增效逐渐替代速度成为发展的重要目标。为此,在对外贸易中,应力求抓住机会,深化改革,建立完善外向型经济新体制,巩固全球的市场份额,通过稳中求进,做到调速不减势、量增质更优的最终效果。[2]

从国际分工视角出发,相关研究探索了"新常态"背景下中国在国际分工中逐步迈向全球产业价值链高端的客观要求。例如有学者提出,世界与中国经济步入新常态的同时,全球价值链的发展也变得日益重要。全球价值链理论跳出传统经济学局限于进出口的狭隘视角,从价值创造的角度来理解经济全球化,将国际竞争由边境推进到国内,由外贸竞争转化为产业体系与要素培育竞争,进而更有助于从根本上打破贸易壁垒,整合全球资源,推动国际分工合作的深化,促进各国生产力的提升。自改革开放以来,中国在经历了40年的外贸高速增长之后,正面临外贸发展的转折点,而以全球价值链为基础的国际分工协作,不仅有利于中国的要素培育和产业提升,还有助于中国乃至世界实现外贸新突破。在未来的几十年内,基于全球价值链的全球资源整合,将会成为中国外贸新常态的重要基础和显著特征。[3] 此外,也有学者强调,国际产业转移在加速了国家间联系的同时,也导致了危机的国际间转移,新常态下中国经济增速的换挡,也要求大力发展高新技术产业,从"世界工厂"转变为"中国制造",成为全球产业价值链的高端。同时,强化资本的国际输出,抢占新兴市场,争取国际经济的资源、利润与技术份额,进而实现全球产业布局,为新常态下我

---

[1] 戴翔、张二震:《中国外贸发展"新常态":表现、成因及对策》,载于《贵州社会科学》2015年第7期。
[2] 彭莉、黄国华:《中国外贸新常态:中速高效》,载于《国际经济评论》2015年第3期。
[3] 彭波、熊晓花、王竞:《全球价值链的发展与中国外贸新常态的建立》,载于《新疆师范大学学报》(哲学社会科学版)2015年第36期。

第五章　新中国经济转型思想的深化探索与理论创新研究

国经济的平稳增长奠定坚实的国际基础。①

从包容性增长的视角，也有不少研究强调，"新常态"背景下应更加注重国与国之间的"共生理念"和"包容性"。例如有学者提出，中国经济发展模式并非孤立存在，而是与世界经济结构密切关联、互为条件。因此，中国经济新常态需要相应的世界经济结构调整和一定的国际经济条件。其中包括：稳定、开放的世界经济环境，市场开放、要素自由流动和贸易投资自由化，对外经济关系全方位发展，特别是加深与发展中国家的经济合作关系，全球经济失衡结构的调整，中美之间建立新的经济平衡，中国在全球经济治理中的话语权和新的全球经济治理结构等内容。② 也有学者强调，经济"新常态"成为我国外交工作改革创新的加速器，以共生理念为指导的包容性塑造外交现已初见端倪，成为中国外交新常态的一种可能方向，并使中国和世界的关系变得更为深刻。尽管包容性塑造外交能否最终成为中国外交的"新常态"，并使之发挥实际作用，还面临着理论和实践的双重考验，但从能够为人类作出更大贡献的目标出发，中国应积极推动包容性塑造外交成为外交"新常态"。③

总的来说，2012年以来中国宏观经济形势的新变化，即"新常态"，蕴含着对中国经济转型思想的新要求。即过去指导着中国从计划经济转型到社会主义市场经济的转型思路已无法完全为"新常态"下的经济发展新形势提供明确的思路，转型思想的进一步深化发展成为这一时期中国经济发展中的重要课题，这也是习近平总书记所作出的"中国特色社会主义进入了新时代，这是我国发展新的历史方位"这一重大论断的现实背景。从中国自身发展视角来看，转变经济发展的方式和理念是"新常态"背景下中国经济转型思想进一步深化的内在逻辑；从经济全球化视角来看，构建更具包容性的国际经济秩序是"新常态"背景下中国经济转型思想进一步深化的外在逻辑。

---

　　① 常卉颉、杨继国：《新常态下产业转移的马克思经济学分析》，载于《经济学家》2017年第2期。
　　② 王跃生：《中国经济新常态的国际经济条件》，载于《中国高校社会科学》2015年第3期。
　　③ 徐庆超：《从国内外主流话语看中国外交新常态——包容性塑造外交的生成》，载于《教学与研究》2016年第2期。

第二节 关于"新发展理念"的探索

"新发展理念",是习近平总书记在经济"新常态"背景下提出的重要经济发展理念,是我国在基本实现社会主义市场经济建设的条件下,进一步转向成熟社会主义市场经济的重要思想推进。我国在新时代背景下的诸多具体经济转型思想均围绕这一理念而逐步展开。

一、"新发展理念"的形成脉络

"新发展理念"的提出,与经济"新常态"有着密切的关系,"新常态"的判断是"新发展理念"的现实基础。"新常态"这一概念是由习近平总书记于2014年5月在河南考察时首次提出,其后总书记在2014年12月中央经济工作会议上再次指出,我国经济正在向形态更高级、分工更复杂、结构更合理的阶段演化,经济发展进入"新常态"。2016年1月,习近平总书记在省部级主要领导干部学习贯彻十八届五中全会精神专题研讨班开班式上强调,"十三五"期间,我国经济发展的显著特征就是进入"新常态",这是我国经济向形态更高级、分工更优化、结构更合理的阶段演进的必经过程。

基于"新常态"的现实背景,习近平总书记进一步对我国经济的发展理念提出了新的思路。2015年10月,习近平总书记在关于《中共中央关于制定国民经济和社会发展第十三个五年规划的建议》的说明中指出:发展理念是发展行动的先导,是管全局、管根本、管方向、管长远的东西,是发展思路、发展方向、发展着力点的集中体现。正因为发展理念所起到的关键性作用,2015年10月29日,习近平总书记在党的十八届五中全会第二次全体会议上鲜明提出了"创新、协调、绿色、开放、共享"的新发展理念。这一新发展理念符合我国国情,顺应时代要求,对破解发展难题、增强发展动力、厚植发展优势具有重大指导意义。具体而言:

第五章　新中国经济转型思想的深化探索与理论创新研究

第一，创新发展。即必须把创新摆在国家发展全局的核心位置，不断推进理论创新、制度创新、科技创新、文化创新等各方面创新，让创新贯穿党和国家一切工作，让创新在全社会蔚然成风。深入实施创新驱动发展战略，发挥科技创新在全面创新中的引领作用，实施一批国家重大科技项目，积极提出并牵头组织国际大科学计划和大科学工程。大力推进农业现代化，加快转变农业发展方式，走产出高效、产品安全、资源节约、环境友好的农业现代化道路。通过构建发展新体制，加快形成有利于创新发展的市场环境、产权制度、投融资体制、分配制度、人才培养引进使用机制，深化行政管理体制改革，进一步转变政府职能，持续推进简政放权、放管结合、优化服务，提高政府效能，激发市场活力和社会创造力，完善各类国有资产管理体制，建立健全现代财政制度、税收制度，改革并完善适应现代金融市场发展的金融监管框架。最后，通过创新和完善宏观调控方式，在区间调控基础上加大定向调控力度，减少政府对价格形成的干预，全面放开竞争性领域商品和服务价格。

第二，协调发展。即必须牢牢把握中国特色社会主义事业总体布局，正确处理发展中的重大关系，重点促进城乡区域协调发展，促进经济社会协调发展，促进新型工业化、信息化、城镇化、农业现代化同步发展，在增强国家硬实力的同时注重提升国家软实力，不断增强发展整体性。在增强发展协调性、推动物质文明和精神文明协调发展、经济建设和国防建设融合发展的同时，最终形成在协调发展中拓宽发展空间，在加强薄弱领域中增强发展后劲，加快文化改革发展，加强社会主义精神文明建设，在建设社会主义文化强国，加强思想道德建设和社会诚信建设，增强国家意识、法治意识、社会责任意识，倡导科学精神，弘扬中华传统美德，坚持发展和安全兼顾、富国和强军统一，实施军民融合发展战略，形成全要素、多领域、高效益的军民深度融合发展格局。

第三，绿色发展。即必须坚持节约资源和保护环境的基本国策，坚持可持续发展，坚定走生产发展、生活富裕、生态良好的文明发展道路，加快建设资源节约型、环境友好型社会，形成人与自然和谐发展现代化建设新格局，推进美丽中国建设，为全球生态安全作出新贡献。在促进人与自然和谐共生，构建科学合理的城市化格局、农业发展格局、生态安全格局、自然岸线格局中，推动建立绿色低碳循环发展产业体系。在全面节约和高效利用资源，树立节约集约循环利用的资源观中，建立健全用能权、用水权、排污权、碳排放权初始分配制度，推动形成勤俭节约的社会风尚。在筑牢生态安全屏障，坚持保护优先、自然恢复为主中，实施山、水、林、田、湖生态保护和修复工程，开展大规模国土绿化行动，完善天然林保护制度，开展蓝色海湾整治行动。

第四，开放发展。即必须顺应我国经济深度融入世界经济的趋势，奉行互利共赢的开放战略，发展更高层次的开放型经济，积极参与全球经济治理和公共产品供给，提高我国在全球经济治理中的制度性话语权，构建广泛的利益共同体。在开创对外开放新局面中，丰富对外开放内涵，提高对外开放水平，协同推进战略互信、经贸合作、人文交流，努力形成深度融合的互利合作格局。在推进"一带一路"建设中，推进同有关国家和地区多领域互利共赢的务实合作，推进国际产能和装备制造合作，打造陆海内外联动、东西双向开放的全面开放新格局。在深化内地和港澳、大陆和台湾地区合作发展中，提升港澳在国家经济发展和对外开放中的地位和功能，支持港澳发展经济、改善民生、推进民主、促进和谐，以互利共赢方式深化两岸经济合作，让更多台湾普通民众、青少年和中小企业受益。在积极参与全球经济治理中，促进国际经济秩序朝着平等公正、合作共赢的方向发展，加快实施自由贸易区战略。

第五，共享发展。即必须坚持发展为了人民、发展依靠人民、发展成果由人民共享，作出更有效的制度安排，使全体人民在共建共享发展中有更多获得感，增强发展动力，增进人民团结，朝着共同富裕方向稳步前进。在按照人人参与、人人尽力、人人享有的要求中，坚守底线、突出重点、完善制度、引导预期，注重机会公平，保障基本民生，实现全体人民共同迈入全面小康社会。在促进就业创业，坚持就业优先战略中，实施更加积极的就业政策，完善创业扶持政策，加强对灵活就业、新就业形态的支持，提高技术工人待遇。在建立更加公平更可持续的社会保障制度中，实施全民参保计划，实现职工基础养老金全国统筹，划转部分国有资本充实社保基金，全面实施城乡居民大病保险制度。在促进人口均衡发展中，坚持计划生育的基本国策，完善人口发展战略，全面实施一对夫妇可生育两个孩子政策,积极开展应对人口老龄化行动。

二、关于"新发展理念"理论内涵的探讨

"新发展理念"一经提出,便引发了学术界的热烈探讨,尤其是对新发展理念的理论渊源、本质内涵、该理念与其他范畴的联系等方面,对新发展理念的理论内涵进行了深入研究,这是对习近平总书记提出的新发展理念的重要补充与拓展。

(一)关于新发展理念的理论渊源

对于新发展理念的产生渊源或形成基础,学者们从改革实践、马克思经典理论以及改革实践与理论相结合三种不同视角进行了探讨。

部分研究聚焦中国经济改革实践,认为新发展理念集中体现了我国经济社会的发展思路、发展方向、发展着力点,其源于对中国和世界经济社会发展实践的深切把握,是对中国特色社会主义伟大新实践的总结升华,与中国共产党一贯的发展理念既一脉相承又有重大创新。[1]

还有部分研究强调了马克思主义经典理论对新发展理念的重要意义。例如有学者对绿色理念进行了自然辩证法的新认识,认为正是在马克思和恩格斯的生态思想基础上,习近平总书记强调,环境保护一定要与经济建设发展相统一,并且在生态环境保护上要梳理大局观、长远观和整体观。[2]也有学者认为,社会结构和社会发展是马克思解释和分析人类社会历史发展规律的两个基本范畴,习近平总书记提出的创新、协调、绿色、开放、共享的新发展理念集中展现了马克思社会发展理论的结构性意蕴和系统性特征,是马克思社会发展理论与当代中国社会发展实际相结合形成的最新成果。[3]

此外,更多研究认为,新发展理念是中国经济改革实践与马克思主义

---

[1] 张乾元、谢文娟:《论新发展理念的内在逻辑》,载于《中州学刊》2017年第1期。
[2] 张峰:《新发展理念的哲学意义》,载于《中央社会主义学院学报》2016年第4期。
[3] 杜玉华:《新发展理念:马克思社会发展理论的新成果——以社会结构为分析视角》,载于《教学与研究》2017年第9期。

理论有机结合的产物。如有学者认为，五大发展理念是中国共产党人在总结中国改革开放近 40 年发展经验教训，汲取当代社会发展理论的精华，坚持马克思主义价值论（人民立场）和方法论（整体协调发展），马克思主义发展理论与当代现实发展实际相结合的重大创新。五大发展理念正视和致力于人民群众对于发展的迫切需求和现实问题，以创新（矛盾运动）为动力，以开放（世界空间）和协调（矛盾整合）为机制，以绿色（人与自然的矛盾解决）和共享（人与人的矛盾解决）为旨归，必将开启当代马克思主义发展理论创新的新征程，对全球和人类文明发展作出中国自身的独特贡献。① 也有学者强调，"利益"问题是马克思主义发展理念的核心要义，而五大发展理念正是对利益的全面解释，其中创新发展是实现国家利益的源动力、协调发展是实现人民利益最大化的重要保障、绿色发展是实现人民持续利益的必要前提、开放发展是构建互利共赢的利益共同体的必要途径、共享发展是保障人民利益充分享有的出发点和落脚点。②

（二）关于新发展理念的本质内涵

在厘清新发展理念理论渊源的基础上，更多学者聚焦新发展理念的本质内涵展开探讨，主要包括五大发展理念各自的内涵以及五大发展理念之间的有机结构两个重要方面。

对于五大发展理念各自的内涵和所处的地位，学者们进行了诸多分析。有学者认为，新发展理念科学地回应了中国今后的重大发展问题，其中创新发展理念是推动发展动力理论的创新，协调发展理念是推动发展结构理论的创新，绿色发展理念是推动财富理论的创新，开放发展理念是推动经济全球化理论创新，共享发展理念是推动发展目的的理论创新。这些方面都是现阶段经济发展理论的核心部分。③ 同时，新发展理念在新时代"建设现代经济体系"中将发挥主导和引导作用。其中，"创新"要着力

---

① 李振：《从五大发展理念看马克思主义发展理论的时代自觉》，载于《思想理论教育》2017 年第 1 期。
② 宋杰：《"五大"新发展理念蕴含的"利益"思想研究》，载于《延边党校学报》2018 年第 34 期。
③ 洪银兴：《新发展理念与中国特色社会主义政治经济学的新发展》，载于《南京政治学院学报》2017 年第 33 期。

于形成促进创新的体制架构，塑造更多依靠创新驱动、更多发挥先发优势的引领型发展；"协调"既要坚持区域之间、城乡之间、人民生活的各个方面之间，以及经济建设和政治建设、文化建设、社会建设、生态文明建设、国防建设等方面的协调发展，也要在协调发展中拓宽发展空间，增强发展可持续性；"绿色"要坚持绿色富国、绿色惠民，为人民提供更多优质生态产品，推动形成绿色发展方式和生活方式，协同推进人民富裕、国家富强、中国美丽；"开放"要丰富对外开放内涵，提高对外开放水平，协同推进战略互信、经贸合作、人文交流，开创对外开放新局面，形成深度融合的互利合作格局；"共享"要注重解决社会公平正义问题，让广大人民群众共享改革发展成果。[①] 也有学者提出，新发展理念中的"共享发展"揭示了社会主义的生产目的，而"创新发展""协调发展""绿色发展"和"开放发展"则揭示了实现社会主义生产目的的手段。因此，新发展理念是对社会主义基本经济规律表现形式的一种新概括，开拓了中国特色社会主义理论发展的新境界。[②]

关于五大发展理念之间的关系，大部分学者均同意，五大发展理念之间是相互联系的有机整体。例如有学者提出，新发展理念是一个系统集成的有机整体，[③] 五大发展理念互相贯通，形成逻辑严密的理论整体，其中创新发展形成发展的动力机制，协调发展促进整体平衡发展，绿色发展实现人与自然和谐共生，开放发展促进内外联动，共享发展走向社会公平正义，体现出战略性、可操作性与科学性的统一。[④] 因此研究"五大发展理念"，在内容和研究方法上要多维度阐释，运用定性和定量结合的方法；在内在逻辑关系上，要运用辩证思维，从纵横两方面进行揭示；在五大发展理念的形成过程上，既要整体考察其形成，又要考察每个方面的形成与发展。[⑤] 也有学者强调，新发展理念具有内在逻辑系统的整体性，既需要

[①] 顾海良：《新发展理念的新时代政治经济学意义》，载于《经济研究》2017 年第 52 期。
[②] 杨继瑞：《新发展理念的经济学解析与思考——基于社会主义基本经济规律的视角》，载于《中国高校社会科学》2017 年第 2 期。
[③] 李程骅：《以新发展理念统领改革发展新实践》，载于《南京社会科学》2016 年第 6 期。
[④] 王丽娟：《新发展理念的思想溯源》，载于《探索》2017 年第 5 期。
[⑤] 朱宗友、张继龙：《国内关于"五大发展理念"研究述评》，载于《社会主义研究》2016 年第 3 期。

"分门别类"式的阐释,更需要整体性的哲学思考。从整体性的哲学视角出发,新发展理念彰显了批判性与超越性的精神品质,蕴含着人本观念、生态意识、风险视角、责任担当与未来导向五个层面的基本立场。①

(三) 关于新发展理念与其他范畴的联系

新发展理念并不是一个孤立存在的概念,而是与其他诸多范畴有着密切的联系,或一脉相承,或各有侧重。对此,学者们也进行了不同视角的深入探索。

部分学者考察了新发展理念与"科学发展观""四个全面"之间的密切联系。例如有学者认为,应结合"四个全面"来理解"五大发展理念"。"四个全面"和"五大理念"具有内在统一性,其中"四个全面"回答了当代中国发展的战略目标、战略重点和主要矛盾,强调认识和实践的全面性、完整性;"五大理念"关注的是实现全面建成小康社会这一目标的发展过程的内在要求、科学原则和价值诉求,是"四个全面"战略布局的路径展开,强调了发展的综合性、多维度。从某种意义上说,"四个全面"是"五大理念"的战略统领,"五大理念"是"四个全面"的具体展开或延伸。② 还有学者提出,应正确梳理和辨析"五大发展理念"与"科学发展观"的关系。"科学发展观"是"五大发展理念"最为直接的思想理论基础,"五大发展理念"则是对"科学发展观"的继续深化和发展。"五大发展理念"与"科学发展观"并不是相互冲突的排他性关系,而是相得益彰的包容性关系;不能因为"科学发展观"是党的根本指导思想而轻忽"五大发展理念",也不能因为"五大发展理念"是党的最新发展理念而轻忽"科学发展观",它们理应得到并行不悖的宣传、坚持和贯彻。③

还有部分学者将新发展理念与马克思的唯物辩证法、利益思想等相联

---

① 魏传光:《新发展理念的整体性哲学思考:精神、立场与范式》,载于《求实》2017 年第 3 期。
② 郝立新:《中国特色社会主义实践的战略布局和发展理念》,载于《中国特色社会主义研究》2015 年第 6 期。
③ 蒋红群:《五大发展理念与科学发展观之关系探要》,载于《马克思主义研究》2016 年第 10 期。

系，认为"创新是引领发展的第一动力"是基于马克思主义发展理论的新论断；协调发展是运用唯物辩证法的基本原理解决我国发展问题的具体实践；绿色理念是基于自然辩证法的新认识；开放理念是马克思世界历史思想的新实践；共享理念是着力践行以人民为中心的发展思想的唯物史观的新发展。① 抑或提出，新发展理念作为马克思主义哲学的智慧，在当下中国的发展过程中得到了深刻的体现和现实的表达。在其表达的过程中，将蕴含着马克思主义的世界观、利益观与人本观的具体思想体现出来。而其中的利益观正是马克思主义在新时代创造性中国化过程中的集中体现，并具体表现为以人民为中心的群众利益观、以民族复兴为旨向的国家利益观，以及以统筹发展为路径的全面利益观。②

此外，还有部分学者关注到了新发展理念与"中国梦"之间的联系，认为"五大发展理念"与"中国梦"高度关联，二者价值取向具有共向性、目标追求具有同质性、价值旨归具有统一性。"五大发展理念"为"中国梦"提供理念指导，"中国梦"是"五大发展理念"的使命应然，二者相互推进。以"五大发展理念"的践行推圆梦中华的实现，需以"五大发展理念"精神为"筑梦"提供价值遵循，以"五大发展理念"的落实为"追梦"凝神聚力，以"五大发展理念"增强"圆梦"的思想底蕴。③

三、关于"新发展理念"思想引领作用的探讨

"新发展理念"是一个系统集成的有机整体，该理念不仅是对我国经济社会发展规律的新认识，更是推进我国从计划经济转向社会主义市场经济的转型过程进入新阶段的重要思想引领，是我国在基本实现社会主义与市场经济结合的基础上，进一步走向更为成熟的中国特色社会主义市场经

---

① 张峰：《新发展理念的哲学意义》，载于《中央社会主义学院学报》2016年第4期。
② 宋杰：《"五大"新发展理念蕴含的"利益"思想研究》，载于《延边党校学报》2018年第34期。
③ 周明星：《"五大发展理念"与"中国梦"内在联系探究》，载于《新疆社会科学》2018年第2期。

济的思想内核。对于这一点，学术界基本也达成了共识，并形成了诸多有益的探讨和论述。

部分学者从"全面建设社会主义现代化国家"这一目标出发，阐明了新发展理念的划时代意义。有学者认为，"新发展理念"是指挥棒，统领着我国新一轮改革发展的新实践，确保我国如期实现全面建成小康社会的第一个一百年的奋斗目标，并为实现第二个一百年的奋斗目标布阵筑基。因此，适应和引领经济发展"新常态"，必须一体坚持、一体贯彻新发展理念，牢牢把控发展全局的主动权，并在全面深化改革的进程中，让理论与实践相互促进、共同提升，不断开拓发展的新境界。① 也有学者强调了，新发展理念不仅是对现代化发展理念的检视，是中国特色社会主义进入新时代的历史方位与哲学思辨的辩证统一，体现了全面建设社会主义现代化国家新征程的本质要求；而且是对现代化发展理念的重构，是开启全面建设社会主义现代化国家新征程的实践逻辑与理论逻辑的辩证统一，统一于建成富强民主文明和谐美丽的社会主义现代化强国的全过程；更加是对现代化发展理念的开拓，是把我国建成富强民主文明和谐美丽的社会主义现代化强国合目的性与合规律性的辩证统一，丰富和发展了社会主义现代化建设理论，为发展中国家走向现代化提供中国智慧和中国方案。② 还有学者提出，新发展理念为我国"十三五"时期乃至更长时期的发展描绘出新蓝图，是我们党发展理念的一次创新升级，体现了系统创新、要素创新、价值创新；新发展理念强调整体性，是五个方面的有机统一体，是管全局、管根本、管长远的，要求全面贯彻、长期贯彻。③

部分学者从习近平新时代中国特色社会主义思想出发，分析了新发展理念的重要地位。例如有学者提出，习近平治国理政思想是一个博大精深的科学体系，具有丰富而深刻的内涵，其中坚持和发展中国特色社会主义、实现中华民族伟大复兴中国梦、协调推进"四个全面"战略布局、牢固树立和践行"五大发展理念"、统筹推进"五位一体"总体布局等，是

---

① 李程骅：《以新发展理念统领改革发展新实践》，载于《南京社会科学》2016 年第 6 期。
② 余立、孙劲松：《"新发展理念"：习近平关于现代化发展理念的检视、重构和开拓》，载于《理论与改革》2017 年第 6 期。
③ 陶文昭：《科学理解新发展理念》，载于《前线》2017 年第 9 期。

第五章　新中国经济转型思想的深化探索与理论创新研究

这一科学体系的逻辑展开和基本内涵,清晰地展现了新一届中央领导集体治国理政的主题主线、战略目标、战略布局、战略导向、总体布局、强军战略、对外战略和价值立场等。① 也有学者强调,习近平新时代中国特色社会主义经济思想,从时代提出的发展命题出发,到提出破解这一命题的"新发展理念",再到贯彻"新发展理念"的基本方略——建设现代化经济体系,形成了严整科学的逻辑体系,是历史与思想、理论与实践的逻辑统一。② 还有学者认为,习近平新时代中国特色社会主义经济思想从科学内涵来看,涵括了"一个新发展理念"和"七个坚持"的有机整体,应在决胜全面建成小康社会和全面建设现代化强国新实践中坚持和发展,③其中"新发展理念"是习近平新时代中国特色社会主义经济思想的主要内容④。

　　还有学者从中国特色社会主义政治经济学理论体系的视角,阐述了"新发展理念"的重要性。有学者提出,"新发展理念"有着深厚的历史基础和实践根基,是对当代中国经济发展历史实践的深刻总结和观念升华,它的提出是对中国特色社会主义政治经济学理论的新贡献,为建构具有中国特色、中国气派和中国风格的政治经济学话语体系指明了方向;它的提出也是对当代中国经济社会发展规律的新的认识,为解决经济新常态下中国经济发展面临的一些根本性问题提供了正确的理论指导,从而对于引领"新常态"下的未来中国经济发展具有十分重大的意义。⑤ 也有学者强调,"新发展理念"是制定国民经济和社会发展"十三五"规划的指导思想和中心线索,是马克思主义政治经济学基本原理与中国经济社会发展实际结合的新成果,是对马克思主义政治经济学理论的当代运用和丰富,其直面中国经济社会发展的现实问题,以强烈的问题意识,致力于破解发展难题、增强发展动力、厚植发展优势,是党的十八大以来习近平总书记

---

① 邱乘光:《"新的发展阶段"是一个重大判断——学习习近平总书记"7·26"重要讲话精神》,载于《求知》2017年第10期。
② 刘伟:《新发展理念与现代化经济体系》,载于《政治经济学评论》2018年第9期。
③ 韩保江:《论习近平新时代中国特色社会主义经济思想》,载于《管理世界》2018年第34期。
④ 洪银兴:《新发展理念与中国特色社会主义政治经济学的新发展》,载于《南京政治学院学报》2017年第1期。
⑤ 王立胜:《新发展理念与当代中国经济发展》,载于《齐鲁学刊》2016年第5期。

对当代中国马克思主义政治经济学的新的理论贡献。①

此外，还有部分学者认为，"新发展理念"是对自由主义道路和传统发展观的突破与推进，为此具有里程碑式的意义。例如有学者认为，"新发展理念"把社会主义建设规律同人类社会发展规律统一了起来，准确把握经济社会发展的最新要求；把中国发展趋势同世界发展潮流连接了起来，充分发挥中国发展的巨大潜力；把引领中国新发展同深入探索中国特色社会主义发展规律贯通了起来，凝练表述新的历史条件下党领导发展的认识成果；把发展理念与发展行动一致了起来，努力推动发展全局深刻变革。② 也有学者提出，"新发展理念"是对传统发展观的变革，究其本质则是中国特色现代性发展模式对自由主义现代性模式的超越。具体而言，在现代性发展的道路上，"新发展理念"打破自由主义道路的"我向性"思维，彰显中国特色现代性道路的"共生性"原则、"生机性"实践与"可鉴性"品质；在现代性发展的理论上，"新发展理念"推动中国特色现代性的理论创新，破解"历史终结论""单一经济论"与"中国威胁论"；在现代性的发展制度上，"新发展理念"完善发展制度的"人民性"与"人类性"，超越自由主义制度带来的发展限制、极权主义；在现代性发展的价值取向上，"新发展理念"推动人类命运共同体构建，避免世界发展陷入自由主义现代性全球化引发的全球治理危机。③ 还有学者强调，新时代中国特色社会主义"新发展理念"是在以往发展观基础上形成的更为全面系统的发展学说，是新时代中国特色社会主义对发展观的创新性认知，将中国特色社会主义发展话语推向新的历史高度。④

综上所述，"新发展理念"的提出，是在我国经济进入"新常态"的客观背景下应运而生的，该理念是在我国基本实现从计划经济到社会主义市场经济的转型的条件下，进一步走向更为成熟的中国特色社会主义市场

---

① 顾海良：《新发展理念的马克思主义政治经济学探讨》，载于《马克思主义与现实》2016年第1期。
② 颜晓峰：《新发展理念是党对经济社会发展规律的新认识》，载于《政策瞭望》2016年第6期。
③ 刘洋：《新发展理念对自由主义现代性模式的超越》，载于《理论探索》2018年第2期。
④ 任铃、汪燕：《新时代中国特色社会主义新发展理念的多维解读》，载于《广西社会科学》2018年第2期。

第五章　新中国经济转型思想的深化探索与理论创新研究

经济的必然要求，也是引导这一转变的思想内核，是中国经济转型思想的重要突破与发展。

第三节　关于"现代化经济体系"的探索

现代化经济体系，是在我国进入新时代和社会主要矛盾发生转变的背景下，以新发展理念为指导而做出的重大战略性部署。现代化经济体系的提出将经济发展的整体性和系统性认识提升到新的高度，既是我国社会主义市场经济发展的重要战略目标，又是转变经济发展方式、优化经济结构、转换增长动力的现实需要。

一、"现代化经济体系"的形成脉络

"现代化经济体系"的提出，与"新发展理念"密不可分。2015年10月，习总书记在关于《中共中央关于制定国民经济和社会发展第十三个五年规划的建议》的说明中指出：发展理念是发展行动的先导，是管全局、管根本、管方向、管长远的东西，是发展思路、发展方向、发展着力点的集中体现。正因为发展理念所起到的关键性作用，2015年10月29日习总书记在党的十八届五中全会第二次全体会议上鲜明提出了"创新、协调、绿色、开放、共享"的新发展理念，并在此基础上进一步在2017年党的十九大报告中提出要"贯彻新发展理念，建设现代化经济体系"。

其后，习总书记在2018年2月第十九届中共中央政治局第三次集体学习时再次强调，"国家强，经济体系必须强。只有形成现代化经济体系，才能更好地顺应现代化发展潮流和赢得国际竞争主动，也才能为其他领域现代化提供有力支撑"。[①] 并明确指出，"现代化经济体系，是由社会经济

[①] 《深刻认识建设现代化经济体系重要性推动我国经济发展焕发新活力迈上新台阶》，载于《人民日报》2018年2月1日。

活动各个环节、各个层面、各个领域的相互关系和内在联系构成的一个有机整体",① 其基本框架包括"六个体系、一个体制",分别为：创新引领、协同发展的产业体系；统一开放、竞争有序的市场体系；体现效率、促进公平的收入分配体系；彰显优势、协调联动的城乡区域发展体系；资源节约、环境友好的绿色发展体系；多元平衡、安全高效的全面开放体系；充分发挥市场作用、更好发挥政府作用的经济体制。

可见，"新发展理念"是"现代化经济体系"的指导思想，现代化经济体系则是在"贯彻新发展理念"基础上的战略部署。五大发展理念之间相互联系、相互促进、辩证统一，就决定了现代化经济体系的系统性和有机性，与此同时，现代化经济体系的构想又是对新发展理念的具体化和实践化拓展，是新发展理念与我国经济改革实践之间的通道和路径。

二、关于"现代化经济体系"理论内涵的探讨

"现代化经济体系"的提出，引发了学术界的激烈讨论，尤其是对现代化经济体系的理论渊源、本质内涵等问题进行了深入探究，继而进一步丰富了"现代化经济体系"的理论思想。

对于"现代化经济体系"的产生基础，学者们从历史和理论两个维度进行了分析和探讨。

一些研究考察了"现代化经济体系"的历史渊源，并从历史角度阐述"现代化经济体系"这一战略布局的必然逻辑。例如有学者指出，"现代化"作为一个历史发展的过程，在人类历史上出现过两次，但无论是在18世纪60年代的农业转向工业，还是20世纪70年代的工业转向知识时代，中国都没有紧跟时代的趋势，因此，现在的中国面临着两次现代化同时进行的历史任务，建立"现代化经济体系"是一个既要"追赶"，又要"超越"和"引领"的过程。② 也有学者强调，"现代化经济体系"的提

---

① 《深刻认识建设现代化经济体系重要性推动我国经济发展焕发新活力迈上新台阶》，载于《人民日报》2018年2月1日。
② 冯柏、温彬、李洪侠：《现代化经济体系的内涵、依据及路径》，载于《改革》2018年第6期。

第五章　新中国经济转型思想的深化探索与理论创新研究

出是新中国成立以来经济发展思想的继承和延续，包括1954年全国人大一届一次会议提出"四个现代化"、1956年9月开启"两步走"战略布局、20世纪80年代后期邓小平提出"我们国家要赶上世界先进水平"的主张，以及党的十五大、十六大、十七大锁定实现现代化目标时间为2050年，党的十八大以来习总书记提出"中国梦""五位一体""两个一百年"奋斗目标等，① 这些都为"现代化经济体系"的建设做出了理论铺垫。

还有一些研究剖析了"现代化经济体系"的理论渊源，并在理论基础上分析了这一构想的科学性和必要性。如有学者认为，《资本论》尤其劳动价值论是建设"现代化经济体系"的理论支撑，对"现代化经济体系"的建设具有根本的指导意义。② 也有学者提出，综合宏观经济学、微观经济学、政治经济学来看，"现代化经济体系"本质上是从传统经济体系转换而来，包括社会主要矛盾、资源配置方式、产业体系、增长阶段等方面的特征性变化。与"四个转向"相对应，现代化经济体系运转体现为"四个机制"，即社会主要矛盾的性质决定了资源配置方式的选择，资源配置方式决定产业体系特征，产业体系特征与经济增长阶段一致，高速增长引起社会主要矛盾转化。③ 还有研究强调，应从马克思主义经济学的基本逻辑，即生产力决定生产关系、生产关系反作用于生产力，以及马克思关于社会再生产的生产、交换、分配、消费"四过程"等理论基础上，分析"现代化经济体系"的形成。④

在理顺现代化经济体系历史和理论渊源的基础上，更多学者对"现代化经济体系"的本质内涵展开探讨。

第一种观点认为，"现代化经济体系"与党的十七大、十八大分别提出的"开放型经济体系"和"现代产业发展新体系"相比较，内涵更为丰富，具有微观、中观和宏观三个层面。其中，微观层面是指，要素现代

---

① 郑大华：《继承、发展与超越——毛泽东、邓小平、习近平民族复兴思想之比较》，载于《湖南师范大学社会科学学报》2018年第3期。
② 雷璟思：《〈资本论〉对现代化经济体系的理论支撑和指导意义》，载于《〈资本论〉研究》2018年第14期。
③ 高培勇、杜创、刘霞辉、袁富华、汤铎铎：《高质量发展背景下的现代化经济体系建设：一个逻辑框架》，载于《经济研究》2019年第4期。
④ 马艳、李俊、张思扬：《我国现代化经济体系的逻辑框架与建设路径研究》，载于《教学与研究》2019年第5期。

化是"现代化经济体系"的基础,应注重效率变革、质量变革和提高全要素生产力;中观层面是指,产业体系现代化是其主要目标,要加快实体经济、高科技产业、现代金融、人力资源的协同发展;宏观层面则强调,经济体制的现代化是制度保障,必须加快建立与"现代化经济体系"相匹配的经济体制。①

第二种观点认为,应从生产力与生产关系这一社会基本矛盾出发,从生产力、生产方式、生产关系三个层面来理解"现代化经济体系"。其中,生产力层面即体现最先进的生产力发展水平,把握新一轮科技革命发展趋势;生产方式层面即优化劳动者和生产资料的配置;生产关系层面即必须更好坚持"两个毫不动摇"。②生产方式的演进和生产关系的变革是在生产力水平进一步提升的基础上实现的,同时也会影响生产力的发展,"现代化经济体系"的建设以生产力的提高作为第一指引,因此,"现代化经济体系"的建设需要从生产力、生产方式和生产关系之间进行整体把握,以实现其建立和完善。③

此外,第三种观点强调了我国"现代化经济体系"建设所包含的中国特色社会主义内涵。如有学者认为,应以马克思主义政治经济学尤其是中国特色社会主义政治经济学为指导,运用历史唯物主义和辩证唯物主义的基本原理方法来研究新时代中国现代化经济体系建设。④也有学者提出,可以将"现代化经济体系"分为横纵两个维度,横向包括现代化生产、交换、分配和消费体系四个方面,纵向包括"四过程"的核心逻辑体系、绿色生态体系、开放体系、政策体系四个层次进行,横纵共同作用,形成"现代化经济体系"的逻辑分析框架。⑤还有学者在总结美、日、德在建

---

① 石建勋、张凯文、李兆玉:《现代化经济体系的科学内涵及建设着力点》,载于《财经问题研究》2018年第2期。
② 顾梦佳、王腾、张开:《习近平新时代中国特色社会主义经济思想》,载于《政治经济学评论》2019年第10期。
③ 周绍东、王立胜:《现代化经济体系:生产力、生产方式与生产关系的协同整体》,载于《中国高校社会科学》2019年第1期。
④ 简新华:《新时代现代化经济体系建设几个关键问题》,载于《人民论坛·学术前沿》2018年第2期。
⑤ 马艳、李俊、张恩杨:《我国现代化经济体系的逻辑框架与建设路径研究》,载于《教学与研究》2019年第5期。

设现代化经济体系、实现本国经济转型、实现高质量发展的经验中,在我国的实际情况下,对我国"现代化经济体系"的建设内容进行了分析。①

三、关于"现代化经济体系"实践路径的探讨

在厘清"现代化经济体系"理论内涵的基础上,学者们也注重探讨了"现代化经济体系"的实践路径,即如何实践和贯彻"现代化经济体系"的对策思想。

部分研究认为,要进行供给侧结构性改革,推动实体经济的发展,把提高供给体系质量作为建设"现代化经济体系"的主攻方向。例如有学者提出,实现"现代化经济体系"的建设目标,显然是要从生产端也就是供给侧入手,因为我国经济体系存在的问题主要在生产端,包括供给和需求结构、产业结构、区域结构等结构性问题。为此,必须要依靠现代科学技术,推动传统产业优化升级,促进我国产业向全球价值链的高端不断迈进,通过供给侧结构性改革,最终形成实体经济、科技创新、现代金融、人力资源协同发展的"现代化产业体系"。② 也有学者从国际经济竞争的角度分析了实体经济发展对我国"现代化经济体系"建设的重要意义,认为解决我国结构性失衡的重点是发展实体经济、进行供给侧结构性改革,以实现我国制造业强国战略、实现实体经济为核心的产业体系。③ 还有学者聚焦农业对我国建设"现代化经济体系"的重要作用,认为我国现阶段城镇居民对食品消费的需求和要求不断提高,因此在食品产业发展不平衡、不充分、不能很好适应当前需求的情况下,应通过对农业进行供给侧进行改革,实现我国居民食品消费结构的升级和改善。④

部分研究着重强调要以创新引领"现代化经济体系",认为创新是建

---

① 郭威、杨弘业、李明浩:《加快建设现代化经济体系的逻辑内涵、国际比较与路径选择》,载于《经济学家》2019年第4期。
② 沈文玮:《建设现代化经济体系的理论与实践认识》,载于《中国特色社会主义研究》2018年第2期。
③ 黄阳平、李文宽:《习近平新时代中国特色社会主义实体经济思想研究》,载于《上海经济研究》2018年第8期。
④ 冉庆国:《以新时代社会主要矛盾为导向推动农业供给侧改革促进食品消费结构升级》,载于《商业研究》2018年第2期。

设"现代化经济体系"的动力和重要内涵。其中有学者针对当前中国经济发展面临的创新动力不足、要素市场化程度偏低、产业结构不尽合理以及资源环境约束趋紧等挑战，提出应以创新引领发展方向，加快推进产业结构优化升级，坚持和完善要素市场改革，践行绿色发展理念，促进经济发展在空间上的均衡布局，以此来推动"现代化经济体系"的建设。① 也有学者总结了我国在创新引领发展方面的改革经验即发挥了高新区、高新技术企业、技术引进、产学研合作等体制的作用，并基于此提出，新形势下创新引领发展的主要途径是通过"创新产业化"和"产业创新化"把科学技术导入现代化经济体系与实体经济相结合。② 还有学者强调，建设"现代化经济体系"，推动质量、效率、动力三大变革，关键要构建以企业为主体、市场为导向、产学研深度融合的新时代技术创新体系，提高全要素生产率、实现高质量发展。与此同时，技术和制度是创新型国家建设的双引擎，在"现代化经济体系"建设中，必须坚持技术创新和制度创新的双擎驱动，立足于技术创新，积极探索制度创新，实现技术创新与制度创新的协调互动。③

此外，还有不少研究强调了城乡、区域协同发展对于建设"现代化经济体系"的重要实践意义。例如有学者认为，"现代化经济体系"一定是部门之间、区域之间协调且平衡发展的经济体系，否则整个经济体系就无法形成一个有机整体，经济体系的运转也就无法顺畅运行。为此，建设"现代化经济体系"，既要推动不平衡、不协调向平衡、协调方向发展，又要结合实际、分类推进，而不是"一刀切"。在实施路径上，对于老少边穷地区，要加快发展；对于西部地区，要继续推进大开发的新格局；对于东北老工业基地要实施振兴举措；对于有区域协调优势的地区，要进一步优化空间布局。④ 也有学者提出，应通过以农业和非农业发展为基础，实

---

① 张辉：《建设现代化经济体系的理论与路径初步研究》，载于《北京大学学报》（哲学社会科学版）2018 年第 55 期。
② 冯华、黄晨：《创新引领发展和支撑现代化经济体系建设的作用分析》，载于《国家行政学院学报》2017 年第 6 期。
③ 沈敏：《现代化经济体系的双擎驱动：技术创新和制度创新》，载于《财经科学》2018 年第 8 期。
④ 杨芳、文学国：《现代化经济体系与新时代逻辑内涵研究》，载于《河南社会科学》2018 年第 26 期。

现城乡协调发展，促进高度城镇化，继而推动城乡居民的福利水平趋于均等化状态。① 还有学者从区域经济理论的视角出发，提出"现代化经济体系"建设需要从客观运行规律要求与区域主观能动性、效率要求与产业空间要素性和空间叠加性、持续升级与区域经济空间级差性三个层面进行分析和探讨。②

四、关于"现代化经济体系"思想价值的探讨

"现代化经济体系"的建立对于我国未来经济发展具有重要的引导地位，其不仅是缓和我国发展过程中各种矛盾的必要条件，也是我国走向现代化国家新征程、新时代的具体要求。为此，学者们从适应社会主要矛盾转变、解决中国经济发展的困境、完善社会主义市场经济等方面对其思想价值进行了探讨。

部分学者从社会主要矛盾转变视角出发，阐述了建设"现代化经济体系"这一思想的重要价值。如有些研究认为，对于社会主要矛盾变化所带来的新情况、新特征、新问题，"现代化经济体系"的建设为其提供了根本遵循、现实依据和思想指南，③ 同时也是在社会主义矛盾转化的基本国情下，开启全面建设社会主义现代化国家的新征程、新时代的要求。④ 也有研究强调，"现代化经济体系"不仅是重要思想，而且还是一个重大的实践课题，是顺应新时代我国社会矛盾转化的必然要求，是实现"两个一百年"奋斗目标的重要保障，是适应我国经济由高速增长转向中高速增长的必由之路，也是应对经济全球化潮流、中美贸易摩擦等问题的关键环节。⑤

部分学者从中国经济当前面临的困境视角出发，分析了构建"现代化经济体系"这一思想的实践价值。如有学者认为，"现代化经济体系"是

---

① 王琼：《现代化经济体系下的城乡协调发展》，载于《人民论坛》2018年第36期。
② 蔡之兵：《区域经济视角下的现代化经济体系问题研究》，载于《经济学家》2018年第11期。
③ 张占斌、戚克维：《从社会主要矛盾变化看我国现代化经济体系建设》，载于《理论探索》2018年第3期。
④ 许光建、孙伟：《论建设现代化经济体系的重点和若干主要关系》，载于《价格理论与实践》2017年第11期。
⑤ 毕吉耀、原倩：《建设现代化经济体系》，载于《宏观经济管理》2018年第10期。

在我国经济发展内外部环境和条件变化、经济结构等问题的日益突出之下所展开的战略性举措,①是在我国现阶段的经济发展过程中产权制度、要素市场化、市场监管体制、民营经济发展、发展规划评估、宏观调控等方面出现瓶颈与问题的情况下进行的经济体制改革。②也有学者强调,我国经济高速增长的同时,新的情况和新的问题不断出现,要突破障碍、实现可持续增长,必然要求国民经济增长方式的加快转变、经济结构优化的实现和增长动力的转换,"现代化经济体系"的建立正是为了适应中国的经济发展现状而提出的具有重要现实意义的战略发展方向。③

还有部分学者认为,建设"现代化经济体系"是完善社会主义市场经济的必经之路。例如有研究指出,中国经济"新常态"背景下经济增长方式的转变、经济结构的优化、增长动力的转换等都需要正确的战略进行指导,而囊括了深化供给侧结构性改革、加快建设创新型国家、实施乡村振兴战略、实施区域协调发展、完善市场经济体制、推动全面开放格局等内容的"现代化经济体系"建设即为实现这一目标提供了系统政策方案。④也有研究强调,在中国特色社会主义政治经济学的构建过程中,生产方式与生产关系的协同作用带来了我国自改革开放以来生产力的高度发展,但是随着公有制与市场经济在结合过程中所衍生的种种问题,建设"统一开放、竞争有序的市场体系,实现市场准入畅通、市场开放有序、市场竞争充分、市场秩序规范"的现代化市场体系成为实现我国社会主义市场经济体制完善的关键,而"现代化经济体系"的建设可以很好地实现这一要求,两者的本质内在是统一的。⑤

总而言之,在经济"新常态"的现实背景下,在新发展理念的引

---

① 周波:《如何看待建设现代化经济体系与高质量发展》,载于《国际贸易问题》2018年第2期。
② 王喆、汪海:《现代化经济体系建设与新一轮经济体制改革方略》,载于《改革》2018年第10期。
③ 程恩富:《稳妥把握建设现代化经济体系的七个重要关系》,载于《经济日报》2019年5月29日。
④ 顾钰民:《推进现代化经济体系建设》,载于《中国特色社会主义研究》2017年第6期;郑尊信、孙良柱:《现代化经济体系的特征与建设路径》,载于《河南社会科学》2018年第26期。
⑤ 周绍东、王立胜:《现代化经济体系:生产力、生产方式与生产关系的协同整体》,载于《中国高校社会科学》2019年第1期。

领下,我国提出了建设"现代化经济体系"的战略布局,并围绕这一思想的历史和理论渊源、本质内涵、实践路径、思想价值等问题进行了广泛的讨论。这些探索对于推动新发展理念的贯彻和实施,推动我国走向更加成熟、更高质量的中国特色社会主义市场经济均有着重要意义。

第四节 关于"人类命运共同体"的探索

"人类命运共同体",是习近平总书记在中国特色社会主义进入新时代的背景下所提出的重要国际关系新思路。该理念意味着,在当今世界,发展并不是某一个国家单独就可以实现的,经济全球化已将全球紧密联系在一起,因此一个国家的命运,归根结底取决于全球人类命运共同体的发展情况。"人类命运共同体"的提出,对于我国进一步走向成熟的中国特色社会主义市场经济而言,是转型思想上的重要外部拓展。

一、"人类命运共同体"理念的形成脉络

自2008年金融危机以来,国际社会中的政治、经济、文化局势都出现了新的变化,呈现出诸多新的特征,具体而言:

在国际政治方面,现行国际秩序极其不平等,发展中国家的合理权益得不到有效保障。随着以"金砖国家"为代表的新兴发展中国家的崛起,这种不平等的国际秩序已经不能适应世界发展的要求,亟待改革重建。作为世界上最大的发展中国家,中国积极承担更多的国际责任,并在国际外交中为广大发展中国家的权益发声。具体而言,一方面通过提升我国在国际货币基金组织、联合国等国际组织的话语权来保障广大发展中国家更多的合法权益;另一方面则倡导建立了一系列为发展中国家建设提供平台的地区组织,包括上海合作组织、亚洲投资开发银行等,将发展中国家紧密联系起来实现共建、共商、共享。

在经济发展方面，发达国家凭借雄厚的经济实力占据了主导优势地位，造成了极其不平等、不平衡的发展格局。在2008年金融危机的冲击下，西方国家贸易保护主义明显呈现抬头，严重阻碍了后金融危机时代世界经济的健康发展。与此同时，国际经济长期的不均衡发展也导致了严重的全球问题，如地区冲突、全球人口和粮食危机、全球气候变暖等问题日益突显，威胁着人类社会的安全与稳定。这些问题是全人类共同的利益问题，需要全世界各国人民共同解决。2015年8月，联合国的会员国针对全球环境问题共同磋商达成共识，提出《变革我们的世界——2030年可持续发展议程》文件，这份文件再次指出了当前世界环境问题的严重性，呼吁世界各国重视该问题，共同建立有效的治理方案。可见，全球经济发展不仅面临着由过去长期存在的不平衡带来的一系列问题，还催生着一些阻碍世界经济发展的倒退思想。因此，当前强化世界各国合作、实现世界经济秩序的变革已刻不容缓。

在世界文化方面，全球化和信息化发展推动着世界各国文化之间的对话和交流不断加深。联合国教科文组织就曾发布《世界文化多样性宣言》《保护和促进文化表现形式多样性公约》等重要公约，倡导各国团结一致，不分民族和种族，共同尊重文化的多样性。我国也一直强调，我们坚持尊重和保护世界文化的多样性，并将以平等、包容、合作共赢的方式来处理一切国际关系。在丝绸之路建设过程中，我国就与沿线国家形成了良好的文化交流机制，成立了"丝绸之路国际剧院联盟"和"丝绸之路国际艺术节联盟"等民间文化组织，仅2016年一年就与沿线30多个国家共同举办近300场文化交流活动，真正地实现了文化相融、民心相通。著名学者费孝通先生曾为世界文化的发展提出了十六字箴言，即"各美其美，美人之美，美美与共，天下大同"。

面对以上更加复杂的国际政治、经济、文化等环境，习近平总书记提出了构建"人类命运共同体"的倡议，并于2018年3月在第十三届全国人民代表大会一致通过的《中华人民共和国宪法修正案（草案）》第三十五条中新增了"发展同各国的外交关系和经济、文化交流，推动构建人类命运共同体"，将"人类命运共同体"这一伟大构想正式写入了宪法。

二、关于"人类命运共同体"理论内涵的探讨

人类命运共同体理论是习近平总书记对国际关系理念的重要突破,也引发了学者们的广泛讨论,从不同维度对人类命运共同体的理论渊源、本质内涵以及现实路径进行了研究。

(一)关于"人类命运共同体"的理论渊源

"共同体"这一概念由来已久,但是在较长一段时间内并没有得到足够的重视,相应的研究也并不多。秦龙在其著作《马克思"共同体"思想研究》中,从基本理念和思想两个主要方面对"共同体"这一概念进行了论述,虽然这些讨论还比较碎片化,但却引起了国内外对"共同体"思想的重视。党的十八大提出"人类命运共同体"理念后,学术界纷纷对这一理念的思想渊源进行了探讨。

大部分学者认为,"人类命运共同体"与马克思"自由人联合体"思想具有颇多相似之处,这是"人类命运共同体"理论的重要思想来源。其中就有学者追溯了马克思"共同体"思想的理论发端,立基于马克思原著,分析阐释了马克思共同体思想的三大历史唯物主义特征:一是共同体之形成源于人的以劳动为基础的存在方式;二是个人发展与共同体的关系;三是"自由人联合体"的理想和主张。并认为,以人类生态命运共同体为重要内容、以全球网络空间命运共同体为技术基础、以合作共赢为全球治理原则的"人类命运共同体"理论,是马克思"共同体"思想的当代拓新。[1] 也有学者从政治哲学视角进行分析,提出习近平"人类命运共同体"思想既蕴含着马克思共同体思想的理论逻辑、价值追求,又立足当代世界潮流,着眼于人类文明的存续和进步,提出了接续马克思"真正的共同体"理想的美好蓝图和现实方案。[2] 还有学者强调,"人类命运共同

---

[1] 高惠珠、赵建芬:《"人类命运共同体":马克思"共同体"思想的当代拓新》,载于《上海师范大学学报》(哲学社会科学版)2017年第46期。

[2] 王公龙、韩旭男:《人类命运共同体模式的形成路径》,载于《福建理论学习》2016年第9期。

体"是对资本主义不平等旧理念的颠覆，践行了马克思"反暴力发展"思想，其不仅超越了马克思曾批判的"相互奴役"状态，实现了人类本真的回归，而且充分实现了马克思国际理论的中国化发展。①

也有一部分学者立足中国传统探讨了"人类命运共同体"的理论渊源。根据视角的不同，又可以分为中国传统文化和中国外交历史这两个分析维度。

从中国传统文化来看，"和"文化是千百年中华文明的精神，孔子就曾在《礼记·礼运篇》中阐述大同社会，即万民相和的理想社会。不难看出，作为具有千年礼仪文化的大国，"合而共生"的思想也潜移默化地影响着今天中国的外交方略。对此，有学者认为，"人类命运共同体"提倡不同国家文化的平等交流就体现了孔子所追求的"君子和而不同"思想，其最终目的是实现自由平等、公平正义、人与万物和谐相处的人类社会的美好蓝图。② 也有学者提出，中国传统儒家文化是对人的研究，推动传统文化与域外文化的交流而共同构成的世界文化将成为实现各民族美好生活的强大支撑，"人类命运共同体"就是传统文化的代表者和传播者。③ 此外，还有学者强调，"人类命运共同体"的提出绝非耦合为之，中国优秀传统文化、中外传统友谊交好和现代和平外交经验，为其夯实了深厚的历史文化根基、坚实的历史共识根基和稳固的历史政策根基。在当今时代，全球性问题、各国利益发展问题、西方价值失序问题、中国崛起重塑话语问题，促使"人类命运共同体"的倡导构建具备了现实需求基础上的必然性。④

从中国外交历史来看，和平外交一直是我国奉行的基本外交政策。在全球化深入发展所带来的国际秩序变化下，"一国独霸""几方共治"的

---

① 王飞：《人类命运共同体：马克思主义交往理论的最新发展成果》，载于《辽宁师范大学学报》（社会科学版）2017年第40期。
② 苏苗苗：《人类命运共同体思想与中国优秀传统文化的关联》，载于《市场周刊（理论研究）》2017年第8期；彭大成：《中国古代"大同"思想与当今"构建人类命运共同体"》，载于《湖湘论坛》2018年第31期。
③ 张岂之：《"打造人类命运共同体"与中华优秀传统文化》，载于《山东省社会主义学院学报》2017年第1期。
④ 谢文娟：《"人类命运共同体"的历史基础和现实境遇》，载于《河南师范大学学报》（哲学社会科学版）2016年第43期。

治理模式既有悖全球治理的本义，也落后于全球治理的发展形势和要求。中国位居世界前列的综合国力、在国际体系中的角色变化、坚持走和平发展道路、中华优秀传统文化和马克思主义的思想资源、为全球治理贡献方案的主观意愿使得"人类命运共同体"最先由中国提出。在此基础上，推动实施"一带一路"倡议、构建新型大国关系、积极应对气候变化等都是中国在践行人类命运共同体理念的基础上为世界做出的努力。①

此外，从现实、理论、历史的发展角度观察，"人类命运共同体"理念的提出也是必然的要求。国际格局的深刻变革呼唤全球治理的新方案，构建"人类命运共同体"则是在经济全球化浪潮中崛起的中国提出的一个新命题，是历史必然性、实践自觉性、理论创造性有机统一的时代产物。②而"人类命运共同体"思想作为习近平新时代中国特色社会主义思想的重要内容，蕴含着深刻的现实逻辑和理论逻辑。从现实逻辑看，"人类命运共同体"思想是当代中国在新的历史条件下参与全球治理、应对现代社会分裂危机、引领世界秩序重建而提出的"中国方案"。从理论逻辑看，"人类命运共同体"思想是对马克思共同体思想的继承与发展，其世界观基础是历史唯物主义。③

（二）关于"人类命运共同体"的本质内涵

"人类命运共同体"理念提出以后，学者们从新型义利观、国际新秩序、新型价值观等视角对"人类命运共同体"的本质内涵进行了阐述。

一种观点认为，"人类命运共同体"是一种新的正义准则和新型义利观。例如有学者提出，"人类命运共同体"应当被看作是在概念外延上最大的共同体，它强调不同国家、民族之间共同生存于这个星球上，有着利益休戚与共的生死相连关系。随着网络信息科技的发展以及全球村、全球经济一体化世界的到来，合作、发展、共赢成为时代潮流，各国逐渐形成

---

① 任洁:《人类命运共同体:全球治理的中国方案》，载于《东南学术》2018年第1期。
② 郝立新、周康林:《构建人类命运共同体——全球治理的中国方案》，载于《马克思主义与现实》2017年第6期。
③ 赵坤、郭凤志:《"人类命运共同体"的逻辑蕴含及其对文化自信的彰显》，载于《广西社会科学》2017年第11期。

你中有我、我中有你的利益交融格局。① 也有学者强调,"人类命运共同体"是21世纪初由中国共产党首先提出、倡导并推动的一种具有社会主义性质的国际主义价值理念和具体实践。就其理论来源和价值目标来看,"人类命运共同体"也是马克思恩格斯共同体性质的国际主义思想与中国历史文化传统中的"天下主义""和合主义"相结合,在21世纪的中国土壤中生长起来的中国特色的"国际主义"。②

也有观点认为,"人类命运共同体"是以人类为本、以互享共赢为目标的新型国际关系。如有学者提出,"人类命运共同体"以中国特色社会主义现代性的思想底蕴与实践经验为理论基础,倡导在世界现代性的发展方式上坚持"以人类为本"、发展格局上坚持"和而不同"、发展目标上坚持"共享共赢",在道路、理论与制度上实现了对资本主义现代性及其全球化的全面超越。③ 还有学者认为,"人类命运共同体"的基石是共同利益,形成利益共同体、价值共同体和责任共同体的"大同世界",这是从"中国梦"到"世界梦"的升华,是中国对建设什么样的世界给出的中国方案。④ 此外,还有学者基于将人类历史划分为以人的依赖为基础的关系、以物的依赖为基础的关系以及人的自由全面发展三个阶段,认为真正的共同体就是实现个人全面发展的价值共同体。⑤

此外,还有一些观点是从价值论视角理解"人类命运共同体"。有学者认为,人类在世界中不仅寻求"生命"与"发展",更追求"生活"与"意义"。构建"人类命运共同体"事关全人类的幸福,是在事实中生成的一个价值问题。对构建"人类命运共同体"这一命题的研究必须超越事实层面,以新的思考维度形成超越事实真理的价值真理,形成构建"人类命运共同体"对人类生存发展与世界发展关系的新认识。⑥ 也有学者提

---

① 龚群:《人类命运共同体及其正义维度》,载于《哲学分析》2018年第9期。
② 李爱敏:《"人类命运共同体":理论本质、基本内涵与中国特色》,载于《中共福建省委党校学报》2016年第2期。
③ 刘洋:《人类命运共同体:世界现代性问题的中国智慧与方案》,载于《马克思主义研究》2017年第11期。
④ 胡鞍钢、李萍:《习近平构建人类命运共同体思想与中国方案》,载于《新疆师范大学学报》(哲学社会科学版)2018年第39期。
⑤ 杨抗抗:《人类命运共同体理念的四重维度探析》,载于《宁夏党校学报》2018年第20期。
⑥ 秦龙、赵永帅:《构建人类命运共同体的价值论关切》,载于《学术界》2018年第3期。

出，构建人类命运共同体是我国推进国际政治经济秩序的合理方案，是重塑世界价值的实现，蕴含着正确的历史观、科学的发展理念、全新的安全观及包容的文明观。[①] 还有学者强调，"人类命运共同体"的观念承载了对人类命运的历史思考，是当前全球化深入发展的现实回应。[②]

三、关于"人类命运共同体"实践路径的探讨

"人类命运共同体"不是悬在空中的理念，更要落地在现实当中。不少学者从现实发展角度对"人类命运共同体"理念进行了解读和运用，主要表现为以下两种：一种是对"人类命运共同体"实现路径的探讨；另一种则将"人类命运共同体"的理念运用到某一领域，论证了该理念的科学性与普适性。

对于"人类命运共同体"的实现路径，部分学者认为，需要统筹国际和国内两个方面。因为"人类命运共同体"不仅仅是中国与周边国家发展外交的重要手段，同时也是中国开展国际外交的一个重要目标。[③] 而人类命运共同体的理念高度就在于人类价值的相互认可，价值表现是各国形成命运与共的关系，两者共同从价值角度来实现国家之间休戚与共合作的双驱动。[④]

也有不少学者认为，"一带一路"就是"人类命运共同体"的重要实践过程。有学者指出，中国提出并推动的"一带一路"倡议，为世界交往提供了新的契机，也为打造"人类命运共同体"注入了强劲动力。目前"一带一路"倡议取得重要成果，沿线国家正在向着经济、文化和安全领域相互融合、相互依存、和谐共生的方向迈进。我们要树立"人类命运共同体"意识，搭建合作交流平台，加强文化交流互鉴，促进各国共同发

---

① 张永红、殷文贵：《习近平"人类命运共同体"理念初探》，载于《观察与思考》2017年第6期。
② 秦龙、赵永帅：《构建人类命运共同体的价值论关切》，载于《学术界》2018年第3期；张永红、殷文贵：《习近平"人类命运共同体"理念初探》，载于《观察与思考》2017年第6期；丛占修：《人类命运共同体：历史、现实与意蕴》，载于《理论与改革》2016年第3期。
③ 周方银：《命运共同体：国家安全观的重要元素》，载于《人民论坛》2014年第16期。
④ 张师伟：《人类命运共同体与共同价值：国家间合作共赢体系建构的双驱动》，载于《甘肃理论学刊》2017年第2期。

展,用"一带一路"打造人类命运共同体。① 也有学者强调,"一带一路"倡议是中国顺应时势倡导的伟大决策和战略创举,在发展和完善中国特色社会主义的历史进程中,一个重大而现实的课题就是要厘清"一带一路"倡议对打造"人类命运共同体"的重要价值。打造"人类命运共同体"离不开"一带一路"倡议提供的坚实基础和强大动力,而"一带一路"倡议的实现离不开"人类命运共同体"的价值引领和目标指向。② 还有学者认为,"一带一路"倡议传承了古丝绸之路的精神价值,是一个具有全球视野、蕴含中国智慧的发展方略,是连接中国梦与世界梦的桥梁。"一带一路"中所蕴含的经济价值、文化价值和社会价值是中华民族共同体迈向"人类命运共同体"的过程中所需要的强大基础。"一带一路"是中华民族发展的机遇,同时也是世界人民发展的机遇,更是中华民族共同体升华为人类命运共同体的实现路径。

"人类命运共同体"的理念是丰富的,其在生态、文化、政治等领域也彰显着独特的生命力。有学者从生态文明的视角对"人类命运共同体"进行了解读,认为这一理念反映出中国政府主动转变发展方式,在国际社会中积极承担责任,促进绿色可持续外交发展观念的建立。③ 也有学者认为,"人类命运共同体"的本质与爱国主义均是共同体意识的重要构成,二者是有机统一的,应辩证看待文化自信和文化互信。④ 还有学者强调,以集体主义为逻辑起点的"人类命运共同体",突破了国别政党的限制,有利于国家间政党交往形成共识,这些共识基础能进一步推动国别微观方面的互动,形成良性的新型国际政党关系。⑤ 为此,应以社会公正为准绳构建社会共同体、以维护公共利益为旨向构建政治共同体、以利益共享为

---

① 王阁:《用"一带一路"打造人类命运共同体》,载于《中共珠海市委党校珠海市行政学院学报》2017年第6期。
② 杨帆、肖倩倩:《"一带一路"倡议对打造人类命运共同体的价值蕴涵》,载于《河北地质大学学报》2017年第40期。
③ 季华:《生态文明视阈下"人类命运共同体"理念及其中国实践》,载于《新西部》(理论版)2016年第20期。
④ 冯建斌、李敏:《和谐哲学与辩证法之比较》,载于《山西经济管理干部学院学报》2017年第25期。
⑤ 郑长忠:《人类命运共同体理念赋予包容性发展新内涵》,载于《当代世界》2018年第7期。

导向构建经济共同体、以中华民族共同精神家园为指导构建文化共同体，最终以马克思共同体思想的时代发展构建"人类命运共同体"。①

四、关于"人类命运共同体"思想价值的探讨

"人类命运共同体"理念的提出，是在国内转变经济增长方式的基础上，进一步推进新型国际关系的重要理论创新，也是推进我国转向成熟的中国特色社会主义市场经济的国际保障，这一理念指引着新时代中国经济转型思想不断深化的外部方向。对此，学术界也有诸多阐述，认为"人类命运共同体"是对过去经济转型思想在观念上、理论上以及实践上的突破。

很多学者认识到，"人类命运共同体"的提出，对于过去"对外开放"的思想，是一种突破和升华。例如有学者从全球治理方案的角度阐述了"人类命运共同体"理念的突破性，认为构建"人类命运共同体"是在经济全球化浪潮中崛起的中国提出的一个新命题，是历史必然性、实践自觉性、理论创造性有机统一的时代产物。并且强调，"人类命运共同体"是以"人"为主体的共同体发展到经济全球化时代的表现形态，它包含了相互依存的利益共同体、和而不同的价值共同体、共建共享的安全共同体、同舟共济的行动联合体等基本内涵，具有主体多元化、价值包容性、层次多样性、关系复杂性、结构变动性等时代特征。② 也有学者从推动国际合作共赢新模式的角度分析了这一理念的时代意义，认为推动构建"人类命运共同体"是中国顺应当今时代、引领世界潮流提出的新思想、新理念、新主张，中国倡导建设全球伙伴关系网络、推动"一带一路"建设、与亚非拉美多国探索利益共享、责任共担、合作共赢的新模式的诸多努力，在全球化深入发展、科技与社会变革并驱、全球性问题突出的大背景下，具有重大时代意义和深刻思想内涵。③ 还有学者强调了"人类命运共

---

① 王晓博：《马克思共同体思想对中国社会建设的启示研究》，中央财经大学硕士学位论文，2017年。
② 周文：《中国特色社会主义道路拓展了发展中国家走向现代化的途径》，载于《财经科学》2017年第12期。
③ 郭锐、王彩霞：《推动构建人类命运共同体的中国担当》，载于《中国特色社会主义研究》2017年第5期。

同体"理念对以往思想的继承和发展性,认为该思想成为推动全球治理体系变革、构建新型国际关系和国际新秩序的共同价值规范,是对中国优秀传统文化的创造性转化和创新性发展,是对马克思列宁主义的继承、创新和发展,也是对新中国成立以来我国外交经验的科学总结和理论。①

还有诸多学者强调了"人类命运共同体"对于马克思国际经济关系理论上的突破和创新。例如有学者提出,构建"人类命运共同体"是21世纪马克思主义的重要使命,是马克思主义自由全面发展宗旨在当代的具体展开方式,这一理念是对马克思主义的丰富发展,不仅拓展了马克思主义的叙事主体,同时也发展了马克思主义的政治理念。并强调,构建"人类命运共同体"是马克思主义当代化和中国化的最新成果,也是习近平新时代中国特色社会主义思想的重要内容。② 也有学者认为,"人类命运共同体"是党的十九大的理论创新,是中国共产党推进国家治理体系和治理能力现代化的同时,推进国际治理体系和治理能力现代化的伟大尝试。该理念一方面需要通过建设执政党、制度、民生、生态等共同体对内建设中国特色社会主义新时代,另一方面则需要通过构筑新型大国关系、新型双多边机制、"一带一路"、发展新理念等对外推进全球人类命运共同体建设。与此同时,这一理念也重塑了全球价值观,是破解"逆全球化"困局的世界方案,是建立全球新秩序的理论依据,是世界道义新制高点,也是共治主义的社会新形态。③

此外,实践上的突破性也是学者们在探讨"人类命运共同体"重要意义时非常关注的一个方面。有学者认为,构建"人类命运共同体"既是中国文化优秀思想精华的光辉体现,也是对当今国际形势的精确判断与正确决策,④ 是以习近平同志为核心的党中央就解决事关人类前途命运的重大问题所提出的中国智慧和中国方案,是习近平新时代中国特色社会主义思

---

① 冯颜利、唐庆:《习近平人类命运共同体思想的深刻内涵与时代价值》,载于《当代世界》2017年第11期。
② 罗骞:《构建人类命运共同体:21世纪马克思主义的重要命题》,载于《理论探索》2018年第2期。
③ 杨枝煌:《全面打造新时代背景下的人类命运共同体》,载于《当代经济管理》2018年第40期。
④ 彭大成:《中国古代"大同"思想与当今"构建人类命运共同体"》,载于《湖湘论坛》2018年第31期。

想的重要组成部分，是引领新时代中国特色大国外交的行动指南。① 也有学者强调，构建"人类命运共同体"思想是一个系统完整的战略智慧和整体设计，其在坚持主权平等原则的基础上致力于建设持久和平、普遍安全、共同繁荣、开放包容、清洁美丽的世界，不仅体现了服务全人类的思想自觉和政治远见，而且展现出中国共产党的初心和使命，具有深刻的理论意义和实践意义。②

第五节 深化探索阶段经济转型思想的创新逻辑与践行绩效分析

2012 年以来，在形成对中国经济"新常态"基本认识的基础上，我国政府以及理论界提出和展开了关于"新发展理念"的学术探讨，并在此引领下对"现代化经济体系"构想以及"人类命运共同体"理念进行了探索，这些思想探索和理论创新共同推动着中国经济转型思想的深化发展。本节旨在分析 2012 年以来中国经济转型思想深化探索阶段的形成逻辑，在这一思想演变下我国开展的系列相关践行，以及思想与践行有机结合下我国经济转型发展的现实绩效。

一、深化探索阶段经济转型思想的创新逻辑

2012 年以来，我国经济发展面临着来自国内和国际诸多新的问题和挑战，而要应对和解决这些新问题和新挑战，就必须要对中国经济发展现状进行新的认识、对中国经济发展的目标和布局进行新的思考、对中国与其他国家之间的关系进行新的探索。我国对于市场经济体制改革深化探索的思想和理论创新正是在这一现实需求下逐步展开的。

---

① 石善涛：《携手共建人类命运共同体》，载于《当代中国史研究》2017 年第 24 期。
② 王易：《全球治理的中国方案：构建人类命运共同体》，载于《思想理论教育》2018 年第 1 期。

首先,对经济"新常态"的基本认识是转型思想深化发展的思想前提。2011年开始,中国经济增速进入下行通道,这对于长期保持高速增长的中国经济而言具有重要的转折性意义,也引发了理论界的讨论,形成了"周期性下降论""结构性减速论""转变经济增长方式论"等不同观点。但随着这一探讨的不断深化,理论界逐步形成了一定共识,即中国经济增速放缓并不是偶然或周期波动现象,而是蕴含着转变经济增长方式的内在要求。

中国经济"新常态"的提出正是在这一背景下应运而生。2014年5月,习近平总书记在河南考察时首次明确提出中国经济"新常态"的概念,其后更在多个场合提到这一新理念,经济"新常态"的内涵也在这一过程中逐步清晰,其本质在于提质增效,其指向在于国民生活质量的提高,其特点是中国经济从高速增长转为中高速增长、经济结构不断优化升级、创新驱动等。基于这一基本内涵,理论界进一步围绕"新常态"是什么、为什么、怎么做等问题进行了多维度的深化探讨,认为经济"新常态"是客观经济运行(国内生产成本增加、世界经济低迷等)和政策主动调整叠加的结果,其中包含着经济向形态更高级、分工更细致、结构更合理的阶段演化的积极内容,政府应积极发挥宏观调控作用以深化改革、调整产业结构、加强自主创新等。

不难发现,2012年以来我国所进行的市场经济体制改革的深化探索,均是以对经济"新常态"的基本认识为出发点的,这是我国深化市场经济体制改革的思想前提。

其次,"新发展理念"的提出是转型思想深化发展的全局引领。要推动经济增长方式的转变,理念上的变革必须先行,对此理论界的一个普遍共识是,在经济"新常态"背景下,中国必须摒弃单纯的高速增长发展观,转为追求可持续、高质量的新发展观。即中国经济"新常态"蕴含着我国市场经济体制改革内在结构亟待升级、发展理念亟待转变的客观要求。

"新发展理念"的提出正是对这一客观要求的积极回应。2015年10月,习近平总书记在党的十八届五中全会第二次全体会议上明确提出了"创新、协调、绿色、开放、共享"的新发展理念,并在2016年中共中央政治局第三十次集体学习中强调"新发展理念就是指挥棒、红绿灯"。

第五章　新中国经济转型思想的深化探索与理论创新研究

"新发展理念"一经提出，便引发了学术界的广泛探讨，一个基本共识是，五大发展理念是一个相互贯通、不可分割的有机整体，其中创新发展关乎动力，协调发展关乎平衡，绿色发展关乎人与自然，开放发展关乎内外联动，共享发展则关乎公平正义，五个维度体现出战略性、可操作性与科学性的统一。在此基础上，学者们也纷纷强调，"新发展理念"的提出，回应了中国今后所面临的一系列重大发展问题，对于引领"新常态"下的未来中国经济发展具有十分重大的意义。

"新发展理念"是一个系统集成的有机整体，其不仅是对我国经济社会发展规律的新认识，是我国在基本实现社会主义与市场经济相互结合的条件下，进一步走向更加成熟的中国特色社会主义市场经济的重要思想创新，而且也是我国市场经济体制改革深化探索的思想主线与全局引领，我国在新时代背景下所进行的市场经济体制改革均是围绕这一理念而逐步展开。

最后，"现代化经济体系"的构想和"人类命运共同体"的倡议是转型思想深化的内部和外部拓展。

"新发展理念"作为管全局、管根本、管方向、管长远的改革思想主线，其决定着我国市场经济体制改革的总体框架和构思，即要将创新、协调、绿色、开放、共享的发展理念贯彻到我国经济发展的各个环节。在这一背景下，习近平总书记于2017年党的十九大报告首次提出"建设现代化经济体系"的战略布局；2018年中共中央政治局第三次集体学习会中则进一步明确了现代化经济体系建设的目标、内容和重点，且强调了现代化经济体系不是一个单一的体系，而是囊括产业体系、市场体系、收入分配体系、城乡区域发展体系、绿色发展体系、全面开放体系、经济体制等多个维度，是"由社会经济活动各个环节、各个层面、各个领域的相互关系和内在联系构成的有机整体"。

"建设现代化经济体系"这一构想的提出，也激发了理论界对其科学内涵、理论意义以及具体路径等诸多方面的深化探讨。部分学者提炼了现代化经济体系的科学内涵，包括以新发展理念为指导，以实体经济体为基础和主体，以优化经济结构、转换增长动力、现代化国家治理体系为主要内容等多个维度。部分学者聚焦党的十九大报告中建设现代化经济体系的六大任务进行了更加深入的拓展性分析。还有部分学者从社会主要矛盾变化、全面建设社会主义现代化国家的发展目标、系统化经济学说等方面阐明了建设现代化经济体系的重大理论和现实意义。

可以说,"现代化经济体系"为我国市场经济体制改革的政策践行提供了系统和科学的理论框架,是"新发展理念"在我国经济领域贯彻实施的战略布局和思想拓展。

伴随着经济全球化过程的不断加深,国与国之间的联系愈发紧密,一国的发展已经无法与全球发展割裂开来。而"二战"以来由发达国家所主导的国际经济旧秩序始终主张国家之间的零和博弈,使得国际关系呈现出不平等不断加剧、全球治理责任缺失等诸多问题。在这一背景下,2012年党的十八大明确提出"要倡导人类命运共同体意识,在追求本国利益时兼顾他国合理关切",此后习近平总书记在出席博鳌亚洲论坛年会等多个场合均强调了"人类命运共同体"倡议,并于2018年3月正式将"推动构建人类命运共同体"写入宪法。

"人类命运共同体"倡议,是以习近平总书记为核心的党中央将目光聚焦全球发展而提出的具有开创性的国际关系新思路。这一倡议也引发了理论界对其理论内涵与时代意义的广泛讨论和深入剖析。大部分学者认为,"人类命运共同体"理念是马克思"自由人联合体"思想、儒家文化中所追求的"君子和而不同"等中国传统思想、国际主义精神等不同思想的现时代延续与拓展;这一理念蕴含着一种新的全球治理方案和新的国际合作共赢模式,不仅是对过去"对外开放"思想的一种突破和升华,也是对马克思国际经济关系理论的发展和创新,更是聚焦全人类前途命运所提出的中国智慧和中国方案。

也即,"人类命运共同体"这一倡议和理念的提出,不仅是推进新型国际关系的重要理论创新,也是推动我国走向更为成熟的中国特色社会主义市场经济的国际保障,是"新发展理念"在国际关系领域的重要思想和理论延伸。

综上所述,2012年以来我国经济转型思想取得了多个维度的创新和发展,其中对经济"新常态"的基本认识是我国深化市场经济体制改革的时代背景与思想前提,"新发展理念"的提出是我国深化市场经济体制改革的思想主线与全局引领,"现代化经济体系"构想和"人类命运共同体"

倡议则是在这一全局引领下在内部和外部两个方向的理论拓展与延伸。我国市场经济体制改革深化探索的思想演变，正是沿着这一个思想前提、一个全局引领、内部与外部两个方向这一轨迹和脉络展开，这些新思想不仅对于回答"我们想要什么样的发展以及如何实现""我们想要什么样的世界以及如何实现"等重要问题有着理论上的突破与创新，同时也为我国深化市场经济体制改革现实实践提供了思想和理论基础。

二、深化探索阶段经济转型思想的政策践行

在我国经济转型思想不断深化的基础上，2012年以来一系列推动深化改革的政策也逐步出台，这是我国市场经济体制改革实现深化发展的直接动力。基于这一时期我国改革思想和理论创新的演变脉络，可以从以下两个层面阐述我国市场经济体制改革深化探索的政策践行。

（一）聚焦"六个体系、一个体制"以推动现代化经济体系的现实践行

基于"现代化经济体系"的改革思想，我国提出了建设现代化经济体系的系统方略，并在产业体系、市场体系、收入分配体系、城乡区域发展体系、绿色发展体系、全面开放体系、经济体制七个维度展开了具体践行。

在产业体系方面，以"创新引领、协同发展"为目标引导，我国开展了一系列改革实践。一方面，我国从2015年开始提出了供给侧结构性改革的战略方针，并聚焦产业、区域、要素投入、收入分配等六个方面进行经济结构调整，推动要素实现最优配置，进而实现质量与数量并重的经济增长。另一方面，我国推动实施了"国家创新驱动发展战略"，以世界前沿技术为目标，不断加强我国的基础性研究和前瞻性研究，以推动实现我国在原创性成果方面的突破。[①]

在市场体系方面，以"统一开放、竞争有序"为发展目标，我国进行了诸多改革与探索。一方面，为形成竞争有序的市场体系，我国进行了清

[①]《决胜全面建成小康社会，夺取新时代中国特色社会主义伟大胜利》，2017年10月18日。

除地方保护和市场壁垒、完善市场监管体制、健全经济政策协调机制等一系列改革；另一方面，为推动市场的统一开放，我国通过在国际经济合作中挖掘和激发竞争新优势继而不断增强我国市场活力，并通过推进我国与"一带一路"国家的经济交流，实现区域间的共同发展。

在收入分配体系方面，我国基于"体现效率、促进公平"的核心目标进行了多个层面的改革实践。一方面，对企业和机关事业单位的工资制度进行了深化改革，并积极推行企业工资集体协商制度，以实现收入分配体系朝着公平与效率同时兼顾的方向进行。另一方面，实施了提高低收入者收入水平、增加劳动报酬在初次分配中的比重、对个人所得税进行调整等具体措施，推动建立体现效率、促进公平的现代化收入分配体系。

在城乡区域发展体系方面，我国以"彰显优势、协调联动"为目标开展了系列改革举措。为推动区域协调发展，逐步建立起了以京津冀、长江经济带、粤港澳建设为带动，以西部、东北、中部、东部为基础，区域联动、协同发展的区域发展新形态。[①] 与此同时，在协调城乡发展、全面建成小康社会的目标下，我国推动实施了"乡村振兴战略"，通过对农村的基本经济制度进行巩固和完善、对农村的土地制度进行进一步的改革、完善承包地"三权"分置制度，推动实现小农户和现代农业发展的有机结合。[②]

在绿色发展体系方面，以"资源节约、环境友好"为目标，我国推出了成体系的改革措施。在制度层面，通过推动落实自然资源的产权制度、加强城市环境保护和工业污染防治、形成激励与约束双管理机制、深化国际交流与合作[③]等具体举措，逐步建立了现代化的生态文明治理体系；在技术层面，则通过强化企业的绿色技术创新主体地位、加大政府对绿色技术创新的支持力度、激发高校绿色技术创新活力等核心措施，以推动构建市场导向的绿色技术创新体系。

在全面开放体系方面，基于"多元平衡、安全高效"的基本目标，我

---

① 《关于推动物流高质量发展促进形成强大国内市场的意见》，2019年2月26日。
② 《决胜全面建成小康社会，夺取新时代中国特色社会主义伟大胜利》，2017年10月18日。
③ 《生态文明体制改革总体方案》，2015年9月11日。

国进行了诸多方面的改革实践。为形成更高水平的对外开放局面，我国进一步加快实施了"自由贸易区战略"，并通过拓展对外贸易、培育国际竞争新优势、放宽市场准入条件、扩大服务业开放、保护外商权益[①]等具体政策，努力推动形成优化结构、拓展深度、提高效益的对外开放新格局。与此同时，我国也十分关注开放发展过程中的安全性问题，并通过完善立法、健全监管体系等措施对此进行了规避。

在经济体制方面，我国也进行了以"充分发挥市场作用、更好发挥政府作用"为目标的诸多改革措施。一方面通过完善国有资产管理体制、继续深化国有企业改革、加大对民营企业的支持等具体措施，不断激发各类市场主体的活力；另一方面则通过深化商事制度改革、实施市场准入负面清单制度、加快要素价格市场化改革、完善市场监管体制等改革举措，[②]以更好发挥国家的宏观调控作用。两方面的改革相辅相成，共同推动建设市场与政府有机结合的现代化市场经济体制。

以上"六个体系、一个体制"的改革实践，是在中国经济"新常态"的现实背景下，在"新发展理念"和"现代化经济体系"改革思想的指引下，所进行的市场经济体制改革的深化与探索。七个方面之间相互支撑、相互促进，共同推动我国向中国特色的现代化经济体系迈进。

（二）以"一带一路"为路径推动人类命运共同体的现实践行

中国"一带一路"建设是"人类命运共同体"理念的重要现实实践过程，为中国同世界交往提供了新的契机。2013年9～10月，习近平总书记分别提出建设"新丝绸之路经济带"和"21世纪海上丝绸之路"的合作倡议，并于党的十八届三中全会将"一带一路"上升为国家战略。中国在与"一带一路"沿线各国的经济、文化、安全等领域进行相互融合、相

---

① 《国务院关于促进市场公平竞争维护市场正常秩序的若干意见》，2014年6月4日；《国务院关于加快培育外贸竞争新优势的若干意见》，2015年2月12日；《中华人民共和国外商投资法（草案）》（二次审议稿），2019年1月29日，http：//www.npc.gov.cn/npc/xinwen/2019-01/29/content_2071221.htm。

② 《中共中央关于全面深化改革若干重大问题的决定》，2013年11月12日；《国务院关于实行市场准入负面清单制度的意见》，2015年10月19日；《决胜全面建成小康社会，夺取新时代中国特色社会主义伟大胜利》，2017年10月18日。

互依存、和谐共生的过程中，不仅促进了各国的经济发展，同时也成就了各国之间的共同繁荣。"一带一路"不仅是中国发展的机遇，同时也带给了世界人民发展的机遇。在"一带一路"建设的过程中对沿线国家的大型基础设施建设不仅帮助了当地的发展，同时也变成了国与国之间不可割舍的关系纽带。

中国"一带一路"作为国家级顶层合作倡议，自2013年实施以来，参与国家不断增加、合作区域逐渐扩大、经济关系逐步深化。同时，在与世界各国互利合作的过程中，实现构建"人类命运共同体"的美好愿景。在"一带一路"的丝绸之路经济带上，新疆、重庆、陕西、甘肃等13个省（直辖市）与东南亚经济圈、东北亚经济圈最终融合，通向欧洲，形成欧亚大陆经济整合的大趋势，在21世纪海上丝绸之路上，从上海、福建、广东、浙江、海南5个省（直辖市），联通欧亚非三大陆，进而与丝绸之路经济带一并形成海上、陆地的封闭环形，共同推进"一带一路"在地理上的联通。从2014年6月，与科威特签订《谅解备忘录》开始，我国先与哈萨克斯坦、马尔代夫等发展中国家签订"一带一路"合作协议。在与更多经济带国家实现经济发展、互惠互利的基础上，韩国、波兰等发达国家也依次与我国签订《谅解备忘录》。在与世界各国进行合作的同时，2015年11月，全国31个省区市和新疆生产建设兵团"一带一路"建设对接方案全部出台，意味着我国进入"一带一路"的全面合作时期。随着国内外地区间合作的不断深入，"一带一路"建设开始从战略实施向合作深入方向转移。

在与各国开展合作共赢的过程中，通过高层引领推动、制定签署合作框架、推动沿线国家项目建设、完善政策措施、发挥国际峰会等平台作用，我国最大限度地推进"一带一路"倡议的实施，并在共商项目投资、共建基础设施、共享合作成果的基础上，实现了与各国间更深层的合作。中国在"一带一路"的倡议之下，利用自身的产能优势、技术优势、资金优势、经验优势，将中国在发展过程中的经验与教训分享给世界，建立更加平等的新型全球伙伴关系，以实现世界经济长期稳定增长的目标。

以上深化市场经济体制改革的政策践行，是我国经济转型思想深化探索的现实表现，与此同时，政策践行又为思想和理论的进一步发展和创新提供了新的源泉，两者之间有着动态的互动关系。思想如若没有政策实践的依据，便成了空想；政策实践如若没有思想和理论为依据，便成了盲目。正是两者之间动态的互动联系，使得我国市场经济体制改革实践与理论协同升级、不断深化。

三、深化探索阶段经济转型思想的绩效评价

2012年以来，我国在市场经济体制改革思想和理论上有了诸多突破，且在新思想的指导下进行了一系列市场经济体制改革实践，改革思想与改革实践的相互促进、协同升级，使得我国在经济结构、城乡区域发展、人民生活水平、生态文明建设、新型国际经济关系等方面均取得了显著的现实绩效。

第一，通过经济转型思想的深化探索，我国经济结构呈现不断优化。在协调发展理念的指引下，我国在去产能、去库存、去杠杆方面均有显著进展，三大产业之间的比例关系趋于协调；在创新发展的理念指引下，我国原始创新、引进消化吸收再创新成果不断增加，战略性新兴产业增加值不断提高，高铁、航天装备、通信技术等国际化发展突破，新一代信息技术、生物、新能源等领域产业的竞争力增加。

从供给侧结构改革来看，我国去产能主要针对钢铁、煤炭等传统过剩行业，通过对僵尸企业关停并转，解决产能过剩问题。从图5-1可以看出，2012年以后，我国水泥、生钢、钢材、平板玻璃等主要行业从过去产量一直上升转变为相对不变或者下降趋势。去库存则主要聚焦在房地产行业，从图5-2对我国商品房待售面积的数据可以看出，自2016年提出房地产去库存政策后这一数据逐渐下降，但下降速度缓慢，这意味着房地产去库存仍需要更长时间的实践才能取得明显成果。去杠杆主要是降低政府、企业、个人的负债率，减少宏观金融风险发生的可能性。从图5-3我国实体经济部门的杠杆率情况可以看出，2016年以后实体经济部门杠杆率的上升趋势不断减缓且逐步转为下降趋势，去杠杆成效有所显现。

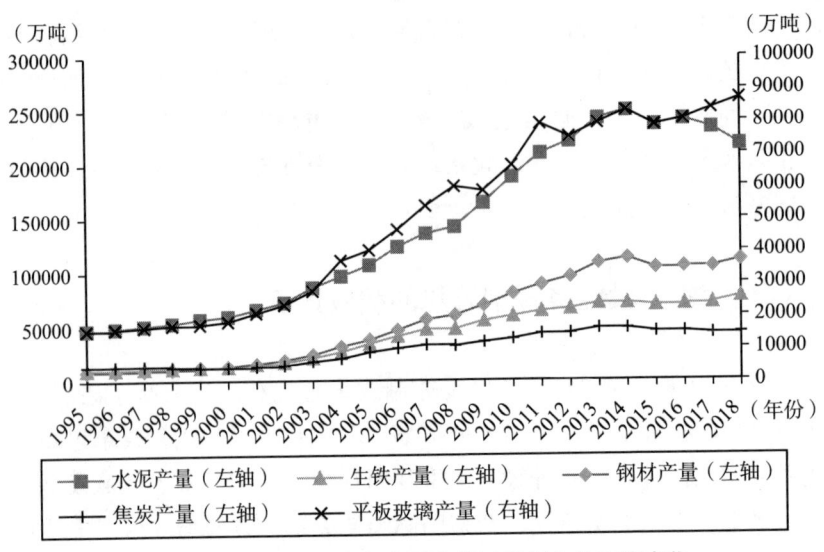

图 5-1　1995~2018 年我国产能过剩行业的产量变化

资料来源：中经网统计数据库。

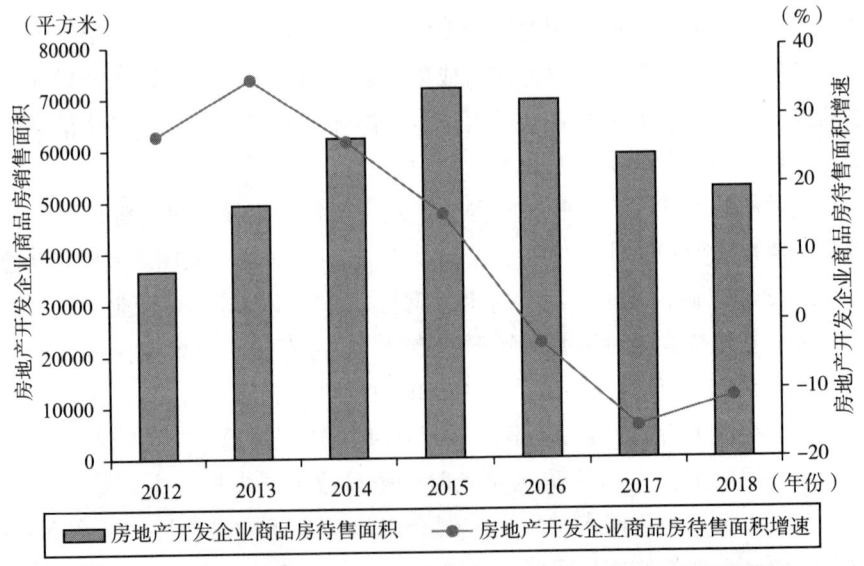

图 5-2　2012~2018 年我国房地产开发企业商品房待售面积及其增速

资料来源：中经网产业数据库。

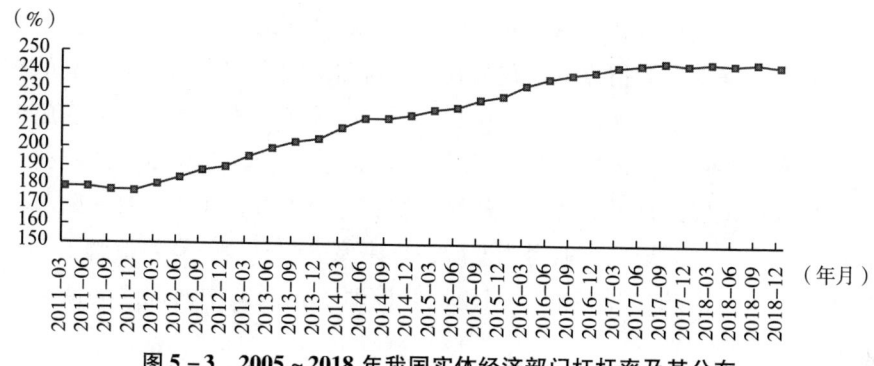

图 5-3　2005~2018 年我国实体经济部门杠杆率及其分布
资料来源：国家资产负债表研究中心。

在经济体制改革的深化探索阶段，我国三大产业结构之间的比例也发生了显著变化，第二、第三产业对 GDP 的贡献率相对较高，第三产业对 GDP 的贡献率从 2010 年开始呈上升趋势，并在 2013 年后超过第二产业对 GDP 的贡献率（如图 5-4 所示）。这表明我国经济逐步向服务型经济社会迈进，经济发展的可持续性不断增强。但与此同时，第一产业对 GDP 的贡献率始终偏低，这意味着在未来的经济体制改革过程中，促使三大产业的协调发展仍是重要任务之一。

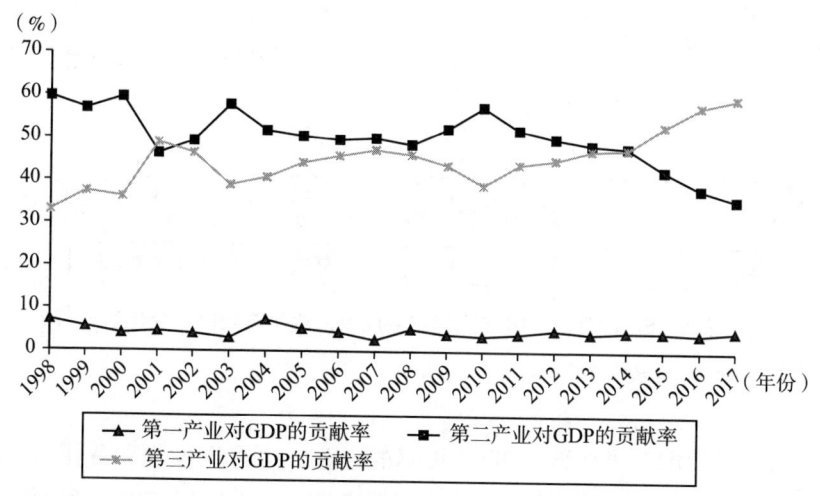

图 5-4　1998~2017 年我国三大产业对 GDP 的贡献率
资料来源：国家统计局。

第二，通过经济转型思想的深化探索，城乡区域发展不断协调。在协调和共享发展理念的指导下，我国城乡之间和不同区域之间经济发展的协调性不断增强。一方面，在精准扶贫、新型城镇化、农业产业化等实施进程中，农村粮食产量增加，城镇化率年均提高，约有8000多万的农村人口转变成城镇居民；另一方面，从区域发展进程来看，在"一带一路"倡议的推动下，西北地区产业得到发展，京津冀协同发展，有效疏解了特大城市发展过程中的"城市病"问题，并推动了我国东中西部之间的互动合作。

图5-5对2001~2018年我国城乡居民人均可支配收入进行了整理，可以看出，虽然我国城乡居民仍存在较大的收入差距，但农村居民的人均可支配收入增长率在2009年开始超过城镇居民，并一直持续到2018年。这意味着，农村经济存在着较大的增长潜能和动力，城乡收入差距呈现出逐步缓解的趋势。

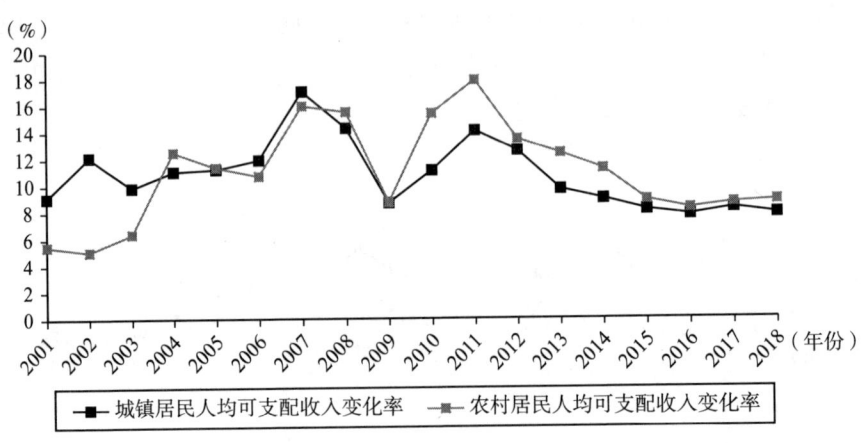

图5-5 2001~2018年我国城乡居民人均可支配收入变化率

资料来源：中经网统计数据库。

通过对我国东中西部GDP增长率的考察，也可以发现，我国区域之间虽然仍存在较明显的增长差距，但从2007~2017年，中部和西部的GDP增长率均超过东部（如图5-6所示），且这一现象越来越明显。这表明我国中西部的经济潜能已在一定程度上得到激发，东中西部之间的差距正在向更加合理、更加协调的范围和状态演变。

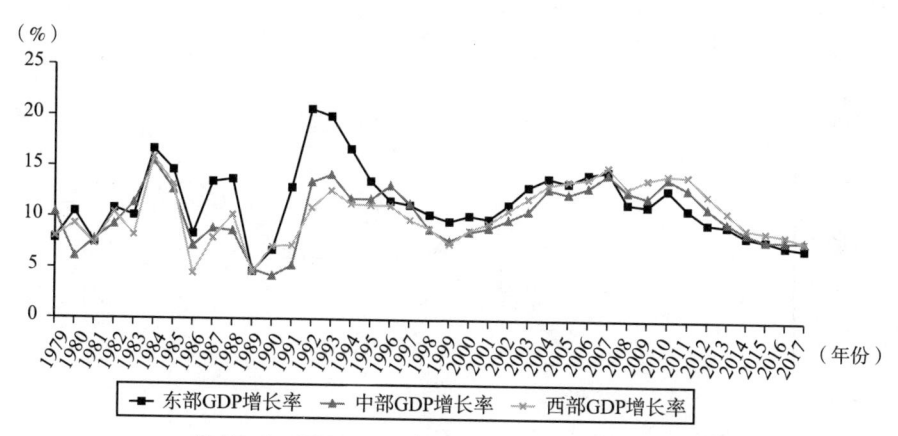

图 5-6　1979~2017 年我国东中西部 GDP 增长率

资料来源：国家统计局。

第三，通过经济转型思想的深化探索，我国人民生活水平不断改善。在共享发展理念的指引下，自 2012 年以来我国各地区群众享受的基本公共服务朝着均等化方向发展。教育方面，近几年随着对教育事业的改革，我国不断推动教育起点公平，加强中西部农村的义务教育工作；就业方面，我国的就业状况得到改善，城镇新增就业人数年均超过 1300 万，农村剩余劳动力得到有效转移；公共服务方面，逐步建立起了覆盖城乡居民的社会保障体系，公共卫生和基本医疗水平不断提高，保障性住房建设力度显著加大。

图 5-7 展示了 2008 年以来我国一般公共服务预算支出的变化情况，可以看出，自 2010 年开始这一支出的增长趋势更加明显，这体现出我国对民生问题重视程度的不断增强。

图 5-8 展示了 1999~2017 年我国就业人数的变化，可以看出，我国就业人员整体呈现稳步上升的趋势，其中城镇就业人员增加趋势更为明显，农村就业人员则有所减少，体现出了我国城镇化进程加快过程中农村剩余劳动力的转移情况。图 5-9 则展示了 1994~2017 年我国社会保险和

城镇医疗保险基金的收入状况,从中容易看出,这两类保险均呈上升态势,尤其2012年以后这一增速进一步加快,这能够体现出我国社会保障力度的逐渐加大。

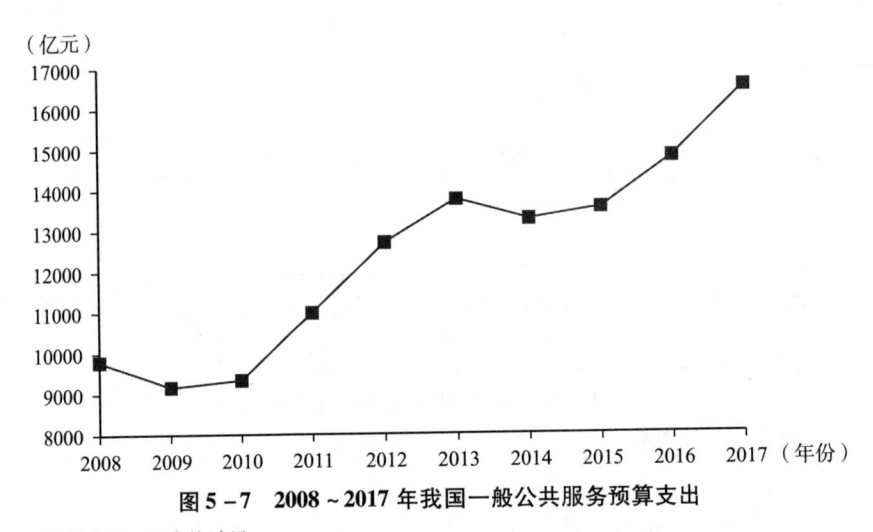

图 5-7　2008~2017年我国一般公共服务预算支出

资料来源:国家统计局。

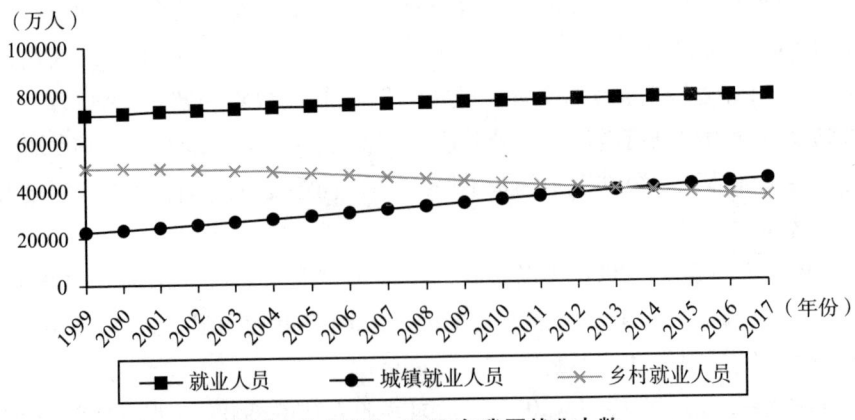

图 5-8　1999~2017年我国就业人数

资料来源:国家统计局。

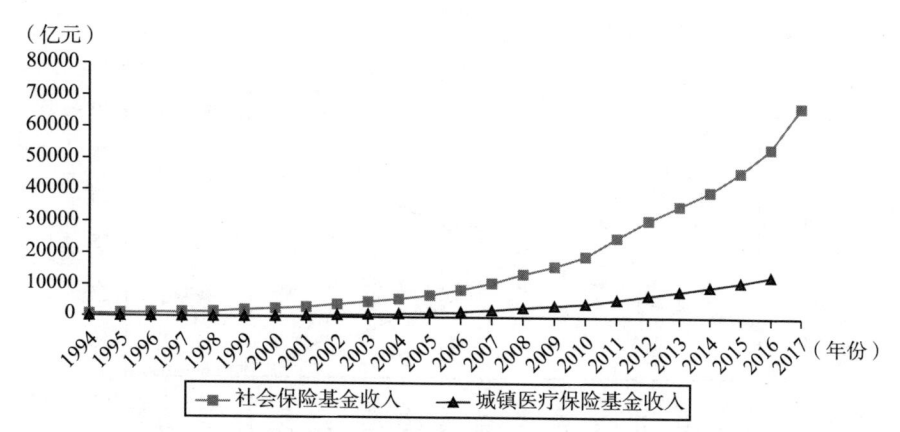

图 5-9　1994~2017 年我国社会保险和城镇医疗保险基金收入

资料来源：中经网统计数据库。

第四，通过经济转型思想的深化探索，我国生态文明建设进展显著。绿色发展理念，是在可持续发展观、科学发展观基础上的进一步升华，将生态文明建设推进到更高层次。在绿色发展理念的引领下，我国的生态文明制度体系逐步完善并基本形成。一方面，通过大力倡导资源节约和新能源使用，我国能源资源消耗度大幅下降；另一方面，在更大力度的环境治理及监管下，我国工业"三废"排放量呈现明显下降趋势。从图5-10可以看出，2012年以来，我国工业废水、废气、固体废弃物三者的排放量均呈现出明显的下降或增长放缓趋势。

第五，通过经济转型思想的深化探索，我国在推动新型国际关系形成方面发挥了显著作用。在开放理念以及人类命运共同体的思想引领下，我国不断推进全方位、多层次、立体化的对外开放新格局，实施共建"一带一路"倡议，发起创办亚洲基础设施投资银行，设立丝路基金，举办首届"一带一路"国际合作高峰论坛、亚太经合组织领导人非正式会议、二十国集团领导人杭州峰会、金砖国家领导人厦门会晤、亚洲相互协作与信任措施会议等，在推动构建人类命运共同体、促进形成新型国际经济秩序方面获得不少成效。从数据来看，自"一带一路"倡议提出以来，我国不断加大对沿线国家的资助并主要以基础建设投资为主，2015年我国企业对沿

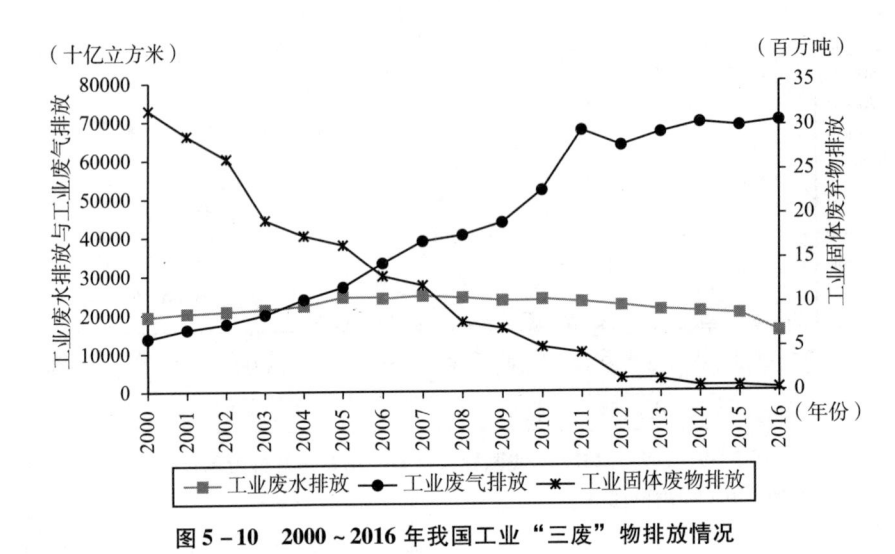

图 5-10　2000~2016 年我国工业"三废"物排放情况

资料来源：中国经济数据库。

线国家的投资量达 189.3 亿美元，占同期总额的 13%，与相关国家新签对外承包工程项目合同额 926.4 亿美元，新增合同 3987 份，占同期我国对外承包工程项目合同额的 44.1%①。2016 年我国与沿线国家的贸易总额为 9535.9 亿美元，约占我国与全球贸易额的 1/4。2017 年，我国与沿线国家贸易总额增至 7.4 万亿人民币，同比增长 17.8%②。

可见，自 2012 年进入市场经济体制改革深化探索阶段以来，我国经济在诸多领域均取得了显著绩效和提升，这些绩效是我国改革创新思想与政策践行之间有机结合、有效互动的产物，这不仅是马克思"社会存在决定社会意识、社会意识反作用于社会存在"这一唯物史观基本逻辑的现实体现，也是新中国成立以来我国在社会主义市场经济改革方面取得成功的重要经验之一，更是进一步应对当前严峻的国内外挑战、推动建设更加成熟的中国特色社会主义市场经济所必须坚持的重要原则之一。

---

① 资料来源：商务部《中国对外投资合作发展报告（2016）》。
② 资料来源：国家信息中心"一带一路"大数据中心《"一带一路"贸易合作大数据报告 2017》。

四、深化探索阶段经济转型思想的理论贡献

以上分析了 2012 年以来我国经济转型思想不断深化所带来的经济绩效,这是这一时期转型思想的现实价值。与此同时,2012 年以来的转型经济思想也在中国经济理论发展方面作出了突破和创新,具有重要的理论和学术价值。

纵观 2012 年以来我国官方和学术界对中国经济转型的各方面探索,不难发现,其本质都是在试图回答两个问题:一是我们想要的是什么样的发展以及如何达到;二是我们想要的是什么样的世界以及如何推进。通过近年来中国共产党人以及专家学者的探索和研究,也的确在这两个问题上有所突破,这种突破是对中国经济改革实践的科学总结,也是指导新时代中国特色社会主义经济建设的行动纲领。具体而言:

第一,关于"新发展理念"的中国经济转型思想探索,回答了"我们想要的是什么样的发展"的问题。新发展理念是中国共产党人在经过一般发展观、可持续发展观、科学发展观之后进一步提出的关于中国应如何发展的科学认识,这一理念一方面继承了科学发展观的思想精髓,同时又在其基础上进行了细化和深化。新发展理念的五个维度,均有一个本质内核,即"以人为本",这就意味着,这一理念已经深入到了经济发展最为根本的价值取向,具有理论上的深度。同时,新发展理念的五个维度又构成了一个完整且具体的有机整体,五个维度之间相互作用,使得这一理念更具系统性,同时也更具可操作性。在新发展理念的指引下,我国学术界分别对创新、协调、绿色、共享、开放这五个维度进行了深入和具有针对性的拓展研究,进一步为"如何做到"的问题提供了思想引领。

第二,关于"现代化经济体系"的中国经济转型思想探索,回答了"如何从自身视角推动实现我们想要的发展"的问题。现代化经济体系是为了在经济改革实践之中真正贯彻落实新发展理念所提出的一个重大战略布局,这是从理念到现实的一个通道,既是一个重大的理论问题,也是一个关键的实践问题。现代化经济体系的构想不仅是对"四个全面""五位一体"等战略的进一步继承和发展,同时也更加具有系统性、有机性和动

态性。系统性在于，现代化经济体系所包含的"六个体系，一个体制"的基本内容，是更加聚焦经济领域、更加具有系统逻辑的体系框架；有机性则在于，现代化经济体系的构建内含着社会经济各个环节相互作用、相互影响的有机联系，强调统筹发展和协同建设；而系统性和有机性的结合就决定了这一思想一定是动态的，是一个不断演变、不断发展的经济体系。因此，现代化经济体系这一构想的提出，就为新时代背景下我国经济发展的发展路径提供了方略和布局。

第三，关于"人类命运共同体"的中国经济转型思想探索，也回答了"如何从全球视角推动实现我们想要的发展"的问题。"二战"之后建立的国际经济旧秩序，使得国际分工不断加深，生产、资本、技术的全球化过程则进一步加强了国家之间的相互联系。到目前为止，已经没有任何一个国家可以封闭、孤立地实现经济增长和发展，而必须要依托世界市场实现生产、交换、分配、消费过程。为此，要实现一国的可持续经济发展，不仅需要其自身的经济转型，还需要良好的国际经济关系作为支撑。人类命运共同体的提出，就是在这一国际经济发展大趋势下所提出的，能够有效弥补国际经济旧秩序下国家之间发展不平等、不合理问题的一个科学的世界发展理念。人类命运共同体的创新之处，在于其突破了零和博弈的国际经济关系理念，并建立起"互利共赢""平等包容"的新型国际关系理念，在这一理念下所匹配的，就是以"共同利益保障"为立足点、以"利益均衡分配"为分配原则、以"全球共同治理"为治理方式的新型国际经济秩序。

综合以上三点，不难发现，2012年以来我国在经济发展方面的思想创新，包括新发展理念、现代化经济体系、人类命运共同体等，均有着一个同一的内核，即向更加成熟的中国特色社会主义市场经济转变。改革开放以来，经过几十年的经济改革实践，我国已基本构建起社会主义市场经济体制，与此同时经济总量得到跨越式提升，经济实现快速发展。但我国的经济转型过程并未结束，作为社会主义国家，实现共同富裕才是我国经济体制改革的终极目标，这就要求，当我国经济发展达到一定量的基础之后，就必须进一步向更高质量的模式转变。无论是新发展理念，还是现代化经济体系、人类命运共同体，究其本质，都是对如何转向更高质量、更加成熟的中国特色社会主义市场经济的思想和实践探索。

第六章

尾 论

中华人民共和国成立70周年以来，中国共产党带领中国人民完成社会主义革命，确立社会主义基本制度，探索了从社会主义计划经济体制向社会主义市场经济体制的中国道路，实现了社会经济结构和制度体系的系列变革与提升。70年来，中华民族从根本上扭转了贫穷落后的命运，持续走向繁荣富强，实现中华民族的伟大复兴的"中国梦"不再是遥不可及的幻想。在新中国转型探索中形成的转型思想，与中国经济转型的道路一起，经历了几许曲折和发展变迁。新中国经济转型思想紧密结合中国经济转型的实践，并从理论上抽象和总结了这一伟大历史过程中每一阶段的经验教训，形成了新的理论体系。本书第二至第四章以阶段性转型目标思想为切入点，结合每一转型阶段所要解决的重要问题，分别从转型初始状态思想、转型目标思想和转型路径思想等方面对各阶段转型思想的发展和演变进行了较为细致的梳理，阐明了各阶段转型思想的形成逻辑与政策绩效。本章，我们将对各阶段经济转型思想进行整体性研究，综合阐述其70年来的变迁路径和整体演化逻辑，寻找其作用因素，并综合阐明其理论绩效。试图在对我国转型足迹进行理论总结的同时，也为我国经济转型的未来发展提供启示。

第一节　新中国经济转型思想的演变逻辑

新中国经济转型路径以"渐进式"道路为主要特征，新中国经济转型思想也呈现出各阶段既有区别又有联系的演化和发展的"渐进式"过程。我们首先对转型思想的变迁路径进行一个历史的描述，再阐明这一思想发展和演化的逻辑，从而体现出新中国经济转型思想发展和变化在历史和逻辑上的一致性特征。

一、新中国经济转型思想的变迁路径

纵观新中国经济转型的历史进程，关于转型的起点或者说历史背景，转型的目标，转型的路径与方法等问题，每一不同的历史阶段，思想界均

有不同的认识和结论。将这些不同的理论按时间进行排序，可以清晰地看出相关思想转变的轨迹，从而理解新中国经济转型思想的整体变迁过程（如图6-1所示）。

转型起点思想：
社会主义基本经济规律 → 社会主义初级阶段理论 → 社会主义本质理论 → 经济"新常态"理论

转型目标思想：
社会主义计划经济体制 → "计划"与"市场"结合的双轨制 → 社会主义市场经济体制 → 成熟社会主义市场经济体制

转型路径思想：
多快好省 → 增量改革 → 全面突破 → 重点深化

转型基本理论：
社会主义商品经济思想 → 社会主义商品经济理论 → 社会主义市场经济理论 → 新时代中国特色社会主义市场经济理论

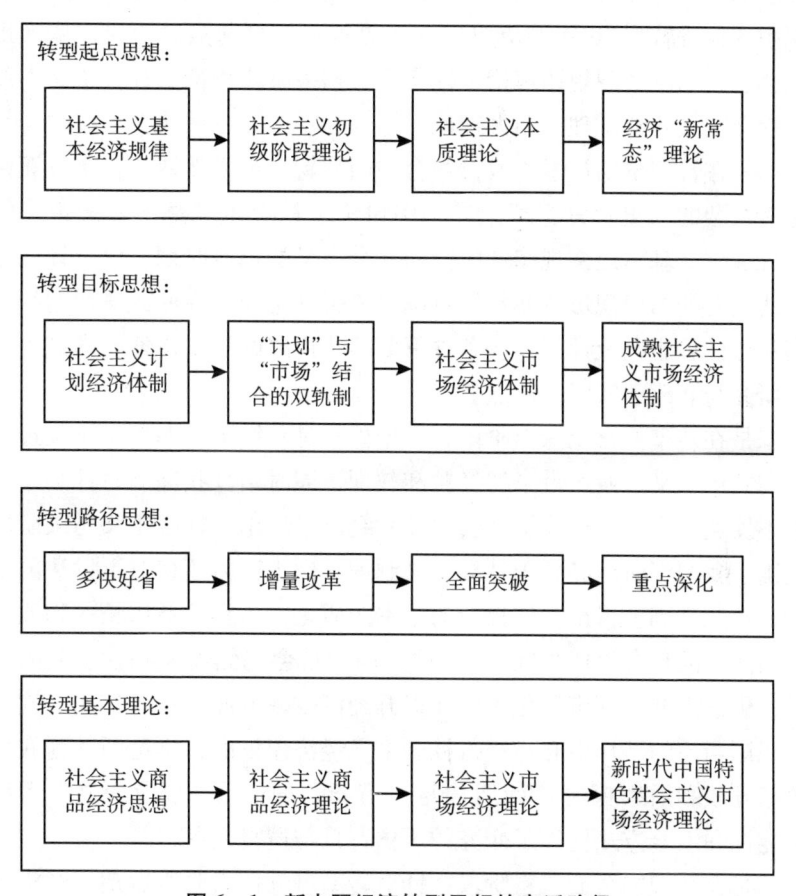

图6-1 新中国经济转型思想的变迁路径

（一）经济转型起点思想的阶段演化

经济转型起点思想，实际是理论界关于经济转型的社会背景和出发点的认识。根据唯物史观，转型的基本动力是生产力与生产关系的矛盾运动，伴随着生产力的发展，生产关系和上层建筑也应做出相应的变革。只有明确每一历史阶段社会的生产力发展现状，当时生产关系的具体制度内涵，理解相应经济规律的历史特征，才能确定生产关系与生产力发展是否存在矛盾，如果有，相关矛盾的主要表现形式是什么，在此基础上才能明确转型的目标与方向，从而为转型路径的选择提供理论依据和逻辑起点。纵观中国经济转型 70 年的历史，思想界基于转型起点的探讨，依次形成了社会主义基本经济规律理论、社会主义初级阶段理论、社会主义本质理论和社会主义新常态理论四大理论。

一是在转型早期探索阶段，结合中国从新民主主义社会首次过渡到社会主义社会的历史背景，理论界集中讨论了社会主义基本经济规律的内涵，社会主义基本经济规律在中国向社会主义的过渡时期，以及社会主义初步建成时期的表现形式和作用范围。相关理论探讨为形成早期的社会主义商品经济思想以及计划经济条件下商品化道路的初步探索与尝试提供了理论研究与和改革实践的起点。

二是在转型的自觉探索阶段，理论界先是总结了早期探索阶段过于急切地向共产主义过渡所带来的经验和教训，同时结合我国当时社会生产力相对不发达的现实，形成了社会主义初级阶段理论。社会主义初级阶段理论明确了我国当时已经处于社会主义制度，但生产力还相对不发达的历史背景，在此基础上得出我国社会的基本矛盾是"人民日益增长的物质文化需要同落后的社会生产之间的矛盾"，因此社会仍然需要和存在商品货币关系，仍然需要发挥市场化手段在提升经济效率方面的积极作用。同时做出了我国当前的工作中心是进行社会主义经济建设的科学论断。为我国推进改革开放和后续探讨"计划"与"市场"的关系，以及探索二者结合的可能性和结合方式提供了研究的历史背景与逻辑起点。

三是在转型的全面探索阶段，针对转型自觉探索阶段后期，经济和社会改革现状与传统经济理论相背离带来的困惑，提出了社会主义本质理论。在转型自觉探索阶段后期，社会出现了市场化改革方向究竟是"资本主义"还是"社会主义"的困惑，这是因为理论界未能明确社会主义制度的本质特征，不了解社会主义本质与计划经济体制和市场经济体制的关系。为此，邓小平提出了"社会主义本质"理论。其明确指出，中国转型的方向必然是坚持社会主义，社会主义的本质是解放生产力、发展生产力，消灭剥削、消除两极分化，最终达到共同富裕。同时指出，决定社会性质的是生产资料所有制，而"计划"和"市场"都只是资源配置手段，不是资本主义和社会主义的本质区别。资本主义社会也可以运用计划措施，社会主义社会也可以使用市场手段。通过对社会主义本质认识的深化和明确阐述，明确了中国的社会经济转型必须以坚持社会主义道路，促进共同富裕为长期转型目标；同时也明确了在向这一长期目标转型的过程中，可以而且必须发挥市场经济体制在提升经济效率方面的优越性。从而为中国经济由"双轨制"转向全面的社会主义市场经济体制这一转型目标的确立扫清了思想障碍，提供了理论依据和逻辑起点。

四是在转型的深化探索阶段，社会主义市场经济体制已经基本建立并且逐步完善，但随着中国经济持续30多年的高速增长，国内经济条件发生了变化，产生了新的矛盾，主要是经济发展与经济发展方式之间的矛盾；同时全球金融危机带来的国际形势的转变，也要求中国在坚定不移地推动制度转型的同时，更加注重经济发展方式的变化。思想界针对国内国际条件的变化，提出我国经济进入了"新常态"，指出"新常态"的本质是"提质增效"，即形态更高级、分工更复杂、结构更合理，着力点在人民生活质量的提高、老百姓获得感的提升、就业稳、价格稳、民生保障更完善。指明了这一阶段我国要着力解决的社会基本矛盾已经转化为"人民日益增长的美好生活需要和不平衡不充分的发展之间的矛盾"。"新常态"理论为新发展理念的提出和完善，改革进一步深化的方向和措施阐明了新的历史背景和新的出发点。

（二）经济转型目标思想的阶段演化

经济转型目标的确立，是建立在明确转型起始点的基础上，并将通过对转型初始阶段社会主要问题和矛盾的认识，不断进行调整。我国进行社会主义建设的基本目标是完善社会主义制度，探索社会主义的有效实现形式，从而促进社会生产力的发展并实现共同富裕。从新中国成立至今，我国始终处于从社会主义计划经济体制向社会主义市场经济体制转型的过程中，在这一过程中的不同历史阶段，转型的具体目标也有所变化。思想界以马克思主义经济理论为指导并批判地吸收西方经济理论的最新发展，对转型具体目标的总结依次经历了"完善计划经济体制""探索计划与市场的有效结合形式""全面建设社会主义市场经济体系"和"建设成熟社会主义市场经济体系"四个阶段。

一是转型的早期探索阶段，转型实际以提升计划经济体制的效率为目标。这一阶段转型目标思想的特征是没有从理论上界定明确的转型目标。由于经典马克思主义作家认为未来社会的基本特征是计划经济体制，中国当时仿照和借鉴的苏联模式的特征也是高度集中的计划经济体制，理论界接受了这一观点，对建设社会主义制度的具体模式没有进行全面系统的探讨，但各项具体改革探索实际表现出了完善计划经济体制，提升计划经济体制的效率的特征。历史研究表明，无论1953年的社会主义改造，还是1956年开始的集权与分权的探索，或者是1958年开始的"大跃进"与"人民公社化"运动，以及1960年左右以"八字方针"为依据的国民经济调整，实际都是探索在计划经济体制内部，如何通过有效处理集权与分权，中央与地方的关系，以提升计划经济体制的活力和资源配置效率。

二是转型的自觉探索阶段，从理论和实践的发展来看，这一阶段试图在计划经济体制内部引入市场机制，最后建立起了以"计划"和"市场"结合为特征的"双轨制"制度体系。这一阶段转型目标思想的重要特征是经历了一个不断探索变化的过程。自觉探索阶段的初期，思想界对上阶段计划经济体制弊端进行了总结，并且对于"集权"与"分权"探索效果不佳的原因进行了反思，从而得出即必须改革传统计划经济体制的社会共识。但改革的具体方向是在后续的逐步探索中逐步明确的，经历了"计划调节为主，市场调节为辅"和"有计划的商品经济"两个阶段。在对"计划"与"市场"两种具体的经济运行机制如何有机结合的探讨中，总结出了多种结合模式，并且随着改革实践的发展和理论探讨的深入，对于市场机制的作用的认识在不断加强。

三是转型的全面探索阶段，转型目标是全面建设社会主义市场经济体系。这一阶段转型目标思想的特征是在转型初期即已十分明确。首先，转型自觉探索阶段末期，"计划"与"市场"并存的双轨制成了在计划经济体制基础上以"渐进"的方式引入市场手段的必然结果，理论界对于"双轨制"出现和存在的历史意义和成效做了肯定，并进一步讨论了这一制度体系特征在新的历史条件下的问题和不足。认为在"双轨制"条件下，计划经济体制的存在使得市场机制引入的作用和范围受限，从而"计划"与"市场"机制不是进行了优势互补，而是呈现出劣势叠加的特征，为此，思想界大多主张市场改革方向的深化。其次，转型自觉探索阶段后期关于市场化改革的性质是社会主义还是资本主义的大讨论，随着邓小平对"社会主义本质论"的科学论断的提出而告一段落，社会关于转型方向的认识得以统一。最后，1992年党的十四大在前期转型实践和讨论的基础上提出了"全面建设社会主义市场经济体系"的目标，并通过中央文件对这一阶段的转型目标加以确立。因此，这一阶段转型目标思想的讨论在一开始方向便十分明确，思想界的讨论主要集中在对社会主义市场经济体制的特征与内涵的研究上。

四是转型的深化探索阶段，转型目标是通过新发展理念，转变经济发展方式，并通过改革的重点深化完善中国特色社会主义市场经济体系。这一阶段转型目标思想的特点是针对前一阶段经济转型中出现的制度与经济结构变化以及新的矛盾变化进行了研究，并对完善成熟的社会主义市场经济体系的具体方式做了进一步探索和发展。指出，随着转型全面探索带来的中国经济社会的迅速发展，经济进入了"新常态"，并产生了一些新矛盾。主要是传统模式下经济过快增长带来的经济结构升级换代滞后，分配结构不合理的矛盾、人力资本积累相对较慢，企业创新动机相对不强，资源紧张和生态矛盾等矛盾。为此，思想界提出了在"新发展理念"的指引下"建设现代化经济体系"和"构建人类命运共同体"从而完善新时代中国特色社会主义市场经济体系的转型目标。需要指出的是，由于中国正处于转型的深化探索阶段，经济结构调整和经济制度的改革仍在不断进行，这一阶段转型目标思想虽然已成型，但尚处于发展早期，可能还会随着转型的深化进一步推进。但无论如何，中国一方面坚持社会主义道路的方向不会变；另一方面坚持全面推进改革开放，坚持进行社会主义市场经济建设的改革方向不会变，转型着力于对前期市场化改革的一些遗留问题进行重点攻关，解决前期改革中的历史不足与新问题，因此我们将这一阶段转型的目标总结为"成熟社会主义市场经济体系"。

（三）经济转型路径思想的阶段演化

中国经济转型路径的整体特征呈现出"渐进式"转型，但在不同的历史阶段，形成了略有差异的转型路径思想，依次为：多快好省、增量转型、全面突破和重点深化。

一是在转型的早期探索阶段，在转型目标尚未从理论上明确的背景下，经济转型探索实际呈现出相对激进的特征。表现为"多快好省"的赶超战略的影响与"人民公社化"运动在生产力发展水平较低的情况下向共产主义过渡的过急探索。这是因为中国在社会主义改造完成后，"一五"时期由于生产资料公有制的确立和人民当家作主后获得主人翁地位，因而全社会劳动热情高涨，社会主义经济建设取得了重大成效，社会普遍积极乐观，人民建设社会主义的干劲冲天。这一背景下，政府提出了"多快好省"的赶超战略并且发动了"大跃进"和"人民公社化"等运动。在此过程中，实际重点强调了"多"和"快"，相对忽略了"好"和"省"。虽然在20世纪60年代，对相关战略进行了调整和反思，但国民经济计划的整体经济发展目标和制度体系改革在整个早期探索阶段均呈现出相对激进的特征。

二是转型的自觉探索阶段，由于转型目标思想呈现出明显的探索和动态变化特征，转型路径也表现为在"增量改革"中不断摸索的特征。(1)"摸着石头过河"的探索性改革思路，实际意味着"摸不着石头就不过河"。这一阶段，中国每一步的改革都是以个体性、区域化的试点为起点，获得成功经验后再大规模铺开。(2) 引入市场机制的改革最初在改革的机会成本相对较小的领域推行，意在减少改革可能失败而带来的机会成本，如中国最早的市场化改革始于农村经济体制的改革。这是因为当时农村占国民经济的比重相对较低，而且农村发展相对滞后，农民生活水平本身不高，如果改革失败，带来的机会成本相对较低。在农村经济体制改革取得成功后，其经验才开始向城市范围和国有企业推广。(3) 对商品市场关系的引入最初是在铁板一块的计划经济体制外部进行。例如，新的非公有制经济的培育，包括私营企业和外商投资企业的引入，在中国都是一个从无到有的过程，这部分领域商品市场关系的引入，在计划经济体制较强的国营经济外部率先进行。

三是转型的全面探索阶段,虽然转型仍然具有渐进性的特征,但比起上一阶段而言,制度转型全面铺开,改革步伐明显加快。这是因为这一阶段的初期,转型目标便已十分明确。加上对自觉探索阶段经济转型的经验总结和对市场机制的作用认识的不断深化,我国对市场化改革的信心显著增强。一方面,体系化的各类市场的构建全面推动,在原有商品市场已经基本建立的情况下,推动劳动力市场、资本市场和知识产权市场等要素市场的建立;并扩大市场开放度,推动要素在国际范围内的自由流动;同时加强社会保障体系等市场支撑制度的建设,改革具有明显的"增量"特征。另一方面,改革向原有体制的"存量"部分推进,包括国有企业产权制度的改革,金融体制的改革以及国家财税制度的改革等。

四是转型的深化探索阶段,转型路径表现出重点深化的有加速有试点相结合的特征。这一阶段通过"新发展理念"的提出,指引中国重点解决前期转型过程中出现的新矛盾,如发展不协调,发展的环境成本过高,开放程度有待进一步推进,劳动人民对发展成果的享受不够公平,体制机制对于创新的激励不足,中国在国际社会中的作用力和影响力还不够强等问题。可以看出,我们的改革将进入对现有体制内部的问题进行重点把控,各个突破的阶段,改革进入到了对"存量"问题的攻坚阶段,通过对存量问题的深化改革,推进发展方式的有效转变。

(四)经济转型基本理论的阶段演化

伴随着对转型初始状态,转型目标以及转型实现路径的探索,思想界在转型的每一中期阶段,形成了研究重点不同和研究结论既有联系又有差别的阶段性的转型基本理论。包括"社会主义商品经济思想""社会主义商品经济理论""社会主义市场经济理论"和"新时代中国特色社会主义经济理论"等。这些理论一方面是对相关经济转型思想的理论总结,另一方面为转型绩效的评价提供了理论依据。

一是转型的早期探索阶段,形成了丰富的社会主义商品经济思想。由于这一阶段理论界并未对转型目标进行明确讨论,并且无论是转型实践还是转型思想都表现出很强的摸索与试验性质,因此并未形成系统的阶段性转型理论。但这一阶段形成了丰富的社会主义商品经济思想，为下一阶段社会主义商品经济理论的形成打下了坚实的理论基础。其思想内容主要包括：第一，从所有制、按劳分配、经济核算、社会分工等角度解释了社会主义制度下商品经济存在的原因和必要性；第二，阐明了社会主义制度下，价值规律在计划经济体制内部发挥作用的范围与路径。

二是转型的自觉探索阶段，思想界形成了完善的社会主义商品经济理论。这一阶段的经济转型思想，在上一阶段社会主义商品经济思想的基础上，结合向"计划"与"市场"双轨制转型的实践，建立起了完善的社会主义商品经济理论。其内容主要包括：（1）社会主义条件下商品经济存在的原因。主要继承了早期探索阶段的思想观点，但对具体原因的分析更为深入。第一，从产生于所有制，劳动作为谋生手段带来的物质利益的差别角度进行分析；第二，从生产力发展的阶段性水平角度进行分析；第三，从实现计划的可能性与现实性角度进行分析。（2）讨论了市场调节在社会主义经济中的地位，通过分析市场调节对于经济效率的提升作用，"计划"与"市场"的关系，形成了计划经济体制离不开市场调节的统一认识。（3）对"计划"与"市场"的结合方式进行了探讨。（4）明确了商品经济与公有制的兼容性问题。（5）对引入商品市场关系，实现"计划"与"市场"有效结合的农村经济改革、国有企业改革、非公有制经济发展、流通领域改革和政府职能转型等路径进行了探索和总结。因此，形成了成体系的社会主义商品经济理论。

三是转型的全面探索阶段，思想界形成了社会主义市场经济理论。其内容包括：（1）社会主义条件下发展市场经济的必要性问题，指出市场经济是商品经济的更加具体、现象的层次，是发展商品经济的高级阶段。（2）中国发展市场经济的制度特征是社会主义，与资本主义市场经济有很大的不同，分析了市场经济与社会主义公有制结合的必要性与可行性。（3）明确了社会主义市场经济体制的基本框架。（4）研究了在中国现有历史发展条件下怎样建设市场经济的问题，并对中国建设社会主义市场经济体系中面临的具体问题进行了研究和论述。

四是改革的深化探索阶段，新时代中国特色社会主义经济理论初步形成。在转型理论延续了前期研究内容的基础上，重点从理论和实践上系统地回答了党的十九大报告提出的"坚持和发展什么样的中国特色社会主义，怎样坚持和发展中国特色社会主义"的问题。具体包括：（1）对市场化改革中的一些新问题进行了深入探讨，如市场经济体制与收入分配差距扩大的关系问题，市场经济与社会和谐的关系问题，中国市场化程度的衡量问题等。（2）也研究了新常态环境下出现的一些新问题，如新发展理念和人类命运共同体理念的形成背景、逻辑以及实现路径等。（3）对新发展理念引领下的建设现代化经济体系和构建人类命运共同体的具体实施路径进行了理论概括。在总结和发展相关问题的基础上，2017年党的十九大报告中阐明了新时代中国特色社会主义理论的基本框架，其中蕴含了丰富的经济理论思想，为中国新时代中国特色社会主义市场经济理论的发展和完善提供了大的研究框架。但由于转型深化探索阶段仍在进行时，新时代中国特色社会主义经济理论的发展和完善仍在进行过程中。

二、新中国经济转型思想的演化逻辑

对新中国经济转型思想变迁路径的总结表明了这一转型经济理论发展和演变的历史过程，下面对这一过程的理论逻辑进行梳理，以期得到一个历史与逻辑相一致的分析结果。

（一）各阶段转型思想演化的总逻辑

各阶段转型思想演化的总逻辑体现出了实践、政策与理论有机互动的特征。

首先，经济发展遇到重要的"瓶颈"和矛盾，这些"瓶颈"和矛盾往往因为生产力的发展与现有经济结构和制度结构产生矛盾而导致。而由于中国进行的社会主义制度建设并无成功的经验可循，这些矛盾往往呈现出不同于以往的全新特征。新矛盾一方面可能与传统经济理论发生背离，另一方面由于对问题的理论研究往往在问题出现之后，因此已有的经济理论无法解释或解决经济实践中的新矛盾。这种实践与理论的背离引起学者的广泛探讨和政策制定者的关注，通过对新矛盾的内涵和本质以及产生的原因进行梳理和总结，明确了转型的初始状态，并初步确立了转型的基本方向。结合中国历史实践，对新问题和新矛盾的讨论与总结通常在上一个中期转型阶段的后期出现，也可能在每一个中期转型阶段的早期出现。

其次，党和政府的主要领导人总结经济运行的实际情况，吸纳理论界探讨中形成的统一见解，或就学术界思想交锋中相互冲突的观点进行分析。基于政府的政治目标——在中国主要是在建立和完善社会主义经济制度，有利于人民利益增长的政治取向下——批判地吸收学者的思想观点，形成政府最高决策层的统一认识。然后通过领导人讲话、中央主要文件的发布等，做总结性和指引性的表述，从而起到统一思想和转型方向的作用。相关表述主要包括，对中国所处历史阶段的特征的总结，对转型所要解决的社会主要矛盾的总结，以及对体现转型目标的工作重点和改革方向的总结等。同时，政府还将出台改革的总体思路和具体框架，确立改革的具体路径。自此，新的中期转型的阶段性目标确立。

再次，学者在领导人和中央文件表述的基础上，基本统一研究方向，对中央文件中体现出来的转型初始状态思想、转型目标思想、转型路径思想进行深入的理论研究和抽象。同时对转型的具体实施路径进行探索，并提供政策建议。此外，还要对各类改革和转型路径的实施后果进行比较分析和绩效评价，以确立转型的最佳道路。在这一探索过程中，形成本阶段经济转型的基本理论。需要注意的是，伴随着转型的推进，这一过程中也会出现一些新的社会问题引起学者的关注和研究，如果这些问题可以在既有的理论框架中进行解释并解决，或者可以在现行的转型路径中得到解决，则不认为是会引起新的经济整体转型的实践问题和思想交锋。

最后，随着转型过程的推进，社会制度体系与生产力发展的要求产生了新的矛盾，社会主要矛盾和问题发生新的变化。表现在如果不能解决这些矛盾，经济发展无法有效推进；或者如果不能对这些矛盾达成共识，则当前路径下的进一步转型无法继续推进；或者转型绩效将受到较大影响。学者对这些问题的研究形成了下一阶段转型实践和转型思想的起始点。

（二）各阶段转型思想演化的理论逻辑

中国经济转型各阶段转型思想演化的理论逻辑是上述总逻辑在各阶段发展中的具体表现。

第一，转型的早期探索阶段，我国的社会主义经济体制改革的经济思想在不断反复的矛盾过程中逐步形成。由于始终没有突破计划经济的单一框架，经济转型思想缺乏完整的逻辑链条，没有形成系统的理论框架。但是在一系列理论的探讨和争锋中形成的一些理论成果，已经可以看出中国关于社会主义市场经济的端倪，为后来社会主义市场经济体制的构建埋下了伏笔。

首先，社会主义基本经济理论的提出，是解决我国在生产力不发达的水平上建设社会主义，与马克思主义经典作家对社会主义建立在高度发达的社会生产力的构想相矛盾的理论创新。思想界通过对向社会主义过渡期，以及社会主义制度基本建立后，社会主义基本经济规律在我国的内容、表现形式与作用范围进行了讨论，为明确后续建设任务提供了理论依据与逻辑起点。

其次，我国两次进行了发展商品经济的改革实践，并发展了相关转型思想，但均被其他历史事件中断。1956年我国社会主义改造基本完成后，党的八大指出"我们国内的主要矛盾，已经是人民对于建立先进的工业国的要求同落后的农业国的现实之间的矛盾，已经是人民对于经济文化迅速发展的需要同当前经济文化不能满足人民需要的状况之间的矛盾。"由此提出了优先发展重工业、积极发展轻工业，同时实现农业增产和发展运输业与商业的各项措施。同时，最初仿照苏联建成的权力过度集中于中央的计划经济体制表露出弊端，引起了国家领导人的关注和思考。因此，在党和政府的主导下，中国进行了在计划经济体制内部引入商品货币关系两次早期探索：一是1956年的如何按照社会主义基本经济规律办事的探索，重点在如何通过有效的集权和分权，探索如何在计划经济体制的大框架下发挥商品经济的作用；二是1960年前后的国民经济调整时期，也实际探索了计划经济体制的大框架下如何发挥商品经济的作用。这两个改革的早期阶段，思想界就社会主义经济条件下的商品经济属性等问题进行了多方讨论，研究成果不断涌现。后来虽然进行了"人民公社化"改革，思想界仍然研究了这一背景下的不同产品的商品属性，以及价值规律如何发挥作用等，进一步丰富了早期的社会主义商品经济思想。

最后，由于有限理性约束下的党对社会现实的错误认识，1969年党的第九次全国代表大会实际将阶级矛盾、资本主义和社会主义两条道路的矛盾等看作社会的主要矛盾，政府工作重心发生变化，中国经济的商品市场化探索全面停止，相应地转型思想的研究也趋于停滞。此时虽仍有社会经济结构的调整，以及仍在进行计划经济体制下集权和分权的改革探索实践，但由于没有相应的思想指导，相关改革措施实际并未有效推行。

转型早期探索阶段的后期，针对人们逐渐认识到了设立脱离实际的过高计划目标的弊端，以及在计划经济体制建设过程中的困惑，思想界进行了"解放思想，实事求是"的"真理标准"大讨论，为下一阶段转型思想的形成和发展打下了基础。

第二，转型的自觉探索阶段。我国提出了社会主义初级阶段理论，完善了社会主义商品经济理论并最终明确了社会主义市场经济体制改革的目标。因此形成了包含"改革起点—改革理论依据与实践路径—改革阶段性目标"在内的成体系的改革指导理论。

首先，社会主义初级阶段理论的确立是建立在对前期改革经验和教训进行总结和探讨的创新性理论成果，认清了中国经济体制改革的历史起点与背景。这一阶段最初，学术界对上一阶段计划经济体制改革的弊端进行了总结，主要是不切实际的过高的计划目标不适应社会生产力发展的要求，以及集权损害了经济个体的积极性；并延续上期商品经济思想的路径阐明了社会主义条件下商品经济存在的必要性，大家基本达成的一致思想是现有计划经济体制必须进行变革。1978年，党的十一届三中全会的召开确立了全面进行社会主义经济建设的工作重心。1981年，党的十一届六中全会通过的《关于建国以来党的若干历史问题的决议》，首次明确指出我国社会主义制度还处于初级阶段，并对我国社会主要矛盾作了规范表述："在社会主义改造基本完成以后，我国所要解决的主要矛盾，是人民日益增长的物质文化需要同落后的社会生产之间的矛盾。"1987年11月，中共十三大报告系统地阐述了社会主义初级阶段理论。大会指出：正确认识我国社会现在所处的历史阶段，是建设有中国特色的社会主义的首要问题，是我们制定和执行正确的路线和政策的基本依据。正是基于社会主义初级阶段，我国生产力水平还不够发达，不同部门的生产力发展水平还存在差异的基本国情，我们在所有制上才进行了"以公有制为主体，多种经济成分并存"的结构调整，实施了"按劳分配为主体，多种分配形式并存"的分配方式调整，并延续至今。

其次，改革整体目标和具体模式逐步清晰和明确。（1）明确改革的整体目标是建立中国特色的社会主义制度。（2）在改革的具体目标上，市场化取向逐步清晰和明确。改革之初，我国致力于完善计划经济体制，在计划与市场两种调节手段中，强调计划为主，市场为辅。1984年"有计划的商品经济"的提出，确立了我国体制改革的目标是建立"计划与市场有机结合"的运行机制，不再区分计划与市场的主次关系。在1987年"国家调节市场，市场引导企业"的论述中，不再提计划经济，打破了过去将计划调节与市场调节一分为二的提法。1990年提出的"计划机制与市场机制相结合"，进一步明确了二者有机融合的关系。可以看出，我国改革的市场化取向有一个逐步明确和加强的趋势。由此为1992年全面建设社会主义市场经济体制的改革目标的提出奠定了基础。

在此基础上，社会主义商品经济理论最终成型。为"计划"与"市场"双轨制改革目标和增量改革路径的形成提供了理论依据。1978年改革开放前，中国学术界已经出现了社会主义商品经济的早期思想，但尚不成体系。改革的自觉探索阶段，学者结合社会主义初级阶段的现实背景，丰富和发展了早期思想，形成了系统的社会主义商品经济理论。

这一阶段末期，由于双轨制改革背景下，市场化改革实际受到仍然存在的计划经济体制的制约，有效发挥市场机制的一切配套性改革尚未推行，如政府宏观经济经济调控手段尚在摸索，从而制约了市场体制有效性的发挥。在当时，很多人认为计划经济体制是社会主义制度的本质属性，这一思想认识制约了市场化改革的进一步推进。加之价格双轨制条件下形成的通货膨胀和宏观经济波动，使得人们对改革的方向性产生了怀疑。这一阶段末期出现了改革姓"资"还是姓"社"的讨论，经济进一步改革短期停顿。

第三，转型的全面探索阶段。我国提出了社会主义本质理论，明确了建立社会主义市场经济体系的转型目标，并对转型路径的选择进行了讨论，形成了社会主义市场经济理论这一阶段性转型指导理论。

首先，社会主义本质理论在解决上一阶段转型新问题与现有理论无法解释新问题的矛盾基础上成型。通过社会主义本质论的提出，中国就上一阶段末期理论界争议的改革的方向性问题达成了统一的结论，即"计划经济和市场经济两者都是手段，市场也可以为社会主义服务"。在此基础上，官方和学界进一步探析了社会主义的本质问题，指出社会主义的本质是解放生产力和发展生产力，消灭剥削，消除两极分化，最终达到共同富裕。这成了我国探索市场经济问题和确定转型方向的理论前提。之后，中国学者进一步借鉴西方现代市场经济理论的最新研究成果，对转型的动因、方式、路径和绩效等问题进行了进一步的探析，探寻经济转型的一般规律，并为转型实践提供政策建议。

其次，学界关于社会主义市场经济理论进行了分析和完善，主要包括市场经济的本质，市场经济的框架，社会主义与市场经济结合的可行性、必要性以及特征等问题，并进一步探析了如何实现全面推进市场化转型的探索，包括市场主体培育、市场体系培育、政府与市场的关系等内容，这为我国进行经济转型扫清了思想障碍，为确定经济转型模式奠定了基础，提供了有益指导。

最后，在社会主义市场经济理论提出和转型思想初步成熟的基础上，我国就经济转型模式进行了探析，在反思"激进式改革"的基础上，确定了"渐进式改革"的模式，为我国进一步完善社会主义市场经济理论，以及后续转型思想的发展提供了现实基础和理论支撑。

在这一阶段的后期，由于全球金融危机的冲击，我国经济增长率呈现下滑趋势，虽然通过政府调控，可以实现经济增速的显著提升，但经济增长的结构和质量问题引起广泛和普遍的担忧。同时，伴随着市场化改革的不断推进，我国经济内部也表现出新的矛盾，包括由于生态矛盾激化显示出的经济发展方式亟须转型问题，由于世界金融危机的冲击显示出的中国国内居民消费不足，产业结构亟待提升问题，由于社会矛盾从无到有显示出的劳动人民获得感还不够强的问题等。学术界和中国政府均发现，如果这些问题得不到解决，将成为中国经济进一步发展的重要制约条件。

第四，转型的深化探索阶段。经济转型思想以经济"新常态"的基本认识作为时代背景与理论前提，以"新发展理念"作为思想主线和全局引领，通过"现代化经济体系"构想和"人类命运共同体"倡议从内部和外部两个方向进行经济转型思想的拓展与延伸。

第六章　尾论

首先，经济新常态的基本认识是对转型全面探索阶段出现的新问题与现有理论存在矛盾的理论新发展。2011年开始，中国经济增速进入下行通道，引发了理论界的讨论，随着探讨的不断深化，逐步形成了一定共识，即中国经济增速放缓并不是偶然或周期波动现象，而是蕴含着转变经济增长方式的内在要求。中国经济"新常态"的提出正是在这一背景下应运而生的。2014年5月，习近平总书记在河南考察时首次明确提出中国经济"新常态"的概念，其后更在多个场合提到这一新理念，经济"新常态"的内涵也在这一过程中逐步清晰，其本质在于提质增效，其指向在于国民生活质量的提高，其特点是中国经济从高速增长转为中高速增长、经济结构不断优化升级、创新驱动等。不难发现，2012年以来，我国所进行的市场经济体制改革的深化探索，均是以对经济"新常态"的基本认识为出发点的，这是我国深化市场经济体制改革的思想前提。

其次，"新发展理念"的提出是对经济"新常态"内涵的我国市场经济体制改革内在结构急需升级，发展理念亟待转变的客观要求的回应。2015年10月，习近平总书记在党的十八届五中全会第二次全体会议上明确提出了"创新、协调、绿色、开放、共享"的新发展理念，并在2016年中共中央政治局第三十次集体学习时强调"新发展理念就是指挥棒、红绿灯"。"新发展理念"是一个系统集成的有机整体，不仅是我国进一步走向更加成熟的中国特色社会主义市场经济的重要思想创新，而且也是我国市场经济体制改革深化探索的思想主线与全局引领，我国在新时代背景下所进行的市场经济体制改革均围绕这一理念而逐步展开。

"新发展理念"作为管全局、管根本、管方向、管长远的改革思想主线，决定着我国市场经济体制改革的总体框架和构思，即要将创新、协调、绿色、开放、共享的发展理念贯彻到我国经济发展的各个环节。在这一背景下，习近平总书记于2017年党的十九大报告中首次提出"建设现代化经济体系"的战略布局；2018年中共中央政治局第三次集体学习会中则进一步明确了现代化经济体系建设的目标、内容和重点，且强调了现代化经济体系不是一个单一的体系，而是囊括产业体系、市场体系、收入分配体系、城乡区域发展体系、绿色发展体系、全面开放体系、经济体制等多个维度，是"由社会经济活动各个环节、各个层面、各个领域的相互关系和内在联系构成的有机整体"。可以说,"现代化经济体系"为我国市场经济体制改革的政策实践提供了系统和科学的思想框架,是"新发展理念"在我国经济领域贯彻实施的战略布局和思想拓展。

伴随着经济全球化过程的不断加深,国与国之间的联系愈发紧密,一国的发展已经无法与全球发展割裂开来。而"二战"以来由发达国家所主导的国际经济旧秩序始终主张国家之间的零和博弈,使得国际关系呈现出不平等不断加剧、全球治理责任缺失等诸多问题。在这一背景下,2012年党的十八大明确提出"要倡导人类命运共同体意识,在追求本国利益是兼顾他国合理关切",此后习近平总书记在出席博鳌亚洲论坛年会等多个场合均强调了"人类命运共同体"倡议,并于2018年3月正式将"推动构建人类命运共同体"写入宪法。"人类命运共同体"这一倡议和理念的提出,不仅是推进新型国际关系的重要理论创新,也是推动我国走向更为成熟的中国特色社会主义市场经济的国际保障,是"新发展理念"在国际关系领域的重要思想延伸。

第二节　新中国经济转型思想的作用因素

经济学是一门实践性很强的科学,经济理论和经济思想的发展建立在对经济现实研究的基础上,同时也受到前期经济理论和经济思想发展的影响。除此之外,由于转型经济思想研究对象的特殊性,还受到政府政策的影响。因此,影响中国经济转型思想演变轨迹的因素可以归纳为3个方面:一是理论因素,即中国经济与世界经济沟通和交流不断加强过程中,经济理论的传播、交锋与交融;二是实践因素,即中国经济发展和制度转型过程中形成的不同阶段的制度特征对转型思想的影响;三是政府因素,即国家主要领导人对经济转型的重要论断。需要注意的是,这三者之间属于矛盾统一的辩证关系,因此我们在分析的过程中无法将三者完全区分开来,而是按照一定的侧重点分别分析这三者对新中国经济转型思想演变轨迹的作用。

一、理论因素

中国经济转型实践没有现成的经验可供借鉴，转型探索先于转型理论体系的形成而进行。但每一阶段的转型探索都基于已有理论的基础之上而进行，并且基于自身实践对现有理论进行了批判、吸纳、发展和融合。因此，中国经济转型思想确有其理论源泉。这些理论来源包括马克思主义政治经济学、苏联和东欧在社会主义经济体制改革中形成的系列理论，自由学派对计划经济体制弊端的总结，以及西方现代市场经济理论对市场机制的一般性描述和不完全市场理论的最新进展。

这些理论来源在经济转型的不同阶段对经济转型思想产生了不同程度的重要影响。早期探索阶段，马克思主义政治经济学和苏联社会主义经济理论是中国转型经济思想的即便不是唯一，也是特别重要的理论指导。自觉探索阶段，中国主要着重于对东欧国家社会主义体制改革理论（主要是后来被称为市场社会主义理论）的学习和借鉴吸收。此时西方经济市场经济理论已经开始进入中国，并对改革产生了一定的实际影响，但理论界整体对其持批判性态度。进入全面探索阶段以后，随着中国参与经济全球化的程度不断加深，国际交流不断增强，西方的自由市场相关理论对中国经济转型思想产生了不断加强的重要影响。深化探索阶段，随着中国理论自信和道路自信的不断增强，致力于发展马克思主义基本理论，使其实现现代化和中国化的新时代中国特色社会主义经济理论对转型思想的发展和演变的重要性不断增强。

（一）马克思主义政治经济学是中国经济转型思想的指导思想

自1949年新中国成立以来，始终以建立和完善社会主义制度为社会和经济发展的工作目标，始终坚持将马克思主义政治经济学作为指导各项社会经济工作的指导思想。

马克思的经典著作《资本论》中，实际具有丰富的经济转型思想。《资本论》以唯物史观为基础，认为社会经济形态变迁的根本动力在于生产力与生产关系、经济基础与上层建筑的矛盾，正是这一社会基本矛盾的发展，要求冲破旧的生产关系，解放和发展生产力，改进财富的生产和分配，从而产生了社会经济形态的整体变化。这实质蕴含了对广义经济转型的根本原理和动力机制的分析。

《资本论》阐述了资本主义生产方式产生、存在、发展和必将为另一更高的社会有机体所代替的规律，实际阐明了资本主义社会向社会主义社会转型的理论依据。《资本论》指出，资本主义市场经济是建立在社会阶级划分和绝大多数劳动者与生产资料的所有和控制相分离基础之上的；是建立在资产阶级单方控制政府，大多数劳动者被压迫、被剥削的社会政治经济制度环境之中的。它是一种使少数人暴富，多数人贫穷的经济。经济要进一步发展，必须要有这种制度环境的转型，改变多数劳动者永远贫穷的状况。建立广大劳动群众都能发挥自己的积极性和创造性，并都能参与社会财富分享的社会主义制度。

总结马克思《资本论》中的转型思想可以得出两个结论，一是经济转型的立足点，就是解放和发展生产力。是通过对不适应生产力发展的经济关系进行整体变革，来达到促进生产力发展的目标，而经济关系整体变革，必将导致上层建筑的相应变化。需要指出的是，尽管马克思曾经设想商品生产将在未来消亡。但他从未认为，社会主义可以用阻碍社会生产的发展为代价来建立，从未认为社会主义要用计划去束缚劳动者的积极性和创造性，从未认为社会主义制度下的劳动者要永远保持贫穷和文化水平低下。相反，他认为社会主义制度的优越性正在促进社会生产力的发展，促进劳动者积极性和创造性的极大发挥，从而实现人的全面发展，促进劳动者在财富分配中拥有更加公平的地位。因此，二是经济转型的着眼点应该在于，如何克服随着资本主义条件下资本积累不断进行、创造价值和财富的劳动者得不到他的劳动成果，从而社会收入分配两极分化的现状。在马克思看来，实现经济转型，发展生产力和增加人民的财富，最重要的就是不断解放劳动、保护劳动和不断促进人的全面发展。

考察中国各阶段经济转型思想的具体内容可以发现，马克思主义政治经济学的转型思想始终是中国经济转型的指导思想，一是中国不断自觉调整生产关系，包括转型过程中各项经济体制的小调整，以及涉及社会经济全面转型的大调整，其根本目的都是为了适应生产力的发展，解放和发展生产力。二是中国各阶段转型思想始终关注劳动人民经济社会地位的提升，消灭剥削、消灭贫富差距，改善收入分配，最终实现共同富裕的长期目标始终体现在转型的目标思想中。

马克思之后，西方主流马克思主义学派如法国的调节学派和美国的资本积累的社会结构理论学派，分析了不同资本主义国家在不同的历史阶段的制度整体特征的演变与经济增长和资本积累的交互作用。他们的观点实质是对马克思主义经济转型理论的丰富和进一步发展。伴随着中国与国际文化交流的不断推动，这些学派的思想传入中国，对实现中国制度转型的兼容性考虑和整体性考察起到了推动作用。

（二）苏联和东欧社会主义国家经济建设和改革理论的影响

在 1978 年之前，中国与世界经济体系的交流不多，主要集中于与苏联等前社会主义国家的交流，因此，苏联的社会主义经济理论对于这一阶段中国社会主义建设以及计划经济体制内部的改革产生了重要影响。

除此之外，20 世纪二三十年代，西方经济学界关于社会主义经济体制的大论战对有效认识计划和市场的关系产生了影响。奥地利学派的米塞斯 1920 年发表的《社会主义国家的经济计算》（*Economic Calculation in the Socialist Commonwealth*）提出，传统社会主义经济无法自行实现合理的经济计算问题，由于信息收集和处理困难导致社会主义经济计算的不可行问题，以及激励机制不足等问题，对以生产资料公有制和中央计划特征为主要特征的传统社会主义经济是否合理和可行进行了质疑。奥斯卡·兰格在《社会主义经济理论》（*On the Economic Theory of Socialism*）一书中对上述问题进行回应，提出了"计划模拟市场"模式。可以看出，"兰格模式"中对"计算问题"的解决思路，与我国经济转型早期探索阶段关于计划经济体制中价值规律的作用形式等问题具有一定的一致性。

值得注意的是，西方自由学派对计划经济体制弊端的探索，以及市场社会主义理论对于如何有效结合计划与市场，探索公有制与市场经济结合模式的理论，虽然在 20 世纪中期便已集中进行，但相关理论直到 1978 年自觉探索阶段以后才被大量引入中国，并形成了中国经济转型思想的营养来源。例如，奥斯卡·兰格的《社会主义经济理论》最初出版于 1939 年，但中译版由中国社会科学出版社 1981 年出版；W. 布鲁斯的《社会主义经济的运行问题》（*The Market in a Socialist Economy*）提出了"含有市场机制的计划经济模式"，最初出版于 1961 年，其中译版由中国社会出版社 1984 年出版；奥塔·锡克的《第三条道路》（*The Third Way*），由人民出版社 1982 年出版。而以"兰格、社会主义""锡克、社会主义""布鲁斯、社会主义"等为主题词对 CKNI 中国期刊网进行搜索，发现第一批相关理论介绍文章发表于 1980 年，仅有 3 篇。

对奥斯卡·兰格、W. 布鲁斯、奥塔·锡克，以及雅诺什·科尔奈等的关于计划经济与市场经济关系的理论探讨，以及市场社会主义理论第四阶段末期和第五阶段关于公有制与市场经济结合模式的探索，本书已在导论的理论背景部分加以概括，此处不再赘述。结合中国经济自觉探索阶段，政府和理论界对计划与市场结合可能性与方式的认识的转变，可以发现上述理论的确对中国经济转型思想尤其是自觉探索阶段产生了十分重要的影响。

（三）西方经济学理论传播的影响

西方经济理论对经济转型的早期探索阶段的思想基本没有影响，这一时期我国经济理论研究主要围绕对西方古典政治经济学和庸俗经济学的批判而展开。随着改革开放的推进到 1992 年，我国开始关注苏联和东欧国家对社会主义计划经济体制所进行的研究和反思。引入的相关著作已经在前文说明。这一阶段，对西方经济学仍然主要持批判态度，但已经在学习西方微观经济学和宏观经济学的观点，并且在引入市场社会主义理论的过程中，实际吸纳了西方自由学派对传统计划经济体制弊端的批判。

1992 年以后，由于我国明确了经济体制改革的目标是建立社会主义市场经济体制，对西方经济学的引进和研究迅速发展，不仅注重对西方经济学的整个理论体系和各流派的全面介绍，还开始运用西方经济学研究我国转型实践中的具体问题，西方经济理论对我国经济转型思想的影响不断增强。在这一阶段，我国大量引入并借鉴了西方经济学的在市场机制运行前提下构建的增长理论、现代企业理论、宏观经济理论、研究政府与市场关系的理论以及环境经济学理论等，对我国建立和完善社会主义市场体制、转型思想的形成产生了巨大的影响。

始于西方对社会主义国家经济转型问题研究的"转型经济学"也在这个阶段对我国经济转型理论探讨形成了较大影响,其基本理论框架,以及对包括中国在内的不同转型国家转型路径的探讨和转型绩效的总结,为我们讨论中国经济转型思想、构建中国转型理论框架产生了重要作用。

二、实践因素

经济实践对转型理论的影响,往往通过转型过程中的经济结构和制度体系特征的变化而进行。

本书导论部分在阐明中国经济转型的阶段划分依据时指出,伴随着中国经济的阶段性转型,社会结构的特征也发生了六大方面的重要变化,既包括经济结构,又包括制度结构,但对各阶段经济转型的六方面特征但并未加以详细论述。在此,有必要结合本书前五章的论述,将不同阶段社会结构特征的变化进行一个概括性的描述。其中,经济社会发展与生态的矛盾反映了人与自然的矛盾,侧重于生产力和经济发展方式层面,但受到社会经济、政治、文化环境的制约;生产资料所有制结构、劳资关系、政府的经济社会管理职能属于生产关系和经济基础层面;主流意识形态属于上层建筑层面。这些系列关系的变革与转型思想的变迁路径息息相关。

经济转型的早期探索阶段,我国制度体系的六大关系分别呈现如下特征:(1)生产资料的单一公有制;(2)劳动关系一元化,社会不存在劳资矛盾,只有个别利益与集体利益的矛盾;(3)经济实力在国际上相对落后,除与苏联等社会主义国家的经济交流外,与其他国家的经济贸易不频繁;(4)政府通过高度集权的计划经济体制掌控社会经济生活方方面面;(5)马克思主义指导思想的绝对主流地位;(6)经济与生态的矛盾呈现潜在隐形特征。

经济转型的自觉探索阶段,我国制度体系的六大关系分别为:(1)生产资料公有制占国民经济中的绝对优势,非公有制经济逐步出现但发展速度不快;(2)多元劳动关系逐步出现,劳资矛盾上不明显;(3)经济实力在提升的同时,在国际上仍然相对落后,但国际经济交流加强;(4)随着市场机制的不断引入,政府对经济的控制逐步放松,但整体仍然处于

"大家长"的地位,因此呈现出"计划"与"市场"并存的双轨制特征;(5)马克思主义指导思想的仍然占据主流地位,但西方思潮的影响逐步显现;(6)经济与生态的矛盾由"潜在隐形"向"显性"过渡。

经济转型的全面探索阶段,我国制度体系的六大关系特征是:(1)生产资料公有制在国民经济中的比重不断下降,非公有制经济成分蓬勃发展,生产资料所有制结构呈现出公有、私营与外资、混合所有制三分天下的局面;(2)劳动关系呈现出复杂化特征,劳资冲突日益明显;(3)中国经济全面融入世界经济体系,中国整体经济实力在世界经济中的地位不断增强,但在国际规则制定方面的话语权相对较为薄弱;(4)随着市场经济体系的建立和完善,政府对经济的控制进一步放松,但仍然掌握着中国经济转型与发展的方向;(5)新自由主义经济思潮对中国的影响力不断增强,与马克思主义指导思想呈现出互动博弈的状态;(6)经济与生态的矛盾"显性激化"。

经济转型的深化探索阶段,由于这一阶段尚未完成,因此无法对整体制度特征做概括性总结,但通过对党的十九大报告进行研读与梳理,结合这一阶段转型的目标,可以预测这一阶段制度体系特征的发展方向,包括:(1)构建结构优化的良性资本关系,正确处理公有制经济与非公有制经济的关系;(2)构建以人民为中心,强调人民主体地位与利益的和谐劳动关系;(3)推动构建人类命运共同体,树立国际关系中的大国与强国地位;(4)进一步探索市场与政府的关系,实现政府经济管理作用的有效发挥并适度放权;(5)以马克思主义为指导的新时代中国特色社会主义思想的主流意识形态地位;(6)构建人与自然和谐共生的生态关系。将我国各阶段经济结构和制度结构的特征与转型思想的历史发展进行对比,可以发现实践因素对于经济转型思想的重要影响。

(一)转型初始状态思想来自对现实经济关系的提炼

经济转型的早期探索阶段,中国经过社会主义改造形成了生产资料的单一公有制以及一元劳动关系下的按劳分配制度,这意味着中国已经建成了早期的社会主义制度,在此基础上,思想界对社会主义基本经济规律的作用形式与作用范围进行了探讨,凝练出了社会主义基本经济规律理论。

经济转型的自觉探索阶段，基于中国生产力发展相对不足，人民生活水平在国际上的相对落后地位，思想界提出了社会主义初级阶段理论。正是因为社会主义初级阶段，生产力发展水平不高，国民经济生产力发展水平存在差异，因此仍然需要商品货币关系的存在，也有必要引入非公有制经济作为公有经济的补充，以适应不同部门生产力发展水平的差异，因此政府开始放松计划经济体制，并初步鼓励非公有制经济成分的出现，同时中国经济的对外交流开始加强。

经济转型的全面探索阶段，在看到上一阶段市场化改革对社会生产力的极大解放，结合批判某些领域对马克思主义经济理论的教条化认识，思想界在明确了中国仍然处于社会主义初级阶段的历史条件之后，提出了社会主义本质理论。

经济转型的重点深化期，基于经济高速增长的同时，社会产生的结构性矛盾，以及包括劳资冲突日益激化，生态矛盾显性激化等新的经济关系特征，用"经济新常态"对转型初始状态加以总结。

（二）转型目标思想来自对上阶段制度体系内在矛盾的认识

转型目标思想的提出，主要来自对上一阶段的制度体系与经济发展的重要矛盾问题的总结，尤其是上一阶段各项具体制度关系之间的矛盾。

经济转型的早期探索阶段，由于中国进行的是历史上全新的社会主义经济制度的转型探索，尚无前期摸索的经验教训可循，因此延续了马克思主义经典作家对社会主义制度的理解，实际将社会主义计划经济体制作为建设目标。虽然在这一时期内部，毛泽东等政府主要领导者也看到了计划经济体制下权力过于集中的弊端，进行了集权和分权的有益探索，但主要进行的是地方和中央的分权探索，分权条件下的权力仍然集中在政府手中。这一阶段，党的第八次全国代表大会对社会主要矛盾的表述是"我们国内的主要矛盾，已经是人民对于建立先进的工业国的要求同落后的农业国的现实之间的矛盾，已经是人民对于经济文化迅速发展的需要同当前经济文化不能满足人民需要的状况之间的矛盾"。因此，建立中央集权的计划经济体制也确有历史合理性。因为计划经济体制有利于集中力量办大事，在这一体制的支撑下，中国迅速实现了基本的工业化。

经济转型的自觉探索阶段，基于上一阶段转型探索中表露出来的高度集权的计划经济体制的弊端，以及与世界主要经济体缺乏交流而产生的对社会生产发展的约束，确立了要改革计划经济体制的粗略的转型目标思想。这一阶段，我国对社会主要矛盾的认识是1981年党的十一届六中全会通过的《关于建国以来党的若干历史问题的决议》中的表述："在社会主义改造基本完成以后，我国所要解决的主要矛盾，是人民日益增长的物质文化需要同落后的社会生产之间的矛盾"。这对社会主要矛盾的认识，支撑了我国全力推进经济建设和改革开放的步伐。其后，随着这一阶段非公有制经济的逐步出现，相应地商品货币关系不断发展，国际经济交流的逐步增强，政府对经济的控制的不断放松，市场经济体制提升经济效率的作用越来越明显，经济转型目标的市场化取向越来越明显。

经济转型的全面探索阶段，思想界总结上了一阶段"计划"与"市场"双轨制下带来的新矛盾，主要是"双轨制"条件下一方面市场化改革不配套不完善，导致市场机制的作用无法有效发挥；另一方面政府在某些应由市场发挥作用的领域权力过大，同样使得市场机制发挥作用的效果受限。因此，思想界确立了"全面建设社会主义市场经济体系"的转型目标。"自由市场"的转型目标随着新自由主义意识形态在中国的作用不断增强而整体强化。

经济转型的深化探索阶段，一方面，上一阶段的市场化转型取得了巨大的经济成效，提示我国仍然需要不断进行市场化改革和全面推进开放；另一方面，政府的权力在一些领域仍然过大，而在另一些领域由于市场化改革过度或市场化改革的渐进性特征却又发挥不足；同时伴随着非公有制经济比重的不断提升，新自由主义意识形态在中国的影响日益扩大，因此经济产生了新的矛盾。表现为经济高速发展的同时，经济出现了结构性失衡，同时劳动者公平享受经济增长的成果相对不足；此外，粗放式经济增长模式带来了生态矛盾的显性激化。为此，党的十九大报告指出，"中国特色社会主义进入新时代，我国社会主要矛盾已经转化为人民日益增长的美好生活需要和不平衡不充分的发展之间的矛盾"，并且新时代中国特色社会主义理论中，实际确立了向以六大新型关系为特征的成熟社会主义市场经济转型的新目标。

(三) 转型实施路径思想来自对制度转型实践的抽象分析

基于对中国制度转型的实践过程的抽象分析，可以得出中国经济转型的路径特征是"渐进式"转型的结论。

经济转型的早期探索阶段，虽然在经济建设和制度转型中均表现出较为激进的特征，如经济建设过程中的"赶超战略"和"大跃进"运动，制度改革中急于向共产主义过渡的"大跃进"运动等，但这些属于现有理论和历史条件的制约下我们在转型道路摸索中的实践失误，并且持续时间不长。

经济转型的自觉探索阶段，中国实际进行的是推动"帕累托改进"的"增量改革"。表现在农村经济本身发展遇到了较大困难，改革的机会成本较低的历史情况下，率先推行了农村经济改革；非公有制经济成分从无到有，在计划经济体制之外率先引入了商品经济成分，外资经济首先也主要集中在乡镇企业等传统国有经济并未存在的领域；之后才逐步推动了原有中央计划经济体制之内的国有企业改革。

经济转型的全面探索阶段，市场化转型虽然已经全面推进，但仍然呈现出"增量"与存量并存的渐进性质。表现在国有企业和社会保障体系等系列改革中的"老人老办法，新人新办法"的改革思路。各类要素市场从无到有，政府职能改革逐步推进等。

经济转型的深化探索阶段，转型的重点一方面集中在基于社会主义制度大背景下，对市场机制体制的再调整；另一方面，重点强调经济增长方式与发展方式的转型。

通过将上述制度转型过程进行整体性考察，的确突显了中国经济转型的"渐进性"特征，而转型实施路径思想正是建立在制度转型实践的基础上。

三、政府因素

新中国经济转型思想主要由两方面构成，一是经济政策的制定者与制度转型的主导者的思想。在中国，这二者呈现出高度统一的特征，即制度转型的主导者和经济政策的制定者都是党和领导人。我们将这类思想命名为经济转型"官方"思想。二是经济学者的研究，一方面来自学者对官方思想的理解和研究，另一方面来自学者对经济现实的抽象和总结，还受到已有各流派思想理论及其发展的影响，我们将这类思想命名为"学界"思想。

官方思想与学界思想之间既有共性，又有不同的特性。二者的联系在于，二者均为经济转型思想的重要组成部分，都来自对经济实践的抽象和总结，都为确立经济转型的方向和转型经济政策的制定提供依据，从而均对经济转型的结果产生影响。

二者的区别在于：（1）官方思想是制定经济政策的依据，对经济政策的制定与推行，从而经济转型的后果产生直接影响。学界的研究为官方思想的形成提供了思想来源。因此，学界思想通过影响官方思想而对于经济政策的制定产生间接影响，从而学界思想对于经济转型后果的影响也是间接的。（2）官方思想受到政府政治目标的左右。其产生于对经济现实运行的观察，并在此基础上依据政治目标有选择地吸收学界研究的理论成果。（3）官方思想通过政策导向主导学界研究的方向。这一点和转型经济学的特性密切相关。因为经济转型思想最初源于对经济转型政策及其实施后果的研究，而当前转型政策和转型绩效研究也构成转型经济思想的一个十分重要的组成部分。因此，学界转型思想一方面来自对经济现实的抽象和理论总结，另一方面来受到官方转型思想的主导和制约。（4）就社会主义中国的经济转型历史来看，官方转型思想始终坚持社会主义建设的大方向。即始终将促进社会生产力的发展，消灭贫困、消灭剥削、消灭两极分化，最终实现人民的共同富裕作为转型目标的大方向。而学界研究的理论流派来源广泛，注重思想创新与对同一问题的多角度多层次的探索和争鸣，有的学界转型思想与官方思想的大方向并不一致。

中国转型实践的历史表明，官方思想对于转型方向和学界转型思想的主导作用尤为突出。这是因为中国政府在转型各阶段始终具有很强的经济社会控制力。在经济转型的不同阶段，虽然也出现了经济个体行为对转型自下而上的推动作用，但经济个体的改革探索最终由政府中央文件的承认才能得以全面铺开，中国转型呈现出很强的自上而下的政府把控特征。

本章第一节第二部分"新中国经济转型思想演化逻辑"的阐述中，实际体现出了"官方"思想与"学界"思想互动的逻辑。总逻辑和现实逻辑均体现出，中国经济转型思想形成和演变最突出的特征就是官方思想的指导作用。关于学界不同研究主体文献的梳理，结合经济转型中各类重要官方文件公布的时间节点，能更好地体现出这一特征。相关数据将在本章第三节具体阐述。

从中国转型思想发展的历史来看，当经济发展中出现重要矛盾时，往往形成制约经济发展和进一步转型的"瓶颈"。此时要求学界加强对经济矛盾现象的研究，通过揭示经济中主要矛盾的表现、特征以及形成机制，形成新的转型初始路径思想。而新的转型初始路径思想的形成，有助于帮助经济尽快形成拐点，向一个新的高度发展。这要求加强转型经济思想的前瞻性研究。而加强前瞻性研究，要求实现"学界"思想和"官方"思想的良性互动。

一是以前瞻性为特征的学界理论研究和理论创新仍应坚持以官方的正确价值导向为指引。经济学研究暗含一定经济集团的利益取向，具有很强的阶级性和意识形态特征。研究中必须把握为谁的利益研究、为谁的利益创新的问题。中国官方的指导思想是马克思主义政治经济学，因此，作为中国特色社会主义政治经济学有机组成部分的中国经济转型思想始终是有利于人民的转型经济思想。研究中必须"以人民为中心"，将人民的利益放在首位；研究的目标是通过揭示和利用经济规律，为"不断促进人的全面发展，全体人民共同富裕"出谋献策。如果学界片面强调"研究独立性"，偏离正确的价值取向盲目追求"创新"，则将导致方向性偏差。马克思主义政治经济学本身是一个开放的体系，要求批判地吸收各流派经济学的合理成分，将其纳入自身的有机理论体系。在经济转型的进程中，西方新自由主义范式对我国经济学研究有了一定的渗入，一些经济学研究者出现了认识偏差，在具体经济实践中带来了一些不良影响。出现这些偏差具有一定的历史原因，是改革在一定历史条件下必须付出的成本。只要牢记以人民为中心的价值取向，发现和利用经济规律解决社会主义经济转型过程中的新矛盾，则上述偏差可以及时得到发现和修正。

二是学界研究必须保持一定的独立性，真正做到实事求是，鼓励争鸣，勇于创新，为中国经济转型思想提供丰富的营养来源。如果学界研究一味强调"解释"官方经济思想和政策，就不可能解释转型过程中带来的新矛盾，也无法为官方思想的形成提供丰富的思想来源和恰当的理论支持。这要求学界的前瞻性研究不"跟风"，不"唯上"，不只对官方经济思想和对策做辩护性的解释，而应对经济矛盾和经济规律进行实事求是的研究，勇于指出官方经济学在提炼学界观点时出现的一些错误判断和不足，才能真正促进经济转型思想的发展。

三是必须通过加强党的建设来确保官方思想的正确性。因为中国转型经济思想最重要的特征之一就是官方思想的指引。官方思想必须在结合事实、充分吸收学界理论研究的基础上，在坚持在社会主义建设的远期目标上加以提炼。正确的转型思想，如果没有政府的一路护航和政策推进，也无法对转型现实产生指导作用。如果官方指导思想失误，必将为转型带来巨大的试错成本。中国经济转型早期探索阶段的"大跃进"、人民公社化运动和"文化大革命"等阶段，虽然也取得了经济发展的一些成效，但如果找到更好的方向，成效应当更为显著。"官方"思想的正确性，首先来自国家领导人对经济现实的认识程度与水平，其次来自国家领导人吸收学界的正确思想并将其变为主流意识形态的能力。全面加强党的建设，有助于提升这两大能力。因为《中国共产党章程》（总纲）明确指出，"党除了工人阶级和最广大人民的利益，没有自己的特殊利益。"只要政府保证始终坚持社会主义方向和人民利益为中心的价值取向，便可以更加有效地避免实践失误，即便出现实践失误，也能较快加以调整。中国经济转型的实践证明了这一点。

第三节　新中国经济转型思想的作用效应

中国建设社会主义制度，从社会主义计划经济体制向社会主义市场经济体制转型的成功，预示着经济转型思想的发展取得了重要理论绩效。一方面体现在转型理论对经济发展的促进方面，即经济绩效；另一方面体现在转型经济理论对中国特色社会主义经济理论的发展和完善方面，即理论贡献。

一、经济绩效

从唯物史观的角度来看，转型经济思想是一个社会对经济转型过程的认识，属于上层建筑领域，既受到生产力发展和经济基础变化的决定，又对经济基础的转变和生产力的发展起反作用。将经济转型各阶段的转型思想文献数与GDP增长率，以及各阶段转型特征进行对照研究，可以看出，中国经济转型思想有效发挥了促进经济基础调整、提升经济绩效的作用。

转型经济思想蕴含在经济理论发展的整体过程中。为此，有必要描述中华人民共和国成立以来中国经济理论研究的整体发展情况（如图6-2所示）。因为各阶段，经济学相关研究的文献数量的基数存在显著的不同，对其进行总体概括，有助于理解后文各不同主题研究文献数的相对比重。图6-2表明，中华人民共和国成立初期，我国经济理论研究出现了欣欣向荣的态势，但随着1966年我国工作重心从经济建设转向阶级斗争，经济理论研究也相应减缓，相关文献数到1969年降至最低，之后再缓慢上升。1978年，我国做出将工作重心全面转向经济工作上来的决议后，经济理论研究迅速复苏，相关研究文献快速增长；到1992年决定全面建设社会主义市场经济以后，经济类研究呈爆发式增长，经济研究文献数量到2012年达到最高点后回落，但文献数量依旧维持在每年45万篇左右的高位。

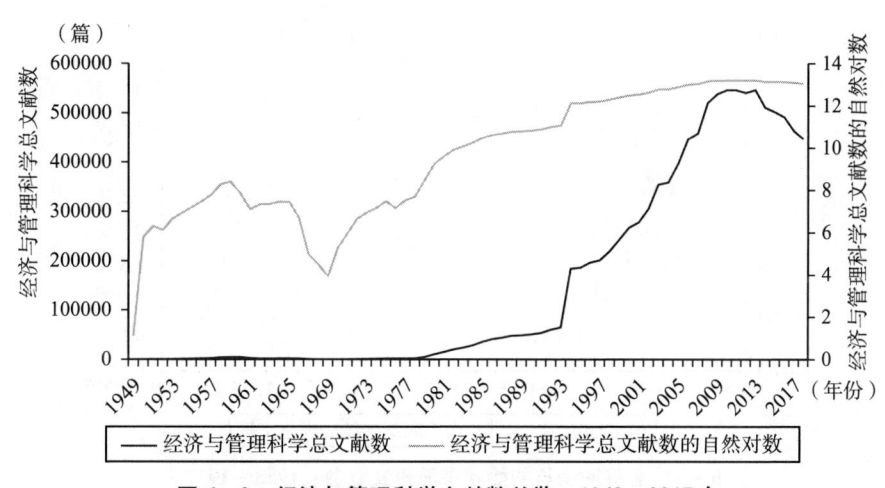

图6-2 经济与管理科学文献数总览：1949~2017年

资料来源：笔者根据中国知网（CKNI）"经济与管理科学文献库"相关数据整理。

（一）转型初始状态思想与经济增长率的相关性分析

将对经济转型初始状态探讨的文献数量与转型各阶段 GDP 的增速进行对比研究可以发现，关于转型起始点特征的探讨与经济增速的拐点具有很强的相关性，这表明转型初始状态的研究促进了经济向着新的中期阶段的转型。

首先，在转型早期探索阶段，将"社会主义基本经济规律"的研究文献数量作为反映思想界对转型初始状态的探讨情况的代理变量（如图 6-3 所示），可以看出，关于社会主义基本经济规律的第一次讨论集中在 1955 年前后，这是因为 1953 年中国社会主义改造基本完成后，作为建设起点的生产力发展水平与经典作家的论述不一致，因此亟须思想界抽象和提出一个基于中国现实的全新的社会主义形态特有的经济规律，以便指导后续实践；第二次探索集中在 1960~1963 年前后，这是因为 1958 年出现的"大跃进"和人民公社化探索失误，叠加三年自然灾害与中苏关系交恶的外部影响因素，GDP 增速大幅下滑，到 1961 年甚至为 -27.3%。思想界和实践界均认识到，经济运行出现这样的矛盾，可能源于对当前社会经济实践的不当认识，因而促进了对"社会主义基本经济规律"的第二次大讨论。

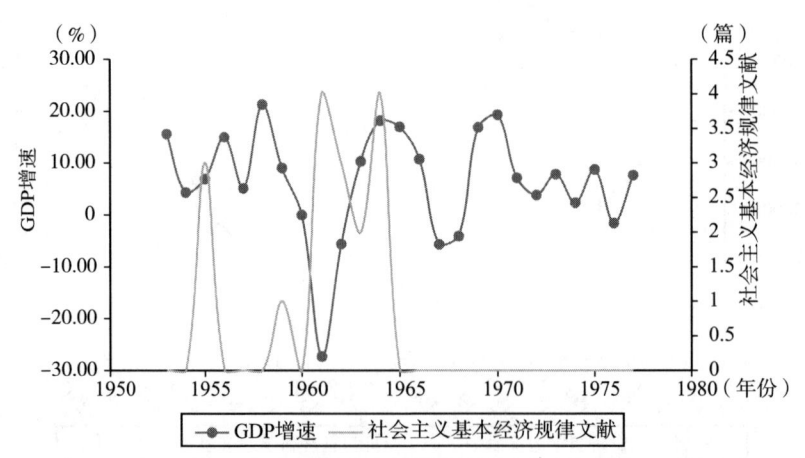

图 6-3 经济增速与初始状态思想文献数：1953~1977 年

资料来源：GDP 增长率来自中经网统计数据库"宏观年度库"；"社会主义基本经济规律"文献是以"社会主义基本经济规律"为主题词，搜索 CKNI 期刊库的"经济与管理科学库"得到的文献数。

第六章 尾论

其次，转型自觉探索阶段，将研究"社会主义初级阶段"的相关文献数量作为反映思想界对转型初始状态进行探索的代理变量（如图6-4所示），可以发现对"社会主义初级阶段"进行理论探讨的文献出现在1982年，略晚于1981年中央文件第一次正式提出该理论。这体现出了领导人思想对学界研究的指导作用。同时也能看出，中国经济增速在1981年形成一个明确向上的拐点，并随着关于社会主义初级阶段理论探讨的发展而迅速向上。关于初级阶段理论的第二次集中讨论出现在1986～1990年，当时经济增速出现了一个向下的拐点，并从10%以上的年增速逐渐下滑，到了1989年几乎停滞。经济增速从持续高位运行到逐步下滑，说明现有经济体制出现了不适应社会生产力发展的内部矛盾，引发了大家对经济所处历史阶段的新一轮讨论。根据前文的论述可以发现，这一阶段讨论主要集中在改革的性质和取向上，因此，"社会主义初级阶段"理论是相关探讨的基本理论依据。至1990年后，邓小平提出了"社会主义本质"论，对我国所处的历史阶段做了创新性的发展，因此"社会主义初级阶段"讨论的文献数量下降，由"社会主义本质"理论的相关讨论所取代。

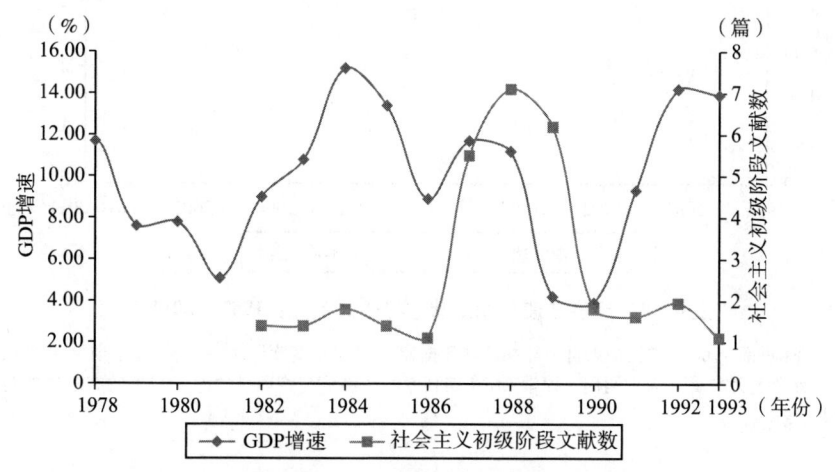

图6-4 经济增速与初始状态思想文献数：1978～1993年

资料来源：GDP增长率来自中经网统计数据库"宏观年度库"；"社会主义初级阶段"文献数是以"社会主义初级阶段"为主题词，搜索CKNI期刊库的"经济与管理科学库"得到的文献数的自然对数。

再次，转型的全面探索阶段，将"社会主义本质"的相关探讨文献作为反映思想界对转型初始状态探讨的代理变量进行研究（如图6-5所示），可以发现相关文献出现在1988~1990年经济增速的阶段性最低点。这是因为"社会主义本质"论产生于上一阶段关于改革性质争议问题的总结。通过邓小平的社会主义本质的提出，明确了计划经济不是社会主义的本质特征，市场经济也不是资本主义的本质特征，社会主义可以和市场经济进行有效结合，社会主义的本质是"解放生产力、发展生产力、消灭剥削、消除两极分化，最终达到共同富裕"。理论界与实践界扫清了思想认识上的障碍。通过对社会主义本质的进一步阐述和认识，经济掉头向上，并高速增长。

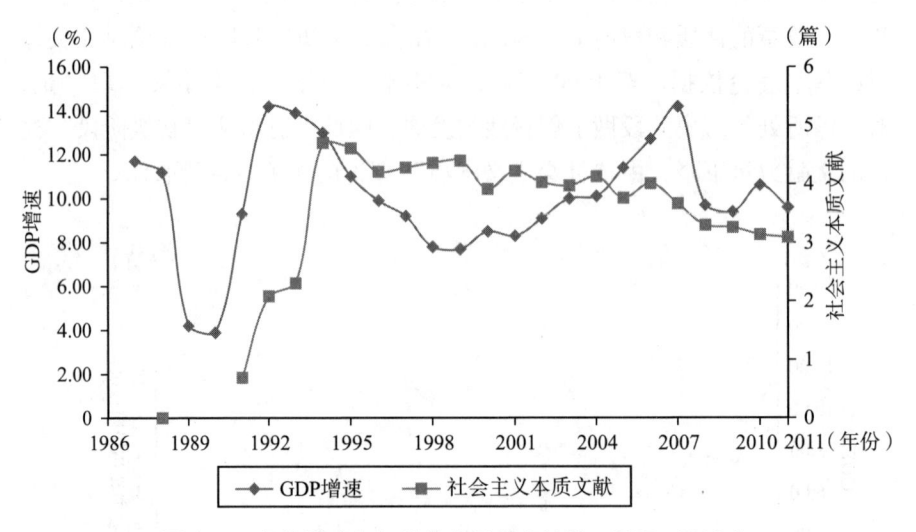

图6-5 经济增速与初始状态思想文献数：1987~2011年

资料来源：GDP增长率来自中经网统计数据库"宏观年度库"；"社会主义本质"文献数是以"社会主义本质"为主题词，搜索CKNI期刊库的"经济与管理科学库"得到的文献数的自然对数。

最后，转型深化探索阶段，将经济"新常态"的相关探讨文献作为反映思想界对转型初始状态探讨的代理变量进行研究（如图6-6所示）。发现相关文献出现在经济增速阶段性放缓的拐点区域即2009年。此时经济

第六章 尾论

增速放缓但下滑幅度不大，说明我国经过前一阶段转型，经济具备了新的制度和结构性特征。通过对经济增速放缓是周期性下降还是发展新阶段的讨论，学者从产业结构调整视角、经济增长方式转变要求的角度和可持续发展等视角进行了探讨，在此基础上，政府领导人凝练出了经济"新常态"理论，对这一阶段我国经济转型的历史特征进行了总结。由于认识到这一阶段中国经济转型的重要目标之一是转变经济增长方式，通过经济调速增质，实现从高速发展到高质量发展，因此经济增速并未上升。但是统计数据明确显示出了经济初始状态思想的探讨始于经济拐点区域，并且伴随着转型初始状态思想讨论的深入，经济呈现出中高速发展的稳定状态。

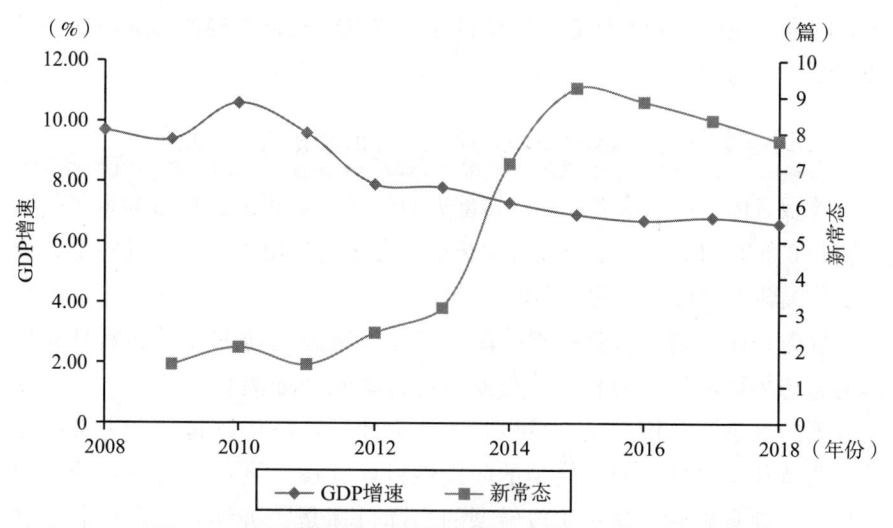

图 6-6 经济增速与初始状态思想文献数：2008~2018 年

资料来源：GDP 增长率来自中国经济网统计数据库"宏观年度库"；"新常态"文献数是以"新常态"为主题词，搜索 CKNI 期刊库的"经济与管理科学库"得到的文献数的自然对数。

考察各阶段转型初始阶段状态理论的文献数，可以发现它们的出现和发展时间与中国经济增长率的拐点具有重要的相关性。即对于转型初始状态的研究和统一思想认识的形成期一般出现在经济增长率的拐点处，即在上一阶段经济增长率的最低处出现；随后，呈现出经济增长率与相关文献数量双攀升的态势。

这一特点来自中国经济转型思想形成逻辑。经济增长速度进入阶段性低点，意味着旧的经济结构与经济制度已经不再适应社会生产的进一步发展，经济亟待转型。同时，这些矛盾已经不能由既有的经济理论进行有效解释和解决。思想界注意到这一新矛盾，对新问题和新矛盾的特征与属性加以研究和探讨，形成转型初始状态理论，并为转型目标的确立提供理论基础。

而就转型初始状态的探讨达成一致后，往往会迎来经济增长率的迅速回升，这说明了初始状态理论的正确性。因为从中国转型思想发展的现实来看，转型目标的提出以及转型政策的推行往往与官方确认的初始状态思想的公布同步进行，这表明每一阶段的初始状态思想判断与经济实践的现实相吻合，在此基础上确立的转型目标和转型路径是正确的，从而促使了经济增长率的回升。

（二）转型目标思想发展与经济增长率的相关性分析

转型目标思想的形成意味着转型方向的确立。我国转型目标思想的形成和确立的时间节点，也与经济增长率的变化呈现出整体一致的特征，说明了我国转型目标思想的科学性。

首先，在转型的自觉探索阶段，用探讨中央与地方关系的文献数量作为思想界研究转型目标的代理变量进行研究（如图6-7所示）。选取这方面的文献，是因为这一阶段我国认为计划经济体制是社会主义制度的本质特征，思想界对于转型的阶段性目标并没有进行专门的讨论。但是从历史现实来看，这一阶段转型的实际目标是完善计划经济体制，进行了在计划经济体制内部有效处理中央集权与地方分权关系的探索。以"集权+分权"作为主题词搜索CKNI期刊库，发现第一篇文献发表于1979年，而以"中央+地方"作为主题词进行搜索，在这一阶段的相关文献数量较多。图6-7表明，理论界自1958年开始探讨中央与地方的关系，这一时间节点与1956年党的第八次全国代表大会中提出探索集权与分权模式的计划经济体制改革思想高度相关，说明了官方思想对学界研究的主导特征。同时，中国GDP年度增长率高达21.3%，表明了正确的转型目标思想对生产力发展的促进作用，对中央与地方关系的探讨在1958

年和1959年爆发后急速下降，1960~1966年讨论虽然仍在进行，但文献仅为个位数，同时经济增长率也大幅下降。这是因为，我国在1958年之后的中央集权与地方分权的改革探索并未得到有效推行，因而成效不佳。1967~1973年，我国关于中央集权和地方分权关系探讨的文献数下降为零，直到1974年以后重新出现，到1976年和1977年爆发式增长分别为9篇和37篇。

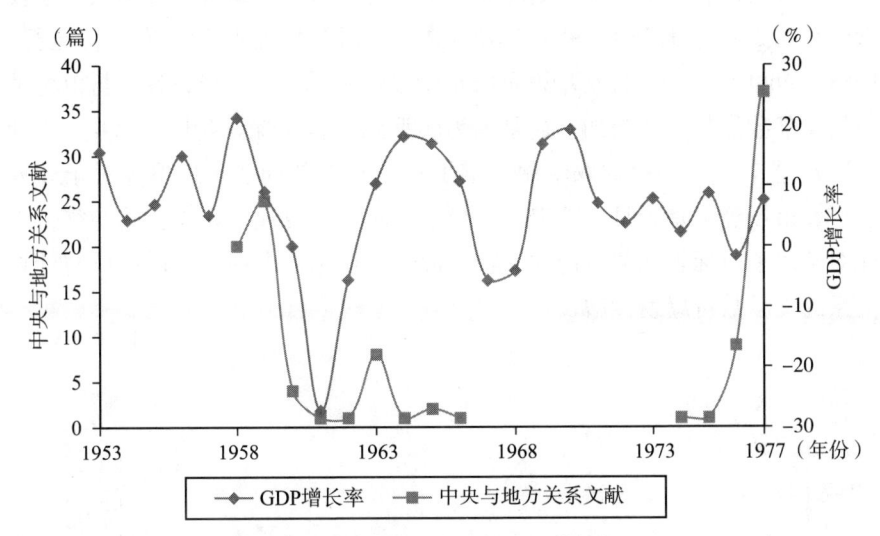

图 6-7　中央集权与地方分权思想与 GDP 增长率：1953~1977 年

资料来源与指标解释：GDP 增长率来自中经网统计数据库宏观年度库，中央与地方关系文件以"中央+地方"为主题关键词搜索 CKNI 期刊网，整理得到。

其次，在经济转型的自觉探索阶段，用探讨计划与商品经济关系，以及计划经济与市场经济关系的文献数量作为思想界研究转型目标的代理变量进行研究（如图 6-8 所示）。这是因为该阶段，我国经济转型目标思想的发展经历了一个市场化改革取向不断增强的变化过程。最初，思想界只是认识到必须对传统计划经济体制加以改革；后来，中央文件提出了建设"有计划的商品经济的"目标；其后，伴随着计划与市场两种机制如何有效结合的讨论，改革的市场化取向不断增强。在文献数量上，表现在1986年以前，关于"计划调节为主，市场调节为辅"的改革方向思路和"有计划的商品经济"改革思路的确立，以"计划+商品经济"为主题词和以"计划+市场"为主题词的文献数量大体相当，互有多寡；到1987年以后，以"计划+市场"为主题词的文献数量迅速超过了"计划+商品经济"的文献数量，结合图6-9表明的，关于"市场化改革"研究的文献自1987年出现后不断增加，大体呈现出了这一阶段我国转型目标思想的探索过程。从GDP增长率与相关研究的关系来看，自1981年我国开始对引入市场机制改革传统计划经济体制的研究以来，经济增长率从一个较低的起始点迅速上升到1984年的最高点，后维持在10%左右高位运行。1988~1990年，我国经济增速下滑至阶段性最低点，而讨论计划与市场关系的文献数量却不断增加，这是因为转型到了自觉探索阶段的后期，"计划"与"市场"并存的双轨制产生了新矛盾与新问题。理论界对于计划经济和市场经济是否具有特定的社会形态属性也出现了认识上的冲突，因此对于改革目标思想的争论和反思趋近于白热化，表现为探讨市场与计划关系的文献数量爆发性增长。

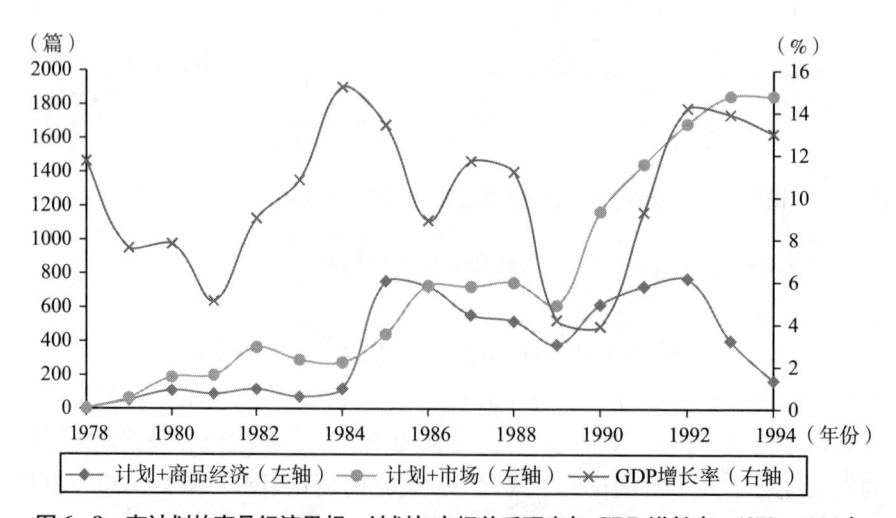

图6-8 有计划的商品经济思想、计划与市场关系研究与GDP增长率：1978~1994年

资料来源与指标解释：GDP增长率来自中经网统计数据库宏观年度库，同时以"计划+商品经济"为主题词，"计划+市场"为主题词搜索CKNI期刊网，整理得到两类文献数量。

再次，经济转型的全面探索阶段，以"市场化改革"和"社会主义市场经济"的相关理论研究作为反映这一阶段转型目标思想研究情况的代理变量（如图6-9所示），可以发现这一阶段转型目标思想的特征是"全面建设社会主义市场经济体系"，转型目标在这一阶段的早期就已经明确。一是市场化改革取向目标在转型自觉探索阶段后期已经逐渐明朗。表现为以"市场化改革"为主题词的第一篇文献在1987年出现，此后呈现出增长态势；二是以"社会主义+市场经济"为关键词检索文献主题，1991年相关文献只有125篇，1992年便迅速上升至1126篇，为前一年的近十倍；到1993年和1994年更是分别增长为5786篇和9376篇。观察6-9中GDP增长率指标发现，1991年成为经济增长掉头向上的拐点，此后GDP增长率在1992年和1993年分别迅速上升到14.2%和13.9%，之后虽有回落，但即便在1999年亚洲金融危机的最低阶段，增长率也保持在7.7%。与社会主义市场经济相关的文献在1994年达到最高点，与市场化改革相关的文献在2006年达到最高点之后小幅回落。这是因为本阶段转型目标的探讨已经告一段落，转型思想研究转向其他重点。

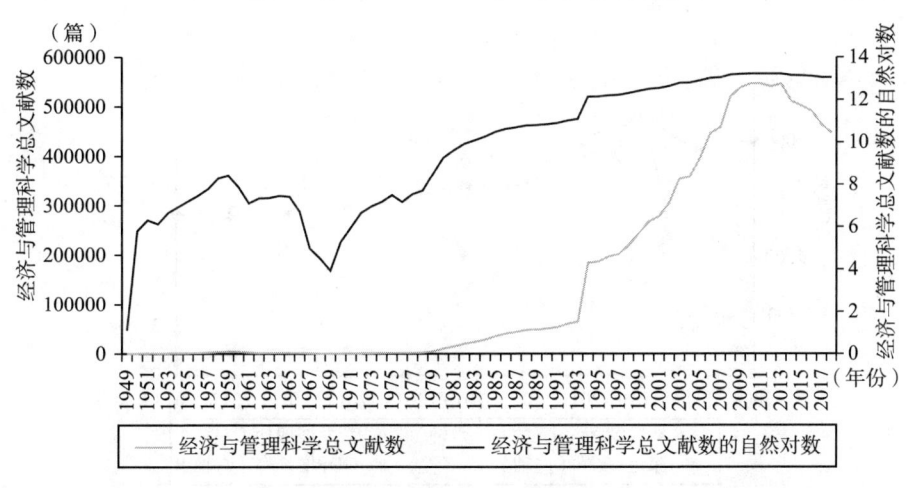

图6-9 市场化改革、社会主义市场经济理论研究与GDP增长率：1994~2017年

资料来源与指标解释：GDP增长率来自中经网统计数据库宏观年度库，转型目标思想以"市场化改革"和"社会主义+市场经济"为关键词分别搜索CKNI期刊网经济与管理科学文献库，整理得到。由于两类数据的绝对值差异较大，为便于观察，分别对文献数取自然对数。

最后，经济转型的深化探索阶段，用研究经济发展方式转变和改革深化的必要性和措施的相关研究，作为这一阶段转型目标思想的代理变量（如图6-10所示），可以看出这一阶段转型目标思想的确立也经历了一个逐步发展的过程。这是因为中国经济走向了调速增质的新常态时期，转型重点问题变为了促进经济发展方式转变和社会主义市场经济体制完善的进一步推进问题。图6-10表明，研究经济发展方式转变问题的文献自2009年以来呈现出爆发性增长，后逐步减少，到2015年以后，以"新发展理念"为主题词的文献数开始出现并不断增多，这是因为随着对经济发展模式变化的探索不断推进，我国总结出了"新发展理念"对新的发展模式进行总体性的概括。因此以"转变经济发展方式"为主题的文献减少，以"新发展理念"为主题的文献增多。如果将这两个数据合并，可以看出关于发展方式转变的文献呈现持续增多的状态。结合GDP增长率变化来看，随着转变经济发展方式的讨论到了顶点，经济增速也平稳放缓。这意味着我国在确立了发展方式转型目标之后，有意识地进行了经济结构的调整，使得经济发展从高速增长转变为中高速增长，同时关于改革进一步深化的讨论也逐渐增多，至2014年达到顶点，说明我国对于深化和完善社会主义市场经济体制转型目标的确立。

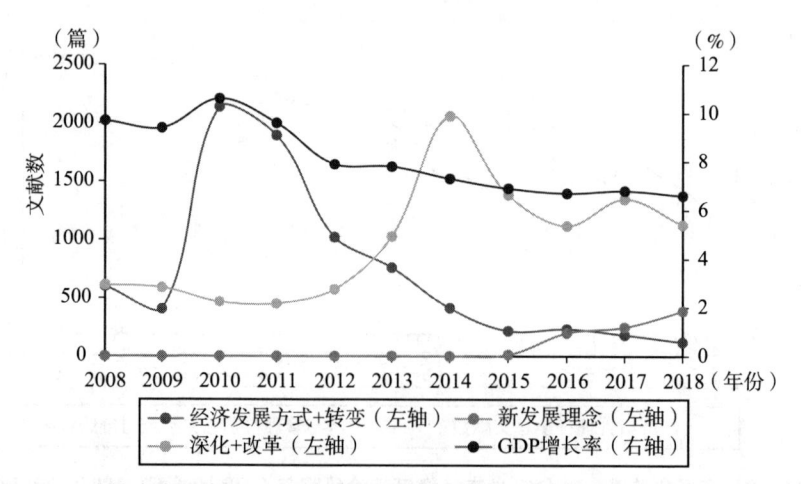

图6-10　转变发展方式、深化改革的相关研究与GDP增长率：2008~2018年

资料来源：GDP增长率来自中经网统计数据库宏观年度库，转型目标思想以"经济发展方式+转变"和"新发展理念"和"改革+深化"为主题词，分别搜索CKNI期刊网经济与管理科学文献库，整理得到。

对转型目标思想文献数量进行内容和时间节点，包括其出现、爆发和回落的时间节点进行研究，有效证明了我国转型目标思想的确经历了一个不断发展变化的动态过程。并且转型目标思想的发展在不同历史阶段呈现出不同特征。即早期探索阶段的不明确，自觉探索阶段的动态演化，全面探索阶段的全面确立，以及深化探索阶段的动态深化特征。此外，结合经济增长率的发展变化，说明我国各阶段转型目标思想的确立，确实对经济平稳发展起到了促进作用，从而证实了各阶段转型目标思想的正确性与科学性。但不同阶段转型目标思想的作用方式和作用程度又有不同。早期探索阶段，转型目标思想促进经济增长的时间不长，这是因为这一目标在实践中并未得到长期有效的推行；自觉探索阶段，转型目标思想促进经济显著增长，但其间经历了波动，这是因为转型目标本身在不断探索过程中；全面探索阶段，由于转型目标在阶段最初便十分明确，对经济增长的促进作用最强，发挥作用的时间也最长；深化探索阶段，由于转型以转变发展方式和深化改革为目标，因此不是促进经济高速增长，而是确保经济平稳增长的同时，提质增效。

（三）转型路径思想发展的特征分析

对转型路径思想的相关文献进行统计表明，我国转型路径，以及对于这一路径的总结，均体现出了渐进性和阶段性特征。对于改革应当采取"存量"式改革还是"增量"式改革的期刊文献最早出现在1984年，并且在之后小幅上升，在1994~1999年期间呈现出爆发增长的态势，并在1997年到达最高点。这是因为我国自觉探索阶段，增量式改革的实践先于理论的发展而进行，而对"增量"改革道路的选取原因、经验的讨论，随着改革的深化不断推进，到1992年市场化改革全面推进后，改革重点从"增量"逐步转向"存量"，但仍然体现出二者并存的特征，并且也引发了在"哪些领域着重于增量改革，哪些领域着重于存量改革，哪些领域实现从增量到存量的转化，转化方式是什么的"讨论。因此导致了1994~1999年相关讨论的集中进行。

关于渐进式改革的讨论，期刊文献最初出现于1985年，其后逐步增多；关于渐进式转型的讨论，期刊文献最初出现于1997年。这是因为我国经济转型从阶段性改革开始，最初并没有"经济转型"这一概念。经济转型理论随着20世纪八九十年代西方对转型国家的研究逐步兴起，后逐步传入中国。

将三类文献加总，如图6-11所示，发现对改革或者转型方式的讨论出现于1984年，爆发式增长于1994~2000年，其后对转型路径进行讨论的文献在每年100篇上下波动。一方面说明了中国转型路径的形成和转型路径理论的发展均表现出"渐进式"特征，另一方面说明中国转型路径的特征得到了理论界的持续关注和研究。

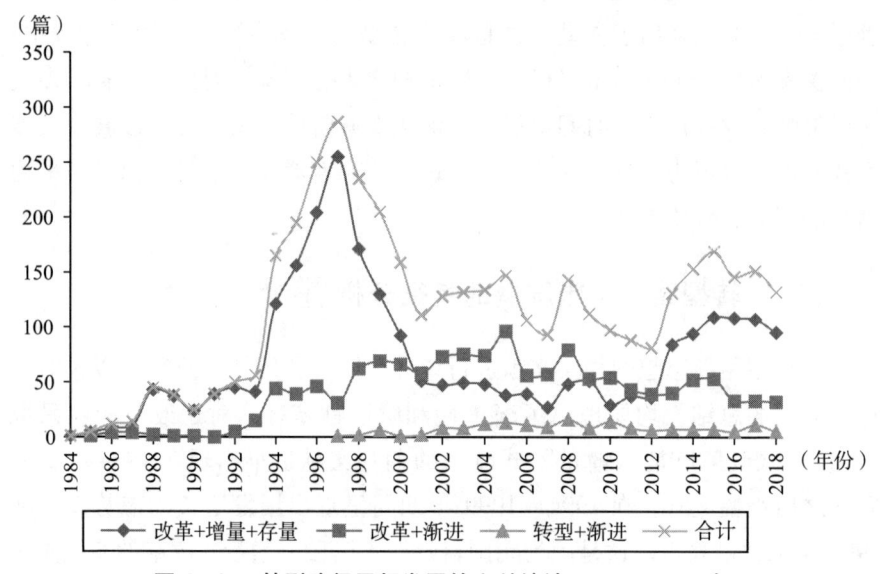

图6-11 转型路径思想发展的文献统计：1984~2018年

资料来源：以"改革+存量+增量"，"改革+渐进"，"转型+渐进"为主题词搜索CKNI官网经济与管理科学数据库，并整理得到。

二、理论贡献

新中国近70年来经济社会建设的伟大成就，是中国特色社会主义道路的成功，也是中国从社会主义计划经济体制向社会主义市场经济体制转型的阶段性成功。转型实践的成功离不开卓有成效的转型理论发展的指导，综合考虑中国转型经济思想的发展演变过程及其阶段性理论成果，可以得出其为中国特色社会主义经济理论体系的完善和发展，至少做出了三方面理论贡献。

（一）证明了马克思主义唯物辩证法的正确性与中国价值

唯物辩证法是马克思两个伟大发现之一，主要包括4个方面的内容：（1）从生产力与生产关系的矛盾运动中理解社会经济形态的变化，因此重视对社会基本矛盾的研究和分析，强调矛盾分析法的运用；（2）强调人民群众在历史创造中的作用；（3）强调实事求是，求真和务实统一；（4）使用整体性、联系性和动态性的系统方法。①。

中国经济转型实践是唯物辩证法在中国大地上的发展和应用，中国经济转型思想的理论成果证明了马克思主义唯物辩证法的正确性与中国价值。表现在（1）中国经济转型的过程中，始终坚持以人民为中心的评判标准，始终看"人民是否真正得到了实惠，人民生活是否真正得到了改善，人民权益是否真正得到了保障。"②（2）基于不同阶段中国的具体国情，总结出了不同的转型初始状态思想，包括社会主义基本经济规律、社会主义初级阶段、社会主义本质理论和中国经济新常态理论等，并对这些不同初始状态的社会主要矛盾和具体问题进行了充分的讨论与论述；（3）转型过程中始终注意激发人民群众的主观能动性，转型理论和转型政策注意吸收人民群众自主创新的实践成果，形成了转型路径的"渐进性"特征；（4）通过改革经济关系和上层建筑以促进生产力发展是贯穿于始终的一个重大原则。

对唯物辩证法中的生产力原则的认识，在中国经济转型中的每个具体

---

① 刘伟：《在马克思主义与中国实践结合中发展中国特色社会主义政治经济学》，载于《经济研究》2016年第5期；洪银兴：《以创新的理论构建中国特色社会主义政治经济学的理论体系》，载于《经济研究》2016年第4期；张宇：《中国特色社会主义政治经济学的科学内涵》，载于《经济研究》2017年第5期；周文、宁殿霞：《中国特色社会主义政治经济学：渊源、发展契机与构建路径》，载于《经济研究》2018年第12期。

② 《十八来以来重要文献选编》，中央文献出版社2016年版，第698页。

阶段有不同的表现，形成了以改革生产方式和上层建筑以"发展生产力"到"解放和发展生产力"再到"解放、发展和保护生产力"三者并举的发展过程。

首先，在经济转型的早期探索阶段，我国整体坚持了发展生产力这个唯物史观的基本观点，强调发挥人民群众在经济建设中的主观能动性，并结合实际，进行了经济体制改革的早期探索。毛泽东多次指出，党的根本任务是发展生产力。19世纪50年代，毛泽东紧密结合我国国情，分析了我国社会的复杂矛盾，深刻揭示了社会主义社会发展的根本动力。他指出，社会主义社会同其他任何社会一样，"基本的矛盾仍然是生产关系和生产力之间的矛盾、上层建筑和经济基础之间的矛盾"。[①] 科学地阐明了社会主义社会基本矛盾的性质、特点和主要表现，指明了解决社会主义基本矛盾的途径和方法，提出了社会主义社会也需要改革的论断。遗憾的是这一正确思想由于受"左"的思想干扰等原因，未能始终坚持贯彻。

其次，在经济转型的自觉探索阶段，我国在研究中国国情特征的基础上，提出了社会主义初级阶段思想，明确了我国这一阶段的社会主要矛盾，提出了不仅要解放生产力，而且要发展生产力，即从根本上改变束缚生产力发展的经济体制，从对传统的计划经济体制变革起，逐步走向全面建设社会主义市场经济体制。

再次，在转型全面探索阶段，党的十四大报告深刻论述："判断社会主义事业和各方面工作的是非得失，归根到底，要以是否有利于发展社会主义的生产力，是否有利于增强社会主义国家的综合国力，是否有利于提高人民的生活水平为标准。"这三个有利于的标准，是生产力标准的进一步发展和完善，是对马克思唯物史观关于生产力原理的具有重大理论意义的新的贡献和发展。[②] 此后改革在先期探索的基础上全面推进，既包括对基本经济制度的改革和完善，又包括资源配置方式的改革、国有企业的改革、分配制度的改革和完善、宏观调控体系的改革和完善等。

最后，到了转型的深化探索阶段，思想界对经济发展与生态环境矛盾

---

① 毛泽东：《关于正确处理人民内部矛盾的问题》，引自《毛泽东著作选读》下册，人民出版社1986年版。
② 辛竹：《唯物史观在当代中国的新发展》，载于《实事求是》1994年第2期。

关系的认识不断加强,通过对新发展理念的绿色发展内涵的表述,指出了保护生产力的有效途径,即通过构建绿色发展方式和生活方式,实现永续发展的必要条件并满足人民对美好生活的追求,促使资源环境和生态得到有效保护,实现人与自然和谐共生和可持续发展。

(二) 构成了中国特色社会主义政治经济学的有机组成部分

党的十八大以来,以习近平同志为核心的党中央特别强调将中国特色社会主义政治经济学作为总结和指导中国特色社会主义改革发展的实践的理论依据。2015年12月习近平同志在中央经济工作会议上的讲话中指出,要坚持中国特色社会主义政治经济学的重大原则。由此可见,中国经济转型进入到深化探索阶段,要求形成系统化的经济学说,以指导中国特色社会主义建设道路的进一步推进并取得成功。研究理论界对中国特色社会主义政治经济学的基本特征的概括,可以发现,中国经济转型思想的研究和理论成果,构成了中国特色社会主义政治经济学的有机组成部分。

首先,中国经济转型思想的研究和发展在立场、观点和研究方法上与中国特色社会主义政治经济学具有高度的内在统一性。

中国特色社会主义政治经济学,是一种以研究如何巩固和完善中国特色社会主义经济制度,持续有效发展中国特色社会主义经济为主要任务的无产阶级政治经济学。与一般意义的社会主义政治经济学更多侧重于说明社会主义"应该如何"的研究侧重点不同,中国特色社会主义政治经济学则需要更多地分析现实的社会主义究竟如何巩固和发展,发展的形式、道路和规律是什么等问题。因而中国特色社会主义政治经济学从根本上来说是中国特色社会主义实践的产物,是其经济建设实践的理论概括。[①]

中国特色社会主义政治经济学的基本研究方法是唯物辩证法,研究立场是在坚持马克思主义政治经济学为无产阶级劳苦大众谋利益的鲜明的根

[①] 邱海平:《国家 政府 市场:以中国特色社会主义政治经济学为视角》,载于《教学与研究》2017年第3期;简新华:《创新和发展中国特色社会主义政治经济学》,载于《马克思主义研究》2018年第3期。

本立场基础上，始终坚持以"以人民为中心"。① 研究对象是一定生产力水平基础上的生产关系，基本任务是阐述经济规律。研究主题是在经济全球化加快发展、世界政治经济格局发生重大变化的复杂环境下，探讨中国这样经济文化落后的国家以怎样的方式发展社会主义经济。② 因此，其研究主题既包括对中国特色社会主义"生产关系多层次"的研究，又包括对"具体经济制度多层次"的探讨。中国特色社会主义政治经济学的基本研究方法是唯物辩证法。

从对上述中国特色社会主义政治经济学的定义、方法、立场和研究主题的表述，结合本书对马克思唯物辩证法的中国运用和中国价值的分析，可以看出中国经济转型思想的研究和发展与中国特色社会主义政治经济学内在的高度统一性。

其次，中国特色社会主义政治经济学的重要理论创新来自中国经济转型思想的先期研究和理论发展。

关于中国特色社会主义政治经济学研究已经获得的重要理论创新，理论界主要总结为三个方面，一是对社会主义基本经济制度理论的伟大发展，包括社会主义本质理论，以公有制为主体多种所有制经济共同发展理论，以按劳分配为主体多种分配方式并存的理论，社会公平正义与全体人民共同富裕理论等；二是社会主义发展阶段理论的丰富与完善，包括社会主义初级阶段理论；经济新常态理论、新发展理念和社会主义对外开放理论等；三是关于社会主义市场经济理论的伟大创新，包括社会主义经济体制改革理论等。③ 从上述表述可以看出，中国经济转型思想的发展和阶段性理论成果正是中国特色社会主义政治经济学理论创新的来源。

---

① 北京市中国特色社会主义理论体系研究中心课题组：《人民主体论：中国特色社会主义政治经济学的逻辑起点》，载于《中国特色社会主义研究》2017 年第 1 期；张雷声：《论中国特色社会主义政治经济学的发展与创新》，载于《马克思主义研究》2017 年第 5 期。

② 洪银兴：《以创新的理论构建中国特色社会主义政治经济学的理论体系》，载于《经济研究》2016 年第 4 期；张雷声：《论中国特色社会主义政治经济学的发展与创新》，载于《马克思主义研究》2017 年第 5 期。

③ 洪银兴：《以创新的理论构建中国特色而社会主义政治经济学的理论体系》，载于《经济研究》2016 年第 4 期；简新华、余江：《发展和运用中国特色社会主义政治经济学的若干问题》，载于《中国高校社会科学》2016 年第 6 期；张雷声：《论中国特色社会主义政治经济学的发展与创新》，载于《马克思主义研究》2017 年第 5 期；顾钰民：《改革开放 40 年中国特色社会主义政治经济学的三大创新》，载于《高校马克思主义理论研究》2018 年第 4 期。

（三）证明了改革开放前后两个历史时期的内在一致性

"习近平总书记深刻指出，我们党领导人民进行社会主义建设，有改革开放前和改革开放后两个历史时期，这是两个相互联系又有重大区别的时期，但本质上都是我们党领导人民进行社会主义建设的实践探索。他强调，对改革开放前的历史时期要正确评价，不能用改革开放后的历史时期否定改革开放前的历史时期，也不能用改革开放前的历史时期否定改革开放后的历史时期。"[1]

改革开放前后两个历史时期不能相互否定的重要论述，对于我们坚定不移地继续推进中国特色社会主义伟大事业，坚持中国特色社会主义的道路自信、理论自信和制度自信具有重要的指导意义。提出"两个不能相互否定"有一定的现实原因，因为我国在改革开放前后的转型实践中，思想界对于转型初始状态、转型路径与转型目标等的理解的确存在较大差异。通过对转型思想形成路径与理论逻辑的具体阐述，有利于证明改革前后两个历史阶段的内在联系与统一性。

第一，对中国经济转型实践与转型思想的研究表明，新中国成立以来，中国始终坚持了中国共产党的领导，始终坚持了党和政府对转型方向与转型路径的主导作用，始终坚持了以建设中国特色的社会主义为长远发展目标，始终坚持了以人民为中心的改革利益取向，这充分证明了改革前后两个阶段的内在统一性。

第二，从经济转型理论的构成来看，各阶段对转型初始状态、转型目标和转型路径的认识的确存在差异，相应地形成的转型基本理论的构成也有所不同，但各阶段转型思想均体现出了逻辑的内在统一性与认识的不断深化发展过程。

转型的初始状态思想方面，我国经历了社会主义基本经济规律、社会主义初级阶段、社会主义本质理论和社会主义经济"新常态"四个发展阶段。这体现出了我国对在落后国家的基础上建设社会主义制度，其经济规

---

[1] 中共中央党史研究室：《正确看待改革开放前后两个历史时期》，载于《中共党史研究》2013年第11期。

律的内涵和作用范围将存在怎样的特征的发展性研究。同时，研究了伴随社会生产力的阶段性发展，社会主义矛盾将产生怎样的变化问题。

转型的目标思想方面，我国经历了从完善社会主义计划经济体制，到在计划经济体制内部引入市场机制，到全面建设社会主义市场经济体制，再到深化建设成熟社会主义市场经济体制的变化过程。在这一过程中，我们对社会主义初级阶段仍然需要商品货币关系，仍然需要市场机制有效发挥资源配置作用，市场经济仍然需要政府有效调控，建设社会主义市场经济体制要求正确处理政府与市场关系等系列认识不断加强。可以说，如果没有改革开放前，探索完善社会主义计划经济体制的艰难探索，后期对于计划经济体制与市场经济体制，关于计划手段与市场手段的关系，关于政府与市场关系的理论将成为无本之源，无根之木。

转型的路径思想方面，我国在早期探索阶段的确经历了"大跃进"赶超战略和建设"人民公社"等过急过快建设社会主义，以及过急向共产主义制度转型的失败探索。但这一阶段也经历了正确处理农业、工业、重工业各类产业比重、正确处理中央集权与地方分权，引入商品货币机制等正确的转型路径探索。一方面，相关改革探索的路径变化，在一个较长的历史阶段内构成了转型的渐进式特征，另一方面，正是这些早期探索中付出的改革成本，为改革开放后期，实施审慎的渐进式转型路径提供了宝贵的经验。

转型基本理论方面，我国在不同阶段分别形成了社会主义商品经济思想、社会主义商品经济理论、社会主义市场经济理论和中国特色社会主义经济理论等系列转型基本理论。从这些理论的内容构成来看，先期理论为后期理论的形成和发展提供了丰富的思想来源，后期理论是对先期理论进行发展和深化的结果。

由此可见，中国经济转型思想的形成和发展，对中国特色社会主义经济理论的发展做出了重要理论贡献。它证明了马克思主义唯物辩证法的重要性和中国价值，为中国特色社会主义政治经济学的形成和发展提供了研究基础与重要思想来源，证明了中国社会主义建设道路的内在一致性。结合转型经济思想对转型经济绩效的研究可以证明，中国经济转型思想研究对于强化中国特色社会主义的道路自信、理论自信和制度自信均有重要的理论意义。

参考文献

[1]《资本论》(第1卷),人民出版社1956年版。

[2]《马克思恩格斯全集》(第19卷),人民出版社1963年版。

[3]《马克思恩格斯全集》(第46卷,下册),人民出版社1980年版。

[4]《马克思恩格斯选集》(第1卷)、(第2卷)、(第3卷)、(第4卷),人民出版社1995年版。

[5]《列宁全集》(第6卷),人民出版社1986年版。

[6]《列宁全集》(第36卷),人民出版社1985年版。

[7]《列宁全集》(第41卷),人民出版社1986年版。

[8]《列宁全集》(第42卷),人民出版社1987年版。

[9]《列宁全集》(第52卷),人民出版社1988年版。

[10]《列宁专题文集·论社会主义》,人民出版社2009年版。

[11]《斯大林文选》(上、下),人民出版社1962年版。

[12]《斯大林全集》(第10卷),人民出版社1954年版。

[13]《毛泽东文集》(第7卷),人民出版社1999年版。

[14]《毛泽东年谱(1949—1976)》(第3卷),中央文献出版社2013年版。

[15]《毛泽东年谱(1949—1976)》(第4卷),中央文献出版社2013年版。

[16]《邓小平文选》(第3卷),人民出版社1993年版。

[17] 《陈云文选》（第3卷），人民出版社1995年版。

[18] 斯大林：《苏联社会主义经济问题》，人民出版社1961年版。

[19] 陈先达：《论马克思主义在巩固和完善社会主义制度中的指导地位》，载于《马克思主义研究》1995年第1期。

[20] 刘伟、范从来、黄桂田主编：《现代经济学大典（转型经济学分册）》，经济科学出版社2016年版。

[21] 张宇：《中国特色社会主义政治经济学的科学内涵》，载于《经济研究》2017年第5期。

[22] 张宇：《市场社会主义理论的回顾与反思》，载于《教学与研究》1997年第9期。

[23] 路德维希·冯·米塞斯：《社会主义经济制度下的经济计算》，载于《现代国外经济学论文选》（第九辑），商务印书馆1986年版。

[24] 路德维希·冯·米塞斯著，王建民译：《社会主义：经济与社会学的分析》，中国社会科学出版社2008年版。

[25] 弗里德里希·冯·哈耶克著，冯克利译：《哈耶克文选》，江苏人民出版社2007年版。

[26] 奥斯卡·兰格著，王宏昌译：《社会主义经济理论》，中国社会科学出版社1981年版。

[27] 弗·布鲁斯著，周亮勋、荣敬本、林青松译：《社会主义经济的运行问题》，中国社会科学出版社1984年版。

[28] 奥塔·希克著，张斌译：《第三条道路》，人民出版社1982年版。

[29] 奥塔·锡克：《一种未来的经济体制》，中国社会科学出版社1989年版。

[30] 约瑟夫·斯蒂格利茨著，周立群、韩亮、余文波译：《社会主义向何处去》，吉林人民出版社1998年版。

[31] 热若尔·罗兰：《转型与经济学》，北京大学出版社2002年版。

[32] 洪银兴主编：《转型经济学》，高等研究出版社2008年版。

[33] 洪银兴：《社会转型、体制转型与经济增长方式的转型》，载于《江海学刊》2003年第10期。

[34] 洪银兴：《中国经济转型和转型经济学》，载于《经济学动态》2006年第7期。

[35] 景维民、孙景宇等编著：《转型经济学》，经济管理出版社2008年版。

[36] 麦金农：《经济自由化的顺序——向市场经济转型中的金融控制》，中国金融出版社1993年版。

[37] 樊纲、胡永泰：《"循序渐进"还是"平行推进"？——论体制转轨最优路径的理论与政策》，载于《经济研究》2005年第1期。

[38] 黄南、张二震：《经济转型的目标、路径与绩效：理论研究述评》，载于《经济评论》2017年第2期。

[39] 谢鲁江：《中国经济转型问题的理论探讨》，载于《哈尔滨市委党校学报》2014年第7期。

[40] 林毅夫、苏剑：《论我国经济增长方式的转变》，载于《管理世界》2007年第1期。

[41] 谷书堂：《政治经济学的困境与出路——我们需要一部转型经济学》，载于《南开学报》2004年第3期。

[42] 张卓元：《中国经济转型：追求数量粗放扩张转变为追求质量提高效率》，载于《当代经济研究》2013年第7期。

[43] 林毅夫：《自生能力、经济转型与新古典经济学的反思》，载于《经济研究》2002年第12期。

[44] 林毅夫：《繁荣的求索：发展中经济如何崛起》，北京大学出版社2012年版。

[45] 裴长洪：《中国经济转型升级与服务业发展》，载于《财经问题研究》2012年第8期。

[46] 雅诺什·科尔奈：《大转型》，载于《比较》（第17辑），中信出版社2005年版。

[47] 柳欣、秦海英：《新中国经济学60年》，中国财政经济出版社2010年版。

[48] 刘国光：《也谈"改革开放"》，载于《现代经济探讨》2009年第9期。

[49] 厉以宁：《60年来的三次大转折》，载于《人民论坛》2009年第10期。

[50]《毛泽东著作选读》下册，人民出版社1986年版。

[51] 马艳、王琳、张沁悦：《资本积累的社会结构理论的创新与中国化探讨》，载于《马克思主义研究》2016年第6期。

[52]《中国共产党第八次全国代表大会关于政治报告的决议》，载于《人民日报》1956年9月28日。

[53] 国家统计局国民经济综合统计司：《新中国六十年统计资料汇编》，中国统计出版社2009年版。

[54] 白永秀、任保平主编：《新中国经济学60年》（1949~2009），高等教育出版社2009年版。

[55] 苑秀丽、陈张承：《新经济政策与列宁的社会主义观》，载于《马克思主义研究》2014年第7期。

[56] 张雷生：《论斯大林的社会主义观》，载于《中国人民大学学报》2000年第2期。

[57] 刘伟：《在马克思主义与中国实践结合中发展中国特色社会主义政治经济学》，载于《经济研究》2016年第5期。

[58] 洪银兴：《以创新的理论构建中国特色社会主义政治经济学的理论体系》，载于《经济研究》2016年第4期。

[59] 周文、宁殿霞：《中国特色社会主义政治经济学：渊源、发展契机与构建路径》，载于《经济研究》2018年第12期。

[60]《十八来以来重要文献选编》，中央文献出版社2016年版。

[61] 辛竹：《唯物史观在当代中国的新发展》，载于《实事求是》1994年第2期。

[62] 邱海平：《国家、政府、市场：以中国特色社会主义政治经济学为视角》，载于《教学与研究》2017年第3期。

[63] 简新华：《创新和发展中国特色社会主义政治经济学》，载于《马克思主义研究》2018年第3期。

[64] 北京市中国特色社会主义理论体系研究中心课题组：《人民主体论：中国特色社会主义政治经济学的逻辑起点》，载于《中国特色社会

主义研究》2017 年第 1 期。

[65] 张雷声:《论中国特色社会主义政治经济学的发展与创新》,载于《马克思主义研究》2017 年第 5 期。

[66] 简新华、余江:《发展和运用中国特色社会主义政治经济学的若干问题》,载于《中国高校社会科学》2016 年第 6 期。

[67] 顾钰民:《改革开放 40 年中国特色社会主义政治经济学的三大创新》,载于《高校马克思主义理论研究》2018 年第 4 期。

[68] 中共中央党史研究室:《正确看待改革开放前后两个历史时期》,载于《中共党史研究》2013 年第 11 期。

[69]《建国以来重要文献选编》(第 11 册),中央文献出版社 2011 年版。

[70]《刘少奇论新中国经济建设》,中央文献出版社 1993 年版。

[71] 陈大伦:《我国工业管理体制的改变》,载于《经济研究》1958 年第 3 期。

[72] 狄超白:《对于我国过渡时期经济规律问题的意见(提纲)》,载于《经济研究》1955 年第 4 期。

[73] 樊弘:《论社会主义制度下的商品生产和价值规律》,载于《北京大学学报》(人文科学版)1957 年第 3 期。

[74] 冯玉忠:《价值规律在集体所有制农业生产中的调节作用》,载于《大公报》1957 年 2 月 24 日。

[75] 谷书堂:《谈谈商品生产和价值规律》,载于《经济研究》1959 年第 2 期。

[76] 顾准:《试论社会主义制度下的商品生产和价值规律》,载于《经济研究》1957 年第 3 期。

[77] 关梦觉:《关于当前的商品生产和价值规律的若干问题》,载于《经济研究》1959 年第 2 期。

[78] 洪远朋:《关于按劳分配中劳动计量问题的探讨》,载于《复旦学报》(社会科学版)1979 年第 2 期。

[79] 黄振奇、项启源、张朝尊:《回顾建国以来我国经济学界对社会主义基本经济规律的探讨》,载于《经济研究》1979 年第 10 期。

[80] 姜铎：《关于商品生产的几个理论问题》，载于《学术月刊》1959年第2期。

[81] 姜明远：《总结财政工作经验，认识客观经济规律》，载于《经济研究》1959年第10期。

[82] 蒋明：《"社会生产目的"不是客观经济范畴吗？》，载于《学术月刊》1962年第4期。

[83] 蒋绍进、杨炳昆：《按劳分配与计件工资》，载于《中国经济问题》1978年第1期。

[84] 蒋学模：《关于社会主义基本经济规律的几个问题》，载于《学术月刊》1961年第6期。

[85] 蒋学模：《谈谈按劳分配中的劳动问题》，载于《经济研究》1964年第8期。

[86] 金若弼：《计件工资制是不是按劳分配的最好形式？》，载于《学术月刊》1959年第3期。

[87] 李靖华：《论按劳分配中的劳动计量问题——与刘克鉴同志商榷》，载于《西北大学学报》（哲学社会科学版）1979年第3期。

[88] 李民立：《改进财政管理体制的重大意义》，载于《财经研究》1958年第1期。

[89] 里岗、吴家骏：《在巩固中央统一领导的前提下，发挥中央和地方两个积极性——学习〈论十大关系〉的体会》，载于《经济研究》1978年第2期。

[90] 林宝清：《关于奖金的性质和来源问题》，载于《中国经济问题》1979年第4期。

[91] 刘国光：《对经济体制改革中几个重要问题的看法》，载于《金融研究动态》1979年第S6期。

[92] 刘克鉴：《论按劳分配规律》，载于《西北大学学报》（哲学社会科学版）1979年第1期。

[93] 刘守定：《社会主义条件下价值规律作用的两重性》，载于《学术月刊》1990年第5期。

[94] 骆耕漠：《关于计划经济、市场经济及其它》，载于《经济研

究》1979年第S1期。

［95］骆耕漠：《商品经济的消灭及其规律的探索之———经典作家关于公有制社会不存在商品关系的一般论断的介绍》，载于《学术月刊》1964年第9期。

［96］骆耕漠：《社会主义制度下的商品和价值问题》，科学出版社1957年版。

［97］骆焉名：《对按劳分配的攻击诬蔑之词必须彻底推倒》，载于《福建师大学报》（哲学社会科学版）1978年第3期。

［98］南冰、索真：《论社会主义制度下生产资料的价值和价值规律的作用问题》，载于《经济研究》1957年第1期。

［99］漆琪生：《论社会主义基本经济规律的内容和表述问题》，载于《学术月刊》1961年第6期。

［100］钱颖一：《现代经济学与中国经济改革》，中国人民大学出版社2003年版。

［101］宋福僧、王维新、权泊涛：《试论社会主义制度下商品生产和价值规律的研究方法》，载于《西北师大学报》（社会科学版）1960年第3期。

［102］孙克亮：《奖金仅仅是超额劳动的报酬吗？——试论奖金的本质》，载于《经济研究》1979年第6期。

［103］孙尚清、陈吉元、张耳：《社会主义经济的计划性与市场性相结合的几个理论问题》，载于《经济研究》1979年第5期。

［104］孙冶方：《把计划和统计放在价值规律的基础上》，载于《经济研究》1956年第6期。

［105］孙冶方：《论价值——并试论"价值"在社会主义以至于共产主义政治经济学体系中的地位》，载于《经济研究》1959年第9期。

［106］孙冶方：《要用历史观点来认识社会主义社会的商品生产》，载于《经济研究》1959年第5期。

［107］汪旭庄、章时鸣：《评骆耕漠同志的商品消亡论》，载于《学术月刊》1964年第11期。

［108］王守海：《关于社会主义制度下的商品生产及其消亡的问题》，

载于《经济研究》1959年第3期。

［109］王书相：《对按劳分配中"劳"的初步探讨》，载于《吉林大学学报》（社会科学版）1979年第2期。

［110］王惟中：《国民经济有计划按比例发展规律与价值规律的关系》，载于《财经研究》1959年第2期。

［111］王亚南：《充分发挥价值规律在我国社会主义经济中的积极作用》，载于《人民日报》1959年5月15日。

［112］卫兴华：《社会主义制度下商品生产的研究方法问题》，载于《学术月刊》1959年第11期。

［113］卫兴华：《社会主义制度下为什么存在商品生产？》，载于《经济研究》1959年第2期。

［114］吴鼎成：《按劳分配中的劳动尺度和报酬比例问题》，载于《社会科学研究》1979年第5期。

［115］吴智伟：《我国商业管理体制上的一次重大改革》，载于《财经研究》1958年第1期。

［116］谢伯龄、关其学：《国民经济有计划按比例发展规律和价值规律的关系》，载于《政治与经济》1959年第6期。

［117］徐日清：《国营企业生产的生产资料仍是商品》，载于《学术月刊》1959年第2期。

［118］徐日清：《价值规律在国营企业生产资料生产中的作用》，载于《学术月刊》1959年第4期。

［119］薛暮桥：《对商品生产和价值规律问题的一些意见》，载于《经济研究》1959年第1期。

［120］薛暮桥：《社会主义建设理论的重大发展——学习《论十大关系》，载于《北京师范大学学报》（社会科学版）1977年第4期。

［121］薛暮桥：《谈谈经济管理体制改革问题》，载于《金融研究动态》1979年第S1期。

［122］薛暮桥：《再论计划经济和价值规律》，载于《计划经济》1957年第3期。

［123］叶子欣：《关于我国过渡时期的经济法则问题的讨论》，载于

《科学通报》1955 年第 1 期。

[124] 于光远：《关于社会主义制度下商品生产问题的讨论》，载于《经济研究》1959 年第 7 期。

[125] 袁宝华：《千秋功业永世流芳》，载于《回忆邓小平》（上），中央文献出版社 1998 年版。

[126] 张朝尊、项启源、黄振奇：《关于按劳分配规律的几个问题》，载于《经济科学》1979 年第 1 期。

[127] 张友仁：《关于劳动形态和按劳分配问题的质疑》，载于《学术月刊》1962 年第 8 期。

[128] 郑经青：《对于社会主义制度下价值规律问题的几点意见》，载于《经济研究》1959 年第 4 期。

[129] 中共中央文献编辑委员会：《陈云文选（1956—1985）》，人民出版社 1986 年版。

[130] 仲津：《社会主义制度下价值规律的作用问题》，载于《经济研究》1958 年第 2 期。

[131] 周瑞清：《也谈有计划按比例发展规律和价值规律的关系》，载于《学术研究》1963 年第 6 期。

[132] 周叔莲：《关于社会主义经济管理体制改革的几个问题》，载于《学术月刊》1979 年第 8 期。

[133] 周振华：《重视价值规律把计划调节同市场调节结合起来》，载于《西南师范大学学报》（人文社会科学版）1979 年第 3 期。

[134] 朱福林、项怀诚：《对改革财政体制的一些看法》，载于《经济管理》1979 年第 5 期。

[135] 朱剑农：《价值规律在我国过渡时期的作用》，载于《经济研究》1955 年第 5 期。

[136] 卓炯：《论社会主义商品经济》，广东人民出版社 1981 年版。

[137]《关于进一步加强和完善农业生产责任制的几个问题的通知》，1980 年 9 月。

[138]《关于社会主义精神文明建设指导方针的决定》，1986 年。

[139]《人民公社工作条例（试行草案）》，1978 年。

[140]《苏联、东欧国家经济体制改革理论讨论会纪要》,载于《苏联东欧问题》1982年第4期。

[141]《中共中央关于加快农业发展若干问题的决定》,1979年9月。

[142] 邓小平:《关于农业政策问题》,《邓小平文选》(第二卷),1980年。

[143] 邓小平:《当前农村经济政策的若干问题》,1983年1月2日。

[144] 安希伋:《论土地国有永佃制》,载于《中国农村经济》1988年第11期。

[145] 白钦先:《关于发展我国个体经济和私营经济的战略与对策》,载于《山西财经学院学报》1989年第1期。

[146] 蔡北华:《论个体经济》,载于《社会科学》1980年第6期。

[147] 蔡昉:《论我国农村合作经济存在的条件》,载于《未来与发展》1989年第4期。

[148] 曹建、李力强:《关于利改税与承包经营责任制的若干问题》,载于《求索》1990年第1期。

[149] 陈东琪:《论社会主义市场经济条件下所有制形式的选择——对近十年国有企业改革的理论分析》,载于《江汉论坛》1989年第4期。

[150] 陈吉元、英淘等:《中国农村经济发展与改革所面临的问题及对策思路》,载于《经济研究》1989年第10期。

[151] 陈希成、闵友诚:《计划经济和市场经济的统一是社会主义商品经济的特征》,载于《安徽财贸学院学报》1980年第1期。

[152] 程恩富、徐惠平:《社会主义初级阶段的经济特征与改革》,载于《赣江经济》1987年第12期。

[153] 程恩富:《借鉴西方经验建立有计划主导的市场经济体制》,载于《财经研究》1992年第9期。

[154] 褚高峰、孙小素、高巍:《论计划经济与市场经济的关系》,载于《山西财经学院学报》1990年第6期。

[155] 邓子基:《国营企业实行利改税的理论与实践》,载于《中国经济问题》1983年第6期。

[156] 杜俊仪:《论海南价格并轨问题》,载于《海南大学学报》(社

会科学版）1992 年第 2 期。

[157] 方先铭、陈革：《适应搞活企业的需要加速城市政府职能转变》，载于《经济体制改革》1991 年第 5 期。

[158] 高勇：《企业经营机制转换与政府职能转变》，载于《经济体制改革》1992 年第 5 期。

[159] 葛立成：《试论工业经济责任制的客观基础和内容》，载于《浙江学刊》1982 年第 2 期。

[160] 谷文耀：《加快建立市场经济体制促进经济高速协调发展》，载于《南方经济》1992 年第 6 期。

[161] 顾纪瑞：《关于社会主义市场经济的几个问题》，载于《经济研究》1979 年第 1 期。

[162] 桂世镛：《充分发挥计划经济的优越性》，载于《经济学动态》1982 年第 1 期。

[163] 郭树清、刘吉瑞：《价格改革和体制转轨的成功保证》，载于《改革》1988 年第 6 期。

[164] 国家物价局物价研究所课题组：《逐步解决生产资料价格双轨问题的思路》，载于《中国物价》1990 年第 9 期。

[165] 韩俊：《中国农业劳动力转移前景展望》，载于《未来与发展》1989 年第 5 期。

[166] 寒冰：《论个体经济》，载于《理论学刊》1987 年第 6 期。

[167] 何伟：《转变政府职能是当前深化改革的关键》，载于《改革》1992 年第 3 期。

[168] 姜启渭：《从理论的原则性与灵活性相结合看计划经济与市场经济相结合》，载于《当代财经》1992 年第 7 期。

[169] 蒋学模：《论计划经济为主导，市场经济为基础的经济运行机制》，载于《学术月刊》1989 年第 1 期。

[170] 蒋志刚：《关于"把企业推向市场"的政府职能与作用》，载于《计划经济研究》1992 年第 6 期。

[171] 景康：《计划经济是高速度建设社会主义的重要保证——批判"四人帮"破坏国民经济计划的罪行》，载于《山东师院学报》（社会科学

版）1978 年第 4 期。

［172］孔祥丽：《个体经济发展中的问题及对策》，载于《山西财经学院学报》1990 年第 5 期。

［173］赖昭瑞：《关于利改税的若干问题》，载于《赣江经济》1984 年第 7 期。

［174］李国荣：《私营经济：个体经济发展的第三条道路》，载于《财经研究》1988 年第 7 期。

［175］李九龙：《关于国营企业利改税客观基础的探讨》，载于《湖北财经学院学报》1984 年第 5 期。

［176］李克清：《社会主义与市场经济的兼容性》，载于《财经研究》1992 年第 9 期。

［177］李石泉：《论社会主义初级阶段的主要矛盾和主要任务》，载于《财经研究》1987 年第 11 期。

［178］李映青、孙诚等：《对计划经济和市场经济结合问题的几点看法》，载于《陕西财经学院学报》1979 年第 1 期。

［179］李永民、李世灵：《农村改革的深层障碍与土地产权构建——兼述我们同流行的理论观点的分歧》，载于《中国农村经济》1989 年第 6 期。

［180］林松：《对国营企业利改税的再认识》，载于《江西财经学院学报》1986 年第 6 期。

［181］刘国光：《谈谈社会主义市场经济——为什么要变计划经济为市场经济》，载于《财贸经济》1992 年第 12 期。

［182］刘吉：《从计划经济到市场经济》，载于《改革》1992 年第 6 期。

［183］刘书楷：《构建我国农村土地制度的基本思路》，载于《经济研究》1989 年第 9 期。

［184］刘熙瑞、时和兴：《转变不等于弱化——我国政府职能发展分析》，载于《郑州大学学报》（哲学社会科学版）1990 年第 4 期。

［185］刘佐：《关于利改税的反思和今后改革的设想》，载于《中央财政金融学院学报》1988 年第 6 期。

[186] 陆学艺、王小强：《包产到户的发展趋势》，载于《农业经济丛刊》1981年第2期。

[187] 马毅：《运用价值规律和价格杠杆发挥计划经济的优越性》，载于《财经理论与实践》1985年第4期。

[188] 彭海红：《邓小平关于农村改革和发展的思考》，载于《前线》2016年第1期。

[189] 荣敬本、冯文光：《社会主义发展的初级阶段理论探索》，载于《经济研究》1987年第9期。

[190] 森忠：《要允许个体经济有一定的发展》，载于《经济研究》1980年第10期。

[191] 石祖培：《计划经济与市场经济辨析》，载于《中山大学学报》（哲学社会科学版）1990年第4期。

[192] 苏东斌：《论社会主义初级阶段经济的三层特征》，载于《学习与探索》1987年第2期。

[193] 孙健：《中华人民共和国经济史》，中国人民大学出版社1992年版。

[194] 刘国光：《中国经济改革理论十年回顾》，载于《改革》1988年第5期。

[195] 孙连成：《社会主义初级阶段的所有制结构》，载于《中国经济问题》1987年第4期。

[196] 田方、张国福：《必须坚持社会主义计划经济》，载于《计划经济研究》1981年第38期。

[197] 王更新：《推进生产资料价格双轨合一改革的思考》，载于《经济纵横》1991年第12期。

[198] 王贵宸、魏道南：《论包产到户》，载于《经济研究》1981年第1期。

[199] 王克忠：《试论社会主义社会的初级阶段——关于我国社会发展阶段几个问题的思考》，载于《复旦学报》（社会科学版）1987年第3期。

[200] 王守仁、王军昭：《特区市场经济与政府职能的转换》，载于

《管理世界》1992 年第 6 期。

[201] 王永江、杜一:《试论社会主义初级阶段的就业问题》,载于《经济科学》1982 年第 2 期。

[202] 王占鳌:《试论我国个体经济的发展与管理》,载于《财经研究》1988 年第 7 期。

[203] 卫兴华:《论计划经济与市场调节的有机结合》,载于《中国人民大学学报》1990 年第 1 期。

[204] 魏杰:《关于发展个体及私营经济的几个问题》,载于《中国工业经济研究》1990 年第 6 期。

[205] 文迪波:《还农村土地所有制形式的本来面目——国家土地所有制》,载于《农业经济问题》1987 年第 8 期。

[206] 吴敬琏、周小川、李剑阁:《关于各级政府职能和分层管理的思考》,载于《经济管理》1986 年第 12 期。

[207] 吴佩钧:《社会主义初级阶段与经济体制改革》,载于《武汉大学学报》(社会科学版) 1987 年第 6 期。

[208] 谢平:《"利改税"并不改变全民所有制企业的性质》,载于《财经科学》1984 年第 1 期。

[209] 许涤新:《国营企业实行经济责任制的几个问题》,载于《经济研究》1981 年第 12 期。

[210] 薛暮桥:《研究和运用社会主义经济发展的客观规律》,载于《经济研究》1979 年第 6 期。

[211] 严振生:《关于国营企业的第二步利改税》,载于《政法论坛》1985 年第 3 期。

[212] 杨承训:《社会主义市场经济带来质的飞跃》,载于《中州学刊》1992 年第 6 期。

[213] 杨圣明、温桂芳、柳梅:《论双轨价格制度的历史命运》,载于《经济科学》1990 年第 1 期。

[214] 杨勋:《国有私营:中国农村土地制度改革的现实选择——兼论农村改革的成就与趋势》,载于《中国农村经济》1989 年第 5 期。

[215] 姚丽萍:《浅议建国初期计划经济体制的形成及历史作用》,

载于《中共太原市委党校学报》2003 年第 3 期。

［216］于光远：《社会主义初级阶段和社会主义初级阶段的生产关系》，载于《经济研究》1987 年第 7 期。

［217］岳福斌：《坚持计划经济与市场调节相结合》，载于《中央财政金融学院学报》1990 年第 3 期。

［218］岳章：《商品经济和市场经济的论点综述》，载于《南开经济研究》1988 年第 5 期。

［219］战勇：《建立市场经济体制势在必行》，载于《求实》1992 年第 11 期。

［220］张井：《转变政府职能和转变经营观念》，载于《商业经济研究》1992 年第 12 期。

［221］张维达：《从社会主义初级阶段国情对价格改革的几点思考》，载于《经济纵横》1988 年第 10 期。

［222］赵国良：《正确认识工业经济责任制的实质》，载于《经济问题探索》1982 年第 3 期。

［223］赵黄龙：《略论新时期的政府职能及其实现》，载于《理论探索》1986 年第 11 期。

［224］赵晓雷：《新编经济思想史：第十卷，中国现代经济思想的发展》，经济科学出版社 2016 年版，第 130 页。

［225］郑辉、伍江陵：《我国政府经济管理职能的转变》，载于《社会科学研究》1987 年第 4 期。

［226］郑志飚：《转变政府职能加快机构改革》，载于《理论导刊》1992 年第 1 期。

［227］周诚：《包产到户初探》，载于《经济学动态》1980 年第 12 期。

［228］周俊义：《浅谈完善利改税制度的设想》，载于《广西会计》1988 年第 11 期。

［229］周绍朋：《正确认识工业经济责任制》，载于《学习与研究》1983 年第 3 期。

［230］朱铁臻：《论社会主义工业经济责任制》，载于《人文杂志》

1982 年第 4 期。

[231] 卫兴华：《关于姓"资"姓"社"与生产力标准问题》，载于《中国工商管理研究》1992 年第 2 期。

[232] 林凌、郭元晞：《论改革开放中的姓"资"姓"社"问题》，载于《改革》1992 年第 4 期。

[233] 于光远：《市场经济姓"资"姓"社"的问题》，载于《经济学家》1992 年第 3 期。

[234] 舒化鲁：《计划经济不等于社会主义》，载于《财经理论与实践》1992 年第 6 期。

[235] 张井：《什么是社会主义市场经济》，载于《商业经济文荟》1992 年第 6 期。

[236] 李连仲：《计划经济不等于社会主义市场经济不等于资本主义》，载于《经济研究参考》1992 年第 Z6 期。

[237] 杨顺羽：《为什么说计划经济不等于社会主义——学习邓小平同志南巡讲话》，载于《中南财经大学学报》1992 年第 6 期。

[238] 张朝尊、文力：《论社会主义市场经济》，载于《中国社会科学》1992 年第 4 期。

[239] 孙冶方：《部分经济理论工作者在座谈会上的发言贯彻"双百"方针开展经济科学研究工作》，载于《经济学动态》1979 年第 10 期。

[240] 杨圣明：《社会主义经济中价值规律问题讨论会在江苏省无锡市召开》，载于《经济学动态》1979 年第 6 期。

[241] 蒋一苇：《论社会主义企业管理的基本特征》，载于《经济管理》1980 年第 11 期。

[242] 薛暮桥：《社会主义现代化的中国式的道路》，载于《农业经济问题》1980 年第 1 期。

[243] 刘国光：《关于社会主义市场经济理论的几个问题》，载于《经济研究》1992 年第 10 期。

[244] 赵尔烈：《建立以公有制为主体的市场经济新体制》，载于《江苏商论》1992 年第 7 期。

[245] 刘诗白：《论社会主义市场经济》，载于《经济学家》1992 年

第 5 期。

[246] 吴敬琏：《为什么要确立社会主义市场经济的改革目标?》，载于《中国工商管理研究》1992 年第 2 期。

[247] 王德民：《试论社会主义商品经济存在的两种运行方式与两种运行机制》，载于《广西社会科学》1992 年第 3 期。

[248] 郑方辉、樊均辉：《重构所有制结构——再论企业改革新思路》，载于《南方经济》1992 年第 2 期。

[249] 乔刚：《发展社会主义市场经济的几个问题》，载于《改革》1992 年第 5 期。

[250] 唐丰义：《革命性转折：走向社会主义市场经济》，载于《财贸经济》1992 年第 8 期。

[251] 赵晓雷：《市场经济与产权制度——社会主义市场经济若干理论问题的思考》，载于《经济学家》1993 年第 3 期。

[252] 马洪：《建立社会主义市场新体制》，载于《经济研究》1992 年第 11 期。

[253] 范恒山：《论社会主义市场经济的基本特征》，载于《经济理论与经济管理》1993 年第 1 期。

[254] 刘长庚、韩雷：《市场经济的性质》，载于《湘潭大学学报》（哲学社会科学版）2012 年第 36 期。

[255] 高尚全：《关于社会主义市场经济的几个问题》，载于《中国工业经济研究》1992 年第 12 期。

[256] 罗惠芬：《试论我国实行社会主义市场经济体制的必要性》，载于《广州市财贸管理干部学院学报》1992 年第 4 期。

[257] 郝之洪：《中国选择社会主义市场经济体制的历史必然性》，载于《陕西工商学院学报》1995 年第 4 期。

[258] 吴雨霖：《中国选择社会主义市场经济体制是历史的必然和时代的要求》，载于《经济管理研究》1998 年第 4 期。

[259] 张森林：《社会主义同市场经济相结合发生于 20 世纪末期的原因》，载于《世界经济与政治》1998 年第 9 期。

[260] 闵友诚、陈希成：《社会主义市场中的供求、竞争和价格》，

载于《山西财经学院学报》1980 年第 1 期。

[261] 杨敏：《社会主义市场经济的发展对策》，载于《经济体制改革》1992 年第 6 期。

[262] 战勇：《溶合：计划与市场的结合方式》，载于《党政论坛》1992 年第 9 期。

[263] 刘立祥：《市场经济同社会主义公有制兼容论》，载于《青年学刊》1994 年第 2 期。

[264] 万小勇：《一个伟大的创举——论社会主义与市场经济的结合》，载于《中学政治教学参考》1999 年第 7 期。

[265] 白占群：《关于市场经济与社会主义基本制度相结合的几个问题》，载于《内部文稿》1995 年第 18 期。

[266] 臧志风：《关于社会主义公有制与市场经济相结合的几点认识》，载于《理论前沿》1995 年第 15 期。

[267] 曾阁山：《论市场经济与社会主义的全方位结合》，载于《生产力研究》1997 年第 1 期。

[268] 《为什么说社会主义基本制度可以与市场经济有机结合》，载于《毛泽东邓小平理论研究》2000 年第 6 期。

[269] 张静：《试论社会主义公有制同市场经济的融合》，载于《林区教学》2003 年第 8 期。

[270] 周莉：《论社会主义公有制同市场经济的融合》，载于《黑龙江科技信息》2004 年第 5 期。

[271] 洪银兴：《论社会主义公有制和市场经济的结合》，载于《中国高等教育》1992 年第 11 期。

[272] 周新城：《市场经济体制要与社会主义基本制度相结合》，载于《高校理论战线》1993 年第 2 期。

[273] 郭新涛、白继红：《对市场经济与社会主义制度相结合的一点认识》，载于《运城高专学报》1994 年第 2 期。

[274] 俞群策：《试论社会主义基本制度与市场经济的结合》，载于《南京工业职业技术学院学报》2003 年第 1 期。

[275] 李宝元：《转型发展中政府的角色定位及转换》，载于《财经

问题研究》2001年第1期。

[276] 丘海雄、徐建牛:《市场转型过程中地方政府角色研究述评》,载于《社会学研究》2004年第4期。

[277] 张秀烨、张先治:《转型经济视野的政府与国有企业财务契约关系重构》,载于《改革》2008年第11期。

[278] 范春辉:《政府与企业关系转型析论》,载于《江苏行政学院学报》2011年第6期。

[279] 洪银兴:《用科学的改革观指导国有企业改革》,载于《求是学刊》2004年第6期。

[280] 任熹真、王海英:《我国现代民营企业发展的前景探讨》,载于《理论探讨》2005年第4期。

[281] 曲亮、任国良:《高管薪酬激励、股权激励与企业价值相关性的实证检验》,载于《当代经济学》2010年第32期。

[282] 黄速建:《国有企业改革的实践演进与经验分析》,载于《经济与管理研究》2008年第10期。

[283] 李维安:《阳光下公司治理的较量》,载于《南开管理评论》2010年第13期。

[284] 王永、刘建一:《动力机制、运行机理与国有企业创新能力改善》,载于《改革》2012年第1期。

[285] 安同良:《中国国有企业经营者报酬制度的转型建议》,载于《南京大学学报》(哲学·人文科学·社会科学版)2000年第4期。

[286] 李政:《"国企争议"与国有企业创新驱动转型发展》,载于《学习与探索》2012年第11期。

[287] 高小玲、李郸、苏勇:《转型期国有企业改革的伦理困惑与破解——基于中国的实践和西方的经验》,载于《财经科学》2006年第3期。

[288] 田会:《从转型对企业动力系统的影响看国有企业改革》,载于《管理世界》2006年第9期。

[289] 黄群慧、白景坤:《制度变迁、组织转型和国有企业的持续成长——深入推进国有企业改革的生态学视角》,载于《经济与管理研究》

2013 年第 12 期。

[290] 罗楚亮:《城镇劳动力市场转型与谋职方式的转变》,载于《北京师范大学学报》(社会科学版) 2012 年第 4 期。

[291] 许经勇:《论我国体制转型中的劳动力市场》,载于《经济经纬》2000 年第 5 期。

[292] 梁玉成:《市场转型过程中的国家与市场——一项基于劳动力退休年龄的考察》,载于《中国社会科学》2007 年第 5 期。

[293] 高铁梅、范晓非:《中国劳动力市场的结构转型与供求拐点》,载于《财经问题研究》2011 年第 1 期。

[294] 孙晓芳:《劳动力流动理论的思路变迁与路径探索》,载于《中国人口·资源与环境》2012 年第 22 期。

[295] 辜胜阻、李华:《以"用工荒"为契机推动经济转型升级》,载于《中国人口科学》2011 年第 4 期。

[296] 许荣昌、罗精奋、庞鸣:《深化流通体制改革培育和完善商品市场体系》,载于《财贸经济》1994 年第 4 期。

[297] 李由鹏:《我国商品市场发育现状和近期改革目标》,载于《东岳论丛》1992 年第 3 期。

[298] 陈乐一、吴川龙:《我国商品市场周期波动实证研究》,载于《贵州社会科学》2014 年第 9 期。

[299] 阎坤、周雪飞:《透析中国转型时期的"特殊金融谜团"》,载于《财贸经济》2003 年第 1 期。

[300] 韩汉君、黄恩龙:《城市转型的国际经验与上海的金融服务功能建设》,载于《上海经济研究》2006 年第 5 期。

[301] 张承惠:《金融改革须重视金融基础设施建设》,载于《重庆理工大学学报》(社会科学版) 2013 年第 27 期。

[302] 吴晓求:《中国的金融开放与金融安全》,载于《中国国情国力》2007 年第 12 期;

[303] 吴晓求:《关于全球金融危机产生原因的十个问题》,载于《上海金融学院学报》2008 年第 6 期。

[304] 何诚颖、徐向阳、翁媛媛:《资本市场国际化与中国经济增长

方式转型》，载于《经济学动态》2012 年第 9 期。

[305] 潘建成、李兰、彭泗清、郝大海、董博：《企业经营者对宏观形势及企业经营状况的判断、问题和建议——2012·中国企业经营者问卷跟踪调查报告》，载于《管理世界》2012 年第 12 期。

[306] 孙才仁、宋志红、孙婧：《论驱动经济转型发展的"新三驾马车"》，载于《证券市场导报》2013 年第 3 期。

[307] 迟福林：《以政府转型为重点的结构性改革》，载于《江苏社会科学》2004 年第 6 期。

[308] 王东京、田清旺：《政府转型的演进轨迹及其引申》，载于《改革》2008 年第 11 期。

[309] 张雷宝：《转型时期腐败和地方政府公共投资效率的关联分析》，载于《财经论丛》（浙江财经学院学报）2005 年第 5 期。

[310] 王素荣、蒋高乐：《增值税转型对上市公司财务影响程度研究》，载于《会计研究》2010 年第 2 期。

[311] 陈烨、张欣、寇恩惠、刘明：《增值税转型对就业负面影响的 CGE 模拟分析》，载于《经济研究》2010 年第 45 期。

[312] 茅锐、徐建炜：《人口转型、消费结构差异和产业发展》，载于《人口研究》2014 年第 38 期。

[313] 吕炜：《体制性约束、经济失衡与财政政策——解析 1998 年以来的中国转轨经济》，载于《中国社会科学》2004 年第 2 期。

[314] 杨全社、李江涛：《当前宏观调控政策困境下的制度转型》，载于《国家行政学院学报》2007 年第 6 期。

[315] 索彦峰、刘晓辉、于波：《资本约束、宏观调控与商业银行战略转型》，载于《广东金融学院学报》2008 年第 5 期。

[316] 张辉：《我国转型期的宏观调控失范行为》，载于《华东政法大学学报》2009 年第 4 期。

[317] 陈劲松：《转型时期我国社会福利体系的重构与社会认同的转型》，载于《中国人民大学学报》2009 年第 23 期。

[318] 刘继同：《社会福利制度战略升级与构建中国特色福利社会》，载于《东岳论丛》2009 年第 1 期。

[319] 蔡昉：《全球化、经济转型与中国收入分配优化的政策选择》，载于《改革》2006 年第 11 期。

[320] 李迎生：《社会转型加速期的代价支付及其补偿问题》，载于《中国人民大学学报》2007 年第 3 期。

[321] 王思斌：《当前我国社会保障制度的断裂与弥合》，载于《中国特色社会主义研究》2004 年第 3 期。

[322] 夏蕾：《关于构建转型时期中国社会保险制度的思考》，载于《劳动保障世界》（理论版）2010 年第 5 期。

[323] 顾昕：《中国社会政策支出的筹资模式：收入结构的公平程度与激励效应》，载于《河北经贸大学学报》2016 年第 37 期。

[324] 张建伟：《中国农村社会养老保险制度：转型与发展》，载于《中央财经大学学报》2010 年第 5 期。

[325] 杨方方：《我国养老保险制度演变与政府责任》，载于《中国软科学》2005 年第 2 期。

[326] 付文林、张婉：《价值链嵌入模式与国民收入分配结构失衡》，载于《上海经济研究》2013 年第 25 期。

[327] 乔榛、孙菲菲：《经济增长促进收入分配转型的中国式路径》，载于《学习与探索》2011 年第 3 期。

[328] 陈斌开、曹文举：《从机会均等到结果平等：中国收入分配现状与出路》，载于《经济社会体制比较》2013 年第 6 期。

[329] 权衡、徐峥：《收入分配差距的增长效应分析：转型期中国经验》，载于《管理世界》2002 年第 5 期。

[330] 杨洁：《中国社会财富集中的制度成因及治理策略》，载于《理论与改革》2012 年第 5 期。

[331] 陈吉元、荣敬本、林青松：《关于我国经济体制改革的目标模式问题》，载于《中国社会科学》1984 年第 5 期。

[332] 刘国光：《我国经济体制改革的模式问题》，载于《财经问题研究》1984 年第 6 期。

[333] 郭元晞：《中国改革的目标是发展社会主义市场经济经济》，载于《体制改革》1992 年第 4 期。

[334] 逄锦聚：《关于社会主义市场经济的几个理论问题》，载于《天津社会科学》1992年第6期。

[335] 高尚全：《中国：从计划经济走向市场经济》，载于《太平洋学报》1994年第1期。

[336] 于祖尧：《中国经济改革的历史经验》，载于《新视野》1996年第2期。

[337] 杨玲：《苏联模式浅析》，载于《齐齐哈尔师范学院学报》（哲学社会科学版）1987年第4期。

[338] J.维尼涅茨基著，熊志军译：《苏联模式的经济是否正进入长期衰退的时代？》，载于《国外社会科学》1987年第8期。

[339] 姜长斌：《苏联模式探析》，载于《西伯利亚研究》2001年第4期。

[340] 潘素洁：《苏联模式的弊端与联盟国家解体之关系探微》，载于《宁夏大学学报》（人文社会科学版）2002年第24期。

[341] 王书会：《中国特色社会主义是对苏联模式的根本否定》，载于《探索与争鸣》2007年第12期。

[342] 樊纲：《渐进与激进：制度变革的若干理论问题》，载于《经济学动态》1994年第9期。

[343] 林毅夫、蔡昉、李周：《论中国经济改革的渐进式道路》，载于《经济研究》1993年第9期。

[344] W.哈勒根著，张军译：《改革起点与改革路径：一个可行的模拟》，载于《经济研究》1996年第1期。

[345] 周业安：《中国渐进式改革路径与绩效研究的批判性回顾》，载于《中国人民大学学报》2000年第4期。

[346] 柳新元：《意识形态与中国渐进式改革方式的选择》，载于《理论探讨》2010年第4期。

[347] 张湛彬：《中国渐进式改革的路径选择和制度变迁评析》，载于《中共党史研究》2002年第4期。

[348] 蔡昉、王德文、王美艳：《渐进式改革进程中的地区专业化趋势》，载于《经济研究》2002年第9期。

[349] 胡家勇、陈健:《经济转型理论评析》,载于《中南财经政法大学学报》2003年第2期。

[350] 赵海东:《中国经济改革模式:路径、经验与国际比较》,载于《内蒙古大学学报》(哲学社会科学版) 2008年第40期。

[351] 王曙光:《转型经济学的框架变迁与中国范式的全球价值——纪念中国改革开放30周年》,载于《财经研究》2009年第35期。

[352] 全毅:《论中国经验与中国模式》,载于《福建论坛》(人文社会科学版) 2011年第1期。

[353] 吴敬琏:《建议确立"社会主义市场经济"的提法》,载于《财贸经济》1992年第7期。

[354] 陈征:《所有制理论的新突破——学习江泽民同志十五大报告的体会》,载于《经济学动态》1997年第12期。

[355] 李凤圣:《公有制实现形式的内涵》,载于《经济学家》1998年第2期。

[356] 张晓晶:《中国经济"狼来了"吗》,载于《决策探索(下半月)》2012年第8期。

[357] 牛犁、高玉忠:《理性看待我国经济增速放缓》,载于《中国金融》2012年第15期。

[358] 陈乐一、粟壬波:《当前中国经济周期阶段研究》,载于《学习与探索》2013年第5期。

[359] 陈昌盛:《我国经济已进入增长阶段转换的关键期》,载于《经济纵横》2013年第9期。

[360] 韩永辉、黄亮雄、邹建华:《中国经济结构性减速时代的来临》,载于《统计研究》2016年第33期。

[361] 陈彦斌、姚一旻:《中国经济增速放缓的原因、挑战与对策》,载于《中国人民大学学报》2012年第26期。

[362] 王红、李若愚:《潜在产出增长放缓背景下宏观政策的选择》,载于《发展研究》2012年第12期。

[363] 张志远:《经济增速放缓之我见》,载于《统计科学与实践》2012年第3期。

[364] 陈彦斌、姚一旻、陈小亮:《中国经济增长困境的形成机理与应对策略》,载于《中国人民大学学报》2013年第27期。

[365] 王一鸣:《中国经济增长的中期趋势和经济转型》,载于《宏观经济研究》2013年第11期。

[366] 刘伟:《促进经济增长均衡与转变发展方式》,载于《学术月刊》2013年第45期。

[367] 张慧莲、汪红驹:《中国经济"新常态"》,载于《银行家》2014年第6期。

[368] 李子联、华桂宏:《新常态下的中国经济增长》,载于《经济学家》2015年第6期。

[369] 李扬、张晓晶:《"新常态":经济发展的逻辑与前景》,载于《经济研究》2015年第50期。

[370] 范玉波、张卫国:《"新常态"下经济增长动力机制转型三重解析》,载于《经济问题探索》2015年第10期。

[371] 齐建国、王红、彭绪庶、刘生龙:《中国经济新常态的内涵和形成机制》,载于《经济纵横》2015年第3期。

[372] 余斌、吴振宇:《中国经济新常态与宏观调控政策取向》,载于《改革》2014年第11期。

[373] 秦天程:《中国经济新常态的实质特征》,载于《经济研究参考》2015年第30期。

[374] 刘伟、苏剑:《从就业角度看中国经济目标增长率的确定》,载于《中国银行业》2014年第9期。

[375] 高建昆、程恩富:《论中国经济新常态下的价值导向》,载于《探索》2015年第1期。

[376] 洪银兴:《论中高速增长新常态及其支撑常态》,载于《经济学动态》2014年第11期。

[377] 任保平、宋文月:《新常态下中国经济增长潜力开发的制约因素》,载于《学术月刊》2015年第47期。

[378] 李祺、代法涛:《经济增长的影响因素与结构特征:理论假说与实证检验——中国经济新常态的一种解释》,载于《经济问题探索》

2015 年第 3 期。

[379] 刘志彪：《经济发展新常态下产业政策功能的转型》，载于《南京社会科学》2015 年第 3 期。

[380] 刘洋、纪玉山：《经济"新常态"背景下"中国模式"的转型升级》，载于《河北经贸大学学报》2015 年第 36 期。

[381] 吴敬琏：《以深化改革确立中国经济新常态》，载于《探索与争鸣》2015 年第 1 期。

[382] 徐珺、权衡：《经济新常态：大国经济赶超型增长的新经验与新理论》，载于《学术月刊》2015 年第 47 期。

[383] 金碚：《中国经济发展新常态研究》，载于《中国工业经济》2015 年第 1 期。

[384] 戴翔、张二震：《中国外贸发展"新常态"：表现、成因及对策》，载于《贵州社会科学》2015 年第 7 期。

[385] 彭莉、黄国华：《中国外贸新常态：中速高效》，载于《国际经济评论》2015 年第 3 期。

[386] 彭波、熊晓花、王竞：《全球价值链的发展与中国外贸新常态的建立》，载于《新疆师范大学学报》（哲学社会科学版）2015 年第 36 期。

[387] 常卉颉、杨继国：《新常态下产业转移的马克思经济学分析》，载于《经济学家》2017 年第 2 期。

[388] 王跃生：《中国经济新常态的国际经济条件》，载于《中国高校社会科学》2015 年第 3 期。

[389] 徐庆超：《从国内外主流话语看中国外交新常态——包容性塑造外交的生成》，载于《教学与研究》2016 年第 2 期。

[390] 张乾元、谢文娟：《论新发展理念的内在逻辑》，载于《中州学刊》2017 年第 1 期。

[391] 张峰：《新发展理念的哲学意义》，载于《中央社会主义学院学报》2016 年第 4 期。

[392] 杜玉华：《新发展理念：马克思社会发展理论的新成果——以社会结构为分析视角》，载于《教学与研究》2017 年第 9 期。

[393] 李振：《从五大发展理念看马克思主义发展理论的时代自觉》，载于《思想理论教育》2017年第1期。

[394] 宋杰：《"五大"新发展理念蕴含的"利益"思想研究》，载于《延边党校学报》2018年第34期。

[395] 洪银兴：《新发展理念与中国特色社会主义政治经济学的新发展》，载于《南京政治学院学报》2017年第33期。

[396] 顾海良：《新发展理念的新时代政治经济学意义》，载于《经济研究》2017年第52期。

[397] 杨继瑞：《新发展理念的经济学解析与思考——基于社会主义基本经济规律的视角》，载于《中国高校社会科学》2017年第2期。

[398] 李程骅：《以新发展理念统领改革发展新实践》，载于《南京社会科学》2016年第6期。

[399] 王丽娟：《新发展理念的思想溯源》，载于《探索》2017年第5期。

[400] 朱宗友、张继龙：《国内关于"五大发展理念"研究述评》，载于《社会主义研究》2016年第3期。

[401] 魏传光：《新发展理念的整体性哲学思考：精神、立场与范式》，载于《求实》2017年第3期。

[402] 郝立新：《中国特色社会主义实践的战略布局和发展理念》，载于《中国特色社会主义研究》2015年第6期。

[403] 蒋红群：《五大发展理念与科学发展观之关系探要》，载于《马克思主义研究》2016年第10期。

[404] 周明星：《"五大发展理念"与"中国梦"内在联系探究》，载于《新疆社会科学》2018年第2期。

[405] 余立、孙劲松：《"新发展理念"：习近平关于现代化发展理念的检视、重构和开拓》，载于《理论与改革》2017年第6期。

[406] 陶文昭：《科学理解新发展理念》，载于《前线》2017年第9期。

[407] 邱乘光：《"新的发展阶段"是一个重大判断——学习习近平总书记"7·26"重要讲话精神》，载于《求知》2017年第10期。

[408] 刘伟:《新发展理念与现代化经济体系》,载于《政治经济学评论》2018年第9期。

[409] 韩保江:《论习近平新时代中国特色社会主义经济思想》,载于《管理世界》2018年第34期。

[410] 王立胜:《新发展理念与当代中国经济发展》,载于《齐鲁学刊》2016年第5期。

[411] 顾海良:《新发展理念的马克思主义政治经济学探讨》,载于《马克思主义与现实》2016年第1期。

[412] 颜晓峰:《新发展理念是党对经济社会发展规律的新认识》,载于《政策瞭望》2016年第6期。

[413] 刘洋:《新发展理念对自由主义现代性模式的超越》,载于《理论探索》2018年第2期。

[414] 任铃、汪燕:《新时代中国特色社会主义新发展理念的多维解读》,载于《广西社会科学》2018年第2期。

[415]《深刻认识建设现代化经济体系重要性推动我国经济发展焕发新活力迈上新台阶》,载于《人民日报》2018年2月1日。

[416] 冯柏、温彬、李洪侠:《现代化经济体系的内涵、依据及路径》,载于《改革》2018年第6期。

[417] 郑大华:《继承、发展与超越——毛泽东、邓小平、习近平民族复兴思想之比较》,载于《湖南师范大学社会科学学报》2018年第47期。

[418] 雷璟思:《〈资本论〉对现代化经济体系的理论支撑和指导意义》,载于《〈资本论〉研究》2018年第14期。

[419] 高培勇、杜创、刘霞辉、袁富华、汤铎铎:《高质量发展背景下的现代化经济体系建设:一个逻辑框架》,载于《经济研究》2019年第54期。

[420] 马艳、李俊、张思扬:《我国现代化经济体系的逻辑框架与建设路径研究》,载于《教学与研究》2019年第5期。

[421] 石建勋、张凯文、李兆玉:《现代化经济体系的科学内涵及建设着力点》,载于《财经问题研究》2018年第2期。

[422] 顾梦佳、王腾、张开：《习近平新时代中国特色社会主义经济思想》，载于《政治经济学评论》2019 年第 10 期。

[423] 周绍东、王立胜：《现代化经济体系：生产力、生产方式与生产关系的协同整体》，载于《中国高校社会科学》2019 年第 1 期。

[424] 简新华：《新时代现代化经济体系建设几个关键问题》，载于《人民论坛·学术前沿》2018 年第 2 期。

[425] 郭威、杨弘业、李明浩：《加快建设现代化经济体系的逻辑内涵、国际比较与路径选择》，载于《经济学家》2019 年第 4 期。

[426] 沈文玮：《建设现代化经济体系的理论与实践认识》，载于《中国特色社会主义研究》2018 年第 2 期。

[427] 黄阳平、李文宽：《习近平新时代中国特色社会主义实体经济思想研究》，载于《上海经济研究》2018 年第 8 期。

[428] 冉庆国：《以新时代社会主要矛盾为导向推动农业供给侧改革促进食品消费结构升级》，载于《商业研究》2018 年第 2 期。

[429] 张辉：《建设现代化经济体系的理论与路径初步研究》，载于《北京大学学报》（哲学社会科学版）2018 年第 55 期。

[430] 冯华、黄晨：《创新引领发展和支撑现代化经济体系建设的作用分析》，载于《国家行政学院学报》2017 年第 6 期。

[431] 沈敏：《现代化经济体系的双擎驱动：技术创新和制度创新》，载于《财经科学》2018 年第 8 期。

[432] 杨芳、文学国：《现代化经济体系与新时代逻辑内涵研究》，载于《河南社会科学》2018 年第 26 期。

[433] 王琼：《现代化经济体系下的城乡协调发展》，载于《人民论坛》2018 年第 36 期。

[434] 蔡之兵：《区域经济视角下的现代化经济体系问题研究》，载于《经济学家》2018 年第 11 期。

[435] 张占斌、戚克维：《从社会主要矛盾变化看我国现代化经济体系建设》，载于《理论探索》2018 年第 3 期。

[436] 许光建、孙伟：《论建设现代化经济体系的重点和若干主要关系》，载于《价格理论与实践》2017 年第 11 期。

[437] 毕吉耀、原倩：《建设现代化经济体系》，载于《宏观经济管理》2018年第10期。

[438] 周波：《如何看待建设现代化经济体系与高质量发展》，载于《国际贸易问题》2018年第2期。

[439] 王喆、汪海：《现代化经济体系建设与新一轮经济体制改革方略》，载于《改革》2018年第10期。

[440] 程恩富：《稳妥把握建设现代化经济体系的七个重要关系》，载于《经济日报》2019年5月29日。

[441] 顾钰民：《推进现代化经济体系建设》，载于《中国特色社会主义研究》2017年第6期。

[442] 郑尊信、孙良柱：《现代化经济体系的特征与建设路径》，载于《河南社会科学》2018年第26期。

[443] 高惠珠、赵建芬：《"人类命运共同体"：马克思"共同体"思想的当代拓新》，载于《上海师范大学学报》（哲学社会科学版）2017年第46期。

[444] 王公龙、韩旭男：《人类命运共同体模式的形成路径》，载于《福建理论学习》2016年第9期。

[445] 王飞：《人类命运共同体：马克思主义交往理论的最新发展成果》，载于《辽宁师范大学学报》（社会科学版）2017年第40期。

[446] 苏苗苗：《人类命运共同体思想与中国优秀传统文化的关联》，载于《市场周刊》（理论研究）2017年第8期。

[447] 彭大成：《中国古代"大同"思想与当今"构建人类命运共同体"》，载于《湖湘论坛》2018年第31期。

[448] 张岂之：《"打造人类命运共同体"与中华优秀传统文化》，载于《山东省社会主义学院学报》2017年第1期。

[449] 谢文娟：《"人类命运共同体"的历史基础和现实境遇》，载于《河南师范大学学报》（哲学社会科学版）2016年第43期。

[450] 任洁：《人类命运共同体：全球治理的中国方案》，载于《东南学术》2018年第1期。

[451] 郝立新、周康林：《构建人类命运共同体——全球治理的中国

方案》，载于《马克思主义与现实》2017 年第 6 期。

［452］赵坤、郭凤志：《"人类命运共同体"的逻辑蕴含及其对文化自信的彰显》，载于《广西社会科学》2017 年第 11 期。

［453］龚群：《人类命运共同体及其正义维度》，载于《哲学分析》2018 年第 9 期。

［454］李爱敏：《"人类命运共同体"：理论本质、基本内涵与中国特色》，载于《中共福建省委党校学报》2016 年第 2 期。

［455］刘洋：《人类命运共同体：世界现代性问题的中国智慧与方案》，载于《马克思主义研究》2017 年第 11 期。

［456］胡鞍钢、李萍：《习近平构建人类命运共同体思想与中国方案》，载于《新疆师范大学学报》（哲学社会科学版）2018 年第 39 期。

［457］杨抗抗：《人类命运共同体理念的四重维度探析》，载于《宁夏党校学报》2018 年第 20 期。

［458］秦龙、赵永帅：《构建人类命运共同体的价值论关切》，载于《学术界》2018 年第 3 期。

［459］张永红、殷文贵：《习近平"人类命运共同体"理念初探》，载于《观察与思考》2017 年第 6 期。

［460］丛占修：《人类命运共同体：历史、现实与意蕴》，载于《理论与改革》2016 年第 3 期。

［461］周方银：《命运共同体：国家安全观的重要元素》，载于《人民论坛》2014 年第 16 期。

［462］张师伟：《人类命运共同体与共同价值：国家间合作共赢体系建构的双驱动》，载于《甘肃理论学刊》2017 年第 2 期。

［463］王阁：《用"一带一路"打造人类命运共同体》，载于《中共珠海市委党校珠海市行政学院学报》2017 年第 6 期。

［464］杨帆、肖倩：《"一带一路"倡议对打造人类命运共同体的价值蕴涵》，载于《河北地质大学学报》2017 年第 40 期。

［465］季华：《生态文明视阈下"人类命运共同体"理念及其中国实践》，载于《新西部》（理论版）2016 年第 20 期。

［466］冯建斌、李敏：《和谐哲学与辩证法之比较》，载于《山西经

济管理干部学院学报》2017 年第 25 期。

［467］郑长忠：《人类命运共同体理念赋予包容性发展新内涵》，载于《当代世界》2018 年第 7 期。

［468］王晓博：《马克思共同体思想对中国社会建设的启示研究》，中央财经大学硕士学位论文，2017 年。

［469］周文：《中国特色社会主义道路拓展了发展中国家走向现代化的途径》，载于《财经科学》2017 年第 12 期。

［470］郭锐、王彩霞：《推动构建人类命运共同体的中国担当》，载于《中国特色社会主义研究》2017 年第 5 期。

［471］冯颜利、唐庆：《习近平人类命运共同体思想的深刻内涵与时代价值》，载于《当代世界》2017 年第 11 期。

［472］罗骞：《构建人类命运共同体：21 世纪马克思主义的重要命题》，载于《理论探索》2018 年第 2 期。

［473］杨枝煌：《全面打造新时代背景下的人类命运共同体》，载于《当代经济管理》2018 年第 40 期。

［474］石善涛：《携手共建人类命运共同体》，载于《当代中国史研究》2017 年第 24 期。

［475］王易：《全球治理的中国方案：构建人类命运共同体》，载于《思想理论教育》2018 年第 1 期。

［476］《决胜全面建成小康社会，夺取新时代中国特色社会主义伟大胜利》，2017 年 10 月 18 日。

［477］《关于推动物流高质量发展促进形成强大国内市场的意见》，2019 年 2 月 26 日。

［478］《生态文明体制改革总体方案》，2015 年 9 月 11 日。

［479］《国务院关于促进市场公平竞争维护市场正常秩序的若干意见》，2014 年 6 月 4 日。

［480］《国务院关于加快培育外贸竞争新优势的若干意见》，2015 年 2 月 12 日。

［481］《中华人民共和国外商投资法（草案）》（二次审议稿），2019 年 1 月 29 日，http：//www.npc.gov.cn/npc/xinwen/2019 - 01/29/content_

2071221. htm.

[482]《中共中央关于全面深化改革若干重大问题的决定》，2013 年 11 月 12 日。

[483]《国务院关于实行市场准入负面清单制度的意见》，2015 年 10 月 19 日。

[484] Berliner, J., Factory and Manager in the Soviet Union, Cambridge: MIT Press, 1957.

[485] Shleifer, A., Vishny, R. Politicians, Firms, Quarterly Journal of Economics, Vol. 109, No. 4, Nov., 1994.

[486] Jefferson, Gary H., and Thomas G. Rawski. "China's Emerging Market for Property Rights: Theoretical and Empirical Perspectives." Economics of Transition, 2002, 10 (3): 585 – 617.

[487] Sachs, Jeffrey D., Wing Thye Woo, and Xiaokai Yang. "Economic Reforms and Constitutional Transition." Annals of Economics and Finance, 2000, 2 (1): 435 – 491.

[488] János Kornai. The Road to a Free Economy. New York City: W. W. Norton & Company Inc, 1990.

[489] Roland, Gérard. The Political Economy of Transition, Journal of Economic Perspectives, Vol. 16, No. 1, 2002.

[490] Gordon, D. M., R. C. Edwards & M. Reich. Segmented Work, Divided Workers: the Historical Transformations of Labor in the United States, New York: Cambridge University Press, 1982: 24 – 26.

[491] McDonough, T., M. Reich & D. M. Kotz. Contemporary Capitalism and Its Crises: Social Structure of Accumulation Theory for the 21st Century, New York: Cambridge University Press, 2010.

后　记

本书是上海财经大学程霖教授主持的"复兴之路：新中国经济思想研究"系列丛书中的一部，书稿由上海财经大学政治经济学学科马艳团队撰写完成。

立足于新中国70年整个经济体制改革的宏大背景，用马克思主义经济学的基本理论阐述和解析我国经济转型思想的形成发展轨迹，探索和研究这一思想转型的理论逻辑、政策践行及其经济绩效，以期对于中国特色社会主义经济转型理论的系统梳理、深入研究、实践探析有所贡献，是本书的撰写初衷。

全书共分为六章，尝试用经济学的基本研究方法，沿着早期探索、自觉探索、全面探索和深入探索四个阶段，系统梳理我国经济转型思想的形成与发展脉络；基于理论、践行、绩效三个维度深入研究中国特色社会主义经济转型思想的历史逻辑、理论贡献与实践价值。

马艳负责全书总体框架设计，组织撰写，把握各章结构与基本观点。张沁悦撰写导论和尾论，并参与了各章内容设计以及撰写协调工作。第二章由刘泽黎、宋欣洋、杨柔、李姣撰写，杨培祥参与部分工作；第三章由丁林峰撰写，刘诚洁参与部分工作；第四章由杨柔、徐文斌撰写，李俊参与部分工作；第五章由王琳撰写，冯璐、李姣参与部分工作。最后，马艳、张沁悦负责全书统稿与定稿工作。

我们在撰写过程中，参考、援引了大量前期研究成果，在此，对这些

后 记

学者深表敬意与谢忱。由于本团队初次尝试撰写此类书籍，其中存在的诸多不足，尚请同行不吝赐教。

上海财经大学政治经济学马艳团队